W0341996

Herbert Maeger

Verlorene Ehre
Verratene Treue

Für Sigrid,

die mich zu diesem Buch
immer wieder ermutigte

Herbert Maeger

Verlorene Ehre Verratene Treue

Zeitzeugenbericht eines Soldaten

rosenheimer

16. Auflage
© 2012 Rosenheimer Verlagshaus
GmbH & Co. KG, Rosenheim

Titelbilder: © Herbert Maeger
Satz: Buch-Werkstatt GmbH, Bad Aibling
Druck und Bindung: CPI Moravia Books, Pohořelice
Printed in Czech Republic

ISBN 978-3-475-53659-5

»Meine Ehre heißt Treue«
war der Leitspruch,
den die Soldaten der Waffen-SS
auf dem Koppelschloss trugen.

❖

»Man muss das Wahre immer wiederholen, weil auch der Irrtum um uns her immer wieder gepredigt wird, und zwar nicht nur von Einzelnen, sondern von der Masse. In Zeitungen und Enzyklopädien, auf Schulen und Universitäten, überall ist der Irrtum obenauf, und es ist ihm wohl und behaglich im Gefühl der Majorität, die auf seiner Seite ist.«

Goethe am 16. Dezember 1828 zu Eckermann

Inhalt

Vorwort

Vor Jahrzehnten hatte ich beschlossen, dieses Buch nicht zu schreiben. Die Erfahrungen und Verstrickungen des furchtbaren Krieges ließen leidenschaftslose Schilderungen unmöglich erscheinen. Aus dieser Erkenntnis haben viele ihre Erfahrungen mit ins Grab genommen und damit Interesseninterpretationen freien Raum gegeben.

Geschichte ist selbst über den Abstand von Jahrhunderten eine durch Auslegungen sehr strapazierte Disziplin, unanfechtbar ist sie nur in den kalendarischen Daten. Dies trifft umso mehr zu für Zeitgeschichte; in der Darstellung der Fakten ist sie bestimmt von unwägbaren – oft genug rein materiellen – Motiven, die in Anbetracht der Thematik zwangsläufig subjektiver Natur sind. Gut und Böse sind in ihrem Sinngehalt keine prinzipiell stabilen Begriffe mehr, sondern werden nach Bedarf zugewiesen. Bei den Deutschen wird dieser Wertewandel verstärkt durch den immanenten Hang zu Opportunismus und Konformismus.

Um objektive Forschung bemühte Historiker beklagen den Mangel an echten Erlebnisberichten aus dem Zweiten Weltkrieg. Der Versuch, hier eine Lücke zu schließen, ist ein äußerst schwieriges Unterfangen, denn er setzt voraus, dass man in Anbetracht der Skrupellosigkeit der politischen und militärischen Führung des »Dritten Reichs« darauf verzichtet, Erlebtes nach den Kriterien zu bewerten, die zum Zeitpunkt des Geschehens gültige Normen waren; dazu gehören allerdings auch unvergängliche Prinzipien wie Treue, Tapferkeit und Opferbereitschaft, mögen diese von einem verantwortungslosen Regime auch vielfach missbraucht und dadurch als gesellschaftliche Maximen weit gehend hinfällig geworden sein.

Ich bin mir bewusst, dass ich auch in dem Bemühen um größtmögliche Ehrlichkeit und in der strikten Beschränkung auf Fakten Kritik auslösen werde. Dieses Risiko muss ich eingehen; ich bitte nur um Fairness in der Beurteilung dessen, was in Widerspruch zu dem geltenden Zeitbegriff »Political Correctness« geraten mag.

Dem Prinzip »die ganze Wahrheit, nichts als die Wahrheit« kann man in den Schilderungen eigenen Erlebens immer nur relativ entsprechen und allenfalls nach dem Grundsatz: Alles, was ich selbst erlebt habe, nichts, was ich nicht selbst erlebt habe. Dabei kann sich bei der Fülle von Geschehnissen in fast vier Jahren die Schilderung nur auf eine Auswahl beschränken; Erfahrungen, die faktisch und emotional als beispielhaft und besonders eindringlich gelten können, habe ich als Episoden im Text hervorgehoben.

Bis auf den genauen Wortlaut der wiedergegebenen direkten Rede, der in Aufzeichnungen nicht mehr vorliegt, entsprechen alle Beschreibungen, auch in Einzelheiten, den Tatsachen. Personennamen habe ich geändert, wo mir dies erforderlich erschien, um falsche Zuordnungen und Betroffenheiten zu vermeiden. Bei der Auswahl von Aussagen fremder Autoren zur Erläuterung des Rahmengeschehens habe ich mich um Ausgewogenheit bemüht.

So hoffe ich, in bescheidenem Umfang der Forderung nach einer Verringerung des Informationsdefizits zu genügen und zugleich meinen vielen Kameraden gerecht zu werden, die sich keinem Urteil mehr stellen und sich nicht mehr rechtfertigen können: unter den Hekatomben von Opfern eines furchtbaren Krieges Opfer auch sie; durch ihr Schicksal gezwungen, in der Blüte ihrer Jugend einen Tod zu sterben, der in der Beurteilung des Zeitgeistes sinnlos oder gar verdient erscheint.

Herbert Maeger, Krefeld, im Oktober 2000

Rekrut bei der Leibstandarte

Ohne auf Artillerie und Panzer zu warten, die zur Unterstützung des Angriffs herangeführt wurden, stürmten die Infanteristen der siebten Kompanie der »Leibstandarte SS Adolf Hitler« (LAH) während des Balkanfeldzugs im Frühjahr 1941 immer wieder den von den Griechen zäh verteidigten Klidi-Pass. Als sie die griechischen Stellungen genommen hatten, waren von den ursprünglich 120 Mann Gefechtsstärke nur noch elf übrig. Der Kompaniechef erhielt das Ritterkreuz.

So wurde es den jungen Rekruten des Ersatzbataillons der Leibstandarte in Berlin-Lichterfelde erzählt. Es war eine der typischen Geschichten, die den »Geist der Truppe« symbolisierten und verdeutlichten, warum die Leibstandarte – seinerzeit nur ein Regiment, zur Brigade wurde sie 1940, zur Division erst 1942 erweitert – so viel Nachschub an Menschen brauchte. Darüber hinaus machte die Eliteeinheit auf diese Weise ihrem Nachwuchs klar, wozu er bestimmt war: zum Ruhme des Führers zu sterben.

Diese Version vom idealen Soldatentum kannte ich noch nicht, als ich am 17. September 1941 das Kasernentor in Lichterfelde zum ersten Mal durchschritt; ich hatte ganz und gar falsche Vorstellungen von dem, was mich erwarten sollte. Ich glaubte, ausgewählt zu sein für den Dienst in der Leibgarde des »Führers«, und erwartete eine spezielle Ausbildung in körperlichen Kampfmethoden und an Nahkampfwaffen, verbunden mit der »weltanschaulichen Schulung«, wie ich sie aus der HJ (Hitlerjugend) bereits kannte. Die Wirklichkeit war dementsprechend ernüchternd: Ich kam nicht zu einer Elitetruppe, wie ich sie mir vorgestellt hatte, sondern nach ihrer eigenen Definition zu einem »Haufen«, dessen Mentalität ich nach meinen ersten Eindrücken als eine Art Mischung von Landsknechtstum und Fremdenlegion ansah.

Schon am ersten Tag in Lichterfelde musste ich einige Illusionen begraben. Um auf jeden Fall pünktlich meinem Einberufungsbefehl nachzukommen und in ungeduldiger Erwartung der großen Dinge, die ich erleben würde, hatte ich meine Abreise etwa zwölf Stunden früher geplant als eigentlich erforderlich. Meine Eltern begleiteten mich zu dem D-Zug nach Berlin, der an einem Samstagabend spät in Aachen-West abfuhr; montags zwölf Uhr war der Termin für mein Eintreffen in der Kaserne der LAH. Ich wusste also, dass ich schon am frühen Sonntagmorgen in Berlin sein und bald darauf das Kasernentor der LAH durchschreiten würde. Dort, so sagte ich meiner Mutter bei den Vorbereitungen der Reise, würde ich mit Sicherheit mein Mittagessen und meine weitere Verpflegung für den Sonntag erhalten; für die Fahrt werde also auf jeden Fall ein belegtes Brot reichen.

Meine zeitliche Disposition erwies sich als absolut zutreffend. Gegen sechs am Sonntagmorgen traf ich in Berlin ein, im Wartesaal des Bahnhofs Friedrichstraße trank ich eine Tasse Ersatzkaffee und aß mein Brot dazu, für mehr hätte ich Lebensmittelmarken gebraucht. Da ich viel Zeit hatte und das Wetter freundlich war, beschloss ich, mir Berlin in aller Ruhe anzusehen, bis ich dessen müde sein würde.

Ich war noch nie dort gewesen. Mir imponierte die Großzügigkeit des Stadtbilds; was mir Missbehagen bereitete, war mir anfänglich nicht klar, dann merkte ich: Es war das Fehlen gewachsener Bausubstanz, alter gotischer Kirchen aus Granit mit himmelwärts strebenden Fenstern, verschiedenartiger Häuser aus allen Stilepochen, ehrwürdiger patinierter Denkmäler, enger mittelalterlicher Gassen. Die wuchtigen jungen Sandsteinbauten im »Hohenzollernstil«, den Mischmasch aus Romanik, Gotik, Barock und Renaissance, mit dem man die schönsten Elemente aller Stile zu einem architektonischen Optimum verbinden wollte, die fünfstöckigen, imposanten, jedoch gleichförmigen Häuserzeilen in den weiträumigen Straßen sprachen mich nicht an. Ich vermisste die einladende Atmosphäre von Städten, die ich kannte, von Aachen, Brüssel, Gent oder Paris, das Flair des harmonisch Gewachsenen, das idyllische Ambiente; die von der Kleidung der Passanten über Jahrhunderte blank polierten Ecksteine, die Winkel, die nur für die Hunde angebracht zu sein scheinen.

Es war gegen elf Uhr, als ich in Lichterfelde aus der S-Bahn stieg und bald vor der LAH-Kaserne stand, die bis zum Ende des Ersten Weltkriegs preußische Kadettenanstalt war. Der Posten am Eingang beäugte mich und meinen Koffer kritisch, inspizierte meinen Einberufungsbefehl und meinte dann:

»Na, du scheinst es ja besonders eilig zu haben! Da gehst du mal um den Block da vorne, dahinter ist der Eingang zur Schreibstube des Ersatz-Bataillons.«

Ich machte mich auf den Weg und fand mich in der Schreibstube ein, wo ein ›Uschaf‹ (Unterscharführer) – über Dienstränge war ich durch das regelmäßige Lesen der Zeitschrift »Das Schwarze Korps« hinlänglich informiert – bei einer Flasche Bier saß, er blickte mich mürrisch an und knurrte:

»Was wollen Sie denn hier!«

Beflissen antwortete ich in strammer Haltung: »Ich komme zur LAH, Unterscharführer, hier ist mein Einberufungsbefehl.«

»Zeij'n Se mal her«, sagte der Angesprochene, prüfte das Dokument und stellte fest: »Aber doch erst für morj'n, se sinn' woll'n janz Fickriger!«

»Weiß ich nicht, Unterscharführer.«

»Na, datt werr'n Se woll bald merken!«

»Ich wollte rechtzeitig hier sein. Kann ich denn bleiben?«

»Na, wenn't denn sein muss. Da woll'n wa mal arbeeten.« Er studierte noch einmal mein Gestellungspapier, durchblätterte dann einige Aktenhefter und teilte mir mit:

»Se gomm' zur vierten E-Kompanie. Die liegt in Bau Fünf, wenn Se rauskomm' links der Erste. Im ersten Stock gönn' se sich ers' mal' ne Bude aussuchen. Uff 14 war Hindenburg als Kadett, für'n Fall, datt Se hoch raus woll'n. Morj'n kriej'n Se dann schon jesacht, wie't weiter jeht.«

Etwas ernüchtert tat ich wie geheißen. Ich fand Stube 14, sie hatte sieben zweistöckige Feldbetten, war mit zwei hohen Fenstern so kahl und unwirtlich, wie man es nicht besser erwarten konnte. Ich warf meinen Koffer auf ein oberes Lager und räumte einiges aus dem Inhalt, was ich behalten zu können hoffte, in einen nahen Spind, darunter zwei Bücher: Hans Carossas »Rumänisches Tagebuch« aus dem Ersten Weltkrieg und ein Reclam-Heft mit Johann Christoph Lichtenbergs Aphorismen.

Da mir die Zeit lang wurde, beschloss ich, mich

draußen etwas umzusehen. Die Kaserne war ein weiträumiger Komplex von roten Backsteingebäuden. Dazwischen breiteten sich ungepflasterte staubige Exerzierplätze aus, auf denen wenige verkümmerte Bäume versuchten, sich gegen die Umgebung im Berliner Monumentalstil der Jahrhundertwende zu behaupten. Neu war die Schwimmhalle an der nördlichen Grenzmauer, auch sie überdimensional und an der Vorderseite geschmückt mit einem gewaltigen Relief eines LAH-Mannes in Paradeuniform im langen Mantel.

Da ich gesunden Appetit verspürte und inzwischen Mittagszeit war, beschloss ich, mich nach der Küche umzusehen; sie war mit dem Speisesaal und der Kantine im Hauptgebäude untergebracht. Guten Mutes ging ich in das Gebäude und fand bald die Essensausgabe. Dort waren erst einige Soldaten eingetroffen, und so stand ich bald vor dem feisten Mann mit einer Kelle, der Kartoffeln und Gulasch auf große ovale Steingutteller – so genannte Hundeteller – schaufelte. Ich sah ihn möglichst treuherzig an und bat:

»Bitte, kann ich etwas zu essen bekommen, Kamerad?«

»Watt is' datt denn«, bekam ich zur Antwort, »und watt heeßt hier Kamerad: Du has' ja nich' mal 'ne Uniform an, du Pfeife.«

Ich dachte, die Situation klären zu können: »Ich bin einberufen, nur etwas zu früh dran.«

»Da sachste ja selber, datt de zu früh bis. Morj'n is der Ersatz dran, da kann'ste wieder gomm', vorher is' nischt. Weiter, der Nächste.«

Ziemlich betreten räumte ich das Feld. Dahin waren die schönen Vorstellungen von der großen Kameradschaft, wie ich sie aus den Büchern von Werner Beumelburg und Edwin Dwinger kannte, mein Wissen aus der elitären Lektüre eines Ernst Jünger brauchte ich dabei gar nicht erst zu bemühen. Geraume Zeit später erfuhr ich jedoch zu meinem Trost, dass die Frontkameradschaft und die Heimatkaserne zwei sehr verschiedene Dinge waren, hier war ich beim »Ersatzhaufen«, Etappen-Funktionären aller Art, Schreibstubenhengsten, Ausbildern und anderen Drückebergern, die ihre sichere Position einflussreichen Parteibonzen als Vätern oder anderen guten Beziehungen verdankten.

Mein Urteil war voreilig und ich musste es später revidieren; »Uscha« (Unterscharführer, bei der LAH nannte man sie nicht »Uschaf«, weil man damit unwillkürlich die Assoziation »Schaf« verbunden hätte) Hans Ebner, ein Tiroler, der aus Österreich wegen seiner jugendlichen Begeisterung für das neue Großdeutschland schon 1935 ins »Reich« gewechselt war, gehörte wegen einer noch nicht ausgeheilten Verwundung als Gruppen-Ausbilder zur Ersatzkompanie, war ein Pfundskerl im besten Sinne des Wortes. Das galt auch für unseren Kompanieführer, Untersturmführer Karck, und einige andere.

Mir kam ein Gedanke, der mir in meiner militärischen Unerfahrenheit nützlich erschien. In Berlin wohnte meine Tante Maria, der ich in Hergenrath zweimal begegnet war; eigentlich war sie eine Cousine meines Vaters, der mir aufgetragen hatte, sie bei Gelegenheit zu besuchen, und mir ihre Anschrift gegeben hatte. Also ging ich wieder zur Bataillons-Schreibstube und fragte den »UvD (Unteroffizier vom Dienst)« möglichst devot:

»Ich habe für heute keine Verpflegung dabei. Bitte, darf ich die Kaserne noch einmal verlassen, um meine Tante zu besuchen? Sie würde mir sicher etwas zu essen geben.«

Die Reaktion war beträchtlich. Der Uscha stand auf, stemmte die Hände in die Seiten und sagte nicht sehr laut, aber in bedrohlich akzentuiertem Hochdeutsch:

»Sie sind wohl vom Affen gebissen. Wollen Sie mich verarschen? Heute Morgen haben Sie mich belabert, dass ich Sie einschreibe, jetzt wollen Sie wieder raus. Sie haben Ihren Einberufungsbefehl abgegeben und den kriegen Sie nicht wieder. Einen Ausgangsschein kriegen Sie frühestens in sechs Wochen. Und jetzt machen Sie mal eine Fliege, bevor ich vergesse, dass Sonntag ist!« Auf meiner Stube tröstete ich mich mit weisen Worten aus Lichtenbergs Aphorismen, dann machte ich noch einmal die Runde durch das Kasernenareal.

Den weiteren Nachmittag verbrachte ich ziemlich trübselig. Gegen Abend trafen die übrigen Einberufenen ein; als es dunkel wurde, war die Stube voll belegt. Mit einigem Hallo machte man sich miteinander bekannt, aus Westdeutschland war außer mir nur noch ein neuer Kamerad aus Westfalen. Ich schloss mich zwei Abiturienten an, Bernd Kloska aus Oppeln und Sepp Brunner aus Regensburg, mit denen ich bis zum Einsatz an der Ostfront zusammen war.

Die Neuankömmlinge hatten sich zu Hause gut versorgen lassen, am Abend stieg mir der Duft von Käse, Wurst und gebratenen Hähnchen in die Nase. Mir knurrte der Magen vernehmlich, aber nur ich selber hörte es, und ich traute mich nicht, jemanden um etwas von seinem Proviant zu bitten.

Am nächsten Tag mussten wir auf dem Hof antreten und dann erst einmal vor der Schreibstube der Kompanie, die im Erdgeschoss unseres Blocks fünf eingerichtet war, Schlange stehen, eine Beschäftigung, der ich in den kommenden Jahren noch viele Stunden widmen sollte. Schlange stand man immer, beim morgendlichen Kaffeeholen, vor dem Mittagessen und beim Empfang der kalten Verpflegung, vor der Kleiderkammer, der Waffenkammer, allen möglichen Untersuchungen und Registrierungen, zum Empfang des Ausgangsscheins und der Löhnung und für anderes mehr, frei nach dem Motto: »Denn die Hälfte seines Lebens wartet der Soldat vergebens«.

Bei den Neulingen, die vor mir abgefertigt wurden, ging alles glatt, soweit ich es wahrnehmen konnte. Als die Reihe an mir war, machte ich eine weitere unerfreuliche Erfahrung. Ich stieß auf einen »Schreibstuben-Bullen« jenes spezifischen Typs, dem ich nach dem Kriege in diesem absolut widerlichen Habitus nur noch einmal begegnet bin: beim Passieren der DDR-Grenzkontrolle anlässlich eines Ausflugs von West- nach Ostberlin.

Angeschnauzt mit der Aufforderung »Name?«, antwortete ich laut und deutlich, wie es meiner Meinung nach angebracht war, um einen guten Eindruck zu machen:

»Maeger, Herbert«, und zwar so, wie ich es nicht anders wusste – mit der in meiner Heimat, dem früheren Herzogtum Limburg, so auch in Flandern, Brabant und am Niederrhein üblichen Auslassung des niederfränkischen Dehnungs-e, wie es dort in Orts- und Familiennamen – beispielsweise in Kevelaer, Straelen oder Maeterlinck – häufig vorkommt, also mit Betonung »Maager«. Die Reaktion war verblüffend:

»Mach'n Se mal 20 Kniebeuj'n«, und als ich dem mit möglichst guter Haltung nachgekommen war:

»Na, wiss'n Se jetz', wie se heeßen?«

»Maager, Stabsscharführer, so heißt meine Familie im Kreis Eupen«.

»Jetz' mach'n Se mal 50 Kniebeuj'n, Se gönn' ja ihren eijnen Namen nich' mal richt'sch aussprech'n, se drübe Dasse!« – Und nachdem ich auch diese Übung absolviert hatte:

»Määger heeß'n Se, is datt jetz' klar. Wenn Se nich Deutsch les'n und schrei'm gönn', bring' wa Ihn' datt bei, Se ulk'scher Beutejermane.«

Als eine Zusammenfassung der ersten Lektionen drängte sich mir die Erkenntnis auf, dass ich in den kommenden Tagen und Wochen eine Schule absolvieren würde, gegen die mein heimisches Gymnasium eine Art Sommerfrische war. Und ich wusste auch: Ich musste durchhalten, zurück konnte ich aus etlichen Gründen auf keinen Fall.

Das Erlebnis war bezeichnend. Die Kombination von SS-Mythos, preußischer Tradition und Rabaukenmentalität erzeugte eine Gruppenidentität, mit der die LAH ihren Korpsgeist zu einem Idol eigener, isolierter Prägung machte. Das nationalsozialistische Leitbild »Einer für alle, alle für einen« hatte keinen Platz in der Elitetruppe des Führers, die nur das Ziel verfolgte, jede Individualität durch brutalen Schliff zu brechen, um eine Truppe zu schaffen, die gegen sich selber ebenso rücksichtslos war wie gegen den Gegner. Eine der gängigen Parolen lautete: »Unmögliches wird sofort erledigt, nur Wunder dauern etwas länger«. Als selbstverständlich galt, dass die LAH die beste militärische Truppe nicht nur der Welt, sondern der Weltgeschichte war. Prinzipiell kannte sie nur den erfolgreichen Angriff, der Rückzug wurde auch in der Ausbildung nicht einmal geübt, was sich später bitter rächen sollte.

Um jedoch falschen Schlussfolgerungen vorzubeugen: Wir wurden gründlich über die Bestimmungen der

Genfer Konvention und die Haager Landkriegsordnung, also über die international gültigen Regeln zur humanitären Behandlung von Kriegsgefangenen und der Zivilbevölkerung in besetzten Gebieten unterrichtet.

Im Wesentlichen bestand die militärische Ausbildung aus Exerzieren und Waffendienst. Die »4. E-LSSAH« (4. Ersatz-Kompanie Leibstandarte SS Adolf Hitler), der ich jetzt als Rekrut angehörte, war die Ersatzeinheit der 14. Kompanie des Frontregiments LAH. Als »Schwere Kompanie« bestand sie aus drei SMG-Zügen und einem Granatwerferzug. Unsere spezielle Waffe, das MG 34, war praktisch identisch mit dem gleichnamigen LMG (Leichten Maschinengewehr), zum SMG (Schweren Maschinengewehr) erweiterte man sie durch eine Lafette, auf die das MG mit Schnellverschluss-Verbindungen montiert und dadurch zu einer Waffe mit hoher Dauer-Schussleistung wurde. Das führte zu einem beträchtlichen Bedarf an Munition, die in Kästen mit Gurten zu je 300 Schuss von den Munischützen herangeschleppt werden mussten. Normalerweise kam auf eine »schwere« Infanterie-Gruppe ein SMG; das MG selber führte der Schütze 1, die Lafette und das Zielgerät der Schütze 2, die Übrigen – außer dem Gruppenführer weitere sieben Mann – waren »Munischützen« oder im Kommiss-Jargon »Schützen Arsch«. Sie schleppten bis zu vier Kästen mit gegurteter Munition zu je 17 Kilogramm, dazu auch übriges Gerät wie Ersatzläufe; wenn der MG-Lauf bei hoher Schussleistung glühend heiß wurde oder durch einen »Hülsenreißer« – Abreißen des Patronenhülsenbodens, Blockieren des Laufs durch die Hülse selbst – unbrauchbar wurde, musste er mithilfe eines Asbesthandschuhs ersetzt werden. Es kam darauf an, alles mit äußerster Schnelligkeit zu tun, dazu gehörten im Geländedienst: Aus dem Liegen hinter dem SMG das Zerlegen der Waffe, das Aufspringen mit dem schweren Gerät, dessen flinker Transport über 50, 60 Meter oder mehr zu einer neuen Stellung, der Zusammenbau zur schnellen Schussbereitschaft des SMG, nach der Situation auch das Aufwerfen einer Deckung und beziehungsweise oder das Eingraben mit dem Spaten. Dies alles hatte mit dem höchstmöglichen Tempo zu geschehen – sozusagen mit einem »Affenzahn«, wie der Lieblingsbegriff der Ausbilder lautete. So sollte sichergestellt werden, dass die LAH immer und überall schneller war als jeder potenzielle Feind.

Der Geländedienst war schon für eine gut trainierte Mannschaft eine harte Strapaze. Die LAH aber war etwas Besonderes: Sie war doppelt ausgerüstet, auf jede Gruppe kamen zwei SMG, mit der Folge, dass die Mannschaften auch die komplette Zusatzbestückung zu schleppen hatten. Da der Gruppenführer und der Schütze 1 die Hände frei haben mussten, trugen die »Munischützen« außer ihrer Infanterieausrüstung je vier statt zwei Kästen, der Schütze 2 auch in der Ausbildung zusätzlich zur Lafette zwei Kästen. Seine Gesamtbelastung: eine Lafette gleich 22,5 Kilogramm, zwei Munitionskästen mit zusammen 34 Kilogramm, die Zieleinrichtung und die übrige Marschausrüstung mit Pistole, Gasmaske, Zeltplane, Brotbeutel, Feldflasche, Stahlhelm, Spaten, Bekleidung und weitere Ausrüstungsteile mit etwa acht Kilogramm – alles in allem also rund 64 Kilogramm. Mit diesem Gewicht wurden Märsche von 20 Kilometern und mehr zurückgelegt, oft genug in Hitze und Kälte, Regen und Schnee.

Die MG-Schützen trugen auf der Brust einen Kasten mit dem optischen Zielgerät, das zwei Funktionen hatte: Einmal diente es bei SMG-Verwendung, also auf der Lafette montiert, zum direkten Schießen als Zielfernrohr; zum anderen konnte es – mithilfe einer Libelle zur vertikalen und horizontalen Nivellierung – zum so genannten »indirekten Schießen« eingesetzt werden, bei dem der Schütze das Ziel selber nicht sah; die Waffe schoss über eine Bodenwelle oder eine andere Sichtschranke hinweg mit dem Vorteil, dass der Gegner die Feuerstellung ebenfalls nicht sehen konnte. Das Ziel wurde mit dem »Richtkreis« von einer zentralen Feuerleitstelle anvisiert, die ermittelten Messwerte wurden an die einzelnen MG-Stellungen mit einem trigonometrischen Verfahren übermittelt.

Die Sache war ziemlich kompliziert, wenn man bedenkt, dass bei unserer doppelten Ausrüstung 12 MGs eingerichtet werden mussten. Im Prinzip war es das Feuerleitsystem, mit dem unser Granatwerferzug grundsätzlich schoss und die Artillerie allgemein, soweit diese sich nicht schon der Schallmessmethode bediente. Ich war für dieses Verfahren ausgebildet, habe aber an der Front nie erlebt, dass es angewandt wurde, weil es zu umständlich und zeitraubend war.

Ich hatte – wohl weil ich ein relativ breites Kreuz vorweisen konnte – das zweifelhafte Vergnügen, während der ganzen Berliner Ausbildungszeit Schütze 2 zu sein. Dabei lief ich mir dicke Blasen an den Füßen, weil ich Paradestiefel der Vorkriegs-LAH in der kleinsten vorhandenen Größe 45 tragen musste, meine relativ bescheidene Größe 42 gab es nicht.

Zwei Monate und drei Wochen nur dauerte meine Ausbildung in Berlin-Lichterfelde. Gelernt habe ich für den Einsatz außer dem Dienst an den Waffen und dem exerziermäßigen »Griffekloppen« kaum etwas, was ich nicht schon längst besser konnte. Immerhin hatte ich es im Sommer 1940 als einziger Absolvent aus Eupen-Malmedy in einem vierwöchigen Lehrgang für HJ-Führer in Blumenthal in der Eifel, der von Wehrmachtsoffizieren geleitet wurde, zu einem so genannten »K-Übungsleiter« gebracht und damit die Befähigung als vormilitärischer Ausbilder in der HJ erlangt, mich in dieser Funktion allerdings anschließend nie betätigt. Immerhin hatte ich dabei unter anderem Dinge wie Geländekunde, den Umgang mit militärischen Messtischblättern und die verschiedenen Arten der Zielerkennung und -beschreibung gelernt: Fertigkeiten, von denen in Lichterfelde nie die Rede war.

In meiner Zeit als junger Rekrut nützte mir das wenig; es galt – wie ich bald merkte – im Gegenteil, sich tunlichst nicht klüger zu zeigen als die Unterführer, die uns als das behandelten, was wir in ihren Augen waren: »Schlipse«, also absolut blödsinnige Anfänger, denen sogar das Gehen und Stehen mühsam und mit einem geradezu ungeheuren Aufwand an Gebrüll beigebracht werden musste; das vorschriftsmäßige Hinlegen nach HDV*) mit »Auf, marsch, marsch!«, Kniebeugen und Liegestütze wurden bis zum Erbrechen geübt – so wurde der angestrebte Endzustand des methodischen »Fertigmachens« genannt. Das Ganze hatte offenbar den Zweck, uns den bevorstehenden Weg an die Front als eine Art Erlösung erscheinen zu lassen. Eine Spezialität zur Hebung der Ausbildungsmoral waren bei der 4. E-LSSAH die »Kalten Klamotten«: Der Delinquent, der sich in der Liegestütz-Position befand,

*) Heeres-Dienst-Vorschrift.

musste mit allen Vieren gleichzeitig vom Boden abspringen und im »freien Raum« Hände und Füße gleichzeitig aneinander schlagen, je nach Laune des Ausbilders 20- oder auch 50-mal.

Dass die schnelle Handhabung des MG im Team immer wieder geübt wurde, konnte man als sinnvoll ansehen, das Gewehrexerzieren und vor allem die Schleiferei zur Beherrschung des perfekten Stechschritts hätte allenfalls zur gloriosen Parade nach dem Endsieg vor dem Führer getaugt.

Körperlich bekam mir die harte Ausbildung ausgezeichnet, nie mehr war ich später so fit wie in dieser Zeit. Niemand in der Kompanie konnte einhändig die MG-Lafette – immerhin fast einen halben Zentner – so oft stemmen wie ich, etwa dreißigmal; und kein Ausbilder konnte den Karabiner am Lauf mit ausgestreckten Arm länger halten. Das brachte mir einige Pluspunkte, ebenso die vormilitärische Ausbildung, die ich in Sonderlehrgängen der HJ erhalten hatte. Manches davon, wie Orientieren im Gelände, Zielerkennung oder Anfertigung von Geländeskizzen waren allerdings merkwürdigerweise nicht gefragte militärische Fertigkeiten; alles konzentrierte sich auf Exerzierdrill und andere wenig sinnvolle Kasernenhofspäße wie das »richtige Vorbeigehen an Vorgesetzten in strammer Haltung«. Am zweckmäßigsten erschienen mir noch der Geländedienst, die Ausbildung an den Waffen und die immer wieder geübten schnellen Stellungswechsel mit dem MG.

Auch das Robben – schnelles Vorwärtsbewegen mit flach an den Boden gepresstem Körper – konnte als sinnvoll angesehen werden, mit der vollen Ausrüstung war es allerdings eine Tortur. Mit viel Geschrei achteten dabei die Ausbilder darauf, dass die Rekruten immer die Fersen dicht an den Boden pressten; im Ernstfall hätte ein Granatsplitter diese treffen und so dem Schützen Arsch einen ihm möglicherweise willkommenen »Heimatschuss« verpassen können.

Es wurde mir bei all diesen Übungen nie ganz klar, ob sie der Kampfertüchtigung der Truppe dienen sollten oder der Schikane des Individuums. Vermutlich, so folgerte ich schließlich, war beides in Wechselwirkung zur Steigerung des Effekts beabsichtigt. Ein Prinzip, das man aber wohl in allen Armeen in die Tat umzusetzen bemüht ist.

Was mir wenig behagte, war der menschenverachtende Zynismus, der – von einigen Ausbildern und Offizieren abgesehen – die Kasernen-Stammmannschaft beherrschte. Ich hatte folgendes bezeichnende Erlebnis: Als wir gegen Ende der Ausbildungszeit Anfang Dezember unsere Feldausrüstung empfingen, stellte sich heraus, dass ich in den Besitz von einem Paar Schnürschuhen kam, die wiederum um mindestens eine Nummer zu groß waren.

Ich ging zur Bekleidungs-Kammer, um sie umzutauschen. Der »Kammerbulle« machte sich nicht einmal die Mühe, sich nach einem passenden Paar Schuhe umzusehen. Er warf mir meine mitgebrachten, die ich auf seinem Tresen abgelegt hatte, mit Schwung in die Arme und knurrte nur:

»Hau ab, du Flasche! Andere Schuhe brauchst du nicht, Weihnachten hast du sowieso schon in Russland einen kalten Arsch!«

Die Leibstandarte war keine homogene Truppe; ihre Offiziere, national motivierte und mehr oder weniger intellektuell gebildete Berufssoldaten, waren fast alle aus der Reichswehr der Zwanzigerjahre – dem Hunderttausend-Mann-Heer nach dem Versailler Vertrag – hervorgegangen. Die übrigen LAH-Männer gehörten anfänglich weit gehend einer Spezies an, die man wohl treffend als »Haudegen« bezeichnet. Sie verkörperten einen Typus, der eigentlich, abgesehen von einer überdurchschnittlichen Körpergröße, oft der politisch-genetischen Zielsetzung der SS kaum entsprach; es waren durchweg Männer einfachster Herkunft und mit geringer Bildung, die mehr von Korpsgeist und Versorgungsdenken eines Berufssoldatentums dieser besonderen Art angezogen waren als von politischen Idealen.

Mit den Eingezogenen des Jahrgangs 1922, zu denen auch ich gehörte, kamen erstmals junge Kriegsfreiwillige aus bürgerlichen Familien – darunter auch Abiturienten – zur LAH, die diesen Nachwuchs nur mit Widerstreben aufnahm. Da die »Alten« an den Brennpunkten der Angriffskriege aber zum großen Teil schonungslos »verheizt« worden waren, änderte sich nach einer kurzen Übergangszeit das Niveau der Truppe, die »intelligenter« und dadurch im besseren Sinne elitärer wurde.

Alles in allem entsprach die Ausbildung kaum den Anforderungen des Russlandkrieges, denen man uns nach knapp zehn Wochen aussetzen wollte. Sie war mit ihrem vorwiegend auf Gewehr- und Paradeexerzieren ausgerichteten Programm ebenso ungeeignet wie die Ausrüstung, mit der man uns schließlich auf den Weg in die raue Wirklichkeit des russischen Winters schickte: Baumwoll-Unterwäsche, »Knobelbecher« (wadenhohe Lederstiefel) und Schnürschuhe, Tuchuniform, leichter Tuchmantel, Feldmütze, dünne Kopfschützer und leichte Handschuhe. Allein die mangelhafte Bekleidung sorgte später für enorme Ausfälle durch Erfrierungen. Einen Krieg, auch einen als präventiv definierten, zu beginnen, mag völkerrechtlich gesehen ein Verbrechen sein, dies mit einer absolut unzulänglichen Ausrüstung und unterlegenen Bewaffnung zu tun, war auch gegenüber der eigenen Truppe kriminell.

Abstoßend wirkte auf mich der »preußische Schliff«, der offenbar darauf angelegt war, durch entwürdigende Behandlung der Soldaten sie bereit zum unbedingten Befolgen von Befehlen, zu Entbehrungen und zum Sterben im Sinne des Kadavergehorsams zu machen. Schikanen wie »Maskenbälle« – das abwechselnde Antreten in Unterkleidung, in Drillich und in feldmarschmäßiger Ausrüstung binnen jeweils zwei Minuten – und das Schrubben der Kasernenflure mit Zahnbürsten gehörten zu den täglichen und nächtlichen Übungen, mit denen dem Prinzip Genüge getan werden sollte …

Ein Kamerad in meiner Gruppe, er war ein Bauer aus Niederösterreich namens Pold, musste regelmäßig auf einen Spind in unserer fast vier Meter hohen Stube der ehemaligen preußischen Kadettenanstalt klettern, sich dort niederhocken und immer wieder den schwachsinnigen Satz rufen: »Ich, Nepomuk von Schlips, sitze auf dem Baum und wackle mit den Ohren, weil ich ein krummgeficktes Eichhörnchen bin. In Ewigkeit, Amen.« Pold fiel wenige Wochen später in Russland.

Die Art von Disziplin, die so erzeugt wurde, zerstörte letzten Endes die individuelle Moral und damit die soldatische Ethik des deutschen Soldaten, von der beispielsweise in dem von mir zuvor mit Begeisterung gelesenen Buch »In Stahlgewittern« von Ernst Jünger so eindringlich und pathetisch die Rede war. Sterben lernten sie, die Soldaten der Leibstandarte, aber für den

Kampf wurden sie vorbereitet mit einer Mentalität, die im Effekt nichts anderes entwickelte als den selbstmörderischen Mechanismus von Robotern. Nach meiner Beobachtung und Erfahrung war hierfür vor allem das niedrige Persönlichkeits-Niveau des Unteroffizierskorps maßgebend.

Persönlich hatte ich allerdings das Glück, im Fronteinsatz fast immer Offiziere zu Vorgesetzten zu haben, die meine individuelle Selbstbehauptung respektierten und mir Aufgaben zuwiesen, die mir gerecht wurden. Das muss als um so bemerkenswerter angesehen werden, als ich mich beharrlich weigerte, SS-Offizier zu werden. Hierzu hätte ich mich über meine Kriegsfreiwilligkeit hinaus für zwölf Jahre bei der Leibstandarte, die nur Berufsoffiziere kannte, verpflichten müssen. Mir wurde schon bald klar, dass meine Zukunftsvorstellungen sich beim Kommiss und speziell bei dieser Truppe nicht verwirklichen ließen, und dass es darauf ankam, diese Epoche meines Lebens so ersprießlich wie möglich zu überstehen.

Zunächst aber ging es darum, die Rekrutenzeit einigermaßen passabel hinter mich zu bringen, die sich wegen des besonderen Interesses, das einige schikanierfreudige Uschas an mir zeigten, fast bis Ende 1942 dauern sollte. Danach erfreute ich mich praktisch über die restliche Zeit meiner LAH-Zugehörigkeit einer gewissen Sonderstellung; befördert wurde ich – wenn ich die Episode meiner zwei Monate an der SS-Junkerschule Prag außer Betracht lasse – über den Rottenführer (Obergefreiten) hinaus nicht, aber meine Kompaniechefs gaben mir nach meinem ersten Kommissjahr fast ständig sozusagen eine »Z.b.V.-(Zur besonderen Verwendung)-Funktion«. Nie habe ich einen Befehl ausführen müssen, der gegen mein Gewissen oder meine Prinzipien verstoßen hätte. Dabei habe ich aber vermutlich auch einfach Glück gehabt.

Meine Motivation war klar: Nach Herkunft und Erziehung war es mir unmöglich, mit meinen Befehlen Menschen in den sicheren Tod zu schicken, was ein Offizier unvermeidlich tun muss. Ich habe jedoch an der Front in meinem Bereich stets meine Pflicht getan, auch freiwillig riskante Kommandos übernommen, wenn es zum Beispiel galt, Verwundete zu bergen. Irgendwie entwickelte ich mit der Zeit ein spezielles Talent zur Lösung von Problemen, über die in der HDV nichts stand; ich fand später als Fahrer des Kompaniechefs und damit des Führungsfahrzeugs einer Kolonne auch im russischen Schneesturm mit beachtlicher Genauigkeit das Marschziel. Ähnlich zuverlässig entwickelte ich ein Gespür dafür, wenn irgendwo etwas Essbares oder Trinkbares über die frugale Truppenverpflegung hinaus ausfindig gemacht werden konnte. Ich wurde eine Art Spezialist im »Organisieren« – ein Kommissbegriff für jedwede Art der Beschaffung von Dingen, die man gemeinhin entbehren musste. Aber davon wird noch in anderen Zusammenhängen die Rede sein.

In Berlin war deutlich zu spüren, wie sehr die Substanz der alten LAH in den Feldzügen in Polen, in Frankreich, auf dem Balkan und in den ersten vier Monaten in Russland dezimiert worden war. Gerüchten zufolge, die uns erreichten, betrug die durchschnittliche Kampfstärke der Fronteinheiten nur noch etwa 20 Prozent. Es wurde deutlich, dass auch für die notwendigen Reserven die Führung nicht die erforderliche Vorsorge getroffen hatte. Offenbar war man in das russische

Abenteuer marschiert mit der Wahnvorstellung, es handele sich um einen militärischen Spaziergang, um einen »Blitzkrieg« mehr in der Kette der Erfolge schneller Feldzüge. Die Art und Weise, wie man nun den auf die Schnelle ausgebildeten Nachschub vorbereitete, war ein Beweis dafür, dass man aus den Erfahrungen kaum die nahe liegenden Schlussfolgerungen gezogen hatte. Man tat so, als ob nichts unerschöpflicher und billiger sei als »Menschenmaterial«, und das angesichts einer wachsenden Zahl von Feinden in aller Welt. »Meine Ehre heißt Treue« stand auf unseren Koppelschlössern: ein Spruch, dem die Führung ihrerseits in ihrem ethischen Verhalten nicht entsprach.

Meine Einstellung zur Waffen-SS mag widersprüchlich erscheinen und sie ist es schon deshalb, weil die Waffen-SS eine Truppe voller Widersprüche war: Weder war sie eindeutig heroisch mit fleckenlosem Schild, noch war sie grundsätzlich gekennzeichnet von der erbarmungslosen Härte gegen den kriegsgefangenen Gegner oder von der Brutalität gegen die Zivilbevölkerung in besetzten Gebieten, die man ihr immer wieder nachsagte.

Soldat sein ist ein sehr persönliches Erlebnis. Von einer Uniform wird man geprägt und im besten Falle versucht man, die positiven Ideale zu verwirklichen, die gewöhnlich damit verbunden sind. Außerdem hat man es in einer militärischen Einheit nicht nur mit dem Gruppenzwang zu tun, sondern mit vielen Menschen – Individuen, die immer wieder in einer ganz persönlichen Verantwortung ihr Verhalten entscheiden müssen.

Der nur geringe moralische Spielraum, den man als Soldat in seinem Handeln hat, wird bestimmt von Veranlagung und Erziehung, aber auch von der Selbsterfahrung im Angesicht des Todes. Hat man zu einer eigenen neuen Haltung gefunden, so erwächst daraus eine Verpflichtung anderen gegenüber, die man Kameradschaft oder – gegenüber dem wehrlosen Gegner – Ritterlichkeit nennt, und der man sich mit Anstand nicht entziehen kann.

Das also waren die Situation und die Gemeinschaft, in die ich von einem Tag auf den anderen hineinversetzt wurde. Wie war es eigentlich dazu gekommen? Die Antwort auf diese Frage ist nicht in drei Sätzen abgetan. Nach der schnoddrigen Definition der damaligen Zeit war ich ein »Beutegermane« und als solcher fühlte ich mich auch. Wer zwei Vaterländer hat, hat zwei halbe, oder er muss sich ohne Vorbehalte für eines mit allen Konsequenzen entscheiden. Das hatte ich zugunsten Deutschlands zwar getan, aber der Schritt aus einem streng katholischen Elternhaus und einem klerikalen Gymnasium in die Waffen-SS war eine andere Sache und wurde nicht ohne innere Auseinandersetzungen vollzogen. Vorangegangen war eine Entwicklung, die von vielen Erfahrungen und Erlebnissen eines Kindes und Jugendlichen geprägt war.

Zwischen zwei Vaterländern

Mein erster einschneidender Konflikt mit mir selbst entstand, als ich mit knapp sechs Jahren in die belgische Volksschule kam und lesen lernte. In unserem ersten deutschsprachigen Lesebuch stand auf der ersten Seite als Zitat die Frage von Ernst Moritz Arndt: »Was ist des Menschen Vaterland?« und auch seine Antwort: »... dort, wo ihm Gottes Sonne zuerst schien und seine Sterne zuerst leuchteten ...«. Darüber machte ich mir Gedanken. War mein Vaterland, wo mir die Sonne zuerst schien, demnach Belgien, das Land, das laut Cäsar und ebenfalls laut Lesebuch bewohnt war »von den Tapfersten aller Gallier«? Oder war mein Vaterland das Land, in dem meine Eltern geboren waren, die deutsch sprachen wie fast alle in den »belgischen Ostkantonen«, das wallonisch-sprachige Malmedy und einige Dörfer seiner Umgebung ausgenommen? War mein Vater, der stolz darauf war, im preußischen 4. Garderegiment in Berlin gedient zu haben, 1915 als junger Reservist bei Arras in Nordfrankreich schwer verwundet wurde und nur knapp überlebte, eigentlich ein Deutscher? Und wieso war er nun ein Belgier und kein Deutscher mehr?

Ich begann zu fragen und bekam von meinen Eltern karge Antworten, aus denen sich das politische Weltbild eines Kindes formte: Deutschland war das große Vaterland, aus dem wir vertrieben waren, Belgien das kleine, in dem wir leben mussten, weil das in einem Ort namens Versailles irgendwelche Leute mangelhaften

Wissens oder Gewissens so bestimmt hatten. Sie hatten zwar entschieden, dass in Eupen-Malmedy eine Volksabstimmung stattfinden und die Einwohner selbst ihr Vaterland wählen sollten.

Diese Abstimmung hat im Sinne demokratischer Prinzipien nie stattgefunden. Irgendwann im Jahre 1920 wurde lediglich auf Plakaten verkündet, wer für Deutschland optieren wolle, müsse sich auf dem zuständigen Bürgermeisteramt melden und sich mit seiner Unterschrift in Listen eintragen. Dem war eine massive Einschüchterungskampagne vorangegangen. Nur wenige meldeten sich, die große Mehrheit hatte ganz einfach Angst – und in Deutschland herrschten Hunger und Not. Im engen Familienkreis hieß es, wer der Aufforderung zur Option nachkomme, werde in Handschellen über die Grenze nach Deutschland abgeschoben, sein gesamter Besitz konfisziert. Dies wird zwar von der offiziellen neueren Geschichtsdarstellung bestritten, bezeichnend ist jedoch: Nur 271 von den rund 60 000 Eupen-Malmedyern wagten sich für Deutschland zu entscheiden.*)

Mein Vater liebte sein Heimatdorf Hergenrath sehr und hatte dort von seinen Vorfahren Haus- und Grundbesitz. Beides wollte er wie fast alle anderen nicht verlieren, damit war das Ergebnis der Volksabstimmung, die in Wirklichkeit keine Wahl ließ, klar: Die Eupen-Malmedyer wurden »endgültig« Belgier und ihre Kinder auch. Ende der Zwanzigerjahre gab es eine inoffizielle Abstimmung der prodeutschen »Heimattreuen Front«, von der behauptet wurde, dass sie mit über neunzig Prozent zugunsten Deutschlands ausfiel. 1920 stimmte der eine oder andere auch mit den

*) Quelle: Meyers Lexikon 1925, 2. Bd., Belgien/Geschichte, S. 75.

Füßen ab, verließ seine Heimat, ging nach Deutschland und baute sich »drüben« eine neue Existenz auf.

In der Praxis der neuen Verhältnisse stellte sich heraus, dass es eigentlich gar nicht so schlecht war, Belgier zu sein. Mein Vater, der wegen seiner Kriegsverwundung das Bäckerhandwerk im väterlichen Geschäft nicht mehr ausüben konnte und 1917 Bahnbeamter geworden war, wurde als Reichsbahn-Assistent von den Belgischen Staatsbahnen übernommen und bald, weil er sich in kurzer Zeit gute Kenntnisse im Französischen angeeignet hatte, Vorsteher des kleinen Bahnhofs Astenet; er trug eine schöne rote Mütze wie ein französischer General und war eine Respektsperson; schon in jungen Jahren wurde er Mitglied des Gemeinderats unserer Gemeinde Walhorn.

Überhaupt bemühten sich die Belgier, ihre Neubürger die dubiose Volksabstimmung vergessen zu machen, sie gaben ihnen – auch rückwirkend – alle Rechte: Mein Vater erhielt eine Kriegsrente, so als ob er für Belgien sein Blut vergossen hätte, und sogar einen belgischen Frontkämpferorden; er amüsierte sich ein bisschen darüber, hob ihn aber sorgfältig in der Schachtel auf, in der auch sein deutsches Eisernes Kreuz und sein Verwundetenabzeichen lagen.

Meine Heimat war stockkatholisch; die höchste Ehre, die einer Familie zuteil werden konnte, war, einen Priester in der Familie zu haben. Da mein Vater als ältester von drei Söhnen die elterliche Bäckerei übernehmen sollte, richtete sich dieser Ehrgeiz auf seinen Bruder Lambert, der als Theologiestudent 1916 in der Schlacht von Arras fiel. Sein Grab befindet sich in einem wunderschönen, gepflegten Soldatenfriedhof in

Bapaume, einem kleinen Dorf im Tal der Somme. Er war im Priesterseminar Kommilitone meines Onkels Josef mütterlicherseits, damals als angehender Theologe ebenfalls der ganze Stolz seiner Familie. Von ihm wird noch die Rede sein; durch die Beziehung der beiden lernten sich meine Eltern kennen.

Neben der feierlichen Zelebration der ersten Messe eines jungen Priesters in seiner Heimatgemeinde – einer Primiz – war die jährliche Erstkommunion der Kinder das wichtigste Ereignis im Leben einer Gemeinde, das in den Familien der Bedeutung entsprechend gefeiert wurde. Dazu gehörte nach dem Besuch des Hochamts in der Pfarrkirche für alle Geladenen ein großes Festessen, das sich in einen ausgedehnten Nachmittagskaffee mit herrlichen Reis- und Obstfladen – rundes flaches, dick belegtes Hefeteig-Gebäck, wie man es von Breughels Gemälden kennt – fortsetzte und in das anschließende Abendessen, meist Kartoffelsalat mit Frankfurter Würstchen, überging. Am schönsten war es, wenn, wie bei meinem Hergenrather Onkel Martin und seiner von Herzen liebenswerten Frau Malchen, fünf Kinder im Haus waren, für die nacheinander die Feste ausgerichtet wurden.

Als ich zu diesem Alter heranwuchs, wurde ich in eine bedeutende Neuerung der kirchlichen Regel einbezogen. Vorher war üblich, die Erstkommunion verbunden mit der Firmung bei Erreichen des 14. Lebensjahres abzuhalten. Ich gehörte zu den Ersten, die bereits mit neun Jahren an dem kirchlichen Ritual teilnehmen durften. Es war für mich eher anstrengend als erhebend; eine Menge Verwandte hatten sich eingefunden, denen ich im blauen Kadettenanzug mit langer Hose präsentiert wurde; zum Nachtisch gab es köstliches Eis, von dem ich zu meinem großen Bedauern aber nichts abbekam, weil nach dem Hauptgang die Zeit so fortgeschritten war, dass ich mich ohne Aufschub zur festlichen Nachmittagsvesper in die Pfarrkirche begeben musste.

Meine Großmutter schenkte mir bei dieser Gelegenheit eine für ein Kind total unangebrachte vergoldete Sprungdeckeluhr. Sie war eine fromme und fröhliche Frau, obwohl sie bereits als Vierzigjährige Witwe geworden war und mit einer bescheidenen Rente fünf Kinder durchbringen musste. Ihr Gedächtnis war phänomenal, mit 70 Jahren noch konnte sie eine halbe Stunde lang ohne Pause frei aus den Liebesbriefen ihres Mannes zitieren. Einige ihrer Aussprüche flechte ich gelegentlich heute noch in meinen Text ein, wenn ich eine offizielle Ansprache halten muss.

Ihre liebste Lebensregel teilte sie gerne in Aachener Platt mit: »Wä gett, wat hä hatt, es wäet, datt hä leeft, en mot ästimeert wäede! (Wer gibt, was er hat, ist wert, dass er lebt, und muss respektiert werden!)«. Eine andere trug sie nur auf Hochdeutsch vor: »Eine Mark ausgeben oder sparen, macht den Unterschied von zwei Mark!« Ich verwende sie gerne, wenn ich meine Worte an Politiker und Ökonomen richte.

Meine kirchlichen Verpflichtungen nahmen schon in meiner frühesten Jugend einen beträchtlichen Raum ein. Mein Vater war in seiner Knabenzeit Messdiener gewesen und machte es sich zur Aufgabe, mir das Messlatein beizubringen, bevor ich noch lesen und schreiben konnte. Als das Schwierigste galt dabei das Opfergebet »Suscipiat«, das ich aber bereits als Fünfjähriger mit den übrigen Obligatorien brav – und ohne ein Wort zu verstehen – aufsagen konnte. Damit weckte ich den Ehrgeiz meiner Mutter, die mich prompt als

Novizen für den Messdienst im Asteneter Ursulinenkloster anmeldete. Dort gab es ein ausgezeichnetes Internat für angehende Damen mit Nonnen als Lehrerinnen, aber außer einem Hausmeister und Knechten der Klostermeierei keine Männer. Die Gottesdienste hielt ein pensionierter Pfarrer ab, der im Altersstift des Klosters wohnte. Die Einwohner von Astenet, eines kleineren Teilorts der Gemeinde Walhorn, hatten durch eine namhafte Spende zum Bau der Klosterkapelle beigetragen und sich damit das Recht zur Teilnahme an allen Gottesdiensten erworben. Damit ersparten sie sich zwei Kilometer Fußweg zur Pfarrkirche in Walhorn, der dortige Pfarrer sah die lokale Abspaltung allerdings nicht besonders gerne.

Durch die Initiative meiner Mutter avancierte ich also bereits im Vorschulalter zum Messdiener, es gab jedoch zu dieser Zeit zwei oder drei Mit-Ministranten, die einige Jahre älter waren. Ich musste fürs Erste nur einige Male in der Woche pünktlich meinen Dienst antreten; mit der Zeit wurde ich aber mehr und mehr in die Pflicht genommen. Besonders als ich in die Schule kam – ich war noch nicht ganz sechs – wurde mein Einsatz Zeit raubend. Zum Messdienst in der Klosterkapelle hatte ich einen Weg von fast einem Kilometer, die Messe dauerte eine halbe Stunde, begann um halb sieben und war um sieben zu Ende. Die Schulstunden dauerten von acht bis zwölf und von zwei bis vier, der Schulweg musste zweimal am Tag, vormittags und nachmittags, mit je fast zwei Kilometern, also täglich acht Kilometer, absolviert werden. Das alles galt auch für die kalte Jahreszeit mit den Regenmonaten der Voreifel, Schnee und Eis.

Vor allem in den Ferien wurde das Ganze für mich zunehmend unerfreulich, wenn Geistliche im Kloster zu einem Erholungsaufenthalt weilten. Sie mussten täglich ihre Messe lesen und brauchten den damals unverzichtbaren Ministranten. Wenn nur zwei Gäste dieser Art anwesend waren, bedeutete das täglich drei Messen, sonntags drei frühe und die reguläre für die Dorfbewohner um neun. Die anderen Messdiener warfen nach und nach das Handtuch, um so stärker war ich in Anspruch genommen; zum morgendlichen Ausschlafen kam ich auch in den Ferien nur noch ein- oder zweimal in der Woche.

Die psychische und physische Überforderung, der ich in so jungen Jahren ausgesetzt war, bewirkte in mir die erste Rebellion meines Lebens. Als ich schließlich eine Woche lang alleine den Messdienst bis zu drei Mal am Tage abgeleistet hatte, trat ich in den Streik. Meine Mutter war eher verblüfft als erbost, akzeptierte aber meine Verweigerung, wohl auch, weil mein Wechsel ins Gymnasium mit der täglichen Fahrt zum zehn Kilometer entfernten Eupen anstand.

Ich bin mir bewusst, dass ich der Religion meiner Kinderjahre viel verdanke, ich fühle mich ihr heute noch stark verbunden. Meine inzwischen den Lebenserfahrungen angepasste Ethik ist einfach: Wir sind Teil eines für uns unbegreiflichen Schöpfungszwecks, Gott hat uns als erkenntnisfähige Individuen geschaffen, damit wir mit Respekt vor seinem Schöpfungswillen handeln; jeder unserer Mitmenschen ist ein elementarer Teil der Schöpfung; wer einem von ihnen ein Leid zufügt, beleidigt den Schöpfer und begeht damit eine schwere Sünde. Einen Verstoß gegen die Gebote der Kirche sehe ich vergleichsweise als Lappalie an. Ich glaube, dass jedes Gebet jeder Religion und in jeder Sprache die Gottheit erreicht, auch die drei Ave Maria, die ich seit meiner frühen Kindheit bis heute jeden

Abend spreche. In Not und Leid – besonders in den Kriegsjahren – ist mir daraus viel Hilfe zuteil geworden, für die ich dankbar bin.

Die Amtskirche sehe ich als unverzichtbar an, sie ist der Rahmen für die Maximen des menschlichen Handelns. Aufgrund persönlicher Erlebnisse hatte ich zu ihr eine Distanz gewonnen, die ich lange Zeit nicht überwinden konnte. Hierzu gehörte außer – relativ harmlosen – pädophilen Kontaktversuchen durch Priester, denen ich als Kind ausgesetzt war, die brutale, ganz und gar ungerechtfertigte und mit körperlicher Bedrohung verbundene Anschuldigung durch einen geistlichen Lehrer in der Untertertia, der mich bezichtigte, eine obszöne Zeichnung angefertigt zu haben; ich wusste nicht einmal, worum es sich handelte. Sie befand sich als sehr primitiv dargestellter weiblicher Torso, den ich als Bild einer Eule angesehen hatte, in einem französischen Lesebuch, das ich gebraucht von einem älteren Mitschüler erworben hatte. Die Angelegenheit wurde untersucht und zu meinen Gunsten geregelt; aber es war für mich sehr schwer, mich innerlich mit den Folgen der schmutzigen Fantasie des Lehrers auseinander zusetzen.

Damit mir nicht Beifall von der falschen Seite zuteil wird, muss ich betonen, dass die Mehrzahl der Geistlichen, denen ich in meiner Kindheit und Jugend, insbesondere in meiner Schulzeit und in meinem späteren Leben begegnet bin, Persönlichkeiten von hohem Rang waren, an die ich mich mit Hochachtung und Verehrung erinnere.

Leider hat später ein anderes Erlebnis in mir große Betroffenheit ausgelöst: Ich hätte gerne das im Krieg 1944 begonnene Medizinstudium fortgesetzt. In Rheydt, wo ich mich nach der Entlassung aus russischer Gefangenschaft aufhielt, hatte meine Tante Ottilie mir mit ihren Beziehungen übergangsweise eine Stelle als vorklinischer Praktikant im Städtischen Krankenhaus besorgt. Mein Onkel Otto, der Schulrektor in Frechen und wie alle in der Familie sehr kirchenverbunden war, wollte das seine dazu tun und fuhr mit mir nach Bonn zum dortigen katholischen Studentenpfarrer, um mir mit dessen Hilfe einen Studienplatz zu verschaffen. Der trotz der bitteren Notzeit gut genährte Kirchenmann stellte Fragen, hörte mich an und erklärte dann kurz und bündig: »Für Verbrecher haben wir keine Studienplätze!«

Mein Onkel Otto versuchte sich einzuschalten mit der Bemerkung: »Aber er war doch in einer Straf-Division!«

Ich war jedoch nicht bereit, das Gespräch fortzusetzen, stand auf und verabschiedete mich mit den Worten: »Ähnliche Beispiele von Menschenverachtung habe ich schon bei der Waffen-SS erlebt!« Dann ging ich und schlug die Tür hinter mir zu.

Aber das geschah Jahre später. Noch lebten wir in unserem »Neubelgien« im Windschatten der Ereignisse, die sich bald über Europa zur Katastrophe des Jahrhunderts entwickeln sollten. Den so genannten »Neubelgiern« ging es materiell wahrhaft gut, deutlich besser als den »Reichsdeutschen«, die zwar ein größeres Vaterland, aber schlechtere Butter, weniger Schokolade und auch sonst alles etwas dürftiger hatten, besonders in den Jahren der Inflation und der darauf folgenden Zeit der Reparationen und der Besatzung im deutschen Rheinland. Unsere Verwandten jenseits der Grenze freuten sich jedenfalls immer, wenn sie bei uns zu einer guten Mahlzeit eingeladen waren. Bestimmte Lebensmittel, so »Calba«-Schokolade, Eier, die von mit Mais gefütterten Hühnern stammten und einen kräftig goldfarbenen Dotter hatten, und vor allem die preisgekrönte Walhorner Butter waren besonders begehrt. Margarine kam bei uns nicht auf den Tisch, erst recht nicht, als der »Reichsmarschall« Hermann Göring die Parole »Kanonen statt Butter« als verbindlich für die gesamte deutsche Nation verkündet hatte.

Manches am neuen Deutschland kam uns schon recht merkwürdig vor. So erinnere ich mich an einen Besuch bei meinem Onkel Joseph und meiner Tante Laura, einer Schwester meines Vaters, und den fünf Kindern des Paares. Onkel Joseph, Hauptlehrer in Zweifall bei Stolberg, war wie mein Vater in Hergenrath geboren, im Ersten Weltkrieg hochdekorierter Leutnant im 1. Garderegiment gewesen und hatte sich ohne langes Überlegen für Deutschland entschieden. Er hatte es als tief gläubiger Katholik, eifriger Kirchgänger und Organist mit den neuen politischen Machthabern nicht leicht, wurde jedoch von seiner Gemeinde in jeder Beziehung tatkräftig unterstützt.

Eines Sonntags waren wir in Zweifall zum Essen eingeladen, es gab eine einfache bürgerliche Mahlzeit. Während wir noch bei einem Pudding zum Nachtisch saßen, klopfte es plötzlich an der Tür und zwei braun uniformierte Männer betraten das Zimmer. Sie rasselten mit einer Sammelbüchse, in die Tante Laura behände ein paar Münzen steckte. Einer der Besucher blickte stirnrunzelnd auf die Mittagstafel, und mein Onkel Josef beeilte sich zu sagen: »Wir haben Verwandte zu Besuch aus Belgien und wollten auf sie nicht den Eindruck machen, dass wir mit dem Essen knapp sind.« Das schien den beiden einzuleuchten; als sie sich verabschiedet hatten, erklärte mein Onkel uns die Situation:

Es war der erste Sonntag im Monat, ein Tag, an dem alle pflichtbewussten Bürger angehalten waren, nur ein Eintopfgericht auf den Tisch zu bringen und die daraus gewonnene Ersparnis dem Winterhilfswerk zu opfern. Nachtisch war schon ein, wenn auch gelinder, Verstoß gegen das Prinzip der Volksgemeinschaft. Keiner »sollte hungern und frieren«, das bedeutete in der Konsequenz eines totalen nationalen Sozialismus: »Und keiner soll besser essen!«

Meine »reichsdeutschen« Vettern ließen allerdings keinen Zweifel daran, dass ein Belgier in der Entwicklung der Menschheit eine niedere Rangstufe einnahm. Was sollte man schließlich von einem Land halten, das, irgendwo zwischen Holland und Frankreich eingezwängt, gerade von der Eifel bis zum Ärmelkanal reichte und im Übrigen ein Zufallsprodukt des Wiener Kongresses war. Der Vergleich mit einem »Reich«, das sich zumindest imaginär von der Maas bis an die Memel und von der Etsch bis an den Belt erstreckte, wäre geradezu anmaßend gewesen.

Schon die belgische Gymnasiasten-Mütze, die ich trug und die etwa wie eine Baskenmütze mit einem Schirm aussah, konnte sich mit einer deutschen nicht messen, deren Form sozusagen »prädestinatorisch« einer Offiziersmütze ähnelte.

Wer in meinem Heimatdorf Walhorn-Astenet auf Reputation hielt, schickte seinen Sohn in das knapp acht Kilometer entfernte deutsche Aachen auf das Kaiser-Karls-Gymnasium. Ich hatte meine Eltern im Verdacht, dass sie mich nach vier Volksschuljahren nur deshalb im Eupener Collège Patronné anmeldeten, weil dort das Schulgeld erheblich niedriger als in Deutschland war.

Erst später ist mir klar geworden, dass das dem Bischof von Lüttich unterstellte Collège eine ausgezeichnete Schule war, besonders in der Erziehung zu logischem Denken und Kreativität. In den oberen Klassen war die Unterrichtssprache Französisch, die Lehrer waren Jesuiten, denen ich viel verdanke; als ich nach dem deutschen Einmarsch von 1940 bis zum Abitur 1941 die deutsche Oberschule besuchte, wurde mir bald klar, dass ihre Nachfolger aus dem Reich ihnen nicht das Wasser reichen konnten. Im Collège wurden in den Klassen bis zur Untersekunda für die Fächer Latein, Griechisch, Geschichte und Erdkunde Lehrbücher aus Deutschland benutzt.

Mein Lieblingsfach war Geschichte; die vierbändige »Welters Weltgeschichte«, herausgegeben von der Universitätsbuchhandlung Franz Coppenrath in Münster, kannte ich mehr oder weniger auswendig. Aber es war in erster Linie auch in der Tendenz ein deutsches Geschichtswerk, und das brachte mich in Konflikte, die sich auch auf mein Verhältnis zu Lehrern übertrugen, die sich nach meinem Empfinden politisch nicht neutral verhielten, was objektiv betrachtet ganz natürlich war. Ich fühlte mich zunehmend als Deutscher und »Zwangsbelgier« und entdeckte mehr und mehr Widersprüche zwischen dem, was in meiner Heimat täglich geschah, und der politischen und historischen Gerechtigkeit, wie ich sie verstand. Dass Diskrepanzen dieser Art zur Normalität aller politischen Verhältnisse gehören, entzog sich dem Intellekt eines jungen Menschen, der in den absolut verbindlichen Idealen der klassischen Antike erzogen wurde.

In den dreißiger Jahren entwickelte sich zusätzlich der scharfe Gegensatz zwischen dem katholischen Klerus und dem inzwischen in Deutschland zur Staatsmacht gewordenen Nationalsozialismus, der zwangsläufig auch zu einer nationalen Polarisierung führte.

Die Loyalität meiner Schule in Eupen und einzelnen belgischen Lehrern gegenüber, die ich besonders schätzte, blieb zwar ausgeprägt, immer deutlicher aber bildete sich ein Gefühl heraus »anders« zu sein. Die über Jahrhunderte gewachsene scharfe Trennung zwischen den Deutschen meiner Heimat und den »Welschen«, den wallonischen Nachbarn im Westen, trug dazu bei. Zwischen dem ehemaligen deutschen Grenzort Herbesthal und dem »altbelgischen« Welkenrath (Welschenrath) gab es zur Trennung nur eine Straße; auf der einen Seite wurde nur deutsch gesprochen, auf der anderen nur französisch und ein mit wallonischen Wörtern stark durchsetztes »Plattdütsch«. Wir hatten auch Mitschüler aus diesem Bereich, zu denen ich jedoch nie das volle Verhältnis der Gleichartigkeit gewann. So entstand eine Zwiespältigkeit meiner Empfindungen, die bei einem zur Kompromisslosigkeit neigenden jungen Menschen früher oder später zu einer Entscheidung drängen musste.

Da ich bis zum deutschen Einmarsch jedoch noch zu jung war, um zur belgischen Armee einberufen zu werden, blieb mir zum Glück die harte Konsequenz einer problematischen inneren Auseinandersetzung erspart.

Meine Eltern waren ihrem Deutschtum zwar verhaftet, in ihrer starken klerikalen Prägung jedoch entschiedene Gegner des nationalsozialistischen Regimes. Von meinem Vater hörte ich oft den Satz: »Hitler bedeutet Krieg«. Als er 1939 Recht behielt, gab ich die Schuld nicht Deutschland, sondern England, das – nicht nur nach meinem Verständnis – Polen in seiner aggressiven Haltung bestärkt hatte, die im August 1939 zu Morden an Deutschen in Bromberg und anderen polnischen Städten führte. Dass Deutschland durch seine fordernden Drohungen, die bei gigantomanen Massenaufmärschen bejubelt wurden, die unheilvolle Eskalation wesentlich vorbereitet hatte, soll nicht abgestritten werden.

Hitler befahl den Einmarsch in Polen; England und Frankreich erklärten Deutschland den Krieg: Der Zweite Weltkrieg hatte begonnen. Ich empfand nicht die geringste Begeisterung für das Geschehen, wohl aber ein wachsendes Gefühl der Beklemmung und der Sorge vor der Zukunft. Ich war siebzehn Jahre alt, also in einem renitenten Alter, und vertrat meine Meinung. Mit meinen Eltern gab es Auseinandersetzungen, im Gegensatz zu mir – ich nahm Rücksicht auf die Stellung meines Vaters – äußerten sie auch in Gesprächen mit Bekannten und Nachbarn deutlich ihre Auffassungen. Mein Vater war dabei zurückhaltend, meine Mutter nahm jedoch ihrem Temperament entsprechend kein Blatt vor den Mund, was sich später als folgenschwer erweisen sollte.

In dieser spannungsgeladenen Zeit hatte ich ein seltsames, tief empfundenes parapsychisches Erlebnis: Anfang April 1940 hatte ich, als ich wie so oft mit meinem Fahrrad von Walhorn nach Astenet fuhr, eine merkwürdige Erscheinung. Über mir am blauen Himmel sah ich plötzlich eine einzige Wolke; sie hatte die unverwechselbare Form eines deutlich konturierten riesigen Schwertes, das mit seiner Spitze nach Westen gerichtet war. Ich war erschrocken, betrachtete die seltsame Wolkenbildung und fuhr dann so schnell ich konnte die wenigen hundert Meter nach Hause, um meine »Agfa Billy« zu holen, die mir meine Tante Ottilie als Neunjährigem zur Erstkommunion geschenkt hatte. Als ich an den Ort der Erscheinung zurückkehrte, war jedoch nichts mehr zu sehen.

Am 10. Mai 1940 weckte mich frühmorgens das Dröhnen der deutschen Bomber, die den Angriff auf Belgien eröffneten. Kurz darauf wurde von der belgischen Armee durch Fernzündung der wenige Kilometer entfernte Eisenbahnviadukt, die »Hammerbrücke«, bei Hergenrath gesprengt; er war 1840 in Form eines römischen Aquäduktes erbaut worden, 40 Meter hoch und 250 Meter lang. Einige Soldaten der belgischen Bewachungsmannschaft wurden unter den Trümmern begraben, acht Überlebende kamen entlang der Bahnlinie in Astenet an, schweißgebadet und völlig verstört. Ich sprach sie auf Französisch an und versuchte sie zu beruhigen. Plötzlich tauchten auf einem Krad mit Beiwagen die ersten deutschen Soldaten auf, die Belgier gingen im Straßengraben in Anschlag. Ich beschwor sie, nicht zu schießen, auf der Straße waren im Schussfeld Frauen und Kinder. Sekunden später waren die Deutschen wieder verschwunden und gemeinsam mit einer Nachbarin überredete ich die belgischen Soldaten, sich in den Hof des nächsten Hauses zu begeben, dort erhielten sie Kaffee und belegte Brote. Bald kam eine deutsche Einheit in Marschformation; ich dolmetschte, die Belgier lieferten ihre Waffen ab und wurden in Richtung Osten geschickt. Sie werden vermutlich bald wieder zu Hause gewesen sein, denn die deutsche Wehrmacht entließ schon im Juni/Juli die belgischen Kriegsgefangenen des Westfeldzugs.

Einer Eingebung folgend hängte ich meinen Fotoapparat um, fuhr mit dem Fahrrad zur Hammerbrücke und kam gerade rechtzeitig genug, um aus dem Tal und von der Brückenrampe Fotos von dem zerstörten Bauwerk zu schießen, auf dem über die gesamte Länge sich die Schienen wie unversehrt über den Abgrund spannten; kurze Zeit später stürzten sie mit Donnergetöse in die Tiefe. Das Foto brachte mir meine ersten Honorare als angehender Reporter; es wurde als Postkarte aufgelegt und 1941 von der Bundesbahndirektion Köln für eine Brückenausstellung erworben, von dem Erlös konnte ich mir eine neue Kamera kaufen, die mich fast durch den ganzen Krieg begleitet hat.

Über Nacht war alles anders geworden. Nun waren wir Deutsche, und ich empfand zunächst tatsächlich ein Gefühl der Befreiung aus dem Zwiespalt, in den ich als Kind zweier Vaterländer verstrickt gewesen war. Bald jedoch schon wurde mir bewusst, wie sehr ich der lateinischen Welt meiner Erziehung verhaftet blieb. Germanien und Rom waren und sind Gegensätze, das eine immer Aufbruch und Emotion, das andere Tradition und Ratio. Wer in der Grenzzone der Kulturkreise groß geworden ist, weiß, dass beide ihre großartigen und ihre negativen Eigenschaften haben; der immer wieder unternommene Versuch, die Idealvorstellungen beider Seiten zu verbinden, bleibt vergeblich, und die Erfahrungen machen auf die Dauer kritisch und einsam.

Die Schule ging zunächst weiter wie vordem. Einige Lehrer waren nicht mehr da, darunter unser beliebter und auch von mir verehrter »Klassen-Prof« der Unterprima, Professor Bernard. Der Unterricht wurde mehr schlecht als recht fortgesetzt; ich war auch sehr in Anspruch genommen durch das Geschehen um uns herum. Feldgraue Kolonnen marschierten, es gab Einquartierung, im Tunnel bei Hergenrath stand ein riesiges Eisenbahngeschütz, das aus seiner Deckung in regelmäßigen Zeitabschnitten herausgefahren wurde und dröhnende Schüsse auf die starken belgischen Forts bei Lüttich abgab.

Ich war ständig mit dem Fahrrad unterwegs, um nichts zu versäumen, war als Erster bei einem schwer verwundeten und notgelandeten deutschen Jägerpiloten und verbrachte viel Zeit bei den Soldaten einer Stellung der schweren Flak an der Eisenbahnstrecke. Dabei machte ich ungehindert Fotos und verdiente mir meine ersten Zeitungshonorare. Neben der gesprengten Hergenrather Eisenbahnbrücke waren die ersten Motive deutsche Soldaten bei einer Marschpause und ein abgeschossenes belgisches Jagdflugzeug.

Im Juli kamen die großen Ferien und für das Collège Patronné das vorläufige Ende. Das neue Schuljahr begannen wir in der »Oberschule für Knaben«, für uns Oberklässler allerdings auslaufend mit dem humanistischen Gymnasial-Lehrprogramm. Um uns die Rückständigkeit des belgischen Schulsystems zu beweisen, servierte man uns – die wir bis dahin Mathematik nur als philosophisch-logische Denkschulung kannten – technisch angewandte Mathematik, so zum Beispiel die grafische Darstellung der Phasenverschiebung eines Drehstrommotors. Damit wurde ich ganz gut fertig, besser als mit dem Klima an der deutschen Schule, das man als »vormilitärisch« bezeichnen könnte. Anders als in Belgien, wo ein klares Punktsystem nachweislich die Leistungen der Schüler bewertete, hing bei der deutschen Schule alles von der subjektiven Einschätzung der Lehrer ab. Ich war nie ein Opportunist: Das Zeugnis zu meinem Abitur im Frühsommer 1941 fiel entsprechend unausgewogen aus. Das belgische Gymnasium hatte mir alles in allem besser gefallen.

Schon kurze Zeit nach dem deutschen Einmarsch wurden die deutschen Behörden eingerichtet, bereits im Juni wurden wir durch »Führererlass« Deutsche, genauer gesagt »deutschen Staatsbürgern gleichgestellt«. Das war eine Einbürgerung zweiter Klasse, »Reichsbürger« waren wir noch nicht. Die »Heimattreue Front«, die schon früher illegal tätig gewesen war, bildete die Kader für die nationalsozialistischen Organisationen, die Mitgliedschaft in der Hitler-Jugend wurde obligatorisch. Ich machte den Dienst gerne, eignete mir aus Organisationsbüchern bald das theoretische Wissen an und wurde nach wenigen Monaten in Walhorn HJ-Kameradschaftsführer. Das Dienstprogramm war nicht viel anders als bei den Pfadfindern, denen ich in Belgien angehört hatte; das Schwergewicht lag bei sportlicher Ertüchtigung.

Im Herbst 1940 wurde bei uns Oberprimanern in der Schule für die Marinearzt-Laufbahn geworben, Voraussetzung war die Freiwilligen-Meldung für den Kriegsdienst. Ich hätte die Gelegenheit, die ich als Chance ansah, gerne wahrgenommen, aber mein Vater verweigerte seine Unterschrift, die ich als Minderjähriger benötigte. Kurz darauf, Ende 1940, wurde ich in Eupen zur Musterung befohlen und für ein Artillerieregiment in Düsseldorf vorgemerkt. Dies hat nach dem Krieg eine Rolle gespielt, als ein belgisches Militärgericht mir anlastete, freiwillig als Angehöriger der Waffen-SS gegen die Sowjetunion gekämpft und damit sozusagen vorsätzlich die Waffen gegen Belgien getragen zu haben.

In dem Kampf um ihre »politische Rehabilitation« bemühten sich meine Eltern, den Vorwurf zu mildern, und fanden Unterstützung. Drei meiner langjährigen Klassenkameraden bescheinigten meinem Vater, dass ich zusammen mit ihnen und anderen Angehörigen des Jahrgangs 1922 in Eupen zur Zwangsmusterung befohlen worden war. Einer von ihnen, mit dem mich, seit wir uns in den siebziger Jahren wieder gefunden haben, enge Freundschaft verbindet, schloss sein Entlastungsschreiben mit den einfühlsamen Worten: »... ich will Ihnen von Herzen wünschen, dass Sie Herbert wieder sehen oder doch bald eine Nachricht von ihm erhalten«. Das war 1947, als meine Eltern seit mehr als zwei Jahren Verbindung mit mir hatten; aus wohl berechtigter Sorge hielten sie dies so weit wie möglich geheim.

Für meinen Vater gab es nach dem deutschen Einmarsch in Eupen-Malmedy 1940 eine Zeit der Unsicherheit. Er war 1920 vom deutschen in das belgische Beamtenverhältnis übergewechselt, hatte in Belgien dem Gemeinderat angehört und stand – das war bekannt – dem nationalsozialistischen Regime zumindest sehr reserviert gegenüber. Über Nacht wurde er zunächst problemlos wieder Reichsbahnbeamter in seiner bisherigen Position. Im Sommer 1941 wurde er nach Gemmenich versetzt, er wurde zwar dort auch Bahnhofsvorsteher, als eine Beförderung konnte man es kaum ansehen, denn der Ort hatte auch vor 1920 nicht zu Deutschland gehört, er war also ohne Grundlage annektiert worden; die Einwohnerschaft verhielt sich gegenüber den »Prüße«, zu denen außer uns zwei Lehrer und zwei Polizeibeamte gehörten, ausgesprochen eisig.

Mein Vater weigerte sich strikt, irgendeiner nationalsozialistischen Organisation beizutreten, nicht einmal zur Mitgliedschaft in der NSV (NS-Volkswohl fahrt) fand er sich bereit. Trotzdem wurde er, als Belgien von Eupen-Malmedy wieder Besitz ergriff, inhaftiert und musste einige Monate in einem Lütticher Gefängnis verbringen; ein Schicksal, das viele Eupen-Malmedyer mit ihm geteilt haben. Dabei musste der eine oder andere auch Schlimmeres erdulden: Meinem Vetter Lambert, der zur Deutschen Wehrmacht eingezogen worden war, wurde so zugesetzt, dass er ein Gelübde leistete, er wolle einem Missionsorden beitreten, wenn er heil nach Hause komme. Er war später 20 Jahre lang als Franziskanerbruder in Formosa. Es soll jedoch erwähnt werden, dass solche Erlebnisse Ausnahmen waren; niedrige Instinkte Einzelner, die es immer und überall gibt, finden in Ausnahmezuständen, wie es Kriege und Nachkriegszeiten sind, immer eine Gelegenheit, sich auszutoben.

Bedenklicheres als gegen meinen Vater lag nach dem deutschen Einmarsch in meine Heimat gegen meine Mutter vor. Eines Tages im März 1941 bestellte mich der NSDAP-Ortsgruppenleiter zu sich und eröffnete mir Folgendes: Mit meiner »politischen Haltung« sei man durchaus zufrieden, mein Vater und seine Beamtenstellung stünden jedoch in der Diskussion. Besonders »belastend« sei eine Äußerung meiner Mutter; diese habe am ersten Septembersonntag 1939, also unmittelbar nach Kriegsbeginn, in einem Gespräch mit drei anderen Frauen nach dem sonntäglichen Kirchgang den durch Zeugen schriftlich belegten Ausspruch getan: »Dieser Hitler ist doch ein Verbrecher!« Was ich als Faktum innerlich bestätigen musste, denn ich hatte den freimütigen Ausbruch meiner Mutter mitgehört und noch in allzu deutlicher Erinnerung.

Der Ortsgruppenleiter ließ mich wissen, dass dies eine schwer wiegende Sache sei, die man nur bei sehr großzügiger Behandlung ohne harte Konsequenzen regeln könne. Hilfreich sei dabei sehr, wenn ich mich freiwillig zur Waffen-SS melden und mein Vater dem zustimmen würde. Da ich ja bereits gemustert sei und vor meiner Einberufung stünde, sei das ja auch kein allzu schwerer Entschluss. Mit diesem Ergebnis der Unterredung und einem Formular für die Freiwilligen-Meldung ging ich nach Hause, sprach mit meinem Vater, und der unterschrieb – offensichtlich schweren Herzens. Und mir war auch nicht gerade wohl dabei.

Nach meinem Abitur Ostern 1941 verbrachte ich, meinem damaligen Berufswunsch folgend, noch einige Monate als Redaktionsvolontär beim »Westdeutschen Beobachter« in Eupen. Anfang September 1941 erhielt ich meinen Gestellungsbefehl zur »Leibstandarte Adolf Hitler«. Am 16. September stieg ich, knapp zwei Monate vor meinem 19. Geburtstag, in Aachen in den D-Zug nach Berlin. Meine Jugend war zu Ende, bevor sie eigentlich begonnen hatte.

Der erste Kriegswinter in Russland

Als Mitte Dezember der große Tag, an dem uns der Marschbefehl nach Russland verlesen wurde, endlich kam, waren wir als Soldaten schlecht und in der Ausrüstung miserabel auf die Front im Osten vorbereitet. Die Leibstandarte lag – was wir bei unserem Abmarsch noch nicht wussten – zwischen Taganrog und Rostow, und auf dem Wege dahin zeigte sich in der Organisation, wie sehr der russische Winter der deutschen Führung zu schaffen machte.

Unser Transport spielte sich offenbar ohne konkrete Planung ab; von Berlin bis Krakau fuhren wir noch recht schnell und komfortabel in D-Zugwagen, die an einen planmäßigen Zug angehängt wurden. Nachdem wir in einer ehemaligen polnischen Kadettenschule in Krakau einige Tage herumgelegen hatten, ging es etappenweise mit Personenzügen nach Winniza in der Ukraine, wo wir in einer Kaserne etwa eine Woche verbrachten.

Eines Morgens mussten wir antreten und mit etwas Backobst als Verpflegung in der Tasche bis in den Abend über vereiste Straßen marschieren, bis wir in einem kleinen Nest in Schmalspur-Güterwagen gepfercht wurden, die uns über eine lange Fahrt durch die ganze Nacht nach Uman brachten. In der eisigen Kälte war unsere Stimmung auf dem Nullpunkt, als einer im Waggon zu singen begann. Er sang das folgende, auf mich makaber wirkende Lied, das ich vorher und nachher nie wieder gehört habe.

»SS marschiert in Feindesland
und singt ein Teufelslied,
der Schütze steht am Wolgastrand
und leise summt er mit:
Wir pfeifen auf unten und oben,
und uns kann die ganze Welt
verfluchen oder auch loben,
grad' wie es jedem gefällt.
Bei uns, da geht's immer vorwärts,
und der Teufel, der lacht nur dazu;
wir kämpfen für Deutschland, wir kämpfen für Hitler,
der Rote kommt nie mehr zur Ruh'.«

Das Lied kennzeichnete die dunkle Seite der von gegensätzlichen Elementen bestimmten Truppe, der ich nun angehörte. Das andere Extrem war der aus den Zeiten des Deutschen Ordens überlieferte Kreuzfahrergeist mit seinen Maximen der Askese und des bedingungslosen Gehorsams in einer säkularisierten Form. Schlagetot-Typen hat es in jedem Kreuzritterheer gegeben; nach dem, was überliefert ist, in der Relation sogar erheblich mehr als in der Waffen-SS.

Über Weihnachten lagen wir in Uman fest, es war alles andere als ein fröhliches Fest. Wir waren in einer Kaserne untergebracht, deren Räume aber wenigstens mit riesigen Holzöfen beheizt waren. Zum Zeitvertreib gab es die diversen Arten von Geländeübungen in einem nahen Wald, der aus den in Russland und der Ukraine weit verbreiteten krüppelhaften Birken bestand und in seiner armseligen Kahlheit auf mich ausgesprochen deprimierend wirkte.

Dann – wir waren inzwischen über zwei Wochen unterwegs – ging plötzlich alles sehr schnell. Transportflugzeuge vom Typ JU 52 flogen uns nach Mariupol, wegen geringer Sicht und vielleicht auch wegen der sowjetischen Jäger so niedrig wie möglich; kurz vor der Landung sah ich durch eines der kleinen Fenster, wie der Pilot im leichten Schneetreiben den rechten Flügel der Maschine knapp über einen Wasserturm hob.

Ich erinnere mich, dass wir etwa zehn Tage in ungeheizten Baracken in Mariupol erbärmlich froren und kaum etwas zu essen bekamen, bis wir nach tagelangem Warten auf offenen Lastwagen rund 120 Kilometer nach Taganrog zum Regimentsgefechtsstand der LAH befördert wurden. Dort wurden wir aufgeteilt; ich kam mit etwa zehn Kameraden zum Stab der 14. Kompanie, der in einem an einer Art Avenue gelegenen klassizistischen Haus untergebracht war, dem man seine großbürgerliche Herkunft noch ansah.

Der Kompaniechef, Hauptsturmführer Max Hansen, ein blonder SS-Bilderbuch-Offizier, begrüßte uns mit Handschlag und markigen Worten. Immerhin gab es außerdem einen warmen Hirsebrei; wir ahnten noch nicht, dass die Pampe über Monate unsere Hauptnahrung sein sollte.

Tags darauf wurden wir mit Waffen, Munition und Gefechtsausrüstung ausgestattet; alles war reichlich vorhanden, denn die Gefechtsstärke der Kompanie betrug für vier Züge statt der regulären 120 nur etwa 20 Mann. Dann begann bei einbrechender Dunkelheit unter Führung eines Unterscharführers unser Marsch an die Front.

Der Weg war durch Stangen markiert, die im einsetzenden dichten Schneetreiben nur mit Mühe zu erkennen waren. Ein eisiger Ostwind fegte unter unsere dünnen Kopfschützer und leichten Feldmützen, er drang durch die Übermäntel und unsere leichten Tuchmäntelchen, die knapp bis zu den Knien reichten. Die Füße in unseren Knobelbechern wurden fast gefühllos, und ich dachte in meiner schlichten Unerfahrenheit: Viel schlechter konnte es uns kaum noch ergehen.

Die Front verlief etwa achtzehn Kilometer östlich von Taganrog bis zum Asowschen Meer den kleinen Fluss Sambek entlang, dessen Tal aus flach ansteigenden baumlosen Hängen gebildet wird; etwa 25 Kilometer nördlich schlossen sich die deutschen Stellungen am Mius an, der westlich von Taganrog ebenfalls ins Asowsche Meer mündet. Die Russen lagen am gegenüberliegenden östlichen Ufer des Sambek in etwa dreihundert Metern Entfernung. Unsere Unterstände bestanden aus niedrigen Erdbunkern, die nach dem Rückzug der LAH aus Rostow gegraben worden waren, bevor die Erde zu einer stahlharten Masse gefror. Je nach dem Platzbedarf der Ausrüstung konnten vier bis sechs Mann liegen und gerade noch sitzen, aber nicht aufrecht stehen.

Das mit einer Zeltplane verhängte Einstiegsloch der Bunker war mit einer MG-Stellung verbunden, in der während der langen Nächte ständig jemand Wache hielt. Von Bunker zu Bunker betrug die Entfernung jeweils zwanzig bis fünfzig Meter; die Kompanie hatte mit 20 Mann demnach etwa 250 Meter Frontlinie zu verteidigen, das Bataillon etwa einen Kilometer. Laufgräben von Bunker zu Bunker bestanden nur in Ansätzen, sie hatten vor Einsatz des strengen Frostes nicht fertig gestellt werden können. Und sie sind in diesem Russlandwinter auch nie fertig gestellt worden.

»Mein« Bunker, in den ich eingewiesen worden war und den ich mit drei Mann und schätzungsweise 10 000 Läusen teilen musste, besaß als besonderen

Komfort in einer Ecke in halber Höhe einen winzigen, aus einem Marmeladeneimer gebastelten Ofen, der allerdings wegen chronischen Brennstoffmangels nur kurzfristig und wegen des verräterischen Rauches nur bei Dunkelheit oder Schneetreiben befeuert werden konnte. Bei klarem Wetter hätte der Rauch, der durch ein Rohr nach draußen geführt wurde, russisches Artilleriefeuer ausgelöst.

Ich wurde in den Rest eines Zuges aufgenommen, der wie ein verschollenes Team von Abenteurern wirkte. Er bestand aus einem Hauptscharführer, der aus unerfindlichen Gründen »Marinus« genannt wurde, einem aus dem Sudetenland stammenden Oberscharführer namens Gottwald mit gedrungenem Körperbau, schwarzen Haaren und Kohlenaugen – ganz und gar nicht der blonde SS-Recke –, und einem Rottenführer entsprechender Körperlänge, den ich als »Laban« kennen lernte; er war der Einzige, den ich duzen durfte, weil er noch »Mannschaft«, also kein Unterführer war. Anfangs war noch ein Sturmmann dabei, er wechselte bald zu einer anderen Gruppe, weil es in unserem Loch einfach zu eng wurde. Für mich bedeutete das eine kleine Erleichterung, denn ich hatte als Schlips den ungünstigsten Platz direkt am Einstiegsloch; alle trampelten zwangsläufig über mich hinweg und ich musste ständig hereingewehten Schnee hinausbefördern.

Vom ersten Augenblick an war ich »der Schlips«, aus Prinzip, und wohl auch, wie man mir klar machte, weil es sich kaum lohnte, sich meinen Namen zu merken, denn Schlipse an der Front hätten in der Regel nur eine Überlebensfrist von bestenfalls sechs oder sieben Wochen, wenn sie überhaupt so lange durchhielten.

Einen Vorteil brachte meine Anwesenheit für die

ganze Bunker-Mannschaft. Ich hatte neben meinem für sie weniger interessanten Fotoapparat eine Armbanduhr mitgebracht, mit der man die Zeiten für das Wachestehen einteilen konnte. Sie lag als einziges verfügbares kostbares Requisit ihrer Art nachts neben dem MG und hat nie ihren Dienst versagt. Es hat – was man nur viel später hätte feststellen können – auch nie jemand sie verstellt, um seine Leidenszeit zu verkürzen.

Den Weg zum Nachbarbunker musste man über offenes Gelände zurücklegen. Dass man das am besten so schnell wie möglich tat, wurde mir schon in der ersten Woche beigebracht. An einem klaren, sonnigen Tag musste ich eine Meldung über das offene Gelände zum benachbarten Bunker überbringen. Auf dem Hinweg ließ ich mir Zeit, weil seit Tagen kein Schuss gefallen war. Irgendetwas veranlasste mich, zurück schnell zu laufen; zum Glück, denn ein russischer Scharfschütze, der inzwischen auf der Lauer lag, schoss mir den Knopf mit dem Totenkopf-Emblem von meiner Feldmütze. Dabei machte ich auch noch eine andere Erfahrung: Gewehrgeschosse, die sehr nahe am Ohr vorbeigehen, pfeifen nicht, sondern verursachen einen Knall, als ob die Waffe in unmittelbarer Nähe abgefeuert würde.

Der Vorfall hatte eine für mich positive Nachwirkung: Mehr aufgebracht als erschreckt durch die plötzliche Attacke, stürzte ich zu dem MG unserer Bunkerstellung und gab mehrere Salven auf die Kuscheln*) und kleinen Erdhügel jenseits des Niemandslands ab, in denen wir gegnerische Stellungen vermuteten. Die

*) Im militärischen Sprachgebrauch: niedriges Gebüsch.

Einschläge lagen gut, wie man an dem aufstiebenden Schnee erkennen konnte. Marinus, der vor dem Einstiegsloch des Bunkers stand, nickte mir anerkennend zu und sagte: »Nicht so schlecht, und jetzt helfe ich beim MG-Reinigen.« Ich hatte offensichtlich meine erste Feuerprobe bestanden und dabei einen Teil seiner Skepsis hinsichtlich meiner soldatischen Eignung abgebaut.

Ich begriff bald, warum der so genannte Nachschub stets die größten Verluste hatte. Die »Schlipse« wurden von den erfahrenen Frontsoldaten – mit Ausnahmen – als die Parias der Truppe behandelt. Sie mussten die schlimmsten nächtlichen Wachen über zwei mal zwei Stunden übernehmen, unter Beschuss die Verpflegung und das Feuerholz holen und auch am Tage unter Feindeinsicht als Meldegänger zu den Nachbarbunkern hasten. Die alten LAH-Gardisten hatten für ihre etwas frustrierte Kameradschaftlichkeit durchaus plausible Motive:

Für sie als Berufssoldaten, die in der Regel aus einfachen Schichten stammten, gab es nur eine dürftige Chance, als Unteroffiziere oder im Idealfall als »Tapferkeitsoffiziere« eine begrenzte Karriere zu machen; dass nun junge Kriegsfreiwillige, darunter sogar solche mit Abitur, zur Truppe stießen, sahen sie als Gefahr für ihre bornierten Begriffe von Exklusivität und Aufstiegschancen an. Den »Schlipsen« sollte also nichts geschenkt werden.

Von fünf »Neuen« waren nach wenigen Wochen in der Regel nur noch zwei übrig, die sich mit einer Mischung von Dickfelligkeit und dem berühmten sechsten Sinn für Gefahrensituationen das erste Stadium des gestandenen »Frontschweins« angeeignet hatten.

Als zunächst größtes Problem erwies sich die Bekleidung, mit der wir als neue Schlipse in den Russlandwinter geschickt worden waren. Einigermaßen angepasst war lediglich der »Lamamantel«, der aus einfachem Tuch bestand, jedoch mit Flausch gefüttert war und bis zu den Knöcheln reichte. Im Gelände bewegen konnte man sich damit zwar nicht, weil man im Schnee ständig damit stolperte, aber wenigstens war er beim nächtlichen Wachestehen in dem MG-Stand neben dem Bunker besser als das dünne Tuchmäntelchen, das zu unserer Ausrüstung gehörte und allenfalls für das milde mitteleuropäische Klima geeignet war.

Schon nach wenigen Tagen war niemandem unter uns mehr nach Heldentum zu Mute. Auch den alten »Frontschweinen« lag vor allem daran, den fürchterlichen Winter mit seinen Entbehrungen hinter sich zu bringen, zumal auch Waffen und vor allem Munition knapp waren. Wir dachten nicht daran, anzugreifen; nicht einmal Spähtrupp-Aktionen fanden statt. Sie hätten auch kaum einen Sinn gehabt, denn wir konnten den gegenüberliegenden Hang bei guter Sicht über fast zwei Kilometer überblicken. Die russischen Stellungen waren in Gestrüpp und Hecken zwischen einzelnen zerschossenen Häusern aber gut getarnt.

Der Iwan – der Spitzname galt als Singular auch für die gesamte Rote Armee – war unternehmungslustiger, also offenbar besser versorgt. Die Russen griffen jedoch nur ab und zu an. Manchmal schlichen sich im Schutz der nächtlichen Schneestürme russische Stoßtrupps durch die lückenhafte deutsche Linie, überfielen die Wachposten und verschleppten sie in die eigenen Stellungen.

In diesen Nächten war höchste Wachsamkeit und

das regelmäßige Abschießen von Leuchtkugeln geboten, denn die Russen trugen weiße Tarnüberzüge und waren oft erst erkennbar, wenn sie in gefährlicher Nähe vor der Stellung waren. Wenn ich nachts Posten stand – und das war in der Regel über Mitternacht und vor der Morgendämmerung – drehte ich mich vorsichtshalber immer langsam im Kreis; dass ich dabei ständig die Füße bewegte, schützte mich vor unbemerkten Erfrierungen. Gefährdet waren außer den Füßen die Nase, die Ohren und die Hände.

Wer Wache stand, war auf das MG angewiesen, nur diese Waffe hatte die Feuerkraft, mit der ein Mann eine angreifende Truppe so lange niederhalten konnte, bis seine Kameraden zur Verstärkung aus dem Bunker gestürzt waren und eingreifen konnten. Im Übrigen wurde der Kampf vornehmlich mit Handgranaten, Maschinenpistolen und Spaten ausgetragen. Weil das MG in der großen Kälte nicht absolut zuverlässig immer feuerbereit war und die Angreifer auch von hinten kommen konnten, hielt ich in meiner rechten Hand, die ich unter den Lamamantel steckte, immer eine wurfbereite Handgranate. Zum Glück musste ich sie nie benutzen.

Niemand trug in vorderster Stellung einen Stahlhelm. Wer irgendwie die Gelegenheit dazu hatte, beschaffte sich russische Winterkleidung. Die Gelegenheit war allerdings nicht ohne Risiko, denn die für das Überleben unverzichtbaren Accessoires – Fellmütze, gesteppte Wattejacke und Filzstiefel – hatten nur die Iwans, und die gaben sie nicht freiwillig heraus. Man musste sie ihnen also abnehmen.

Im Prinzip war das nicht so schwierig, man brauchte nur nachts ins Niemandsland zu kriechen und sich das Notwendige von einem gefallenen Sowjet-Soldaten zu holen. Dabei war aber dreierlei zu beachten: Erstens gelang dies nur nach einem russischen Angriff, bevor die toten Iwans steif gefroren waren; zweitens griffen die Iwans gerne vor dem Morgengrauen bei Schneesturm an, in dem man leicht die Orientierung verlor, wenn man seine Bunkerstellung verließ; und drittens mussten die begehrten Beutestücke ja zumindest einigermaßen passen.

Ich erfuhr, dass man mit den jungen Schlipsen des ersten Nachschubs sogar eigens einen – vergeblichen – Angriff über den Sambek bis zu den sowjetischen Stellungen durchgeführt hatte, um zu den begehrten russischen Kleidungsstücken zu kommen.

Beliebt waren als Beute auch Filzstiefel, schon deshalb, weil man sich in den deutschen »Knobelbechern« leicht die Zehen erfror, was als »Selbstverstümmelung« galt und vor dem Kriegsgericht und mit einer barbarischen Strafe enden konnte. Bereits in diesem ersten Russlandwinter gab es exemplarische Verurteilungen dieser Art zur »Stützung der Moral der Truppe«, weil allzu viele Soldaten die Amputation eines Gliedes nach einer Erfrierung und den damit verbundenen Rücktransport in die Heimat dem Verbleib an der Front vorzogen.

Meine Bunkerkameraden hatten mich zwar mit deutlich spürbarer Skepsis aufgenommen, waren jedoch im Rahmen ihrer rauen Mentalität bemüht, mir das Überleben für den Anfang möglich zu machen. Für das Wachestehen borgte mir Laban seine russischen Filzstiefel, und Marinus steuerte ein Paar zusätzliche Socken bei, um sie auszufüllen. Aber während der ersten Woche fror ich in meiner leichten Tuchuniform erbärmlich.

Es war noch früh am Abend, ich kaute gerade an einer Schnitte Brot herum, die ich auf dem Miniofen geröstet hatte. Draußen rief plötzlich Laban, dessen Wachzeit beendet war; Gottwald stolperte über meine Füße und schlug die Zeltbahn der Einstiegsluke zurück, um ihn abzulösen; sofort fegte ein Schwall eisiger Schneekristalle auf meine Lagerstätte. Sekunden später begann Laban, sich durch die Öffnung zu zwängen.

In diesem Augenblick brach draußen ein Höllenlärm los: Maschinengewehre ratterten mit dem helleren Stakkato von MPs um die Wette, dazwischen hallten einzelne Schüsse und das dumpfe Krachen von Handgranaten.

Wir griffen nach unseren Waffen und stürzten Hals über Kopf hinaus, ich als Erster. Ein eisiger Sturm tobte mir entgegen, im Schein einer aufsprühenden Leuchtkugel peitschte er mir die Schneekristalle waagerecht ins Gesicht. Gottwald stand hinter der Brüstung am MG und jagte kurze Feuerstöße in schnellem Wechsel links und rechts in den Abhang unter uns, Laban führte ihm den Gurt aus dem Munikasten zu. Ich legte mein Gewehr ab, griff nach links in die zum Depot verlängerte Deckung, zerrte einen vollen Kasten hervor und schob ihn Laban zu, dann langte ich nach ein paar Handgranaten, zog zwei von ihnen ab und warf sie auf gut Glück ins Vorfeld.

Jemand stieß mich von hinten an; es war Marinus, der mit der Hand nach hinten deutete. Ich verstand sofort, was er wollte, und folgte ihm mit dem Karabiner in die Fliegerabwehrstellung hinter dem Bunker. Wir kamen keinen Moment zu früh, in der mit kleinen Erhebungen und Mulden bedeckten Fläche zwischen uns und dem Nachbarbunker, von dem aus vermutlich das Feuer eröffnet worden war, bewegten sich im diffusen

Licht abgeschossener Leuchtkugeln schemenhaft Gestalten auf uns zu. Marinus hob seine MP und schoss, ich schickte eine Handgranate nach und gleich darauf eine zweite; jemand schrie auf und dann war nichts mehr zu sehen. Wir wandten uns zu der MG-Stellung rechts von uns, wo zwar auch heftig geschossen wurde, aber auf dem freien Terrain und am Hang weiter aufwärts nichts auszumachen war, was als irgendwie bedrohlich hätte bezeichnet werden können.

Noch einige Minuten lang schoss es wie wild in die immer wieder von strahlendem Magnesium durchleuchtete Nacht, dann ließ der Furor der Feuerstöße nach, sie peitschten mit Unterbrechungen und bald nur noch vereinzelt durch die Nacht. Am Hang unterhalb der Stellung erklangen einige unterdrückte Rufe, mehrmals klapperte etwas metallen und dann war alles fast wieder wie zuvor. Ein neuer Knall von Gottwalds Leuchtpistole wirkte fast leise, in der Nachbarschaft machte es ebenfalls zweimal »Plopp« und drei stumme Leuchtkugeln ergossen ihr weißes Licht in den stiebenden Schnee, in dem nichts Verdächtiges mehr zu erkennen war. Wir warteten noch einige Minuten, um sicher zu gehen, dass es sich bei dem eiligen Rückzug der Russen nicht um eine Finte handelte. Dabei wurde ich mir wieder der Kälte bewusst, die in mich eindrang.

Marinus sagte als Erster etwas: »Wir sollten mal nachschauen, sie bekommen immer Wodka, bevor sie zu solchen Aktionen starten!«

Dann wandte er sich an mich: »Mit ein bisschen Schwein bekommst du heute was Warmes zum Anziehen. Geh'n wir los!«

Wir brauchten nicht weit zu gehen. Knapp 20 Meter links von der Stellung lag ein toter Russe, dessen Stepp-

jacke jedoch von Geschossen regelrecht durchsiebt war. Marinus nahm seine Pelzmütze, zog ihm die Filzstiefel aus und gab mir die Teile. Ich war ihm dankbar, dass er es tat und nicht mich zu der makabren Handlung aufforderte.

*»Wodka war Fehlanzeige, nur Sonnenblumenkerne und Machorka! *)« meinte er abschließend.*

Wir gingen zum Bunker zurück und Marinus berichtete über den Teilerfolg der Aktion. »Na, dann werde ich mich mal umsehen! Der Schlips braucht ja eine ordentliche Jacke!«, sagte Laban, begab sich den Hang zum Fluss hinab und kam nach einigen Minuten mit einer richtigen, schönen, heilen und warmen Steppjacke zurück.

»Er hatte nur einen Kopfschuss«, sagte er lakonisch, und zu mir gewandt: »Da hast du ..., bolschewistische Läuse als Zugabe; jetzt bist du ein echtes sowjetisches Frontschwein!«

Mich überkamen sehr gemischte Gefühle. Aber schließlich überwog eine Art Genugtuung, heil davongekommen zu sein und nicht mehr ganz so arg frieren zu müssen.

Als einziger »Schlips« in der Gruppe war ich für alle mühsamen und unangenehmen Verrichtungen zuständig. Dabei hatte ich noch Glück; in einem Nachbarbunker hauste ein Untersturmführer, der sich von seinen Untergebenen aus Taganrog mit einem Panjeschlitten ein Sofa heranschaffen ließ. Im engen Bunker konnten anschließend die anderen nur noch hockend schlafen. An eine Vergrößerung der Höhlen, die noch vor Einbruch des Winters angelegt worden

*) Ersatz für normalen Tabak, hauptsächlich aus den holzigen Blattstängeln der Pflanze hergestellt.

waren, war nicht zu denken, denn die Erde war metertief gefroren und hart wie Beton. Täglich arbeiteten wir abwechselnd an einem Laufgraben, der etwa 1,70 Meter tief und 70 Zentimeter breit war. Wenn man in zweistündiger Schufterei mit Picke und Schaufel den Graben um 10 bis 20 Zentimeter verlängern konnte, hatte man gute Arbeit geleistet. Immerhin wuchs der Graben in einem Monat so weit, dass an einem schönen Tag unser Untersturmführer mit den vier »Schlipsen« des Zuges ein Gewehrexerzieren mit Seitengewehren veranstalten konnte. Die Russen sahen die aufgepflanzten Klingen der Seitengewehre blitzen und reagierten mit massiertem Artilleriefeuer. Das war das Ende der Übung.

Gegen die eisige Kälte konnte man kaum etwas unternehmen. Lediglich als Meldegänger oder Essenholer hatte man die Chance, sich in der Bauernkate hinter dem vom Gegner einsehbaren Hang eine halbe Stunde aufzuwärmen, in dem unser Fourier*) Babucke mit seinem Koch Löber und zwei Beute-Iwans die Feldküche betrieben. Den etwa zwei Kilometer weiten Weg dahin konnte man nur nach Einbruch der Dunkelheit oder bei Schneetreiben gehen. Man musste mit Scharfschützen jenseits des Flusses rechnen, außerdem schoss die sowjetische Artillerie sehr genau und nahm tagsüber jeden einzelnen Mann aufs Korn, der auf der schneehellen Fläche gut auszumachen war. Besonders gefürchtet war die von uns »Ratsch-Bumm« genannte 7,6-Zentimeter-Panzer-Abwehr-Kanone mit hoher Durchschlagkraft; ihre Granaten explodierten, bevor man den Abschuss hörte, man hatte also keine Chance, rechtzeitig Deckung zu suchen.

---

*) Verpflegungsunteroffizier einer Kompanie.

Das Essenholen gehörte zu meinen ständigen Pflichten. Diese Aufgabe übernahm ich ganz gerne, denn in dem Haus konnte ich mich aufwärmen; manchmal erhielt ich auch einen heißen Tee. Die Verpflegung bestand tagaus, tagein aus Hirsebrei, glitschigem Brot und einem Stück obskurer Pferdewurst. Wir waren wie auf einer vergessenen Insel von der Heimat vollständig abgeschnitten, die geringen noch funktionierenden Transporteinrichtungen wurden ausschließlich für den Munitionsnachschub benötigt. Etwas Abwechslung in der Ernährung und Post erhielten wir erst wieder Mitte April.

Wenn ich zum Erdbunker zurückkam, waren Brei, Brot und Wurst steinhart gefroren. Alles wurde auf dem Marmeladeneimer-Öfchen umständlich aufgetaut, warmes geröstetes Brot galt als Delikatesse; beim Verzehren der kargen Rationen taute auch das Gesprächsklima auf. Die Abgeschiedenheit und die Entbehrungen hatten zur Folge, dass es sich dabei fast immer um zwei Themen drehte: »Thema eins« waren die Frauen und alles, was auch immer die Fantasie frustrierter Landser in der Bandbreite zwischen romantischen Sehnsüchten und Perversitäten damit verbinden konnte. »Thema zwei« war Essen in jeglicher Form, wobei die Vortragenden ihre Vorlieben je nach Differenziertheit mehr quantitativ oder mehr qualitativ äußerten.

Die Zeit zu Unterhaltungen war jedoch besonders für »Schlipse« recht kurz bemessen, denn neben Wachestehen, Essen- und Holzholen, Grabenbau, Waffenreinigen musste man zusehen, dass man zum Schlafen kam, und schließlich ja auch Krieg führen – Krieg gegen die Russen und gegen die Läuse, die zumindest ich als die Aggressiveren in Erinnerung habe. Sie saßen in allen Falten und Säumen der verschmutzten Wäsche und der Oberkleidung. Ich habe ohne merklichen Erfolg Tausende von ihnen zwischen den Daumennägeln geknackt. Bei minus 25 Grad habe ich mein Unterhemd über Nacht auf dem Bunkerdach ausgelegt und die Erfahrung gemacht, dass auch grimmige Kälte den Läusen kaum etwas anhaben konnte. Sie waren in Massen immer und überall gegenwärtig, bissen unentwegt zu und ließen uns nicht zur Ruhe kommen.

In der Stellung wirkte sich die Kälte bei uns allen sehr unangenehm auf die Blase aus. In einer Nische der MG-Stellung neben dem Bunker stand eine größere Konservendose; in diese erleichterten wir uns mehrmals am Tag und kippten den Inhalt über den Stellungsrand, tunlichst nach Lee, also mit dem Wind.

Das größere »Geschäft« wurde auf dem Spaten erledigt und dann mit möglichst viel Schwung nach draußen befördert.

Jemand rüttelte mich an der Schulter und ich hörte Marinus sagen: »Komm hoch, Junge, es wird ein klarer Tag!« Ich brauchte einen Augenblick, um mir bewusst zu werden, was er meinte. Dann hatte ich begriffen: Ich sollte Holz holen und auf dem Rückweg die Verpflegung mitbringen. Dazu musste ich noch in der frühen Morgendämmerung aufbrechen, denn nach Sonnenaufgang konnten die Russen den langen flachen Hang am Westufer des Flusses, in dem unsere Stellungen lagen, kilometerweit einsehen. Auf der schneebedeckten hellen Fläche hatte man gegen ihre Scharfschützen keine Chance, sie hatten die Sonne im Rücken und waren mit Zielfernrohren ausgerüstet.

Ich streckte meine Glieder, rappelte mich mühsam hoch und ergriff die bereitstehenden zusammengebundenen Kochgeschirre. Obwohl ich meine gesteppte rus-

sische Jacke und die Filzstiefel trug, war ich steif vor Kälte; aber unsere Körperwärme hatte die dumpfe Luft im Bunker doch vergleichsweise erträglich gemacht, denn als ich die Pferdedecke vor dem Einstiegsloch zurückschlug und hinauskletterte, schlug mir die eisige Morgenluft des Ostwinds wie eine Faust ins Gesicht. In der Nische neben dem MG-Stand lagen ein paar Stricke, die ich mitnahm, um das Feuerholz zu bündeln, das ich holen sollte. Am Ende des kurzen Laufgrabens, der hangaufwärts führte, schlug ich mein Wasser ab, zuerst tröpfelte es nur, denn wie bei den anderen war meine Blase durch die ständige Unterkühlung in einem dauernden Reizzustand.

Dann machte ich mich auf den Weg. Erst nach einiger Zeit kam ich richtig in Bewegung, denn die Müdigkeit saß mir noch in den Knochen; in der Nacht hatte ich von eins bis drei am MG Wache gestanden und am Tag zuvor bis zur Erschöpfung in der stahlhart gefrorenen Erde am Laufgraben zum Nachbarbunker gearbeitet. Erst als ich über die leichte Steigung den Hang hinauf stapfte, wurde mir allmählich wärmer. Der Schnee auf der Piste war zum Glück nicht tief, der Oststurm hatte ihn in die Mulden gefegt; aber ich musste trotzdem darauf achten, dass ich mich auf dem festen Untergrund bewegte, denn ich musste mit meinen Kräften haushalten. Bis zum Hangrücken brauchte ich nur fünf Minuten, dahinter lag geschützt die Bauernkate, in der sich unser Gefechtstross) mit der Küche einquartiert hatte; aus dem Kamin stieg verheißungsvoll Rauch auf.*

---

*) Der Gefechtstross umfasste die Mannschaftstransportfahrzeuge für die kämpfende Truppe, der Versorgungstross die übrigen Fahrzeuge für die Verpflegung, den Munitions- und Kraftstoffnachschub sowie Werkstattwagen und Schreibstube.

Als ich die Tür unter dem kleinen Vordach aufstieß, umfing mich wohlige Wärme. Uscha Babucke, unser Fourier, war noch nicht zu sehen; aber Löbel, der Koch, raunzte mich an: »Zum Futtern gibt's noch nix!«

»Dazu komme ich auf dem Rückweg vom Holzsuchen«, sagte ich, »aber wie wär's mit einem warmen Schluck?«

Babucke und Löbel machten selbst kaum einen Handschlag, dazu hatten sie zwei gefangen genommene Iwans. Einer davon, Alexej, kannte mich als obligatorischen Essenholer meiner Gruppe ganz gut. Er reichte mir einen halb vollen Feldbecher mit »Tschai«, das Getränk war undefinierbar wie immer, aber es war heiß, und ich bedankte mich. Die Kochgeschirre stellte ich auf einem Bord ab.

Ich hatte keine Zeit zu verlieren; also machte ich mich auf den Weg. Er führte nach Norden, an der sicheren westlichen Flanke des Höhenkamms kam ich auf dem verharschten Schnee gut voran. Unterwegs aß ich mein Frühstück, eine Scheibe matschiges Brot, das ich aus dem Bunker mitgenommen und in der Hosentasche aufgetaut hatte. Nach einem guten Kilometer kroch ich so weit nach oben, dass ich die Landschaft überblicken konnte. Vor mir lag das Tal des im Frost erstarrten Sambek unter dem klaren Himmel, in dem die Sterne schon blasser funkelten, am östlichen Himmel breitete sich eine erste Morgenröte aus; »Eos rhododaktylos«, Homers rosenfingrige Göttin meiner Patronné-Jahre, strich sanft über den Horizont, aber ihre Hand war eiskalt.

Kein Laut war weit und breit zu hören; alles bot ein Bild tiefen Friedens. Links unter mir sah ich über dem Flussufer in sicherer Höhe vor Hochwasser mein Ziel, *das Dorf, das – wie man mir gesagt hatte – Warenowka hieß. Die etwa 30 Häuser waren zerstört, einige davon durch Brände verkohlt; man sah andere von Artillerie zerschossen. Hangaufwärts gab es eine Balka*), durch deren Sohle der Zugang zum Dorf führte, in ihr gab es einige Kuscheln, die mir Deckung geben würden. Ich kroch zurück, fand etwas weiter nach Norden den Weg; da es noch dunkel genug war, folgte ich ihm und erreichte bald den oberen Dorfrand.*

Ich war etwas erstaunt, dass in dem Dorf niemand zu sehen war, obwohl es mit seinen außen liegenden Kellern zwischen den Häusern und seinen Mengen an verwendungsfähigem Material zu einem Ausbau als Frontstellung geradezu verlockend erschien. Wenn sich in der Nähe deutsche Einheiten eingerichtet hatten, so war jedenfalls nichts davon zu bemerken. Das jenseitige Ufer des Sambek, das deutlich steiler und deshalb dem Fluss näher war als der Abhang gegenüber unserem Bunker, lag noch im Schatten der niedrig stehenden aufgehenden Sonne. Aber alles wirkte weithin friedvoll und still; offenbar hatten weder Freund noch Feind an dem zerschossenen Dorf das geringste Interesse.

Man konnte erkennen, dass die Häuser fluchtartig verlassen worden waren; überall lag noch Hausrat umher, Stühle, Tische, zerbrochenes Geschirr und sogar eine Matratze, in einem russischen Haus so etwas wie ein Luxusgegenstand. Nach einigem Suchen fand ich unter den Trümmern einiges Werkzeug, darunter ein Beil, das meinen Zwecken genügen konnte. Bretter, kleine Balken und sogar Kleinholz gab es genügend, und so hatte ich bald einen guten Vorrat zusammen; Marinus und auch die anderen würden sich freuen, denn das

---

*) Grabenbruch, Erdfalte mit steilen Wänden.

Material war trocken und würde nicht qualmen, so würden wir uns im Bunker auch am Tage behaglich einheizen können. Mit den Stricken konstruierte ich aus dem gesammelten Holz eine Art Schlitten, zwei längere Teile brachte ich als Kufen an. Ich überlegte schon, ob ich mit meiner Beute vorsichtig durch die Balka den Heimweg antreten und den Tag in der warmen Stube beim Gefechtstross verbringen sollte, als ein ohrenbetäubender Schlag mich zu Boden warf.

Zunächst konnte ich nur feststellten, dass ich noch lebte und mich in einer gewaltigen Staubwolke befand, die sich in der Windstille kaum verflüchtigte. Instinktiv reagierte ich mit der gebotenen Raschheit, hechtete hinter die nächstliegende, der Flussseite abgewandte, zehn Schritte entfernte Hauswand und dann sofort zu einer anderen Stelle, die mir sicherer erschien. Während ich mich dort noch vergewisserte, dass ich weiter nichts abbekommen hatte, kam der nächste Feuerüberfall; diesmal war es eine dicht liegende Dreiersalve; die Einschläge lagen genau da, wo ich mich noch kurz zuvor nichts ahnend aufgehalten hatte.

Die Einschläge explodierten schlagartig und unangekündigt durch Abschüsse oder Granatengeheul. Mir war sofort klar: Es war Artillerie mit hoher Geschossgeschwindigkeit und Durchschlagskraft, von uns respektvoll »Ratsch-Bumm« genannte Panzerabwehrkanonen mit Mehrzweckfunktion. Der erste Schuss war nur ein Orientierungsschuss für den Beobachter gewesen und hatte verdammt gut gelegen. Ich hatte es also bei der sowjetischen Batterie nicht mit Anfängern zu tun.

Normalerweise hätte es mit zwei oder drei Salven genug sein müssen, der Aufwand stand in keinem Verhältnis zum erhofften Erfolg: Er hätte sich allenfalls für einen Regimentskommandeur gelohnt. Aber nur um ei-

nen simplen »Chitlerfaschista« zu erledigen, einen einzelnen Mann und einen »Schlips« noch dazu? Aber das konnten die Iwans ja nicht wissen.

Gegen jede Vernunft schossen sie weiter. Mal gab es eine Feuerpause von einigen Minuten, aber sie streuten jetzt systematisch nach allen Regeln der artilleristischen Kunst das Dorf ab. Dass sie mich doch erwischen würden, war nach einer Wahrscheinlichkeitsrechnung keineswegs aussichtslos; ich musste also etwas anderes unternehmen als von einer Deckung in die andere zu springen, alle taugten nicht viel, denn in der Gegend gab es keine Steine, selbst die Fundamente der Häuser und die Kellerabdeckungen daneben bestanden aus Lehm. Es fiel mir ein, dass ich bei meinem Herankommen von oben bei den am flussnahen Dorfrand gelegenen Häusern einen verlassenen Panzer mit offenem Turmluk gesehen hatte. Im Schutz der riesigen immer dichter werdenden Staubwolke, in die das Dorf durch die Einschläge der Granaten gehüllt war, würde ich mit etwas Glück unbemerkt dorthin gelangen.

Der Gedanke erwies sich als hilfreich, ich erreichte mit einigen Sprüngen von Trümmerhaufen zu Trümmerhaufen den Panzer. Es war ein T 34 mit einer zerschossenen Raupenkette, der ansonsten einen recht heilen Eindruck machte.

Ich stieg hinein. Auch im Innern sah alles ganz ordentlich aus, mit der Kanone hätte vermutlich sofort geschossen werden können, sie zeigte in Richtung gegnerischer Hang; die Granaten dazu waren an den Turmwänden ringsum säuberlich in Halterungen angebracht. Ich war versucht, eine davon ins Rohr zu schieben und abzufeuern. Dann überlegte ich aber die möglichen Folgen: Die sowieso schon hochmotivierten Iwans wären vielleicht gänzlich in Rage geraten und hätten ihre gesamte verfügbare Feuerkraft auf das Dorf konzentriert.

In dem Panzer war ich relativ sicher. Einige Male schlugen zwar Granatsplitter mit hellen, harten Schlägen gegen die stählernen Wände, aber nur ein Volltreffer hätte mir wirklich gefährlich werden können.

Nach etwa 20 Salven wurde das Feuer spärlicher. Schließlich trat Ruhe ein, und der durch die Granaten aufgewirbelte Staub verzog sich langsam gegen den Hang hin und in die Balka; das hätte ich für den Rückzug nutzen können, aber aus dem Panzer war das nicht möglich. Die Iwans beobachteten zweifellos bei der freier werdenden Sicht mit guten Gläsern jeden Quadratmeter des Dorfes; dass ich in dem T 34 saß, wussten sie nicht, sonst hätten sie ihn mit ihren Kanonen als willkommenes und deutliches Zielobjekt sofort unter Beschuss genommen.

Geduldiges Abwarten war also angesagt, und ich sah mich in meinem stählernen Gehäuse weiter um. Etwas Essbares fand sich im Panzer nicht. Dazu, die Keller des Dorfes zu durchsuchen, war ich gar nicht gekommen. Und mein Magen war im Knurren schon leidlich geübt. Mit dem Durst gab es kein Problem; wenn ich im Schutze des hochgeklappten Deckels hinauslangte, konnte ich mir mit der Hand von der Turmwand genügend Schnee verschaffen und im Mund zergehen lassen.

Ich begann mich an meine Lage zu gewöhnen und stellte fest, dass sie auch ihre angenehmen Seiten hatte. Die Sonne stand inzwischen schon ziemlich hoch, sie begann das Innere des Panzers etwas zu erwärmen und damit die Temperatur erträglicher zu machen. Außerdem empfand ich zunehmend als erfreulich, dass ich seit Wochen zum ersten Mal alleine war und das voraussichtlich so lange ich wollte, jedenfalls aber für Stunden.

Das ermöglichte es mir, in Ruhe meinen Gedanken nachzugehen: für einen Soldaten ein Luxus, der prinzipiell und aus guten Gründen in keiner Armee geduldet wird.

Mich beschäftigte zunächst die Frage: Warum deckte der Iwan, der sonst mit seiner Munition offenbar sparsam umging, mich dermaßen mit seinen kostbaren Granaten ein? Die Antwort musste irgendwie in Zusammenhang mit der Tatsache stehen, dass im Bereich des Dorfes kein anderer deutscher Soldat zu entdecken war. Demnach war also bei den Einheiten bekannt, wie cholerisch die sowjetische Artillerie reagierte, wenn sie in ihrem Dorf am Sambek jemanden erspähen konnte, der sich dort zu schaffen machte. Stammte womöglich der russische Beobachter aus dem Dorf oder aus der Gegend? Das hätte ja so sein können! Oder wurden die »Schlipse« bei der Sowjetartillerie am hohen und relativ steilen jenseitigen Ufer in gut getarnten Stellungen an 7,6-Zentimeter-Kanonen ausgebildet? Zielübungen am lebenden Objekt sozusagen, psychologisch feinsinnig verbunden mit dem atavistischen Erlebnis des Jagdfiebers? Ich war nach meinem kurzen Redaktionsvolontariat bereits Journalist genug, dass ich die Kameraden jenseits des Flusses liebend gerne direkt gefragt hätte, aber mir war klar: Dazu würde es wohl leider nicht kommen.

Jedenfalls konnte ich sie verstehen, die Burschen auf der anderen Seite. Wie sie dachten und was sie empfanden, hatte mir Ljuba in Taganrog deutlich gemacht, die in unserem Kompaniegefechtsstand in Taganrog dolmetschte und mit der ich bei einem der kurzen Aufenthalte dort ins Gespräch kam; ein humanistisch gebildetes Mädchen, sie konnte sogar Latein und etwas Griechisch, über die klassischen Heldenmythen wusste sie sicherlich ganz gut Bescheid, also auch über die Opfertat der Spartaner bei den Thermopylen. »Wanderer, kommst du nach Walhorn, verkünde dort, wie du mich am Sambek hast liegen sehen, wie das Gesetz es befahl … in einem zerschossenen Panzer als allegorischem Grab …«

Niemand würde darüber berichten. Eine kurze Notiz in der Eupener Ausgabe des »Westdeutschen Beobachters« vielleicht: »Der neunzehnjährige Herbert M., vor seiner Einberufung zuletzt Gefolgschaftsführer der Hitler-Jugend in … , ist auf dem Felde der Ehre an der Ostfront gefallen.« Hansen würde einen Brief an meine Eltern schicken: »Es ist mir eine traurige Pflicht, Ihnen mitteilen zu müssen, dass ihr Sohn getreu seinem Fahneneid sein Leben für Volk und Führer hingegeben hat.« Marinus und die anderen im Bunker würden fluchen: kein Feuerholz und keine Verpflegung, die verdammten Schlipse sind doch allesamt Flaschen, kein Verlass drauf, dabei hatte der sich eigentlich ganz gut angelassen. Na, dann wird wieder einer von uns Alten mal los müssen.

Ansonsten: Im Osten nichts Neues. Erich Maria Remarque (Onkel Joseph behauptete, der Name sei ein Anagramm, er hieße eigentlich Kramer) lässt grüßen. Sein Paul Bäumer, Gymnasiast wie ich, zwölf lange Jahre voll gestopft mit Grammatik, Vokabeln, mathematischen Regeln und Maximen, Geschichte, Biologie und Geografie, im Bruchteil einer Sekunde ausgelöscht von einem Stückchen Blei, der besseren Durchschlagskraft halber ummantelt mit etwas Kupfer; ausgetüftelt von einem Experten, seinerseits zwölf Jahre lang voll gestopft mit Grammatik, Vokabeln, Geschichte …

Plötzlich wünschte ich mir nichts brennender als ein Gespräch mit meinem Oberprima-»Prof« Bernard –

diesem Mann aus einer anderen Welt: hochgebildeter Jesuit von nobelster Art, Ästhet, tolerant, scharfsinniger Logiker. Mir, dem Aufsässigen, gegenüber immer fair und gerecht. Er sprach nie ein Wort Deutsch, und ich wusste nie, ob er die Sprache verstand. Aber ich verehrte ihn wie ein Idol von einem anderen Stern. Am 9. Mai 1940 plauderte er noch geistreich über Horaz, am Tag darauf marschierte die deutsche Wehrmacht ein. Bernard war wie einige andere unserer Lehrer plötzlich und spurlos verschwunden; wir wussten, dass er Major der Reserve in der belgischen Armee war, die Priester von der Wehrpflicht nicht freistellte.

Probehalber begann ich in meinem Panzer den Prolog aus Homers Ilias zu rezitieren: »Mänin aeide, thea …«. Ich kam nicht so weit, wie ich gehofft hatte. Mit Ovid ging es etwas besser und mit der Aufzählung der Kaiser des Heiligen Römischen Reiches Deutscher Nation auch. Sogar die sieben Stämme, die zu Cäsars Zeit das Volk der tapferen Belgier bildeten, waren unvergessen: die Nervier, die Menapier, die Eburonen …; Fräulein Maria Keutgen, die in meinem ersten Volksschuljahr Geschichte lehrte, hätte sich gefreut.

Schließlich kramte ich aus der Brusttasche Papier und Bleistift hervor und begann zu schreiben. Langsam, sorgfältig, in Stichworten, eng und mit kleiner Schrift – Papier war eine Kostbarkeit – schrieb ich auf, was ich seit der Abfahrt aus Berlin erlebt hatte; zu den meisten Fakten wusste ich sogar noch die Daten. Die Kameraden von der anderen Seite ließen mir mit ihren »Ratsch-Bumm« in unregelmäßigen Abständen immer wieder eine Granate herüber zukommen, mal in meine, mal in eine andere Ecke des kleinen Dorfes. Es ging ihnen wohl darum, darzutun, dass sie aufpassten, und ich fühlte mich auf eine kuriose Art geehrt, dass sie mich so ernst nahmen. Allmählich wurde es endgültig ruhig, die Anspannung ließ nach, ich saß im Sitz des Panzerschützen recht bequem und fand eine Stelle, um meinen Kopf anzulehnen. Irgendwann machte sich das enorme Schlafdefizit bemerkbar, und ich schlummerte ein.

Als ich aufwachte, war die Zeit merklich fortgeschritten; im Osten wurde es früh dunkel, nicht nur wegen der Jahreszeit, sondern auch durch die Zeitverschiebung. Im Bereich der Wehrmacht waren alle Uhren gleich gestellt, auf mitteleuropäische Zeit. Bei gut 3 000 Kilometern Entfernung zwischen Aachen und Taganrog brach hier Mitte März um halb fünf Uhr nachmittags die Dämmerung herein; hinzu kam, dass der Ort an seinem Steilufer bereits im Schatten der tief stehenden Sonne lag, während die Iwans auf der Ostseite von ihr noch geblendet wurden.

Ich konnte mich vorsichtig daran machen, aufzubrechen. Langsam schlich ich mich aus dem Panzer und, jede Deckung nutzend, von Hausruine zu Hausruine bis zu der Stelle, wo ich bei dem Feuerüberfall mein Brennholz im Stich gelassen hatte. Der Packen war trotz des heftigen Beschusses unversehrt, ich nahm ihn ins Schlepptau und gelangte kriechend zur Balka, die schon tief im Schatten lag. Als die ersten Sterne erkennbar wurden, hatte ich die westliche Hangseite erreicht und wenig später unseren Gefechtstross. Ich nahm die Kochgeschirre und den Verpflegungssack an den Umhängeriemen über die Schulter und stapfte zu meinem Bunker.

Als ich ihn erreichte, ging gerade der Mond auf. Marinus prüfte mein Holzbündel und bemerkte trocken: »Gar nicht so schlecht!« Und dann: »Wie war's denn?« –

»Ganz klasse Masche«, sagte ich, »das soll auch mal ein anderer tun. Ich habe bis zur Dämmerung in einem Panzer gesessen und sogar ein Nickerchen machen können.«

»Na, prima«, meinte Marinus, »dann kannst du ja gleich die erste Wache übernehmen!«

Kriege waren bis in die jüngere Geschichte Ereignisse, die sich in der wärmeren Jahreszeit abspielten; wenn sie sich über den Charakter von begrenzten Feldzügen hinaus ausdehnten, verbrachten die Armeen den Winter über in behaglichen Quartieren. Der Erste Weltkrieg mit seinen über Jahre dauernden Stellungskämpfen in Nordfrankreich war für die Stäbe und Truppe eine neue Erfahrung.

Was aber die deutschen Frontsoldaten an der ganzen Ostfront in diesem harten Winter 1941/42 physisch und psychisch zu ertragen hatten, ist mit nichts anderem vergleichbar. Aus der bis dahin unaufhaltsamen Angriffsbewegung durch den im Jahre 1941 besonders früh und kalt hereinbrechenden russischen Winter jäh gestoppt, mussten sie sich provisorische Deckungen in den hart gefrorenen Boden sprengen, in denen sie nur einen notdürftigen Schutz gegen die Angriffe der mit bester Ausrüstung aus Sibirien frisch in den Kampf herangeführten Armeen fanden, die durch ein geheimes Nicht-Angriffs-Abkommen auf Gegenseitigkeit mit Japan frei geworden waren.

Die frierenden deutschen Soldaten in ihrer dem mitteleuropäischen Klima angepassten Bekleidung schafften es erst in Wochen und Monaten, in schwerer nächtlicher Arbeit Unterstände auszuheben und Laufgräben anzulegen. Nach langen Wochen des Frierens unter dünnen Zeltplanen konnten sie sich nun endlich einmal wieder wärmen und zusammenhängende, verteidigungsfähige Linien herstellen. Nur unter der Mobilisierung der letzten Reserven gelang es, die Front zu halten; allen widrigen Umständen zum Trotz konnte die Sowjetarmee – außer ihren begrenzten Erfolgen in den ersten Winterwochen vor Moskau – keine nennenswerten Geländegewinne erzielen.

Die deutsche Offensivkraft aber war nachhaltig geschwächt. Gegen alle operativen Regeln wurden die schnellen Einheiten auf ganzer Front in den Stellungskrieg gezwungen, weil die Infanteriekräfte zur Deckung der weiten Abschnitte nicht ausreichten und neue Verbände nur in geringem Umfang eingesetzt werden konnten. Am 1. Januar 1942 verfügte das dezimierte deutsche Ostheer nach wie vor über 12 Armeen, 135 Divisionen und siebeneinhalb verbündete Verbände von sehr beschränkter Kampfkraft, während ihnen zu diesem Zeitpunkt schon 42 Armeen mit 328 Divisionen der Roten Armee gegenüberstanden.

Die deutsche Führung hätte aus dem Schicksal Napoleons und aus den Erfahrungen des Zweifrontenkriegs 1914–1918 wissen müssen, was es bedeutete, Russland anzugreifen, dazu mit einer unzulänglich ausgerüsteten Armee. Es war ein verantwortungslos begonnenes Abenteuer, ein russisches Roulette mit sechs Patronen in der Trommel.

Der englische Militärhistoriker Liddell Hart stellt in seinem Werk »Die Verteidigung des Westens« fest:

»Das Erste, was bei der Invasion von 1941 ins Auge fällt, ist die zahlenmäßige Schwäche der deutschen Streitkräfte. Nicht nur der Raum, sondern auch die Zahl sprach gegen Hitler, und zwar von Anbeginn des Feldzuges. Er stürzte sich am 22. Juni in die unermesslichen Weiten Russlands, obwohl er wusste, dass seine

Truppen denen des Gegners zahlenmäßig unterlegen waren und dass sich dieses ungünstige Verhältnis immer mehr verschlechtern musste, je länger der Feldzug dauerte. Diese Tatsache ist erstaunlich. Im Hinblick auf Zeit und Raum war dieses Spiel gefährlicher als irgendein anderes, das je ein Angreifer in der modernen Geschichte gewagt hat.«

An anderer Stelle resümiert er: »Die deutsche Wehrmacht war im Jahre 1940/41 zwar moderner als irgendeine andere. Aber sie verfehlte ihr Ziel, weil sie die Gedanken, welche bereits 20 Jahre alt waren, nicht aufgegriffen hatte. Selbst so, wie die Dinge aber lagen, hätte Hitler noch im ersten Sommer nach Moskau kommen können, wenn er den Panzertruppen, so wie es Guderian dringend verlangt hatte, freien Lauf gelassen hätte. Aber die älteren Generale betrachteten dies als einen gefährlich unorthodoxen Plan und Hitler hatte sich in diesem Falle auf die Seite der Orthodoxie ziehen lassen und verpasste so seine beste Chance.«

Im Januar 1942 standen auf einer Front von 600 Kilometern den 37 deutschen Divisionen der Heeresgruppe Süd 95 russische Verbände gegenüber. Bis zum März des Jahres 1942 betrugen die Verluste des deutschen Ostheeres bereits 1 107 000 Mann. Die Heeresgruppe Mitte konnte in einem 1 000 Kilometer breiten Verteidigungsabschnitt den ihr gegenüberstehenden 190 sowjetischen Verbänden nur 67 abgekämpfte deutsche Divisionen entgegenstellen; im Bereich der Heeresgruppe Nord kämpften 31 geschwächte deutsche Divisionen auf einer Frontbreite von 600 Kilometern gegen 86 russische Verbände.

Auf allen Fronten waren die Russen der Wehrmacht also um das Dreifache überlegen. Das traf nicht nur für die Mannschaftsstärke, sondern auch in etwas günstigerer Relation für die Bewaffnung zu. Hinzu kam: Auf deutscher Seite kamen auf einen kämpfenden Frontsoldaten neun Angehörige »rückwärtiger Dienste«, Versorgungs- und Transporteinheiten, Depot- und Heeresverwaltungen sowie Stäbe aller Variationen. In der Etappe hatten sich vorzugsweise Privilegierte einer ganz bestimmten Provenienz etabliert, sie stammten zum großen Teil aus den Stammländern der alten preußischen Armee.

Nach sechs Wochen an der Front durfte ich zum ersten Mal mit vier Kameraden, darunter einem Oberscharführer, zur kurzen Erholung von den Strapazen für drei Tage nach Taganrog. Wir machten uns bei hereinbrechender Dunkelheit auf den Weg, nach zwei oder drei Kilometern Wegstrecke gerieten wir in einen heftigen Schneesturm und kamen irgendwie von der mit Stangen markierten Route ab. Wir versuchten uns an der Richtung des Sturms zu orientieren, hatten aber den Eindruck, dass er drehte. Nach etwa drei Stunden Umherirrens zwischen hohen Schneeverwehungen waren wir der Erschöpfung nahe.

Plötzlich stießen wir auf eine schneeverwehte Eisenbahnlinie. Der Oberscharführer wollte mit uns nach rechts dem Bahndamm folgen, mir war jedoch klar: Wir mussten nach links, denn nur so konnten wir nach Westen und Süden zum Asowschen Meer und damit nach Taganrog gelangen. Als ich ihm deshalb widersprach, reagierte er zunächst in scharfem Vorgesetztenton. Ich konnte ihn und die anderen jedoch überzeugen, dass wir, um nach Taganrog zu gelangen, der Bahnlinie nach links folgen müssten und auf keinen Fall nach rechts, weil die Strecke mit Gewissheit nach Rostow führte, also zu der russischen Frontlinie nach Osten.

Nach einer weiteren Stunde, in der wir auf dem Bahndamm leichter voran kamen, erreichten wir ein Waldstück, zwischen den ersten Bäumen stand ein Gebäude, vermutlich ein Bahnwärterhaus; in einem Fenster flackerte Feuerschein. Ich erreichte das Haus als Erster und betrat es durch eine angelehnte Tür so vorsichtig und leise wie möglich. Drinnen sah ich eine Art Herdstelle, in der das Ende eines mannslangen Balkens brannte; zwei Männer waren gerade dabei, ihn nachzuschieben. Meinem »Rjuki Wjärsch« (Hände hoch) kamen die beiden blitzartig nach. Meine Kameraden waren inzwischen ebenfalls zur Stelle, und wir versuchten uns erst einmal Klarheit über die Situation zu verschaffen. Das war nicht einfach: Die beiden finsteren Gestalten trugen zwar russische Wattejacken und Fellmützen, die waren aber ohne irgendwelche Abzeichen, und Waffen sahen wir auch nicht.

Die beiden grinsten uns treuherzig an, einer der beiden stotterte schließlich: »Nix russki Soldatt, germanski Soldatt otschin karascho!« Dann bot er uns Papyrossi (russische Zigaretten) an, die von zweien aus unserer Gruppe dankbar angenommen wurden. Wir wussten mit den beiden nichts anzufangen – von Partisanen hatten wir damals noch nichts gehört. Wir wärmten uns auf und machten uns wieder auf den Weg. In der Morgendämmerung erreichten wir endlich den Stadtrand von Taganrog und bald darauf auch unseren Zielort: das Haus, in dem sich der Kompaniestab einquartiert hatte. In Taganrog hatten wir als nächtliche Lagerstätte auch nichts anderes als den harten Fußboden, immerhin aber waren die Räume geheizt, wir konnten uns unserer Unterwäsche annehmen und auch wieder einmal rasieren. Sogar ein Theaterbesuch war für uns organisiert, ich erinnere mich an eine Ballettvorführung, in meiner Übermüdung habe ich aber den größten Teil des Programms tief und fest verschlafen.

Die deutsche Armee hat den Krieg nicht zuletzt verloren, weil ihre Infanterie-Hauptwaffe, der veraltete, unhandliche Karabiner, aus dem Jahre 1898 stammte. Er setzte Zeit raubendes genaues Zielen voraus, verfügte über ein Magazin für nur fünf Patronen und musste nach jedem Schuss umständlich neu durchgeladen werden. Die russische Kalaschnikow-Maschinenpistole (MP) als Standardwaffe der sowjetischen Infanterie erwies sich auf kürzere Distanzen mit ihrer Streuwirkung bei einer um ein Vielfaches höheren Feuerkraft als absolut überlegen. Im Russlandwinter 1942/43 habe ich mir für die Dauer des Fronteinsatzes die erste russische MP geschnappt, die mir in die Hände fiel, und meinen Karabiner 98, sorgfältig eingeölt und in einer Decke verpackt, für die Dauer der Kämpfe in den Kofferraum meines Gefechtsfahrzeugs verstaut.

Eines Nachts stand ich neben unserem Bunker bei schneidendem Ostwind, der mir den Schnee ins Gesicht peitschte, Wache und stellte plötzlich fest, dass ich meine Hände nicht mehr fühlte; kreuzweise kräftiges Schlagen auf die Oberarme brachte keine Hilfe. In meiner Angst knöpfte ich mühsam meinen Lamamantel auf und steckte die Hände unter die Uniform an meinen Leib, sie fühlten sich an wie Eis. Aber wenigstens tauten sie auf diese Weise allmählich wieder auf und ich konnte meine Wache durchstehen. Mein Verdauungssystem aber hatte die Methode übel genommen und begann nach einigen Stunden mit Erbrechen und Durchfällen zu revoltieren.

Das brachte mir einen unverhofften Vorteil: Ich wurde am folgenden Abend zum Bataillonsverbandplatz nach Taganrog geschickt. Mit einem älteren Kameraden, der am Oberarm leicht verwundet war, machte ich mich auf den Weg. Wir verirrten uns in einem hereinbrechenden Schneesturm und waren stundenlang unterwegs, schließlich erreichten wir ein einsames verdunkeltes Bauernhaus. Wir klopften vernehmlich an die Tür, die bald geöffnet wurde. Zwei ängstliche Gesichter, das eines alten Mannes und das einer verhutzelten Frau, starrten uns entgegen. Mit Gesten begehrten wir Einlass, drinnen war es behaglich warm.

Die Hausfrau bereitete heißen Tee; wir packten unsere frugalen Vorräte aus, einen Kanten Brot und Pferdewurst, mein Kamerad hatte sogar ein Stück Speck. Ich trank mit Behagen den Tee, aß jedoch nicht und deutete unmissverständlich auf meinen kranken Magen, bot aber den alten Leuten meine kärgliche Ration an. Von diesem Augenblick an war die deutlich spürbare Spannung verflogen. Der alte Mann förderte aus einem Verschlag im Boden Kartoffeln zu Tage; die Frau verschwand in einem Nebenraum und kam mit einer Kanne voll Milch zurück; bald hatte sie ein Kartoffelpüree gekocht, das wir mit Genuss verzehrten; Kartoffeln hatten wir zuletzt vor vielen Wochen gesehen. Dann mussten wir uns in das Bett der beiden Alten legen, die sich irgendwie auf dem Boden einrichteten, und schliefen wie die Murmeltiere bis in den hellen Tag. Irgendwann wachten wir auf; wir stellten fest, dass wir es nach Taganrog nicht mehr weit hatten, und marschierten los. Als ich beim Verbandplatz ankam, hatte mich der Kartoffelbrei fast gesund gemacht, ich konnte mich aber dort noch einige Tage in einem Feldbett und bei warmen Mahlzeiten ausruhen, bevor es wieder an die Front ging.

Ich schildere dieses Erlebnis, das ich für das Verhältnis zwischen deutschen Soldaten und der russischen Zivilbevölkerung als typisch und normal bezeichnen möchte, weil man in Kriegsfilmen Deutsche fast ausschließlich als Plünderer und Mörder darstellt.

Wir hatten vor dem »Iwan« grundsätzlich Respekt und empfanden ein vages Mitgefühl, weil er uns als Soldat Achtung abnötigte, und weil wir wussten, dass es ihm nicht besser ging als uns. Russen, die als Überläufer kamen oder in kleinen Gruppen in Gefangenschaft gerieten, wurden manchmal einfach in die deutschen Verbände übernommen.

Die 14. Kompanie der LAH, der ich angehörte, bestand während des Kampfes in den Zügen zeitweise bis zu einem Viertel aus Russen, die vorübergehend als »Munischützen« eingegliedert wurden; damit wurde bei hohen eigenen Verlusten ein Ausgleich geschaffen. Unser MG 34 hatte eine theoretische Leistung von etwa 1800, das bei der LAH bereits im Sommer 1942 eingeführte MG 42 sogar von 3000 Schuss in der Minute. Ein Munitionskasten enthielt gegurtete 300 Schuss, jeder Munischütze schleppte davon bis zu vier Stück.

Es liegt auf der Hand, dass die MGs immer mehr verschossen, als die Munischützen herbeischaffen konnten.

An Munischützen herrschte deshalb immer Mangel, und das führte zu dem grotesken Faktum, dass zeitweise in harten Einsätzen gefangene Rotarmisten, denen diese Lösung lieber war als das Gefangenenlager, in der Leibstandarte Adolf Hitler Dienst taten, kämpften und auch starben. Mir ist nicht bekannt, dass einer von ihnen seine Pflicht nicht getan hätte oder desertiert wäre.

Weil wir im Winter 1941/42 am Sambek einen reinen Stellungskrieg führten und in den Bunkern kein Platz war, hatten wir in vorderster Front keine Russen, beim Gefechtstross aber halfen zwei schon erwähnte Iwans unserem Koch. Ich beneidete sie, denn sie hatten es weitaus besser als wir vorne in unseren Löchern. Sie saßen im Warmen und hatten genug zu essen.

In diesen Winterwochen geschah etwas Merkwürdiges: Über das Eis des Asowschen Meeres kamen nachts in Taganrog etliche Angehörige der Leibstandarte an, die seit Wochen als vermisst galten. Sie hatten, als sich bei einem massiven russischen Vorstoß Ende Oktober ihre Einheiten eiligst aus Rostow zurückziehen mussten, dies in Privatquartieren regelrecht verpennt und waren abgeschnitten worden. Erstaunlicherweise waren sie von ihren russischen Quartierleuten monatelang verborgen gehalten worden, bis sich ihnen eine günstige Gelegenheit bot, zu den deutschen Linien zu entweichen. Auch das kann als Beweis dafür gelten, dass sich deutsche Soldaten bei der russischen Zivilbevölkerung keineswegs nur unbeliebt gemacht haben. Dabei galt Rostow als eine kommunistische Hochburg im Sowjetstaat.

Mitte März wurde es deutlich wärmer, tagsüber begann der Boden zu tauen und der Stellungsbau ging nun leichter voran. In den klaren Nächten war der zugefrorene Fluss vor uns gut zu überblicken, und die Russen blieben brav auf ihrer Seite. Nur die Tätigkeit der Scharfschützen, der Artillerie und der Flugzeuge nahm zu; russische Nah-Aufklärer, die wir wegen ihres schnarrenden Motorgeräuschs »Nähmaschinen« nannten, kamen regelmäßig in der Dunkelheit und warfen kleine Splitterbomben auf unsere Stellungen. Sie flogen langsam, und es war ziemlich leicht, sie mit dem MG zu treffen; aber sie waren an der Unterseite gepanzert, man sah, wie die Leuchtspurmunition von ihnen abprallte. Dabei verwandelte sie sich in einen Perlenregen, was sich wie ein romantisches Feuerwerk ausnahm.

Als es zum Monatsende an sonnigen Tagen schon zu tauen begann und die Arbeit im Laufgraben mir vergleichsweise angenehm erschien, kam unser Kompaniechef auf den Gedanken, aus dem »Ersatz«, soweit er den Frontwinter überstanden hatte, richtige Soldaten zu machen. Er beorderte aus den vier Zügen zwölf Mann, zu denen auch ich gehörte, nach Taganrog. Wir wurden in das nie beheizte Klassenzimmer einer Schule einquartiert und wurden aufs Neue als Rekruten von einem Ober- und zwei Unterscharführern nach allen Regeln vom Morgengrauen bis zur Abenddämmerung geschliffen, diesmal weit gründlicher als in Berlin. Deutlich war diese neue Ausbildung darauf angelegt, uns den Fronteinsatz vergleichsweise angenehm erscheinen zu lassen, und damit hatte man Erfolg, zumindest soweit es mich anging.

Auf dem Schulgelände gab es eine kleine Böschung, auf der tagsüber getauter und von unseren zahllosen Stiefelspuren zertrampelter Schnee nachts zu einer schrundigen Eisfläche gefror. Der Außendienst begann jeden Morgen damit, dass wir mit unserer Ausrüstung auf die Böschung zulaufen und auf den Befehl »Hinlegen!« auf dem Bauch über das scharfkantige Eis hinunterrutschen mussten. Manchmal trug ich die einen halben Zentner schwere MG-Lafette auf dem Rücken, die mir dabei mit voller Wucht immer wieder ins Genick schlug.

Wie es bei der Schleiferei zuging, mag man daran erkennen, dass einer aus unserem Haufen eines Nachts verschwand; er hieß Leurle und stammte aus einem

Dorf in Schwaben. Aus welchen Gründen auch immer wurde er besonders schikaniert. Einem Kameraden gegenüber hatte er angedeutet, dass er die Torturen nicht mehr ertragen könne und über das Eis des Meerbusens zu den Russen desertieren werde, weil er in ihre Menschlichkeit mehr Hoffnung setzte als in die unserer Schleifer. Niemand erwähnte anschließend auch nur seinen Namen.

Alle hatten, um es milieugerecht im Jargon auszudrücken, »die Schnauze gestrichen voll«. Das Singen von Marschliedern, normalerweise ein probates Mittel zur Hebung der Stimmung der Truppe, schien als abgeschafft zu gelten. Einer von uns begann aus einer Laune heraus während des Waffenreinigens plötzlich »Nun stürmen nach Osten die Heere …« zu intonieren, fand aber bei den anderen nicht die geringste Resonanz. Das wird verständlich, wenn man sich den Kontrast zwischen dem Inhalt des Liedes und der Wirklichkeit unserer Lage deutlich macht. Der Text lautete:

»Nun stürmen nach Osten die Heere
ins russische Land hinein.
Kameraden, an die Gewehre,
der Sieg wird unser sein –
von Finnland bis zum Schwarzen Meer –
vorwärts! Vorwärts!
Vorwärts nach Osten, so stürmen wir!
Freiheit das Ziel, Sieg das Panier,
Führer befiehl, wir folgen dir!«

Zu unserer Ausbildung gehörte nach der Heeres-Dienst-Vorschrift Waffenunterricht. Ich konnte es dummerweise nicht lassen, Unterscharführer Wilms, den beschränktesten und schlimmsten von unseren drei Schindern, der den Unterricht leitete, darauf aufmerksam zu machen, dass er im Zusammenhang mit der Pistole 08 einen Begriff falsch verwendete. »Ich bringe Ihnen das später noch bei!«, war seine unheilschwangere Reaktion.

Er hatte sich offenbar vorgenommen, mich nach Strich und Faden »fertig zu machen«, wie man im Kommissjargon die Prozedur nannte, die mich erwartete. Nach dem Dienst wurde ich im Lamamantel und im Übrigen in feldmarschmäßiger Ausrüstung, also mit Stahlhelm, Tornister, Patronentaschen, Brotbeutel, Gasmaske und Karabiner auf die Ausbilderstube befohlen, in der ein rot glühender Kanonenofen für eine regelrechte Saunahitze sorgte. Unterscharführer Wilms befahl mir, die Gasmaske aufzusetzen und brüllte dann:

»Fünfhundert Kniebeugen mit vorgestrecktem Karabiner! Aber jede davon nach der HDV! Und laut zählen dabei!«

Das bedeutete, dass ich jede der Übungen korrekt auszuführen hatte, mit stets waagerechten Armen und mit dem Gesäß jedes Mal bis auf die Hacken. Es war eine regelrechte Tortur: Nach 50 Kniebeugen schmerzte mein Kreuz, nach 100 bekam ich in der Gasmaske und der Hitze des Raumes kaum noch Luft, nach 200 wollte ich Wilms den Karabiner über den Schädel hauen, nach 300 dachte ich daran, mich einfach umfallen und es darauf ankommen zu lassen.

»Lauter!«, schnauzte Wilms.

Da überkam mich die Entschlossenheit, dem Sadisten seinen Triumph zu vermasseln. Und ich schrie mit erstickter Stimme hinter der Gasmaske: »Dreihundertelf, dreihundertzwölf, dreihundertdreizehn…!« Irgendwie erwuchsen in mir neue Kräfte, verbissene Wut und Gleichgültigkeit gegenüber dem Risiko, bewusstlos oder auch tot zusammenzubrechen. Es wurde sogar leichter; ich absolvierte alle 500 Kniebeugen in untadeliger Haltung, riss mir nach der 499sten die Gasmaske vom Gesicht, nahm stramme Haltung an und brüllte: »Fünfhundert!« Oberscharführer Lenkwitz sagte trocken: »Es reicht, Wilms!«

Das war die Stunde, in der ich mehr als durch meine bisherigen Fronterlebnisse endgültig ein starkes Selbstbewusstsein und die Überzeugung gewann, mit meinem Soldatsein in jeder Situation fertig werden zu können.

Das konnte ich bald darauf unter Beweis stellen. Uns war eingebläut worden, dass wir alles, was sich in der Nacht bewegte, sofort mit angelegten Gewehr und »Wer da! Parole!« anzurufen hätten. Falls ein verdächtiges Subjekt auf den zweiten Anruf nicht mit dem täglich von der Ortskommandantur bestimmten Parolewort antwortete, das uns regelmäßig beim Abendappell bekannt gegeben wurde, hatten wir Befehl, unverzüglich zu schießen. Unser »Spieß«*) Nieweck, der uns entsprechend instruiert hatte, ergänzte dies noch mit dem kaltschnäuzigen Rat: »Und schießen Sie so, dass der Betreffende sofort einen kalten Arsch hat, damit er danach keine Aussage mehr machen kann!«

Nieweck hatte – das wussten wir – seine besondere Methode, Wache stehende Schlipse auf die Probe zu stellen. Auf einen nachts Wache stehenden Kameraden war er einfach zugegangen, hatte ihm das Gewehr entrissen und ihm danach eine Woche Arrest verschafft.

Einige Tage nach dem Kniebeugen-Exzess stand ich nachts Wache auf dem Schulhof. Dazu pflegte ich mir stets eine dunkle Ecke auszusuchen, um im Ernstfall

*) Spitzname für »Stabsscharführer«, Leiter des Trosses der Kompanie, im Heer »Hauptfeldwebel«.

nicht gleich ausgemacht zu werden. An der Schulhofmauer regte sich plötzlich etwas, jemand bewegte sich deutlich erkennbar auf mich zu. Ich rief mein »Halt, wer da! Parole!« ohne eine Antwort zu erhalten. Die sich nähernde Gestalt war noch etwa acht Meter entfernt, als ich Nieweck erkannte. Ich überlegte einen kurzen Augenblick, rief ihn zum zweiten Mal an und gab unmittelbar darauf einen Schuss in die Luft ab.

Nieweck sprang zurück und schrie: »Wollen Sie mich umlegen, Sie Armleuchter, Sie erkennen mich doch!«

Ich antwortete: »Jawoll Stabsscharführer, ich schieße wie befohlen – wenn Sie einen Schritt näher kommen!«

Nieweck drehte sich wortlos um und verschwand im Dunkeln. Der Schuss hatte inzwischen die ganze Umgebung alarmiert, meine Kameraden stürzten herbei. Ich berichtete über den Vorfall, und er wurde nicht mehr erwähnt. Nieweck ließ mich danach ziemlich unbehelligt.

An den Hof des Schulgebäudes schloss sich ein kleines Haus an, vermutlich die Hausmeisterwohnung. Irgendwie kam ich mit den Bewohnern, einer älteren Frau und deren Tochter, ins Gespräch. Tschura, die Tochter, war Lehrerin und sprach wie die meisten ihrer Berufsgenossinnen leidlich Deutsch.

Wir unterhielten uns über dies und jenes, dabei hörte ich zum ersten Mal einen Satz, mit dem die Russen ihr Urteil über die deutschen Eindringlinge kurz und bündig zusammenzufassen pflegten: »Germanski nix kultura.« Tschura sprach sehr freimütig über die deutsche Besetzung, Stalins Parole vom »Großen Vaterländischen Krieg« zur Errettung vor den faschistischen Eindringlingen hatte bei ihr ihre Wirkung nicht verfehlt; die Deklaration der kommunistischen Welteroberung wollte sie jedenfalls nicht wahrhaben. Sie war eine Patriotin und hatte als solche nach ihrem Empfinden jedes moralische Recht auf ihrer Seite. Ihre Feindschaft zeigte sie jedoch nicht persönlich; meine Beteuerung, ich sei in ihrer Heimatstadt, um sie vom Kommunismus zu befreien, löste bei ihr schlimmstenfalls milden Spott aus. Sie war in ihrer Haltung merklich selbstsicherer als ich, und das machte mich nachdenklich.

Da die knappe Verpflegung nach wie vor nur aus Hirse, pappigem Brot und einer undefinierbaren Wurst bestand, war ich um eine Aufbesserung bemüht, wo sich dazu eine Chance bot. Ich fand in der Nähe eine russische Familie, die erstaunlicherweise mitten in der Stadt Taganrog eine Kuh besaß. Dort tauschte ich hin und wieder eine Tablette Aspirin oder Pyramidon – beides hatte ich als privaten Medikamentenvorrat mit nach Russland genommen und meine Eltern um Nachsendung mit der Feldpost gebeten – gegen Milch, die ich mit großem Genuss trank.

Dabei muss ich mir die Krankheit zugezogen haben, die sich zunächst durch Widerwillen gegen jede Nahrung und mit Schmerzen im Oberbauch, einige Tage darauf durch eine Gelbfärbung der Augen und der Haut äußerte. Ich wurde ins Lazarett geschickt, wo die Diagnose »infektiöse Gelbsucht« bald gestellt war. Als Folge lag ich sechs Wochen zu Bett in einem Raum mit etwa einem Dutzend Leidensgefährten. Zu essen gab es dreimal täglich eine Wassersuppe, in der einige einsame Nudeln schwammen. Als es mir etwas besser ging, lernte ich kennen, was wirklicher Hunger bedeutete, aber meiner kranken Leber tat die radikale Kur gut, wenn sich die Folgen der Krankheit später auch noch jahrelang bemerkbar machten.

Mit mehreren Leidensgenossen lag ich in einem großen, hellen Raum einer Schule, in dem das Krankenrevier des Bataillonsverbandplatzes untergebracht war. Wir alle litten nicht nur an unserer Krankheit und den Entbehrungen durch Nahrungsmangel, sondern auch daran, dass wir über Monate nur ausnahmsweise ein weibliches Wesen zu Gesicht bekommen hatten, von näheren Kontakten auch bescheidenster Art ganz zu schweigen. Da der Hunger durch den Trieb zur physischen Selbsterhaltung ständig verdrängt werden musste, konzentrierten sich unsere endlosen Gespräche auf das menschliche Verlangen, das die Verhaltensforschung in sublimierter Form das der Arterhaltung Dienende nennt; in unserem Krankenrevier trieben die Berichte über sexuelle Erlebnisse geradezu exotische Blüten. Die Fantasien entluden sich in den ausschweifendsten Schilderungen von Erlebnissen und Sehnsüchten. Einige berichteten von Details, die ich zum Teil nicht einmal verstand. Nicht alles, was ich dabei erfuhr, kam mir appetitlich und besonders begehrenswert vor, aber ich begriff doch, was uns allen durch diesen Krieg entging, und was wir vermutlich nie erleben würden.

Der Krieg war zu meinem Schicksal geworden. Ich hatte viel Zeit zum Nachdenken und kam dabei zu betrüblichen Ergebnissen. Die Wirklichkeit, mit der ich mich abfinden musste, war um Lichtjahre entfernt von den Vorstellungen und Erwartungen, mit denen ich nach dem Zeugnis des gymnasialen Abschlusses den Zustand der »Reife« erlangt hatte. Die Realität, mit der ich mich nun abfinden musste, konnte deprimierender nicht sein, und ich musste eine bittere Bilanz der Fakten ziehen: Dass auf mich geschossen wurde mit der deutlichen Absicht, mich umzubringen, war nach Lage der Dinge nichts Besonderes, auch die Unwirtlichkeit des Landes und die mörderische Kälte musste man in Kauf nehmen. Dass ich jedoch mit unzähligen Leidensgefährten seit Monaten mit einem unzureichenden »Fraß« im wahren Sinne des Wortes »abgespeist« wurde, weil der Nachschub praktisch nicht existierte; dass ich, um nicht zu erfrieren, die Uniform eines toten Russen erbeuten musste; dass ich eine schwere Erkrankung ohne Medikamente und ohne nennenswerte Pflege durchstehen musste, war weder den Russen, noch der sowjetischen Armee, noch ihrem Land anzulasten. Ich hätte in der Verfassung, in der ich mich befand, ohne Überlegung einen Arm oder ein Bein geopfert, um der Misere zu entkommen.

Nicht nur ich sah den Krieg schon damals als verloren an. Die Ursachen der Katastrophe waren offensichtlich: Der deutschen politischen Führung, die den Kreuzzug gegen den Bolschewismus auf ihre Fahnen geschrieben hatte, und dem Oberkommando der Wehrmacht, die den Angriffskrieg gegen den Sowjetstaat vorbereitet hatten, musste totales Versagen auf erbärmlichste Weise vorgeworfen werden. Das Beispiel der fatalen historischen Niederlage Napoleons vor Augen, schickten sie die Jugend der Nation in einen Russlandfeldzug ohne wintertaugliche Bekleidung, Bewaffnung, Ausrüstung und ausreichende Tarnsportkapazitäten für den dringendsten Nachschub. Die Verluste der kämpfenden Truppe waren enorm, die Ausfälle an Material immens. Als der dadurch verursachte Zusammenbruch der Front drohte, wurden drakonische Armeebefehle erlassen. Der Soldat, dem in seinen dünnen Lederschuhen die Zehen erfroren, riskierte erschossen zu werden, dabei hätten eigentlich alle im Generalstab an der Vorbereitung des Feldzugs Beteiligten bereits Ende 1941 vor ein Kriegsgericht gestellt werden müssen.

Bezeichnend ist, dass der eine oder andere von ihnen sich nach dem Krieg nicht entblödet hat, seine verbrecherische Schuld als geplanten frühen Widerstand gegen das Regime zu kaschieren. Generaloberst Franz Halder, Generalstabschef des Heeres, behauptete nach dem Kriege, den Ostfeldzug von Anfang an sabotiert zu haben. In Wahrheit hatte er ihn seit 1940, also bereits ein Jahr vor Beginn, minuziös vorbereitet. Bis Juli 1941 hatte der Generalstabschef ohne Wissen Hitlers eine Armee von 600 000 Mann vor der sowjetischen Grenze in Bereitstellung gebracht.*)

In seinem Buch »Hitler als Feldherr« (Herausg. H. A. Jacobsen, 1949) schreibt Halder: »Der Entschluss zum Angriff auf Russland ist Hitler sehr schwer gefallen ... Auf der anderen Seite stand seine feste und nicht unbegründete Überzeugung, dass Russland sich zum Angriff auf Deutschland rüste ...«

Der Krieg gegen die Sowjetunion hatte eine merkwürdige Vorgeschichte. Zwischen 1923 und 1933 hatte die deutsche Reichswehr mit der Roten Armee unter strikter Geheimhaltung in einsamen Gebieten Russlands die gemeinsame Entwicklung von Kampfwagen und die Ausbildung von Panzertruppen betrieben. Eines der Ergebnisse war der den deutschen Panzern und Panzerabwehrwaffen deutlich überlegene T 34, von dem im Jahre 1942 schon 12 500 und 1943 16 000 produziert wurden. Als die ersten T 34 abgeschossen wurden, entdeckte man, dass manche davon mit 7,62-Zentimeter-Kanonen ausgerüstet waren, die den Stempel Rh für Rheinmetall trugen. Sie waren Mitte der dreißi-

*) Der Krieg der Generäle von Carl Dirks und Karl-Heinz Janssen, Berlin 1999 – Seiten 130-143.

ger Jahre vom Heereswaffenamt verworfen und sodann zum Export freigegeben worden.*) Mit Nachbauten dieser Kanone schoss auch die gefürchtete russische Pak.

Dem deutschen Heer aber standen bis 1939 für die Panzerabwehr nur veraltete 3,7- und im Ostfeldzug unterlegene 5-Zentimeter-Kanonen zur Verfügung. Opfer dieses ungeheuerlichen Sachverhalts waren Tausende Pak-Kanoniere, die von T 34 elendiglich zu Tode gewalzt wurden.

Eine Million junge deutsche Männer waren in den Krieg gegen die Sowjetunion gezogen in dem ihnen immer wieder eingehämmerten Glauben daran, ihrer Pflicht zur Rettung Deutschlands und Europas nachkommen zu müssen. Sie waren darin bestärkt durch die Resultate des Terrorregimes in der Sowjetunion, das bereits bis zum Beginn der dreißiger Jahre Millionen von Menschen gemordet hatte. Im Vertrauen darauf, einer gerechten Sache zu dienen, hatten sie der deutschen Führung Treue bis in den Tod geschworen und diesen Eid vielfach mit der Hingabe ihres Lebens besiegelt; der Führer, die Regierung und ihre militärischen Adlaten jedoch waren den primitivsten Pflichten der Fürsorge für die kämpfende Truppe nicht nachgekommen, sie hatten damit ihrerseits in einem beispiellosen Verrat gegenüber ihren Soldaten und damit dem gemeinsamen Vaterland die Treue gebrochen.

Damit nicht genug. Die von Politbonzen und Armeeführung inszenierte brutale und würdelose Behandlung der Ukrainer, die anfänglich die deutsche Wehrmacht bei ihrem schnellen Vormarsch vielfach mit

*) Ebd. S. 79.

Blumen begrüßten, entlarvte den »Kreuzzug gegen den Kommunismus« als einen barbarischen Eroberungskrieg gegen die mit einer verblendeten Arroganz als »Untermenschen« bezeichnete Bevölkerung, die auf diese Weise fast mit Gewalt zu fanatischen Partisanen gemacht wurde. So wurde den anständigen Angehörigen der deutschen Armee die Ehre des Soldaten genommen, die seit dem frühen Mittelalter mit dem Ethos des ritterlichen Kämpfers eng verbunden war und – soweit ich es wahrnehmen konnte – bis auf Ausnahmen auch in diesem Krieg für sie als unbedingte moralische Verpflichtung galt.

Ich für meinen Teil entschied mich, als Konsequenz meiner Erkenntnisse, für ein ganz persönliches Verhaltensprogramm. Ich würde auf andere Menschen – auch auf Sowjetsoldaten – nur schießen, wenn es um mein Leben ging oder unmittelbar um das meiner Kameraden, denen ich beistehen würde, so gut ich es vermochte. Ich würde es unter allen Umständen vermeiden, andere in den Tod schicken zu müssen, also weder Offizier noch Unteroffizier bei der Fronttruppe werden; ich würde, wo immer möglich, Obstruktion üben gegen den Geist, der viele Offiziere und Unteroffiziere dazu brachte, ihre Untergebenen brutaler zu behandeln als Tiere. Ich würde alles daran setzen, mit Aufgaben betraut zu werden, die mir diese Vorsätze erleichterten, am sinnvollsten erschien mir hierzu eine Funktion im Sanitätsdienst, die ich mit allen Kräften anstreben wollte. Ich würde mich bemühen, mich anständig gegenüber den Menschen des von uns besetzten Landes zu verhalten, vor allem gegenüber der Zivilbevölkerung. Und ich würde meine ganze Intelligenz einsetzen, um diesen von einer verantwortungslosen Führung inszenierten Krieg zu überleben. Schon nach den wenigen Frontmonaten war er nicht mehr mein Krieg – wenn er es denn je gewesen wäre. Meine Treue gehörte meinem Gewissen und nicht einer kriminellen Clique von unfähigen, arroganten Ordensfetischisten in irgendwelchen Stäben.

In diese Zeit fiel Ostern, und als Überraschung erhielt ich einige Tage vor dem Fest ein Weihnachtspaket von zu Hause mit fast ungenießbar gewordenem, zerkrümeltem Gebäck und einer Pistole Walther PPK als Geschenk meines Onkels Josef, der ein Bruder meiner Mutter und zu dieser Zeit bei der deutschen Militärregierung in Den Haag als Kulturreferent tätig war.

Dieser Onkel Josef hatte jahrelang für Aufregung in der Familie meiner Mutter gesorgt. Ursprünglich katholischer Priester, hatte er sich nach einem Zerwürfnis, dem eine Intrige gegen ihn zugrunde lag, von der Kirche getrennt, hatte mit vierzig Jahren sein Studium in Frankfurt wieder aufgenommen und dieses nach nur zwei Jahren mit einer dreifachen Promotion beendet. Damit weckte er das Interesse des neuen Regimes, trat der Partei bei, heiratete und erhielt eine ordentliche Professur an der Universität Frankfurt. Mitte 1940 wurde er Kulturreferent der deutschen Besatzungsmacht in Den Haag. 1945 verstarb er an einer schweren Krankheit in Herborn. Weil er während seiner Tätigkeit in den Niederlanden einer großen Anzahl von Juden das Leben retten konnte, lud die niederländische Regierung seine Witwe und ihre beiden Kinder nach dem Kriegsende zu einem langen Erholungsurlaub an der holländischen Küste ein.

Die konsequente Hungerdiät im Lazarett hat sich, so unangenehm sie auch war, als Therapie ausgezeichnet bewährt und mich vermutlich vor Spätfolgen der heimtückischen Krankheit bewahrt.

Sobald ich aufstehen konnte und zum ersten Mal Ausgang hatte, leistete ich mir einen Luxus, den ich mir auch danach in Russland zuteil werden ließ, wenn sich dazu eine Gelegenheit bot: Ich suchte ein Frisörgeschäft auf und ließ mich rasieren. Der Service war beträchtlich, er wurde von jungen Frauen ausgeübt und umfasste nicht nur eine zweifache gründliche Rasur, sondern danach eine wohl tuende heiße Gesichtskompresse; eine ähnlich perfekte Behandlung von zarter Hand habe ich anderswo nie wieder erfahren.

Als ich schließlich aus dem Bataillonsrevier entlassen wurde, war der Winter vorbei, die Bäume prangten in frischem Grün und nur in schattigen Winkeln lag noch etwas verschmutzter Schnee. Es wurde offenkundig, dass Taganrog am Asowschen Meer lag, etwa auf demselben Breitengrad wie Burgund.

Irgendjemand, mein Kompaniechef Hauptsturmführer Hansen, wenn nicht sogar der Kompanieschreck Spieß Nieweck, wollte mir erstaunlicherweise offenbar etwas Gutes tun. Zur Rekonvaleszenz wurde ich abkommandiert zur Wachmannschaft der Rata-Werke in Taganrog, in denen vor der Einnahme durch die deutschen Truppen die sowjetischen Jagdflugzeuge hergestellt worden waren. Die »Ratas« wurden zunächst von der deutschen Luftwaffe nicht ernst genommen, weil ihr Rumpf und die kurzen Flügel weit gehend aus Sperrholz bestanden. Diese Einschätzung änderte sich jedoch bald nach Beginn des Feldzugs, weil die Maschinen sich wegen ihres geringen Gewichts und der kompakten Bauweise in den Luftkämpfen als außerordentlich wendig erwiesen.

Meine neue Aufgabe war ein richtiggehender Druckposten. Für die eigentliche Bewachung des Werks standen russische – genauer gesagt ukrainische – Milizionäre zur Verfügung, die mit Gewehren bewaffnet waren und von uns zu ihrem Dienst eingeteilt wurden.

Daran fand ich nichts Besonderes, denn wir hatten bis zu diesem Zeitpunkt von irgendeinem Widerstand gegen die Besatzung oder gar von Partisanen noch nichts gehört. Uns stand ein geheizter Raum am Werkstor zur Verfügung, ich war im Rahmen des Dienstplans unserer Aufsichtstätigkeit relativ frei in meiner Tageseinteilung, das gab mir Gelegenheit, mich in der großen Fabrik, in der deutsche Panzer und Kraftfahrzeuge in Stand gesetzt wurden, gründlich umzusehen.

Dabei machte ich die interessante Feststellung, dass in den Werkshallen ganze Reihen von neuesten Elektrodrehbänken der Firma Siemens standen. Ich erfuhr von dem ukrainischen Personal, dass die Maschinen im Austausch gegen Weizen im Jahre 1940 und noch bis Mitte 1941 geliefert worden waren.

Das Werk war aus diesem und anderen Gründen ein beliebtes Besichtigungsobjekt für höhere Chargen und Stäbe, die in der Nähe lagen. Da es für sie ja im Bereich ihrer eigentlichen Aufgaben wenig zu tun gab, hielten sie fast täglich mit Mengen von Alkohol wüste Gelage ab, während die Front hungerte. So bekam ich zum ersten Mal unseren Brigadekommandeur Gruppenführer*) Sepp Dietrich und seine Stabsoffiziere zu sehen, von denen einige später – auch nach dem Krieg noch – Schlagzeilen in widerspruchsvollen Veröffentlichungen machten.

---

*) Entsprach dem Generalleutnant beim Heer.

Einmal hielt ich als Posten am Werkstor gemäß den strengen Anweisungen einen Wagen an, in dem außer dem Wehrmachtsfahrer eine Russin in Zivil saß. Sie besaß keinen Passierschein; obwohl der Fahrer behauptete, sie besitze die Genehmigung des zuständigen Standortkommandanten, verweigerte ich ihr den Einlass. Sie war, wie sich herausstellte, die Konkubine des Kommandeurs einer Versorgungseinheit.

Im Rata-Werk verbrachte ich, wenn man die alternativen Möglichkeiten in Betracht zieht, drei angenehme Wochen.

Zweimal hatte ich sogar Wochenendurlaub in dem Taganroger Bürgerhaus, das sich unser Chef als komfortablen Kompaniegefechtsstand eingerichtet hatte, gut 18 Kilometer von der Hauptkampflinie (HKL) der Kompanie am Sambek entfernt. Für den Hin- und Rückweg quer durch die Stadt benutzte ich eine auf ausgefahrenen Gleisen bedenklich schwankende Straßenbahn, mit der die zwangsverpflichteten Arbeiter des Rata-Werks befördert wurden.

Bei einer dieser Fahrten war es bereits später Abend und stockdunkel.

Der Karabiner, der mir im Werk zugeteilt war, musste dort für die Ablösung zurückbleiben.

Ich wäre also in dem Straßenbahnwagen, allein mit mindestens drei Dutzend finster blickender Gestalten, ohne jede Waffe gewesen, hätte ich nicht die Pistole von meinem Onkel Josef gehabt. Ich postierte mich auf der hinteren Wagenplattform mit dem Rücken zur Außenwand, wies meine Mitfahrgäste energisch an, Abstand zu halten, und hielt vorsichtshalber meine Waffe auf der ganzen Strecke mit meiner rechten Hand in der Hosentasche fest umspannt, entsichert und mit dem Finger am Abzug.

Mitte Mai war mein Kommando beim Rata-Werk beendet. Meine Einheit empfing mich auf ihre Weise: Inzwischen war eine neue Ausbildungsgruppe zusammengestellt worden, der ich prompt zugeteilt wurde. Die Schinderei begann also aufs Neue. Für mich dauerte sie allerdings nur eine gute Woche, denn ich wurde wieder krank, diesmal mit schlimmen Halsschmerzen und hohem Fieber. Auf dem Bataillonsrevier sah sich ein junger Assistenzarzt meinen Rachen an und diagnostizierte eine Angina und verordnete »einige Tage Bettruhe bei der Truppe«.

Dort aber ging es mir von Tag zu Tag schlechter, essen und trinken konnte ich überhaupt nicht mehr, am dritten Tag schließlich auch kein Wort mehr sprechen. Ich lag und schüttelte mich unentwegt in hohem Fieber. Mein Zustand veranlasste unseren Spieß schließlich, mich mit meinem Kameraden Bernd Kloska aus Oppeln, mit dem mich das gemeinsame Schicksal seit meinem ersten Rekrutentag in Berlin verband, als Begleitung ins Lazarett zu schicken. Den Weg über etwa einen Kilometer dorthin legte ich unter Aufbietung meiner letzten Kräfte zurück.

In der Eingangshalle des Lazaretts stand ein Sturmbannführer (die SS-Ärzte hatten im Gegensatz zu Heer, Luftwaffe und Marine Offiziersränge), der mich, kaum dass ich die Türe durchschritten hatte, aus einer Entfernung von mindestens fünf Metern ansah und mich anherrschte: »Bleiben Sie stehen, machen Sie den Mund auf!« und anschließend knapp feststellte: »Diphtherie, sofort 28 000 Einheiten Serum!« Im Nu befand ich mich in einem Feldbett, erhielt eine Spritze und war dann einige Tage mehr oder weniger ohne Bewusstsein.

Ich erinnere mich aber vage daran, dass die Russen nachts einen schweren Luftangriff unternahmen, bei dem das Lazarett erheblich beschädigt wurde; mein Bett war voller Staub und Glassplitter. Am nächsten Tag wurde ich nach hinten verlegt in ein Dorf, von dem ich später erfuhr, dass es Nikolajewka hieß, und dass seine deutschstämmigen Bewohner wegen des deutschen Vormarschs nach Osten abtransportiert worden waren. Es bestand aus ordentlichen Häusern mit Vorgärten in voller Frühlingsblüte, wie man sie in den ukrainischen Ortschaften nicht vorfand. Wir waren in der Schule untergebracht, die als Feldlazarett etwa 30 Kranken und Verwundeten Platz bot.

Mein Bettnachbar, ein etwa dreißigjähriger Kamerad von einem Divisionstross, hatte eine Blinddarmoperation hinter sich. Er war zunächst sehr einsilbig und wirkte bedrückt.

Nach drei Tagen fragte er mich, ob er mir etwas erzählen könne, über das ich in keinem Fall anderen gegenüber reden dürfe. Ich sagte es ihm zu. Er berichtete mir dann, nach der Einnahme einer ukrainischen Stadt – meiner Erinnerung nach war es Odessa – Anfang November sei er mit fünfzig anderen von der Stabskompanie seiner Einheit zur Eskorte eines Zuges von mehr als 3000 jüdischen Einwohnern der Stadt kommandiert worden. Der Marsch habe über etwa acht Kilometer zu einem von der Sowjetarmee zur Verteidigung angelegten Panzergraben geführt; dort sei seinen Kameraden und ihm befohlen worden, die Juden – Frauen, Kinder und alte Männer – zu erschießen. Er gestand mir, dass ihm das Geschehen schwere Gewissensqualen bereite. Ich war kaum weniger betroffen; auch wenn ich bis dahin und später nie mehr etwas Derartiges von einer Fronttruppe oder zur Etappe gehörenden Einheit gehört oder erlebt habe, wuchs doch von dem Tag an, in dem ich von dem Massaker erfuhr, mein kritisches Bewusstsein. Und es wuchs in mir auch das Gefühl einer Bedrohung durch ein unendlich großes und unabwendbares Unheil.

Meine nächste Station war ein Kriegslazarett in Mariupol. Die weitläufig angelegte Stadt am Schwarzen Meer war die schönste, die ich bis dahin in Russland kennen gelernt hatte. Wenn man den Frühling am Schwarzen Meer erlebte, konnte man kaum glauben, dass der eisige Winter erst einige Wochen vorbei war. Ich konnte mich frei bewegen und hatte ein paar gute Wochen, in denen ich mich merklich erholte. Mein Lieblingsessen war Milchgrieß mit einem Klecks Apfelmus mitten im Teller; ich erhielt meistens zwei Portionen, weil eine der russischen Krankenpflegerinnen namens Olga es gut mit mir meinte.

Es wurde aber Ende Juni, bis ich wieder zu meiner Kompanie entlassen wurde; sie war aus der Front herausgelöst worden und hatte in einem kleinen Dorf, das Jegorowka hieß, Quartier bezogen. Dort hauste sie teils in den Bauernhäusern, teils in Zelten wie auf einem Campingplatz. Es entwickelte sich ein enger Kontakt mit den Dorfbewohnern, schon weil wir dabei hin und wieder ein Ei oder etwas Milch ergattern konnten. Das Zusammenleben war unkompliziert. Wir wohnten in den Häusern und schliefen auf dem Lehmboden, die Einheimischen hatten sich in ihre Keller zurückgezogen, die in der Regel einige Meter von den Wohnhäusern entfernt fast unsichtbar unter der Erde angelegt waren; man erkannte sie nur an den Eingangstreppen. Diese Keller waren sehr funktionell: Sie dienten in erster Linie als Vorratskammern, für Getreide, das wegen des Vitamingehalts im Winter überlebenswichtige »Kapusta« (eingelegtes Sauerkraut) in Tontöpfen oder

Fässern, und Sonnenblumenkerne. Da sie geräumig genug waren, boten sie bei Kampfhandlungen ganzen Familien einen ausgezeichneten Schutz; schließlich konnten sie darin wohnen, wenn die Häuser besetzt waren. Und sie waren dort ungestört, denn wir haben nie eine dieser unterirdischen Behausungen betreten.

Es war fast wie in einer Sommerfrische, wenn man davon absah, dass der fast garnisonsmäßige Dienstbetrieb um drei Uhr morgens begann, wenn es hell wurde, da alle Uhren auf mitteleuropäische Zeit eingestellt waren. Dem entsprechend hatten wir zum Ausgleich um 15 Uhr Dienstschluss, also bei hellstem Sonnenschein Freizeit. Im Dorf gab es etliche hübsche Mädchen, die bald recht zutraulich wurden. Unser Kamerad Grulich hatte eine Ziehharmonika, die er als Kraftfahrer auf seinem LKW unterbringen konnte; er spielte, man unterhielt sich, so gut man konnte, und in fortgeschrittener Stimmung wurde getanzt. Die ersten russischen Wörter, die ich schon auf der Fahrt an die Front gelernt hatte, waren übrigens »Pajaustra (Bitte)!« und »Spasiba (Danke)!«.

Am Anfang waren der Geländedienst und die Märsche mit schwerem Gerät für mich sehr erschöpfend; ich hatte anfänglich bei den harten Anstrengungen ein unangenehmes Herzklopfen. Das Organ war offenbar durch die schwere Infektionskrankheit noch geschädigt. Nach zwei oder drei Wochen jedoch legte sich dies und ich war voll genesen. In den darauf folgenden Kriegsjahren war ich bis auf meine Verwundung und eine nur kurz dauernde Grippe nie mehr krank.

Wer den Krieg nur aus Büchern und Filmen kennt, hat die Vorstellung, dass er aus einer ununterbrochenen Kette von Kampfhandlungen besteht. Dies trifft jedoch, bezogen auf den einzelnen Soldaten, nur für bestimmte Zeitspannen zu, in denen er an konzentrierten Angriffs- oder Verteidigungsoperationen teilnimmt.

Diese Einsatzperioden, die sich allerdings über Wochen hinziehen konnten, waren in der Regel mit hohen Verlusten verbunden; schon deshalb bedurfte eine Kampfeinheit längerer Phasen der Ruhe, in der sie mit Menschen und Material aufgefüllt und wieder kampffähig gemacht wurde. Dies galt umso mehr für Eliteeinheiten, die zur Erreichung strategischer oder taktischer Ziele an Brennpunkten des Kampfgeschehens eingesetzt wurden.

Die Leibstandarte war eine solche Truppe; trat sie in Aktion, so geschah dies mit einem furiosen Elan, dem sich niemand entziehen konnte, und ohne jede Rücksicht auf das Leben ihrer Männer. Den Russen war dies bekannt, manchmal genügte es, dass sie erfuhren, wer ihnen gegenüberlag, um sie zu veranlassen, auf einen Angriff zu verzichten.

So wurden wir in diesen Wochen des Frühsommers zwar noch einige Male alarmiert und bezogen Bereitstellungen, zu Feindberührungen kam es jedoch kaum. Zu Angriffsoperationen waren wir, im Mannschaftsbestand dezimiert und kaum noch mit einsatzfähigen Fahrzeugen ausgerüstet, auch nicht mehr in der Lage. Das abwechslungsreiche Leben gefiel uns jedoch recht gut und ich erinnere mich an die hügelige Landschaft südlich des Donez als an die lieblichste, die ich in Russland kennen gelernt habe.

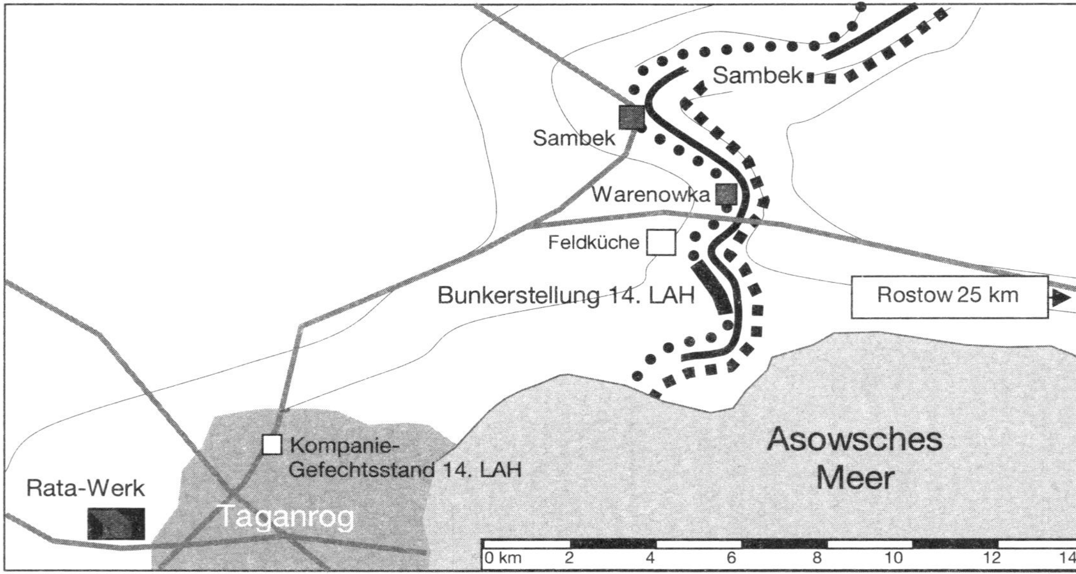

Die Stellung am Sambek zwischen Taganrog und Rostow war die östlichste der deutschen Wehrmacht im Winter 1941/42 –•••Deutsche HKL – ▪▪▪▪ Sowjetische Frontline

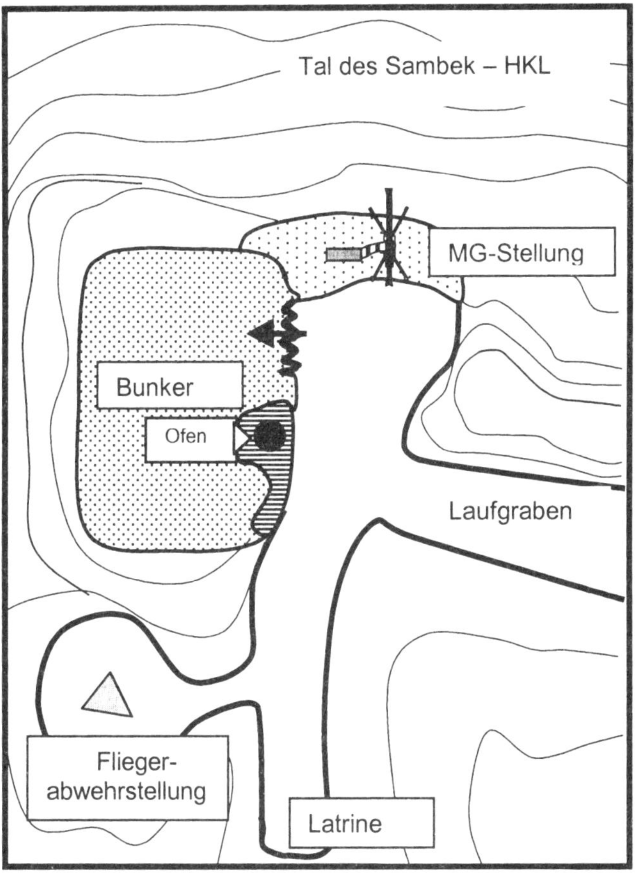

Bunker mit MG-Stellung am Westufer des Sambek
zwischen Taganrog und Rostow
Januar bis April 1942 (HKL = Hauptkampflinie)

Ein halbes Jahr Frankreich – Dieppe

Eine Fronttruppe lebte an der Ostfront mehr oder weniger isoliert, Nachrichten erreichten sie allenfalls zensiert über die Feldpost; Offizielles wurde über Kompanie-, Bataillons-, Regiments-, Divisions- und Armeebefehle bekannt gegeben. Der Rest bestand aus Gerüchten, »Latrinenparolen«, im Kommissjargon »Scheißhausparolen« genannt, weil sie hauptsächlich dort kolportiert wurden, wo man sich zur Verrichtung dessen traf, was man allgemein zwingende menschliche Bedürfnisse nennt. Auf dem »Donnerbalken« war man ungestört, außerdem hatte man das Umfeld im Blick, konnte also das eine oder andere zum Ausdruck bringen, was bei den betressten Supersoldaten als Defätismus hätte gelten können.

Wir lagen jetzt schon so lange in unserem stillen und friedlichen Jegorowka, dass wir begannen, uns Gedanken zu machen, ob man uns an höherer Stelle vielleicht vergessen haben könnte. Möglicherweise war auch der Krieg aus und wir hatten es nicht mitbekommen. Im Süden hatte vor Wochen, das wussten wir, die Sommeroffensive begonnen, der Vormarsch hatte an Tempo gewonnen, so als ob es die Katastrophe des Winters nie gegeben hätte. Was uns erreichte, waren Siegesmeldungen im alten Stil, ein wenig zurückhaltender, was die Zahlen an vernichteten Panzern und gefangenen Rotarmisten betraf, dafür waren sie im Ton etwas schriller geworden; von Durchhalten und Endsieg durch unerhörten Einsatz und Opferfreude war öfter die Rede. Es verdichteten sich aber auch die Gerüchte, wonach wir bald nach Frankreich verlegt und mit neuer Ausrüstung als 1. Regiment einer zur Division erweiterten LAH aufgestellt werden sollten.

In der Ukraine schien in diesem Sommer immer die Sonne; der Marschbefehl ereilte uns buchstäblich aus heiterem Himmel. Schon am nächsten Morgen wurde alles auf die nach zehn Monaten Russlandkrieg reichlich ramponierten Fahrzeuge gepackt. Wir fuhren ein paar Stunden nach Charzyssk bei Donezk, wo uns in einem kleinen Bahnhof ein Güterzug erwartete, in den wir verladen wurden. Dann begann die Fahrt nach Westen, und mit jeder Stunde wuchs die Gewissheit: Es ging weder zum Mittelabschnitt noch nach Leningrad, sondern der Heimat entgegen. Entsprechend war die Stimmung, wir genossen das spärliche Stroh auf den harten Böden der Waggons und das nach wie vor miese Essen aus der Feldküche und sogar die Birkengehölze an der Strecke, die ich immer als eine trostlose Gattung von Wald empfunden habe. Ich hielt mich wie die meisten anderen bei dem schönen Wetter bei den Fahrzeugen auf den Plattformwagen auf.

Am Morgen des dritten Tages rollte der Zug durch Schlesien. Laubwälder und anheimelnde Dörfer empfingen uns, an den Bahnschranken standen Mädchen, die uns zuwinkten; alles war sauber, grün und freundlich und für uns das geradezu unfassbare Erlebnis einer Wiedergeburt nach vielen Monaten Kampf, Kälte, Hunger und Fremde. Mit der Reise durch Sachsen, Thüringen, Hessen und die Pfalz wurde alles schon viel selbstverständlicher, alle warteten gespannt auf Frankreich, das Land der Kathedralen, der »Demoiselles«, der guten Küche und des Weins. Die Väter der meisten meiner Kameraden, Veteranen des Ersten Weltkriegs, hatten ihnen offenbar Wunderdinge über das Land erzählt.

Die Wirklichkeit, wie sie sich zunächst darbot, löste Enttäuschungen aus: nüchterne Bahnstrecken, ungepflegte Bahnhöfe und eine monotone Landschaft bestimmten das Bild. Meaux, ein östlicher Vorort von Paris, wo wir ausgeladen wurden, war typisch industrielle »banlieue« der Großstadt und als solche auch nicht berauschend. Wir wurden in einer Schule untergebracht, dort erwartete uns mit rund 50 Mann bereits der neue »Ersatz«, der uns wieder auf Kampfstärke brachte, neue Fahrzeuge – meist Lkw mit Vierradantrieb vom Typ Opel »Blitz« –, neue Uniformen und die neuen MG 42, denen der Ruf sagenhafter Feuergeschwindigkeit vorausging. Sie hatten in der Tat eine Leistung von 3 000 Schuss in der Minute; eine theoretische allerdings, denn ein Gurt mit 300 Patronen als Inhalt eines Munitionskastens wurde in sechs Sekunden durch den Lauf gejagt, danach war zwangsläufig erst einmal Pause.

Es hätte eigentlich umgehend und über Wochen eine gewaltige Schleiferei im Gelände mit der neuen Waffe angestanden, aber dazu kam es vorerst nicht, weil man mit uns etwas Besseres vorhatte. Nach tagelangem Waffenreinigen, Stiefel- und Koppelputzen, Waschen des Unterzeugs, Sockenstopfen, Haarschneiden und den damit verbundenen Appellen aller Art hieß es eines schönen Morgens aufsitzen und wir fuhren in einer sauber ausgerichteten Fahrzeugkolonne in die Innenstadt von Paris. Dort hatten wir das stolze Erlebnis, auf den Champs Elysées in strammer Haltung sitzend mit aufgepflanztem Seitengewehr vor der Generalität paradieren zu dürfen. Die Pariser standen am Rand der Prachtavenue und zeigten sich keineswegs feindselig.

Am Abend gab es für jeden von uns aus Anlass des festlichen Ereignisses einen halben Liter Rotwein, den vermutlich ein ostelbischer Verpflegungsoffizier ausgesucht hatte, denn so schmeckte er; von meinen kleinen heimlich genossenen Messweinproben als Ministrant her hatte ich angenehmere Erfahrungen mit französischen Kreszenzen.

Schon wenige Tage später sollten wir Frankreich pur erleben. Nach einer Fahrt von 200 Kilometern westwärts erreichten wir unseren neuen Zielort Boissy-lèz-Perche bei Verneuil, ein unscheinbares Dörfchen in einer idyllischen leicht hügeligen Landschaft, wo es einen schlossähnlichen ummauerten »Manoir« (ländlicher Adelssitz) mit einer von riesigen Kastanien gesäumten Auffahrt und einem schönen kleinen Park gab. Das feudale Gebäude war für die folgenden drei Monate unser Quartier. Den Eigentümer, den wir nie zu sehen bekamen, muss es geschmerzt haben, dass die Deutschen – zu allem auch noch von der berüchtigten Waffen-SS – sein Anwesen in Beschlag nahmen. Es wurde jedoch nichts mutwillig beschädigt; der neben dem Herrenhaus gelegene Pavillon, der offensichtlich als Bibliothek gedient hatte, war zu meiner Betrübnis schon vor unserer Ankunft leer geräumt worden.

Der Sommer in Frankreich wirkte beruhigend auf alle Gemüter, selbst die der Unterführer. Der Dienstplan berücksichtigte vor allem die Ausbildung an den neuen MGs in den ausgedehnten Feldern, er enthielt jedoch bemerkenswert viel Sport und auch so viel Freizeit, dass ich mich gleich am zweiten Tag nach unserer Ankunft in Boissy nach einer Flasche Wein umsehen konnte. Es gab im Ort einen winzigen Kramladen; als ich ihn mit zwei Kameraden betrat, störten wir die Ladenbesitzerin und drei junge Bauersfrauen in ihrem Schwätzchen. Die vier sahen uns so betroffen an, dass wir uns abwartend verhielten, aber nach ein paar Sekunden hatte eine der jungen Frauen, die hübscheste, sich gefasst und sagte:

»Mais ce sont quand même de beaux gens! – Aber es sind trotzdem schöne Menschen!«

Mit einer angedeuteten Verbeugung antwortete ich: »Merci, Madame, pour le compliment, vous êtes très charmante – Danke, Madame, für das Kompliment, Sie sind sehr charmant!«

Die Verblüffung war perfekt; die Vorwitzige lief puterrot an, aber die Verkäuferin lächelte mir verschmitzt zu und fragte nach unseren Wünschen. Ich dolmetschte für die Kameraden und erstand für mich eine Literflasche Muscadet, den sie mir empfahl. Als ich ihn auf meiner Stube öffnete, war mir sofort klar: Das war er, der Messwein, den unser alter Pastor Ernst in der Klosterkapelle von Astenet bevorzugte. Bei der Ladenbesitzerin – ich nannte sie bald Madame Colette – habe ich dann noch manche Flasche des fruchtigen trockenen Weißweins von der Loire gekauft, sie ließ ihn mir zum Freundschaftspreis von zwei Francs. Wenn wir den sechsstündigen morgendlichen Geländedienst und unser Mittagessen hinter uns hatten, gewährte man uns eine Ruhepause von zwei Stunden; das war die Zeit, in der ich mich meinem Muscadet widmete, er versöhnte mich vorübergehend mit so ziemlich allem, selbst mit der 14. Kompanie der LAH. Noch viele Jahre blieb er mein Lieblingswein; als man ihn in Deutschland noch nicht kaufen konnte, brachte ich bei Frankreichreisen regelmäßig einen kleinen Vorrat mit. Ich schenkte ihn auch an Gäste aus, was mir später, in meiner Krefelder

Zeit, bei den Angehörigen der lokalen politischen Prominenz den Ruf eines hervorragenden Weinkenners einbrachte.

Boissy wurde für mich ein Ort der Verwandlung. Ich genoss jede ruhige Stunde unter den alten Bäumen des Parks, den sonst fast nie jemand betrat. Selbst der stumpfsinnige Wachdienst wurde mir zu einer Freude; wenn ich in den warmen Nächten im Sternenschatten der Bäume meine Runden ging, atmete ich die warme, vom Duft der Kornfelder und der Feldblumen gewürzte Luft und genoss mit allen Sinnen den unvergleichlichen Zauber dessen, was die Dichter »la douce France« nennen. Die Poesie dieses Landes, mit dessen Literatur ich mich im Eupener Collège über Jahre oft mehr aus Pflicht als aus Neigung beschäftigt hatte, öffnete sich mir erst in dieser Umgebung ganz. Es war wie eine Heimkehr in ein unbekanntes Land der Sehnsucht.

Mit meinen Sprachkenntnissen hatte ich im Nu einige Kontakte mit Dorfbewohnern. Mit einer Bäuerin traf ich eine Vereinbarung; mit vier Kameraden begab ich mich zu ihrem sonntäglichen Mittagstisch. Sie setzte uns ein köstliches Mahl vor, es gab Pommes frites und Fleisch, so viel wir vertilgen konnten, und das war eine ganze Menge.

Ins Gespräch kam ich auch mit »Père Sauvage«, der mit seinen Enkelinnen – niedlichen kleinen Zwillingen – gegenüber von Madame Colettes Laden wohnte; sein Sohn war Offizier bei der französischen Marine und inzwischen bei den Streitkräften de Gaulles, wie er mir freimütig mitteilte. Er hatte immer ein Glas Rotwein für mich und deutete eines Tages vorsichtig an, er könne mir Kontakte mit »der anderen Seite« verschaffen, wenn ich daran interessiert wäre. Ich war es nicht, trotz allem und aus Prinzip; abgesehen von den Repressalien, denen meine Eltern ausgesetzt gewesen wären.

In diesem Zusammenhang erwies es sich als klug, dass ich mit meinen Französischkenntnissen »offiziell« instinktiv Zurückhaltung übte. Einer meiner Kameraden, der die Sprache ebenfalls leidlich beherrschte und damit brillierte, wo immer er konnte, wurde plötzlich zum Divisionsstab abkommandiert, wo er auch unangenehme Aufgaben, wie das Übersetzen bei Verhören, übernehmen musste. Als er später wieder zur Kompanie zurückkam, war seine Position als Schütze zwo besetzt, er fand sich in der unerfreulichen Rolle eines »Schützen Arsch« wieder und hatte auch sonst nichts zu lachen; den typischen Uschas waren Demonstrationen von höherer Intelligenz zutiefst zuwider.

Als Dolmetscher beim Stab hätte ich vermutlich Paris kennen gelernt, aber dorthin kam ich auch auf andere Weise. Bei einem Ballspiel auf dem großen Rasen vor »unserem« Herrenhaus wurde mir die rechte große Zehe ausgekugelt. Als ich deshalb einige gemütliche Tage auf der Revierstube verbrachte, bekam ich ein Gespräch mit, in dem der Bataillonsarzt unserem Sani Sepp Rist mitteilte, dass alle mit einem Fußleiden behafteten Kompanieangehörigen zu einer Untersuchung nach Paris fahren sollten. Ich meldete mich umgehend als chronisch fußleidend, und die angekündigte Reise fand tatsächlich kurz darauf statt. Da niemand in der Sache zur Eile trieb, erstreckte sie sich über vier Tage mit drei Übernachtungen in einem für die Wehrmacht beschlagnahmten Hotel.

Die Untersuchung beim Truppen-Fußorthopäden fand am dritten Tage statt, sodass wir reichlich Gelegenheit hatten, uns in der Stadt umzusehen, dazu herrschte strahlendes Wetter. Sepp Rist und mein Gruppenführer Uscha Gerd Hübner hatten sich mir als Kenner der »Ville lumière« angeschlossen, weil ich mit der Sprache umgehen konnte und 1936 mit meinen Eltern und meinem Onkel Franz mütterlicherseits die Weltausstellung in Paris besucht hatte; mein Vater hatte dazu seine Freifahrten als Bahnbeamter genutzt.

Rist, Hübner und ich besuchten Notre Dame, den Eiffelturm und Napoleons Grab im Invalidendom, promenierten auf den Champs Elysées und genossen das Flair der unvergleichlichen Stadt, die auch im dritten Kriegsjahr von ihrem Zauber nur wenig eingebüßt hatte. Es lag auf der Hand und in der Pariser Luft, dass uns die Gelegenheit auch zu Erlebnissen anderer Art lockte. Also war es unvermeidlich, dass wir auch den berühmten Charme der Pariserinnen kennen lernen wollten; ebenso zwangsläufig war, dass uns dies allenfalls nur in einem flüchtigen Kontakt gelingen würde. Wir begaben uns also am Abend in eines der gängigen Etablissements, wo reger Betrieb herrschte. Die Dame, an die ich geriet, wirkte auf mich professionell und anonym; es war meine erste Erfahrung dieser Art und nichts daran wäre eine Erinnerung wert.

Von uns in unserer Abgeschiedenheit fast unbemerkt, wurde eine bedeutende Neuordnung der LAH vorgenommen, mit der auch die Bezeichnung unserer Kompanie geändert wurde. Das ursprüngliche Regiment LAH, 1940 zur motorisierten Brigade erweitert, wurde mit einem zusätzlichen motorisierten Infanterieregiment, einem Artillerieregiment, einem Panzerregiment, einer Aufklärungs-, Panzerjäger-, Sturmgeschütz-, Flak- und Nachrichtenabteilung zur Division erweitert; unsere bisherige 14. Kompanie im 3. LAH-Bataillon wurde zur 9. Schweren Panzergrenadier-Kompanie des 1. Regiments des neuen Kampf-Verbands.

Die schönen Tage von Boissy fanden schon Mitte August ihr Ende, und wir wurden zu einem neuen Standort in der Normandie in Marsch gesetzt. Die neue Unterkunft war weit weniger feudal; sie bestand aus einigen vor einem großen Gutshof errichteten Baracken, in ihrer Mitte diente eine zertrampelte Rasenfläche mit einer Flaggenstange als Appellplatz. Die anschließende winzige Ortschaft hieß Potigny, von dort aus waren es bis Falaise neun, bis Caen etwa 20 Kilometer.

Wir hatten uns in der neuen Umgebung kaum eingerichtet, als es einen nächtlichen Einsatzalarm gab, bei dem es sich nicht, wie zunächst vermutet, um eine Übung handelte. Anlass war die Landung alliierter Truppen an der Kanalküste bei Dieppe, 140 Kilometer nordöstlich von Caen, 50 Kilometer nördlich von Rouen. Wir fuhren mit etlichen Stopps eine Nacht hindurch und gruben morgens an einem Waldrand eine Stellung; den Tag über lagen wir in einem ungemütlichen Nieselregen herum, zum Einsatz kamen wir nicht. Die rund 6000 Kanadier, die sinnlos in das Abenteuer geschickt worden waren, verloren 4800 Mann an Toten und Verwundeten, der Rest wurde gefangen genommen. Wir wurden an die Küste verlegt und trafen auf Kanadier, die dort unter Bewachung, jedoch ohne Absperrung lagerten. Einem von ihnen, einem netten Jungen aus Quebec, gab ich etwas zu essen aus meinem Brotbeutel; ich unterhielt mich mit ihm eine Weile auf Französisch, bis Spieß Nieweck herbeistürmte und mit seinem obligaten Gebrüll der willkommenen Abwechslung ein Ende machte.

Boissy und Potigny waren verschiedene Welten. Mit dem Ambiente hatten sich auch das Klima und die Stimmung verändert: Die Baracken waren muffig und dunkel, die Landschaft eintöniger und abweisender, und mir fehlte vor allem der Muscadet, weil es keinen erreichbaren Laden gab. Um die miese Verpflegung aufzubessern, kaufte ich bei den Bauern sonntags ein Pfund Butter, die tat ich in einen Eimer mit zerstampften Kartoffeln und Milch; daraus kochte ich ein leckeres Püree für meine Vierergruppe, zu der meine Stuben-Kameraden Henze, Spethmann und Kälbel gehörten.

Ein gewisser undefinierbarer Missmut machte sich breit. Dazu trug vor allem das Wetter bei, das im Oktober trübe, regnerisch, windig und nachts auch empfindlich kalt wurde. Wir verbrachten manche Nacht im Gelände, lagen auf dem nassen Boden und gruben in die lehmige Erde mehr Schützenlöcher als vorher im ganzen Russlandfeldzug. Der einzige Trost waren die vielen normannischen Apfelbäume, an denen uns die Früchte sozusagen in den Mund wuchsen. Als es kälter wurde, lernte ich den beliebten Kaffee der Region schätzen: heiß und mit einem guten Schuss Calvados.

Der ganze Stumpfsinn des Soldatenlebens im Wartezustand legte sich in Potigny wie Blei auf die Gemüter. In den Baracken herrschten die eintönigen Zustände der Massenquartiere, Gelegenheiten, der Tristesse zu entgehen, gab es kaum. Um mir wenigstens die Illusion eines privaten Umfelds zu verschaffen, machte ich mich eines Tages daran, mit dem primitiven Werkzeug, das mir zur Verfügung stand, aus Birkenästen einen kleinen Tisch zu zimmern, und als Krönung bastelte ich sogar eine Tischlampe. Wie ich zu Lampenfassung, Birne und Kabel gekommen bin, weiß ich nicht mehr;

dass es mir gelang, erscheint mir zurückblickend erstaunlich, ebenso die Tatsache, dass meine höchst unmilitärische Initiative geduldet wurde und mir keinerlei Spott der Kameraden eintrug. Vermutlich genossen auch sie den bescheidenen Hauch von Heimeligkeit, den die Lampe an den Abenden verbreitete.

Der alltägliche Dienst war stur, langweilig und stupide, vermutlich kaum anders, als er von der Armee des Alten Fritz überliefert war. Beliebt war wegen der Möglichkeiten, die Arbeitszeit nach Gusto zu bestimmen, das Holzfällerkommando, das im nahen Wald das Brennmaterial für die Barackenöfen beschaffte. Als ich hierzu eines Tages eingeteilt war, fiel mir ein Ast auf den linken Unterschenkel und verursachte einen mittelschweren Bluterguss, was mir einige Ruhetage im Krankenrevier von Sepp Rist verschaffte. Es war im Obergeschoss des Gutshauses eingerichtet, wo auch die Offiziere wohnten.

Eines schönen Nachmittags kam Rist zu mir und verkündete strahlend: »Ich hab' was für dich, prima Mädchen aus Caen – Offiziersklasse!« – Und schon standen zwei muntere Bienen in der Tür, eine verschwand mit Rist, die andere kam offensichtlich entschlossen zu mir. Mir war nicht nach leichten Damen, und ich machte ihr klar, dass ich kein Geld hätte. Sie sah mich prüfend an und entschied dann: »Eh bien, macht nischts! Geht auch so! Für misch egal, für dich prima!« – Sie kam prompt zur Sache, und ich war so weit Kavalier, dass mir keine Wahl blieb.

Speziell für mich wurde der normale Alltag wenig erfreulich. Ich gehörte zwar mittlerweile zu den »Alten«, das bot vorerst gewisse Erleichterungen, weil sich die notorischen Schleifer auf den Nachwuchs der Kompanie konzentrierten, der im September eingetroffen war. Zwei Unterscharführer, Wilms und Baldauf, die mir seit Taganrog das Leben schwer gemacht hatten, bezogen mich jedoch bald wieder in ihre zweifelhaften Aktivitäten ein, sie behandelten mich neuerlich wie einen »Schlips«, und das war mit Schikanen aller Art verbunden.

Ich war immer noch Schütze 2 am SMG, zeitweise auch Schütze 1, und zum SS-Sturmmann (Gefreiten) befördert worden. Ich musste in Potigny so oft Wache stehen, dass ich in manchen Nächten nur sechs, einoder zweimal sogar nur vier Stunden Schlaf bekam. Für einen wie mich, der als Abiturient eine zwölfjährige Verpflichtung bei der LAH und damit die Offizierslaufbahn verweigerte, hatten diese Typen nichts übrig.

Auch für das Kartoffelschäl-Kommando war ich Daueraspirant, ich musste mich in der Regel dieser stumpfsinnigen Tätigkeit widmen, wenn die anderen Freizeit hatten. Baldauf , der oft und gerne UvD war, pflegte bei den Kartoffelschälern unversehens aufzutauchen und die Stärke der Schalen zu prüfen; waren sie seiner Ansicht nach zu dick, war eine Strafwache fällig. Dabei konnte er mir bald nichts mehr anhaben, denn mit dem Schälmesser konnte ich bald besser umgehen als mit dem Essbesteck.

Als UvD bereitete sich Baldauf beim Zapfenstreich ein Vergnügen ganz spezieller Art: Er platzte in die Baracke und schrie »Schwanzappell«, worauf alle vor ihrer Pritsche anzutreten hatten, um von Baldauf ihr bestes Stück mit zurückgezogener Vorhaut inspizieren zu lassen. Wenn er dabei etwas auszusetzen fand, war irgendeine Schikane besonderer Art fällig.

Wenn ein Mensch mir gründlich missfiel, konnte ich dies nie verheimlichen. Baldauf wusste, was ich von ihm hielt, und dass ich ihn durch die Art und Weise, wie ich seine Befehle ausführte und wie ich ihm antwortete, bewusst provozierte. Er war sich darüber im Klaren, dass er in der latenten Auseinandersetzung mit mir seine Autorität aufs Spiel setzte. Um an mir endlich ein Exempel statuieren zu können, musste er sich etwas Neues einfallen lassen, und unter Aufbietung seiner gesamten Intelligenz gelang ihm dies schließlich. Für mich wurde es zu einem Rencontre mit hohem Risiko, aber es war unvermeidlich. Und es ging dabei um meine individuelle und in der Konsequenz auch um meine physische Existenz.

Dass es Baldaufs Stimme war, wusste ich schon, bevor ich zu vollem Bewusstsein erwachte. Am frühen Morgen stürmte er als UvD in unsere Baracke und brüllte sein »Aufffstennn«. Obwohl ich mich bemühte, von meiner Oberdeckkoje so schnell wie möglich auf den Fußboden zu gelangen, war es ihm für sein Vorhaben nicht schnell genug. Ohne auch nur eine Sekunde zu verschwenden, schrie er: »Maeger rraus ins Freie!«; dem leistete ich meiner Stimmung entsprechend mit gebotener Lässigkeit Folge.

Es war Anfang November, einen Tag vor meinem Geburtstag; draußen war es kalt und noch dämmerig, vor der Barackentür regnete es in etliche trübe Pfützen auf dem lehmigen Boden.

Baldauf schrie »Stiiillstann!«, dann »Räächtsumm!«, damit ich genau vor einer Wasserlache stand. Er wartete etwa zehn Sekunden, bis der Regen meine einzige Bekleidung, das Hemd, durchnässt hatte. Um uns herum standen inzwischen einige Kompaniekameraden, die auf dem Weg zur Waschbaracke halt gemacht hatten, um dem Schauspiel zuzusehen.

Baldaufs nächster Befehl ertönte. Ich war selbst davon überrascht, dass mein Körper nicht reagierte. Das nochmalige, noch lauter gebrüllte »Hiiinlejnn!« nahm ich nur noch wie aus der Entfernung wahr. Ich fühlte, wie etwas in mir langsam riss. Ein Impuls jenseits meiner Vernunft und meines angedrillten Stumpfsinns übernahm die Kontrolle über mich.

In mir muss plötzlich ein animalischer Instinkt die Oberhand gewonnen haben; mir muss bewusst geworden sein: Hier stehst du mit dem Rücken an der Wand, dies ist ein Zweikampf zwischen einem brutalen Monster und deinem Intellekt; der Moment, in dem es so oder so um deine nackte physische Existenz geht. Dieses Schwein wird dich irgendwann umbringen. Wenn du jetzt nicht alles auf eine Karte setzt, hast du deine letzte Chance vertan: Du bist erledigt.

Und ich hörte mich sehr laut, aber ruhig und gelassen sagen: »NEIN!«

Baldauf verfiel in stumme Ratlosigkeit. Schließlich fasste er sich und sagte ganz manierlich: »Melden Sie sich unverzüglich umgeschnallt und mit Stahlhelm auf der Schreibstube – Wegtreten!«

Ich ging zurück in die Baracke, zog mich an, schnallte mein Koppel mit dem Seitengewehr um und begab mich zur Schreibstube ins Herrenhaus. Der mir immer gewogene Schreibstubenbulle Uscha Ziegler bemerkte mich schon bei meinem Eintreten, sah mich an und wackelte fast unmerklich aber bedeutsam mit dem Kopf. Ich nahm vorschriftsmäßig stramme Haltung an und wartete. Spieß Nieweck saß an seinem Schreibtisch und nahm mich zunächst nicht zur Kenntnis, endlich blickte er auf, erhob sich gravitätisch, baute sich vor mir auf und deklamierte in scharfem Ton: »Drei Stunden Strafexerzieren wegen Befehlsverweigerung!

Heute Nachmittag 14 Uhr feldmarschmäßig antreten, vier Ziegelsteine im Tornister! Strafe angeordnet vom Kompaniechef! Wegtreten!« Mir war klar: Das war's dann. Ich machte so zackig wie möglich kehrt und verschaffte mir so den Abgang, den ich der Bedeutung des Augenblicks für angemessen hielt.

Meine Kameraden waren noch beim Frühstück, als ich zurück in die Stube kam. Unvermittelt herrschte betretenes Schweigen, das ich schließlich brach mit der Bemerkung: »Wo kriege ich bloß die Backsteine her?« Henze, Schütze Eins in der ersten Gruppe meines Zuges, mein Bettnachbar zur Linken und ein guter Kamerad, meinte: »Geh in der Mittagspause mal hinter die Scheune, da liegen ein paar.« Womit er, wie sich zeigen sollte, Recht hatte.

Strafexerzieren war eine Sache von einiger Gewichtigkeit und wurde nicht oft verhängt. Ich hatte es noch nie mitgemacht, zweimal aber miterlebt, wie andere der Prozedur unterzogen wurden, die nach einem bestimmten Ritual vor sich ging: Der Delinquent hatte in kompletter Montur anzutreten, in Drillichanzug und Knobelbechern, mit Karabiner, Koppel und Patronentaschen, Stahlhelm auf dem Kopf und den ominösen Ziegelsteinen im Tornister. Vorgeschrieben war außer der Beteiligung eines Unteroffiziers, der die Rolle des Schergen übernahm, zur Aufsicht die Anwesenheit eines Offiziers. Der Absolvent der Strafaktion wurde möglichst auf einen frisch gepflügten regenweichen Acker oder in ein ähnlich geeignetes Gelände geführt und hatte dort ohne die geringste Pause drei Stunden nach den Befehlen des Unteroffiziers zu rennen, im

Dreck oder Morast zu kriechen, »Auf-marsch-marsch!« und »Hinlegen!« zu üben, sowie sich vorwärts und rückwärts zu überschlagen. Kam er dem allen nicht mit der gebotenen Beflissenheit nach, so erwartete ihn als nächste Instanz verschärfter Arrest, gegebenenfalls auch ein Militär-Strafverfahren, im Kriege je nach den Umständen auch das Kriegsgericht. Als gelegene Zugabe hatte er in der abendlichen Freiheit alles, was nach der Aktion vor Dreck starrte, in einen tadellosen Zustand zu bringen und bei einem eigens angesetzten persönlichen Sonderappell inspizieren zu lassen. Wurde dabei nur eine Kleinigkeit beanstandet, wurde das Strafexerzieren am nächsten Tag wiederholt. Ein Stäubchen am Gewehr oder ein Krümelchen Lehm an der Benagelung der Stiefelsohlen, das mit einem angespitzten Streichholz ermittelt werden konnte, galt hierfür als hinreichende Verfehlung. In meinem Falle traf die Ermessensentscheidung Baldauf …

Der Vormittag verging, als ob nichts von Belang gewesen wäre; Baldauf blieb fast auffällig auf Distanz. Ich machte den Geländedienst mit und aß mit den anderen mein Mittagessen; es gab eines meiner Lieblingsgerichte: Nudeln mit Backobst.

Um drei vor zwei stand ich in der vorgeschriebenen Aufmachung bereit, fast genau an der Stelle, an der sich das dramatische morgendliche Intermezzo abgespielt hatte. Baldauf kam eine knappe Minute später, er blickte mich schweigend an; ich hatte den Eindruck, dass er sich geradezu lüstern die Lippen leckte. Untersturmführer Köster, mein Zugführer, der einige Monate zuvor noch Kusakowski geheißen hatte, kam pünktlich um zwei. Zu seinen unumgänglichen Aufgaben gehörte – was ich in diesem Moment noch nicht wusste – zu prüfen, ob mein Karabiner nicht durchgeladen war, ob sich keine Patronen in der Kammer befanden und ob ich auch sonst nicht irgendwie gefährlich werden konnte; denn beim Strafexerzieren waren schon Männer total durchgedreht und hatten ihre Peiniger erschossen.

Mein Karabiner gab keinen Grund zur Beanstandung, er war sauber, leer und also harmlos. Ustuf Köster öffnete jede meiner drei rechten Patronentaschen, sie waren offensichtlich leer. »Ja dann können wir ja wohl bald«, meinte er, löste wie beiläufig noch den Verschlussriemen meiner ersten Patronentasche links, dann den der zweiten – und hatte plötzlich einen Ladestreifen mit fünf scharfen Patronen in der Hand.

Köster war »Tapferkeitsoffizier«, er hatte sich mühsam durch todesmutige Fronteinsätze hochgedient und war ganz gewiss kein furchtsamer Mensch. Er blickte etwas verdutzt auf den Ladestreifen mit den Patronen, dann sah er mich scharf an und zog die Brauen hoch. Ich verzog keine Miene, war aber ebenfalls perplex, denn die Patronen hatte ich noch von meiner letzten Nachtwache und danach total vergessen. Über eine Zeit, die mir fast unerträglich lange vorkam, herrschte absolute Stille.

Endlich wandte sich Köster zu Baldauf und sah, was auch ich sah: Baldauf war schneeweiß im Gesicht, auf seiner Nase bildeten sich große Schweißtropfen. Köster drehte sich zu mir um und sagte knapp: »Wegtreten! Sie werden von der Sache noch hören!«

Geistesgegenwärtig und – wie sich später zeigen sollte – der Situation gewachsen, antwortete ich: »Ich bitte, mich zum Rapport bei Hauptsturmführer Anderlik melden zu dürfen, Untersturmführer.« Köster zeigte sich unbewegt: »Ich werde es melden. Halten Sie sich auf der Stube zur Verfügung!«

Eine gute Stunde saß ich in der Ecke an meinem Feldbett und wienerte meine Knobelbecher, mein Koppel und meine Patronentaschen. Dann kam einer vom letzten »Ersatz« und richtete aus: »Du sollst sofort zum Spieß kommen«.

Die Schreibstube sah aus wie immer. Wenn ich eine dramatische Stimmung erwartet hatte, es war nichts davon zu spüren. Ziegler, der in seiner Ecke saß, warf mir einen Blick zu, den ich ganz gegen meine Erwartungen eher als etwas belustigt deutete. Ich stand stramm und stumm, mein Kinn unter dem Stahlhelmriemen angezogen. Nieweck erhob sich und sagte: »Das Strafexerzieren ist in dreimal zwei Stunden Strafwache umgewandelt. Die Sache ist erledigt. Abtreten!«

Das Wachestehen riss ich buchstäblich nach der gängigen Kommissmetapher »auf der linken Arschbacke ab«; das heißt, ich verbrachte die Stunden – frech, selbstsicher und stur, wie ich durch das Erlebnis geworden war – in gänzlich verbotener Manier: im warmen Kuhstall des Anwesens auf einer Futterkiste hockend.

Warum sich der ganze Vorgang so merkwürdig gefügt hatte, erfuhr ich einige Tage später von Uscha Ziegler. Etwa zwei Monate vorher war der Truppe ein Führererlass mitgeteilt worden, durch den in der gesamten Wehrmacht jegliches Strafexerzieren ausdrücklich verboten wurde.

Nach den Denkmechanismen eines Nieweck, eines Anderlik und erst recht eines Baldauf hieß das: Dieser verdammte Kerl hatte ganz offensichtlich eigene Informationen über diesen kuriosen Befehl des Führers persönlich, er muss also obskure Beziehungen haben, die wir nicht nachvollziehen können. Dementsprechend wurde ich in der Folge behandelt; die ganze Kompanie zeigte mir gegenüber ein neues Verhalten, in dem sich

Respekt ausdrückte und – wie ich bemerkte – auch unverhohlen Sympathie. Drei Tage später wurde der Führerbefehl der Kompanie während eines Abendappells offiziell verkündet.

Wie sich die Episode auswirkte, zeigte ein weiterer Vorfall, der zu ihr passte wie ein gut organisiertes Arrangement. Eine Woche später wurde bei einem Morgenappell ein Divisionsbefehl bekannt gegeben, nach dem alle Waffen, die nicht zur Ausrüstung der Truppe gehörten, unverzüglich abzuliefern waren. Nachdem Nieweck den Befehl verlesen hatte, fragte Anderlik:

»Wer von der Kompanie hat erbeutete oder private Waffen?«

Niemand meldete sich außer mir. Ich nahm Haltung an und sagte: »Ich, Hauptsturmführer, ich besitze eine Pistole Walther PPK.«

Anderlik erwiderte: »Melden Sie sich anschließend mit der Waffe bei mir!«

Nun war eine Walther PPK (Polizeipistole Kriminal-Modell, Kaliber 7,65) ein äußerst begehrtes Stück, besonders bei Offizieren. Anderlik, so hatte ich längst bemerkt, hatte keine, sondern trug – wohl aus seiner Zeit als Offizier der CSSR-Armee – eine wenig elegante tschechische Pistole am Gürtel. Als ich ihn wie befohlen in seinem Zimmer im Gutshaus aufsuchte, fragte er zunächst:

»Woher haben Sie die Waffe?«

»Mein Onkel hat sie mir geschenkt, er ist Sturmbannführer und Kulturreferent bei der deutschen Militärregierung in den Niederlanden.«

Anderlik räusperte sich: »Wenn es Ihnen recht ist, werde ich die Pistole selbst tragen. Ich hinterlege in der Schreibstube ein Schriftstück, in dem ich vermerke, dass die Pistole an Sie auszuhändigen ist, wenn mir etwas zustoßen sollte. Sind Sie einverstanden?«

Ich war es natürlich und sah die Angelegenheit als zusätzlichen guten Zug in meinem neu begonnenen Spiel an.

Inzwischen sickerten nach den Siegesmeldungen aus dem Osten, die mit dem Hissen der Reichskriegsflagge auf dem Elbrus und der schon als sicher gemeldeten Eroberung von Stalingrad ihre Höhepunkte des Jahres fanden, Ende November über undefinierbare Kanäle die Nachrichten über das sich anbahnende Desaster an der Wolga durch.

Es gab außer mir noch jemanden in der Kompanie, der sich dem sturen Drill nicht fügen wollte. Er hieß Kascmarek, stammte aus Westpreußen und war nicht eben ein Kirchenlicht; seine Obstruktion war weder intelligent noch effizient. Wenn ihm die Schleiferei über die Hutschnur ging, begann er mitten im Exerzierdienst irgendwelche Faxen zu machen, er ließ das Gewehr fallen, nahm plötzlich den Stahlhelm ab und wischte sich den Schweiß von der Stirn oder er lief, wenn auf dem Übungsplatz ein Unterführer laut »Zum Waldrand! Marsch! Marsch!« befahl und dann »Kehrt! Marsch! Marsch!« schrie, einfach weiter und verschwand im Gebüsch; einmal tauchte er erst nach einer halben Stunde wieder auf. Holzköpfe wie Baldauf gerieten darüber fast aus dem Häuschen und tobten wie besessen. Es lag auf der Hand, dass aus ihrer Sicht Kascmarek zu einer Gefahr für ihre Autorität wurde, die ja nicht auf ihrer Persönlichkeit basierte, sondern auf der massiven Durchsetzung des Kadavergehorsams. Außer Baldauf und Wilms hatten wir noch zwei weitere von der Sorte in der Kompanie.

Es war also bald von Befehlsverweigerung und wegen des unplanmäßigen Verschwindens im Wald von »Unerlaubtem Entfernen von der Truppe« die Rede. Es gab für Kascmarek Strafwachen und Arrest, als höchstmögliche Maßregel im Kompaniebereich 21 Tage »Bau«; hierzu hatte man ein Eckzimmer des Gutshauses frei gemacht und die Fenster mit Brettern vergittert, der Arrestant versuchte, seinen Kopf durch die Lücken zu stecken, rief seine vorübergehenden Kameraden an und sang ihnen obszöne Liedchen vor. Wir bedauerten ihn alle, und manche waren der Meinung, dass Baldauf und Konsorten ihn um den Verstand gebracht hatten. Später, als ich in meiner Gießener Zeit sonntags mehrmals Dienst in der geschlossenen Abteilung des dortigen Lazaretts mit mehr als hundert irrsinnigen Waffen-SS-Leuten machen musste, erschien mir die Vermutung nicht mehr abwegig. Gegen Kascmarek wurde ein Kriegsgerichtsverfahren angestrengt, er wurde zum Bataillonsstab abtransportiert, und wir sahen ihn nicht mehr wieder.

Was mir an Potigny gefiel, war die Möglichkeit, regelmäßig und ausgiebig mit warmem Wasser zu duschen, dazu marschierten wir in ein nahe gelegenes Kohlebergwerk, wo es die übliche Waschkaue gab mit dem Umkleideraum, in dem die Kumpel ihre Straßenkleidung zur Sicherung gegen Diebstahl an die Decke mit Ketten hochziehen konnten, die unten an der Wand mit Ring und Bügelschloss befestigt wurden.

Wir marschierten außer zum Duschen oder – was hin und wieder geschah – in ein Kino kaum noch als Kompanie ohne Ausrüstung. Wir mussten dabei den Gleichschritt in sehr dicht aufgeschlossener Formation ausführen und dabei Soldatenlieder in größtmöglicher

Lautstärke singen. Eines davon mussten wir immer wieder bis zum Überdruss hinausschmettern, vermutlich, weil Nieweck, der uns meistens führte, mit dem einen oder anderen der darin vorkommenden Namen irgendwelche Erinnerungen verband:

»Frühmorgens, wenn die Hähne krähn,
ziehn wir zum Tor hinaus;
und mit verliebten Augen schaun
die Mädels nach uns aus.
Am Busch vorbei wir ziehen,
wo Heckenrosen blühen,
und mit den Vögelein im Wald
ein frohes Lied erschallt:
von der Lore, von der Lene,
von der Trude und Sophie,
von der Ilse, von Irene
und der Annemarie.
Schö-ön blühn die Heckenrosen,
schö-ön ist das Küssen und Kosen;
Rosen und Schönheit vergehn,
drum nütz die Zeit,
denn die Welt ist so schön.«

Mir ging das Lied auf den Geist, weil ich den Inhalt vom fröhlichen Soldatenleben in keinerlei Beziehung zur Gegenwart bringen konnte. Mein Frust hatte aber auch noch einen anderen Grund: Wenn wir in unseren täglichen Geländedienst zogen und dabei mit allem Gerät mit 50 bis 70 Kilo pro Mann bis zu 30 Kilometer zurücklegten, kam meist auf dem Rückmarsch unvermeidlich irgendwann der Befehl:

»Gasmasken auf!« und anschließend: »Ein Lied ... drei, vier!«

Wir grölten dann dumpf in die dicht anliegende Maske, und die übelsten Schinder unter den Uschas, die außer ihren Kurzwaffen nichts zu tragen hatten, sausten durch die Reihen und prüften mit schnellem Griff, ob auch alle Gasmaskenfilter fest angezogen waren, damit wir nicht mehr Luft bekamen, als die schikanöse Absicht es zuließ. Ertappten sie einen, der versuchte, sich mit diesem Trick Erleichterung zu verschaffen, musste er aus der Reihe hinaus zu einem »Ausflug ins Gelände«.

Die Methode war jedes Mal deprimierend und erniedrigend und kaum geeignet, die Moral der Truppe oder gar die Freude am fröhlichen Lied zu heben. Aber sie passte nicht nur in die »Unterführer-Subkultur«, sondern auch in den »Führungsstil«, denn unser Kompaniechef Anderlik, ein bulliger schwarzhaariger Mann, erläuterte eines Tages sein Ausbildungsprogramm vor der versammelten Mannschaft mit der gebrüllten Drohung: »Ich werde aus dieser Kompanie ein KZ machen!« – Ich hatte dabei das Gefühl, er meinte es nicht nur ernst, er wusste auch, wovon er sprach.

Einige Male hatte ich Gelegenheit, Falaise zu besuchen; ich nutzte sie, in einem kleinen Restaurant neben der gotischen Kirche gepflegt zu essen. Ich hatte immer einen Kameraden dabei, denn zu dieser Zeit war es bereits untersagt, sich alleine und unbewaffnet in der Öffentlichkeit zu zeigen, denn die Résistance hatte mit ihrer Tätigkeit begonnen. Als wir an einem Sonntag zu zweit den neun Kilometer langen Heimweg nach Potigny etwa zu einem Drittel zurückgelegt hatten, hörten wir hinter uns ein Auto nahen; ich drehte mich um und schwenkte meinen Arm, um den Fahrer des Citroen 11 CV dazu zu bringen, anzuhalten und uns mitzunehmen. Er verlangsamte zunächst auch die Geschwindigkeit, um dann aber abrupt zu beschleunigen und auf mich zuzufahren. Er hätte mich zweifellos erfasst, wenn ich nicht behände in den Straßengraben gesprungen wäre. Ich gestehe, dass ich gute Lust hatte, ihm aus meiner Pistole ein paar Schüsse hinterher zu senden, verkniff es mir dann aber doch.

Der Vorfall hatte mich so weit in Rage gebracht, dass ich meine Pistole zog, um für den Nächsten besser vorbereitet zu sein. Als wir weitergingen, vernahmen wir bald erneut Motorengeräusch; ich stellte mich unmissverständlich mitten auf die Fahrbahn und brachte meine Null-Acht in Anschlag. Der Wagen hielt und ich bemerkte das taktische Kennzeichen der Leibstandarte, einen Dietrich (Schlüssel) in einem Wappenfeld, entsprechend dem Namen des Kommandeurs Sepp Dietrich. Als ich seitlich an das Fahrzeug herantrat, erkannte ich in der Tür, die sich öffnete, einen Offizier mit einem Eichenlaub auf dem linken Kragenspiegel und dann auch den Mann selbst, es war Oberführer (im Wehrmachtdienstrang Oberst) Witt, mein Regimentskommandeur, vor ihm neben dem Fahrer saß sein Adjutant. Witt beugte sich vor und sagte ohne jede Erregung in der Stimme:

»Was ist denn los?«

Ich fasste mich schnell, knallte die Haken zusammen und meldete: »SS-Sturmmann Maeger und SS-Mann Weber auf dem Weg von Falaise nach Potigny, Oberführer! Wir wollten einen Franzosen anhalten, und der wollte uns über den Haufen fahren. Das sollte uns nicht noch mal passieren!«

Witt überlegte einen Augenblick und meinte dann: »Das genügt mir als Erklärung. Na, dann steigt mal ein!«

Er rückte beiseite, wir nahmen neben ihm Platz, und der Wagen brachte uns bis vor unsere Unterkunft in Potigny; einige Kameraden staunten nicht schlecht, als wir ausstiegen und uns zackig verabschiedeten.

Weihnachten stand bevor, aber das bot wenig Anlass zu stimmungsvoller Erwartung oder Besinnung. Die Sonnwendfeier, die den christlichen Symbolgehalt des Festes ablösen sollte, geriet auch diesmal zu einer kläglichen Angelegenheit. Vor einem qualmenden Feuer im Nieselregen sangen wir markig:

»Hohe Nacht der klaren Sterne,
die wie weite Brücken stehn
über einer tiefen Ferne,
drüber unsre Herzen gehn.«

Dann versammelten wir uns in einem frei gemachten Dorfsaal, wo uns unsere Geschenke erwarteten: neben hartem Gebäck eine halbe Flasche Arrak-Verschnitt vom Führer »persönlich« und eine ganze Flasche Armagnac von der Division.

Aus Pietät wandten sich fast alle dem Arrak-Verschnitt zu mit dem Ergebnis, dass sie in kürzester Zeit von dem Fusel betrunken waren; bei einigen ging das so weit, dass sie begannen »Stille Nacht, heilige Nacht« und »O Tannenbaum ...« zu intonieren. Das Ganze artete in ein Besäufnis aus, das man angesichts der Lage nicht einmal als sinnlos ansehen musste. Am nächsten Tag hatten die meisten meiner Kameraden einen fürchterlichen Kater; er beeindruckte sie so sehr, dass ich preiswert sechs Flaschen besten Armagnac erwerben konnte.

Die Spannung, die bereits während der Weihnachtstage auch bei uns spürbar geworden war, verstärkte sich um die Jahreswende merklich. Es wurde kaum darüber gesprochen, aber es war uns allen klar, dass etwas bevorstand; die Tragödie von Stalingrad warf auch auf unseren Alltag ihre Schatten.

Den 1. Januar 1943 verbrachte die Kompanie mit Putz- und Flickstunden und Waffenreinigen; für den späten Nachmittag war ein Sachenappell befohlen. Da es regnete, fand er in der »Stube« – also Baracke – statt, jeder hatte seine so tadellos wie möglich vorbereiteten Siebensachen vor sich aufgebaut: den »Affen« (Tornister), an Bekleidung Feldbluse und Hose, Tarnjacke, Helm mit Tarnüberzug, Mantel, Handschuhe, Feldmütze (Schiffchen), Unterbekleidung – darunter lange Unterhosen, die nach der Vorschrift immer, auch bei der größten Hitze, getragen werden mussten –, Schnürschuhe, zwei Paar Socken und ein Paar Fußlappen, Pullover, Kragenbinde; weiterhin die 22 übrigen Ausrüstungsteile, davon als die wichtigsten Sturmgepäck, Decke, Zeltbahn mit Zubehör, Gasmaske und -plane (zum Schutz gegen versprühtes Giftgas wie Lost), Essgeschirr, Feldflasche, Brotbeutel und Essbesteck. Tarnjacken und Tarnbezüge für die Stahlhelme erhielten wir bereits im Sommer 1942, sie wurden schon bald darauf nach und nach in der gesamten Wehrmacht eingeführt; heute gehören sie zur Standardausrüstung aller Armeen.

In der zweiten Januarwoche erhielten wir eine neue Winterbekleidung. Sie bestand aus mit Steppfutter und Pelzkapuzen ausgestatteten Jacken und warm gefütterten Hosen, die in eine braungrau gefleckte und eine weiße Seite gewendet werden konnten, dazu Filzstiefeln und gefütterten Handschuhen. Weiß bedeutete

Russland, das war uns allen klar. Im Ablauf der täglichen Verrichtungen, die in längeren Ruhepausen einer militärischen Einheit zu einer lässig gehandhabten Routine zu werden pflegen, breitete sich eine unverkennbare Geschäftigkeit aus, die sich bis zur latenten Hektik steigerte; der Drill ließ nach, dafür konzentrierte sich der Dienstplan stärker auf die Bereitschaft von Ausrüstung und Fahrzeugen.

Nach der neuen Bewaffnung erhielt die Kompanie im November nochmals neue Gefechtsfahrzeuge, es waren 16 Mercedes-Mannschaftswagen mit Vierradantrieb und Sechszylindermotor vom Typ Kfz 69 für jeweils eine Gruppe, und sie waren der ganze Stolz unseres »Schirrmeisters«. Die Bezeichnung dieser Dienststellung stammte noch aus den Zeiten der bespannten Einheiten. Hierzu erscheint eine grundsätzliche Erläuterung angebracht, die auch heute noch gilt: Die Dienststellung bezeichnet die Funktion in der Truppe; den Dienstrang erlangt man durch Beförderungen, er ist erkennbar an den Rangabzeichen der Uniform.

Schon eher ein Kuriosum waren die Finessen der korrekten Bezeichnungen der Offiziersfunktionen sowohl bei der Waffen-SS wie im Heer: Kompaniechef konnte nur ein Hauptsturmführer (Hauptmann) sein, der um nur einen Rang niedrigere Obersturmführer (Oberleutnant) dagegen nur Kompanieführer, die Dienststellung eines Kompanieführers konnte unter Umständen an der Front zeitweise auch ein Rottenführer (Obergefreiter) haben, wenn alle ihm vorgesetzten Dienstranginhaber ausgefallen waren; er hatte dann alle Verantwortung und die Befehlsgewalt eines führenden Offiziers, die Kampfeinheit war dann allerdings in der Regel nur noch acht bis zehn Mann stark.

Nur Sturmbannführer (Majore) und Standartenführer (Obersten) wurden als Befehlshaber eines Bataillons oder Regiments Kommandeure genannt; niedrigere, also geringer bewertete Dienstgrade wurden in ihrer Stellvertreterfunktion als »Führer« dieser Einheiten bezeichnet. Skurril mutet deshalb an, dass der allgewaltige »Führer« des Reiches, zugleich Oberster Befehlshaber der Wehrmacht und damit aller ihrer Kommandeure, Adolf Hitler, nach seinem militärischen Rang nur ein Gefreiter des Ersten Weltkriegs war. Man wird mir sicherlich nachsehen, dass ich der Versuchung, dieses Aperçu anzubringen, nicht widerstehen konnte.

Die Einwohner von Potigny hielten zu uns angemessene Distanz. Meine Verbindungen zu ihnen beschränkten sich auf den Erwerb von Milch, Butter und Kartoffeln. Da wir jedoch in den Baracken am Rand des kleinen Dorfes etliche Wochen zubrachten, verschafften sich einige meiner Kameraden in der näheren Umgebung Kontakte anderer Art, die meistens nach Beginn der abendlichen Dunkelheit wirksam wurden. Die eine oder andere aus welchen Gründen auch immer einsame Landfrau hatte gegen den kurzen Besuch eines strammen LAH-Mannes nichts einzuwenden, wenn er mit der gebotenen Diskretion abgestattet wurde. Wenn die Damen appetitlich genug waren, erwarteten sie in der Regel eine Vergütung, weniger attraktive gaben sich mit dem Vergnügen zufrieden.

Diese Art von Nachfrage- und Angebotsaustausch funktionierte wie seit Menschengedenken überall, wo sich Soldaten aufhalten. Mitten im langweiligen Trott des Dienstbetriebs ereignete sich jedoch etwas ganz und gar Unerfreuliches. Bei einem Abendappell, der in die Zeit vor der Dämmerung vorverlegt worden war und bei dem alle Kompanieangehörigen antreten mussten, erschienen zwei Mann von der Feldgendarmerie, mit ihnen eine ältere Frau, ein Mann und ein junges Mädchen, die uns von Spieß Nieweck als französische Eltern mit ihrer Tochter vorgestellt wurden mit der Erklärung, das Mädchen sei von einem deutschen Soldaten vergewaltigt worden und gekommen, wie bei anderen Einheiten auch bei unserer Kompanie den Täter nach Möglichkeit festzustellen.

Es war eine beklemmende Szene. Wir standen betroffen, jedoch mit unbewegten Gesichtern. Das Mädchen ging unsere Reihen entlang, sie sah jeden von uns an und die Tränen liefen ihr über die Wangen. Ich versuchte, wie wohl die meisten von uns, mit den widersprüchlichen Gefühlen, die mich bewegten, fertig zu werden. Ich schämte mich für die Tat eines unbekannten deutschen Soldaten, vielleicht Kameraden, empfand Empörung darüber, mich als potenzieller Mädchenschänder einer Identifizierungsmaßnahme ausgesetzt zu sehen, und ich fühlte Mitleid mit dem armen Mädchen, das höchstens sechzehn Jahre alt war. Die Vorstellung verlief ergebnislos; wir waren erleichtert, als alles vorbei war. Auch die Kodderschnauzen in unserer Baracke verkniffen sich anschließend die üblichen nassforschen Kommentare des Geschehens.

Die von wachsender Spannung verdrängte trügerische Ruhe wich am 22. Januar urplötzlich der Gewissheit: »Jetzt geht es nach Russland!«

Der Marschbefehl wurde beim Morgenappell verlesen und löste die übliche Hektik aus; »es ging rund«, wie man es bei der Truppe nannte.

Ich hatte schon alle meine Siebensachen beisammen und stand vor dem Problem, wie ich meine sechs Flaschen Armagnac unterbringen sollte; da kam ein Melder mit der Botschaft: »Du sollst dich sofort bei Uscha Ziegler melden!«

Von Ziegler hatte ich kaum Übles zu erwarten. Also machte ich mich unverzüglich auf den Weg zur Kompanieschreibstube. Ziegler sah mich freundlich an und sagte: »In Caen sind drei Kraftfahrer mit einem Opel-Blitz verunglückt, einer ist tot, zwei im Lazarett. In meinen Unterlagen steht, dass du einen Führerschein hast. Chefbefehl: Du übernimmst sofort ein Kfz 69; wenn du willst, das mit deiner bisherigen Gruppe. Das kannst du doch?«

Ziemlich überrascht sagte ich ohne lange zu überlegen: »Natürlich kann ich das. Überhaupt kein Problem!«

»Na, dann melde dich mal beim Schirrmeister ... und mach's gut!«

Mit meinem Führerschein war es freilich so eine Sache. In Belgien durfte man Auto fahren, ohne eine Fahrprüfung abgelegt zu haben und einen entsprechenden Ausweis zu besitzen. Das ließ die deutsche Verwaltung aus welchen Gründen auch immer nach dem deutschen Einmarsch weiterhin gelten; ich hatte die gute Gelegenheit wahrgenommen und mir am 11. November 1940, am Tag nach meinem 18. Geburtstag, in Eupen bei der Kreisverwaltung meinen Führerschein abgeholt.

Die ersten Fahrkenntnisse hatte ich schon weit früher in Rheydt erworben, wo meine Tante Ottilie und mein Onkel Franz einen Kurzwaren-Großhandel betrieben und wo ich regelmäßig gern gesehener Feriengast war, weil mir das Mitarbeiten in dem Geschäft gefiel. Mein Onkel war ein Mann, der von behördlichen Vorschriften und Zwängen nicht viel hielt, und außerdem war er von manchmal etwas überraschend spontaner Entschlussfreudigkeit. Sein Opel Olympia war ein Objekt meiner uneingeschränkten Bewunderung. Eines Tages – ich war 14 Jahre alt – nahm er mich in einem DKW-Lieferwagen mit nach Düsseldorf, wo Ware abzuholen war. Unterwegs auf der Straße, zwischen Mönchengladbach und Neuss, fragte er mich unvermittelt: »Möchtest du mal fahren?«

Das wollte ich unbedingt. Ich durfte mich ans Lenkrad setzen und fuhr mit so viel Bravour, dass mein Onkel gar nicht daran dachte, mich nach einer Strecke, die angemessen gewesen wäre, wieder abzulösen. Ich fuhr durch Neuss und Düsseldorf zum dortigen Hauptbahnhof; wir luden ein paar Pakete ein und dann fuhr ich die ganze Strecke nach Rheydt zurück. Als wir auf dem Hof des Geschäftshauses ankamen, machte mein Onkel ein ganz zufriedenes Gesicht; meine Tante Ottilie allerdings, die uns ankommen sah, schüttelte bedenklich den Kopf und wandte dann, da sie eine fromme Frau war, den Blick dankbar zum Himmel. Meine Eltern erfuhren von dem Abenteuer, das mir mit seiner Erfahrung Jahre später vermutlich das Leben gerettet hat, nichts.

In Potigny verließ ich Ziegler und die Schreibstube mit einem zackigen Abgang; im Laufschritt begab ich mich zu Schirrmeister Uscha Köber. In weniger als einer halben Stunde hatte ich bei ihm eine Probefahrt absolviert und mein neues Kfz 69 übernommen, das im Heck einen großen Laderaum hatte, wo ich mit meiner Ausrüstung auch die sechs Flaschen Armagnac sicher verstaute. So fügte sich vorerst alles aufs Beste.

Der zweite Kriegswinter in Russland

Der Aufbruch glich einem Feuerwehralarm zu einem Großeinsatz. Alles ging mit dem ungeheuren Aufwand an Geschrei und Gerenne vonstatten, ohne den jedwede Art von militärischer Aktivität undenkbar ist. Vor Tagesanbruch des 27. Januar 1943 begann der geordnete Abmarsch nach Mezidon bei Caen, dort absolvierten wir mit bemerkenswerter Routine das vorher nicht geübte Verladen der 18 Gefechts- und acht Trossfahrzeuge, die beiden Beiwagenkrafträder und das Solokrad waren leicht zu verstauen.

Unmittelbar nachdem das letzte Seil festgezurrt war, setzte sich der Zug in Bewegung und blieb dann mit nur kurzen Verpflegungspausen in Fahrt; es ging durch Flandern über Brüssel nach Aachen – die Strecke von Herbesthal nach meinem Geburtsort Astenet verschlief ich in der zweiten Transportnacht –, weiter über Krefeld, Duisburg, Hannover und dann merkwürdigerweise über Stettin nach Königsberg, was zu abenteuerlichen Spekulationen Anlass gab: Sollten wir etwa statt im bedrohten Mittelabschnitt der Ostfront bei Leningrad eingesetzt werden, das sich seit über einem Jahr mit Erfolg verteidigte?

Kraftfahrer zu sein, brachte fürs Erste mehr Nachteile als Vorteile. Während meine bisherige MG-Gruppe mit der übrigen Kompanie in geschlossenen Personenwaggons reisen durfte, die hinter der Lokomotive angekoppelt waren und mit deren Dampf beheizt wurden, musste ich wie die übrigen Fahrer in mein Kfz klettern. Im Fond meines MTW (Mannschaftstransportwagen) Typ 69 konnte ich mich zwar einigermaßen ausstrecken, aber es war in dem offenen Kübelwagen verteufelt kalt; das Klappverdeck und die in die niedrigen Türen einsteckbaren Seitenteile mit Zelluloidfenstern boten gegen die eisige Januarluft und den Fahrwind nur geringen Schutz. Einziger Komfort war ein Ballen Stroh als Unterlage, den ich mir schon bei der Abfahrt organisiert hatte.

Nachts wickelte ich mich in alles, was ich an wärmender Bekleidung und Decken aufbringen konnte, zum Glück hatten wir jetzt eine richtige gefütterte Winterbekleidung. Ein wahrer Schatz waren jetzt die sechs Flaschen Armagnac, pro Abend leerte ich von ihnen je eine etwa zur Hälfte und schlief danach bis in die Morgenstunden. Erlaubt war es eigentlich nicht, denn unser Aufenthalt auf den Fahrzeugen war befohlen worden, um diese und den langen Zug vor Partisanenangriffen zu schützen.

Das wurde allerdings erst aktuell, als wir die Grenze zu dem ehemaligen Litauen passierten. Die Sache gab mir zu denken: Auf den ungeschützten Plattformwagen hätten wenige entschlossene und ortskundige Angreifer uns, noch bevor wir sie zu sehen bekamen, wie die Pfeifen in einer Kirmes-Schießbude abknallen können.

Aber nichts dergleichen geschah, wir rollten und rollten durch das flache unter einem grauen Himmel schmutzigweiße trübselig wirkende Belorussland so schnell, dass wir am sechsten Tag nach der Abfahrt kurz vor Einbruch der Dunkelheit bei beginnendem Schneefall unseren Zielort – oder das, was wir dafür hielten – erreichten. Wir hatten kurz vorher Charkow durchfahren, wussten also ungefähr, wo wir uns befanden. Was wir nicht wussten: Eine Front gab es dort nicht, sie war nach der Katastrophe von Stalingrad in den letzten Januartagen über eine Strecke von mehr als 500 Kilometern zusammengebrochen; in die Breschen stürmten die sowjetischen Divisionen, eroberten Rostow zurück, schlossen zwischen Woronesch und Pawlowsk die 2. Deutsche und die 2. Ungarische Armee sowie weitere Teile der Heeresgruppe von Weichs ein und konzentrierten sich mit massiven Kräften zum Angriff auf Charkow.

Beim Entladen der Fahrzeuge, die wir schon während des Transports mit Schneeketten versehen hatten, stellte sich ein Problem ein, das uns mit schlimmen Folgen durch den ganzen Winter begleiten sollte: Unsere neuen Mercedes-MTW mit Vierradantrieb, in die wir so große Erwartungen gesetzt hatten, sprangen trotz eines für diesen Zweck links seitlich der Windschutzscheibe eigens angebrachten Zusatztanks, der mit leicht entzündbarem Fliegerbenzin gefüllt war, nicht an.

Nachdem sie mühsam auf die Entladerampe geschoben worden waren, hielt Schirrmeister Köber eine Fahrerbesprechung ab und eröffnete uns anhand der Betriebsanleitung, dass man das im zweiten Jahr des Russlandkrieges produzierte Kfz 69 mit Mercedes-Motor nur anlassen könne, wenn man vorher eine mitgelieferte Lötlampe angezündet und mit deren Hilfe in einer unter dem Kühler vorgesehenen Vorwärmkammer den Motor auf eine entsprechend hohe Temperatur gebracht hatte, bei der er dann geruhte anzuspringen; der Vorgang dauerte gut zehn Minuten. Wir waren alle ziemlich betreten, niemand erlaubte sich in der Konfrontation mit der erlauchten Herstellermarke die Frage, ob denn im Ernstfall die Iwans wohl freundlicherweise zehn Minuten warten würden, bevor sie angriffen.

Der Objektivität halber sei aber vermerkt, dass die Diesel-Lkws unseres Trosses der Marke, die schon die Feldzüge in Polen, in Frankreich und auf dem Balkan mitgemacht hatten, mit dem Winter im Osten relativ gut zurechtkamen; sie hatten keinen Allradantrieb, dafür aber hinten Zwillingsreifen und drehmomentstarke Maschinen, die den auf hohe Drehzahlen angewiesenen und deshalb wenig standfesten Sechszylinder-Benzin-Motoren des Kfz 69 besonders im Schlamm überlegen waren. In den kommenden beiden Monaten fiel mehr als die Hälfte der Kfz 69 durch Schäden an den Motoren und Vorderradantrieben aus. Sie wurden so weit wie möglich ausgeschlachtet, weil Ersatzteile für die verbleibenden kaum beschafft werden konnten.

Auch die meisten übrigen Fahrzeuge des Gefechtstrosses waren nur bedingt einsatzbereit, ständig musste an ihnen etwas repariert werden. Ausnahmen bildeten das Kfz 70, ein leistungsfähiger Kübelwagen mit Ford-Motor, und das Kfz 15, ein Horch-V-8, der immer sofort betriebsbereit, absolut zuverlässig und jedem Gelände gewachsen war. Von ihm und seinen Qualitäten wird noch die Rede sein. Jenseits jeder Kritik waren ein VW-Kübel- und ein VW-Schwimmwagen, eine Art Badewanne, die am Heck zusätzlich mit einer ausklappbaren Schiffsschraube ausgerüstet war; beide Autos hatten nur zwei angetriebene Räder an der Hinterachse, konnten sich zur Not aber fast in jeder Situation frei wühlen oder von vier Mann einfach auf festeren Boden getragen werden.

Bereits der erste Einsatztag nach dem Entladen am 4. Februar begann mit chaotischen Zuständen. Kompaniechef und Zugführer versuchten, sich zu orientieren, und es stellte sich heraus, dass wir uns auf einem winzigen Bahnhof bei Woltschansk nordöstlich von Charkow befanden, der nur aus einem windschiefen Lagerschuppen bestand. Neben der Schienenstrecke verlief eine Straße, erkennbar nur an zahlreichen Kfz-Spuren im Schnee.

Als alle unsere Fahrzeuge entladen waren und wir als Kolonne in Richtung der vermeintlichen Front Aufstellung genommen hatten, um auf irgendwelche Einsatzbefehle zu warten, bot sich uns bei hereinbrechender Nacht in der leicht hügeligen Landschaft ein Bild so gespenstischer Art, dass wir zunächst unseren Augen nicht trauten. Im leichten Schneegestöber erschien am Horizont ein flackerndes Leuchten, das schnell heller und heller wurde; als wir Einzelheiten erkannten, sahen wir, dass es sich um einen riesigen Treck von Fahrzeugen handelte. Der erste Wagen des spukhaften Aufzugs erreichte uns. Anderlik hatte zwei Fahrzeuge von uns quer stellen lassen, ein schwerer Geländewagen hielt an, ihm entstieg eine Figur in schwerem Pelzmantel, der sich unten vor den rot gestreiften Hosen des Generalstäblers öffnete, und schrie: »Was soll das? Wer sind Sie? Machen Sie sofort die Rollbahn frei!«

Hinter dem Führungsfahrzeug hielt ein SPW*), darauf drängten sich dick vermummte, finster blickende Gestalten mit MPs: Feldgendarmerie, Kettenhunde, ausgesuchte, brutale Typen, privilegiert, sich in sicherem Abstand von der Front aufzuhalten mit der Aufgabe, dort Angst und Schrecken zu verbreiten. Bei den Kämpfen versprengte, von ihren Einheiten getrennte

*) Schützenpanzerwagen, vorne mit normalen Rädern, hinten mit Raupenketten ausgestattet, wegen seiner Form auch »Sarg« genannt.

Soldaten, die keinen Marschbefehl vorweisen konnten, wurden von ihnen ohne Federlesen Standgerichten zugeführt.

Anderlik hielt es für ratsam, der Situation angemessen zu antworten: »Hauptsturmführer Anderlik mit der 9. Kompanie der LAH beim Warten auf den Einsatzbefehl. Darf ich fragen, was …?«

»Gar nichts dürfen Sie«, brüllte es zurück, »ich bin der 1a im Stab der Heeresgruppe B. Wir bringen geheime Dokumente und Material von größter strategischer Bedeutung in Sicherheit. Machen Sie sofort Platz und sichern Sie mit Ihren Männern meine Aktion! Das ist ein ultimativer Befehl!«

Keiner von uns war naiv genug zu verkennen, was hier gespielt wurde. Angehörige glanzvoller Stäbe der »besten Armeeführung der Welt« befanden sich auf schmachvoller Flucht und tarnten dies mit billigen Phrasen. Sie hatten die anständigen, in gegenseitiger Solidarität handelnden Offiziere und Soldaten 200 Kilometer östlich, irgendwo am Ufer des Don, nicht nur im Stich gelassen; sie beraubten sie auch des überlebenswichtigen Nachschubs an Verpflegung, Munition und Kraftstoff.

Anderlik tat im Hinblick auf die möglichen – auch direkten aktuellen – Folgen das Unvermeidliche, er gab den Weg frei. Und dann sahen wir mit wachsendem Entsetzen, was sich da wieder in Bewegung setzte. In Zweierreihe rollte so ziemlich das gesamte abenteuerliche Sortiment auf uns zu und an uns vorüber, was die Wehrmacht an zusammengewürfelten Autotypen aufzubieten hatte: deutsche Lkws und andere Trossfahrzeuge von Opel, Ford, Mercedes, M.A.N., Magirus, Büssing, Steyr, Stöwer, französisches Armeegerät von Renault, Citroen und Peugeot, einzelne britische Typen, vermutlich aus der Beute in Dünkirchen; dazwischen rumpelten Omnibusse und einmal für den normalen Straßenverkehr gebaute Pkws: Mercedes V 170, Opel Olympia, Adler, Audi, Renault – man konnte nur staunen, dass sie den Weg bis tief nach Russland hinein und den Rückzug bis hierher überhaupt geschafft hatten. Alle waren mehr oder weniger hoch beladen mit Kisten, Säcken, Kanistern, Fässern, zum Teil auch einzelnen Dosen und Flaschen.

Die Kavalkade der Apokalypse schob sich unter Drängen und Schieben voran. Hinter den Front- und Seitenscheiben gewahrten wir schemenhaft geisterblasse, erstarrte Gesichter. Ein maroder Pkw blieb mit einem Defekt vor uns stehen, nachfolgende stärkere Wagen schoben ihn einfach zur Seite. Wir versuchten vergebens, die aussteigenden Insassen anzusprechen, um etwas über das ganze Geschehen zu erfahren; die Reaktion waren nur leere Blicke in von namenloser Panik gezeichneten Mienen. Sie hatten nur ein Bestreben, schnellstens auf einem anderen Wagen einen Platz zu ergattern und ihre besinnungslose Flucht fortzusetzen: nach Westen, nur nach Westen …

Das war sie, die Kaste der arroganten »Herrenmenschen« – Angehörige von Stäben und Spezialeinheiten aller Art, Heeresverwaltungsbeamte, Kommissare, Sonderführer – neun von ihnen kamen auf einen kämpfenden Soldaten, denn kämpfen war nicht ihre Sache; sie waren zuständig für Befehle, die Hunderttausende tapfere Soldaten in den Tod schickten, zuständig für die Tiraden von Eroberungen für das »Volk ohne Raum« – gemeint war die maßlose Gier nach Beute an Land, Menschen und deren Besitz. Ihr Krieg spielte sich nicht da ab, wo gelitten, gehungert, gefroren und gestorben wurde, sondern in der behaglichen Etappe, da, wo es warm war, wo der wohl organisierte Nachschub an Cognac, Champagner und Delikatessen floss und wo man sich die Mädchen aussuchen konnte, die mit leerem Magen oder unter der Drohung der Deportation in ein Arbeitslager billig zur Verfügung standen. Alles nach dem zynisch zitierten Motto: »Genießen wir den Krieg, der Friede wird fürchterlich!«

Der Spuk dauerte fast eine Stunde. Wir blieben nach dem grauenhaften Erlebnis verstört und nachdenklich zurück. Irgendwelche Anweisungen des Bataillons oder eines anderen Stabes gab es nicht, unser Kompaniechef entschloss sich deshalb sinnvollerweise, um den Bahnhof herum eine Igelstellung einzurichten, die eine Rundumverteidigung ermöglichte.

Einige Stunden später konnte mit Kradmeldern der Kontakt zum Bataillonsstab hergestellt werden, der aber seinerseits Schwierigkeiten mit der Beurteilung der Lage hatte und Abwarten anordnete. So gut es ging, hackten und schaufelten die Gruppen flache Mulden in den Boden, wir Kraftfahrer halfen ihnen dabei. Die Situation hatte einen erfreulichen Vorteil: Unser Fourier Babucke, der sich sonst gerne in sicherer Entfernung von der eigentlichen Front aufhielt, musste sich mit der Feldküche im Zentrum der Stellung aufhalten, so gab es ständig heißen Kaffee – oder das, was man so nannte.

Gegen Mittag des nächsten Tages kam endlich der Marschbefehl. Nach den unvermeidlichen Operationen mit den Lötlampen fuhren wir in Kolonne zurück über die Donezbrücke und dann nach Süden. Nach zwei Stunden Fahrt wandten wir uns in der Höhe von Charkow wieder nach Osten und gelangten durch einen großen Wald, der sich über fast elf Kilometer erstreckte, an das Westufer des Donez, das dort mit seinem hohen Steilhang die Möglichkeit zur Anlage einer ausgezeichneten Verteidigungsstellung bot; diese war allerdings so ausgedehnt, dass die vier Züge, die sofort mit dem Bunkerbau anfingen, mit ihren etwa 110 Mann einen Abschnitt von mehr als drei Kilometern sichern mussten. Später erfuhren wir, dass die sowjetischen Armeen, die mit einem nördlichen und einem südlichen Umfassungskeil in schnellem Vormarsch gegen Charkow vorstießen, uns praktisch schon umklammert hatten.

Mit den anderen Angehörigen des Gefechtstrosses half ich meinem Zug bei der Einrichtung der neuen Stellung. Als unter einem hellen Himmel die Nacht hereinbrach, tauchten am östlichen Horizont wieder Lichter auf, die immer zahlreicher und zu einer geradezu endlosen Kette wurden. Es waren die anrückenden Verbände der Sowjetarmee, inzwischen – was wir damals noch nicht wussten – ausgerüstet mit einer großen und ständig wachsenden Zahl von stark motorisierten Studebaker-Lkws, mit sechs angetriebenen Rädern an drei Achsen. Insgesamt lieferten die USA 434 000 (!)*) dieser damals modernsten Transportfahrzeuge ab Sommer 1942 den Sowjets. Was wir dagegen aufbieten konnten, war mit Ausnahme einiger in zu geringer Zahl verfügbarer Typen, so der Horch V8, das Kfz 70 mit Fordmotor und der M.A.N./Büssing, durchweg purer Schrott.

Der Tross, und mit ihm als Kraftfahrer auch ich, setzte sich durch den Wald nach Westen ab. Bei dieser ersten

*) Quelle: Paul Carell, Schlacht zwischen Wolga und Weichsel, Augsburg 1999, Seite 81.

Fahrt in der Dunkelheit lernte ich die Funktion des bei Schneefall oder Nebel sehr zweckmäßigen »Kolonnen-Nachtmarsch-Gerätes« der Wehrmacht kennen. In einem kleinen Kasten am Fahrzeugheck befanden sich vier horizontal angebrachte rechteckige Leuchten von etwa sieben Zentimetern Höhe und vier Zentimetern Breite; je zwei waren paarweise angeordnet und nur durch einen schmalen vertikalen Steg getrennt, dazwischen, in der Mitte des Geräts, betrug die Distanz rund drei Zentimeter. Wenn man mit den vorgeschriebenen etwa sechs Metern Zwischenraum hinter dem Vordermann her fuhr, erblickte das normale Auge zwei Lichter, rückte man näher auf, sah man vier, blieb man weiter zurück, nur noch eine Leuchte. So konnten in der Kolonne die Sichtkontakte gewahrt und die Sicherheitsabstände relativ leicht eingehalten werden.

Wir erreichten nach längerer Fahrt jenseits des Waldes ein Dorf, in dem wir uns fürs Erste provisorisch einrichteten und relativ behaglich unterkamen. Mit den Bewohnern arrangierten wir uns wie bei anderen Gelegenheiten stillschweigend schon für die erste Nacht zu einer Art Symbiose; sie schliefen im »Obergeschoss« auf ihrem warmen Ofen und wir auf dem Lehmfußboden.

Am darauf folgenden Morgen waren wir bei großer Kälte aber prächtigem Sonnenschein mit den üblichen Verrichtungen beschäftigt: Fahrzeugpflege, Beschaffung von Verpflegung, Munition und Bauholz für die Bunker sowie Feuerholz für die Feldküche, Latrinenbau und dergleichen. Schon am späten Nachmittag kam ein schwerer Büssing-Lkw vom Regimentstross mit dem ersten Nachschub an Verpflegung, Munition und Kanistern voll Benzin und Dieselöl. Auch Decken wurden nachgeliefert, alles war für mich viel erträglicher als das Frontleben im ersten Winter. Dazu machte mir das Fahren Spaß, ich hatte schon auf der ersten Wegstrecke sehr schnell den Umgang mit dem MTW im Schnee gelernt.

Bei den Kfz 69 waren bereits die ersten Reparaturen an den Antriebswellen der Vorderräder fällig, die Kardangelenke waren der hohen Beanspruchung nicht gewachsen. Darüber hinaus fehlte es uns an anderen Ersatzteilen wie Reifen, Seilzügen und Belägen für die Bremsanlagen sowie allgemeinem Gerät, wie Abschleppseilen, starken Wagenhebern, Seilwinden und anderem. Uscha Stöber bekam über den Bataillonstross heraus, dass es am Nordrand von Charkow, nur gut 20 Kilometer von uns entfernt, ein riesiges Ersatzteillager gab. Wir verfassten gemeinsam einen Wunschzettel und dann fuhren Uscha Danninger, der seit der Verladung in Frankreich dem Gefechtstrossvorstand, mit mir in meinem MTW und einer der beiden Autoschlosser, Hampel, zusätzlich im Opel-Blitz los, um aus dem Lager herauszuholen, was wir brauchten, und nach Möglichkeit und für alle Fälle noch mehr.

Wir fanden das Lager erstaunlich rasch, denn in Charkow, der großen Nachschubzentrale für den gesamten Mittelabschnitt der Ostfront, waren alle Straßenkreuzungen mit Leitschildern geradezu gespickt; wenigstens dabei hatten die Etappenhengste ganze Arbeit geleistet.

Dass deutsche Gründlichkeit imstande war, noch höhere Stufen der Perfektion zu erreichen, erfuhren wir bald. Als wir das Lager, das aus einer größeren Anzahl von geräumigen Baracken bestand und von einem hohen Zaun umgeben war, erreichten, fanden wir das Drahtgittertor unbewacht und verschlossen. Ich fuhr dicht heran, holte mir aus meinem MTW ein handliches Brecheisen und machte mich gerade daran, uns mit Gewalt Zugang zu verschaffen, als aus dem nächstgelegenen Gebäude drei Uniformierte hervor stürzten und auf uns zuliefen.

»Was machen Sie da?«, rief der Feisteste von ihnen aufgeregt mit den Händen fuchtelnd. Wenn ich sein Lametta richtig zu deuten wusste, war er so etwas wie ein Heeres-Oberverwaltungsrat, was dienstgradmäßig einem Major oder Oberstleutnant entsprach. Niemals hatte man uns bei der LAH Respekt vor dieser Art von Soldaten beigebracht; und wenn, wäre er durch den Anblick der wild flüchtenden Haufen am Donez, der uns noch frisch in Erinnerung war, auf den Punkt gesunken, wo er auch vorher schon war: die Stufe null.

Ohne auch nur mit einer Andeutung Haltung anzunehmen, rapportierte Danninger knapp: »Wir haben den Auftrag, schnellstens Ersatzteile für unsere Fahrzeuge abzuholen! Wir gehören zum 1. Panzerkorps!« und sein Papier vorweisend: »Hier ist alles aufgeschrieben!«

Der Dicke brachte sich in Positur, seine Hamsterbacken liefen puterrot an; er holte tief Luft, wobei er die Proportionen eines Ochsenfroschs annahm, dann fauchte er:

»Hier kriegen Sie gar nichts! Hier ist alles listenmäßig erfasst und zur Sprengung vorbereitet! Machen Sie, dass Sie fortkommen, sonst passiert was!« Und er begann, um seinen Wanst herum umständlich nach seiner Pistolentasche zu tasten.

Danninger war Tiroler und das, was man einen »scharfen Hund« nannte. Er und ich hatten unsere 08 ungefähr ebenso schnell in unseren Fäusten wie Buffalo Bill seinen Colt in seinen besten Zeiten; Hampel sprang sofort mit dem Karabiner aus seinem Führerhaus. Dann erst wurde uns das Urkomische der Situation dieser Figur da vor uns bewusst und dessen, was sie von sich gegeben hatte. Wir begannen lauthals zu lachen und hatten alle Mühe, unsere Heiterkeit wieder in den Griff zu bekommen.

Danninger wurde als Erster ernst. »Ihnen passiert gleich was, Sie Pflaumenaugust!«, sagte er schneidend. »Machen Sie sofort auf und händigen Sie uns aus, was wir brauchen! Sonst verhafte ich Sie wegen Sabotage und bringe Sie zu unserem Divisionskommandeur, Obergruppenführer*) Dietrich!« Dabei schlug er wie zufällig mit seiner Linken den Kragen seiner weißen Steppjacke zurück, sodass die SS-Spiegel sichtbar wurden.

Der Auftritt zeigte volle Wirkung: Der Fettwanst sackte zusammen, seine Gesichtsfarbe wechselte zum bleichen Ton von Schmelzkäse aus der normalen Heeresverpflegung. Nach einigen Sekunden hatte er sich so weit gefasst, dass er seinen Subalternen ein paar Befehle zubellen konnte. Das Tor ging auf, wir fuhren in das Lager, irgendwo her kamen sogar noch drei weitere Verwalter uns zu Hilfe. Und tatsächlich waren die Teilelisten so vorzüglich geführt und die Ordnung im Lager so vorbildlich, dass wir in einer knappen halben Stunde beisammen hatten, was wir brauchten.

»Danke, Kameraden«, sagte Danninger zum Abschied trocken, »wir werden euch weiterempfehlen!«

Es war ausgerechnet Uscha Danninger, der mir auf dem Weg von der Latrine zu meinem Quartier über den Weg lief. Er sprach mich prompt an: »Du bist doch ein fixer Junge. So einen brauchen wir, um Verpflegung

---

*) Entsprach im Heer dem »General«.

und Munition nach vorne zu bringen. Wenn es zu schneien anfängt, ist die Route durch den Wald nicht so einfach.«

Ich fühlte mich gegenüber meiner alten Gruppe in meiner neuen Stellung privilegiert und empfand deshalb ein wenig so etwas wie ein schlechtes Gewissen.

»Klar, mach' ich natürlich! Wenn ich es in einer halben Stunde schaffe, kriegen die Kameraden vielleicht noch etwas Warmes ins Kochgeschirr.«

Die Vorbereitungen dauerten eine Weile: Ich lud Munikästen für die MGs und die Granatwerfer auf, Feuerholz, Brot, Margarine und »Gummiwurst« aus Pferdefleisch; die Feldküche füllte eine deftige Erbsensuppe heiß in Essen-Kanister, die mit Decken umhüllt wurden.

»Adele« – niemand wusste, warum man ihn nicht mit seinem richtigen Namen Brenneke nannte – war mein Beifahrer. Als wir starteten, war es fast dunkel, aber die Sterne schienen, und am westlichen Horizont ging ein großer, blasser Mond auf. Im Wald war es finsterer, aber es war noch kein Neuschnee gefallen und die ausgefahrene Spur des schmalen Weges war auch im Licht aus den Schlitzen der Tarnkappen auf den Scheinwerfern gut zu erkennen.

Wir kamen gut voran, nach einer Viertelstunde hatten wir fast die Hälfte des Weges zurückgelegt, als es plötzlich knallte und mir Glassplitter um die Ohren flogen; in der linken oberen Ecke der geteilten Windschutzscheibe klaffte ein Loch. Meine Reaktion war instinktiv und spontan: Ich riss den Handbremshebel hoch, löste den Schnellverschluss der Karabinerhalterung links von meinem Sitz und lag in Sekundenschnelle bereits hinter einem Baum. Adele hatte sich genauso schnell auf der anderen Seite des Wagens in Sicherheit gebracht, durch einen möglichst gedämpften Zuruf erfuhr ich, dass er wie ich unverletzt war und als Waffe nur seine Kradmelder-Pistole zur Hand hatte. Wir verständigten uns, bis auf weiteres zu schweigen, um nicht zu verraten, wo wir uns befanden.

Ich spähte und horchte in die schneehelle Nacht. Nichts unterbrach die bedrohlich wirkende Stille des Winterwaldes, in dem nicht einmal ein Windhauch wehte. Ich versuchte, mir anhand der spärlichen Fakten über die Situation ein klareres Bild zu machen. Fest stand: Jemand hatte auf uns geschossen und uns knapp verfehlt. Dass ein einzelner Mann im Wald auf uns gelauert haben könnte, war unwahrscheinlich; aber wieso war nur ein Schuss gefallen? Zwei entschlossene Gegner mit Kalaschnikows hätten uns leicht erledigen können. War das Geschoss, das die Windschutzscheibe durchschlug, bei aller Unwahrscheinlichkeit eine verirrte Kugel gewesen, irgendwo mit oder ohne bestimmte Absicht abgeschossen? Oder steckte hinter dem ominösen Vorfall ein minutiös ausgeheckter Plan?

Möglich war doch Folgendes: Ein sowjetischer Spähtrupp oder ein paar Partisanen hatten den Auftrag, den einzigen Nachschubweg durch den am Donez sich lang hinziehenden Wald zu überwachen; sie hörten ein sich nahendes Fahrzeug und beschlossen, es mit einem einzelnen Schuss zum Anhalten zu bringen, ohne mit einer größeren Schießerei unerwünschten Alarm auszulösen. Aus sicherer Deckung konnten sie beobachten, wie viele Deutsche das Fahrzeug verlassen würden, und dann in aller Ruhe abwarten, bis diese langsam aber sicher in der Kälte erstarren oder aber versuchen würden, wieder in den Wagen zu springen und sich mit der Weiterfahrt zu retten. Die dritte vage Eventualität, dass wir mit dem Mut der Verzweiflung die Flucht nach vorne antreten, also aufstehen und einen unsichtbaren Gegner angreifen könnten, war unwahrscheinlich, würde aber nichts am erwünschten Ergebnis ihrer Aktion ändern. In jedem Fall konnte man die »Faschisti« nach Belieben erledigen oder aber anschießen, gefangen nehmen und vorläufig leben lassen, bis man von ihnen bei der verworrenen Frontlage höchst willkommene Auskünfte erhalten hätte.

Meine Fantasie verlor sich in weiteren denkbaren Variationen. Dann fiel mir ein: Die Suppe in ihren Kanistern würde unterdessen kalt werden. Und: Mit Hilfe konnten wir nicht rechnen, denn hinter uns lag nur unser Tross und vor uns nur unsere eigene Kompanie, die an ihre Stellung gebunden war und auf uns wartete.

Es verging eine unbestimmbare Zeit; dass sie verging, machte mir die immer spürbarer werdende Kälte bewusst, die mich vom tiefgefrorenen Boden her durchdrang.

Irgendwann wurde mir klar: Ich musste, was auch immer an meiner Lageanalyse stimmen mochte, herausbekommen, ob sich in dem Zwielicht des Waldes, durch dessen kahles Geäst matt die Sterne schimmerten, wirklich jemand befand, der es auf uns abgesehen hatte. Der Baum, hinter dem ich nahe meinem Wagen lag, gab mir kaum Sicht, weil er von dürrem Gestrüpp umgeben war; wenige Schritte links von mir bot mir ein frei stehender stärkerer Stamm eher, was ich suchte. Ich spannte meine Muskeln an, sprang und warf mich hinter ihm zu Boden. Fast gleichzeitig peitschte eine Salve durch die Büsche, rechts von mir stäubte Schnee auf – da war sie, die Kalaschnikow. Ich glaubte, hinter einer vielleicht 20 Meter entfernten Kuschel eine Bewegung zu erkennen, und schoss zurück; auch Adele schoss auf der anderen Seite, ob aus einem Reflex oder gezielt, blieb mir verborgen.

Vor mir ertönte eine Stimme, die mir Unverständliches rief, links davon gab jemand Antwort, ich meinte, so etwa wie: »Iditje suda (Kommt her)!« zu erkennen. Nach Minuten der Stille nahm ich deutlich einen huschenden Schatten wahr, zielte und schoss zweimal. Dann blieb wieder alles ruhig.

Vier Schüsse hatten wir insgesamt abgegeben, das gab Anlass zu einer kleinen Rechenaufgabe: In meinem Karabiner waren noch zwei Patronen, in Adeles 08, wenn das Magazin gefüllt gewesen war, noch sieben. Zusammen hatten wir noch neun Schuss, nicht eben viel für eine Feindberührung auch mit nur wenigen Gegnern, wobei die Pistole für diese Art von Krieg zudem eine völlig untaugliche Waffe war.

Die ganze Geschichte begann mir aufs Äußerste zu missfallen – konkret gesagt: Ich hatte Angst. In der Ausweglosigkeit der Lage überlegte ich, ob ich vorsichtig rückwärts zu dem etwas tiefer gelegenen Weg kriechen und diesen entlang nach hinten robben sollte, um nach einer gewissen Strecke auf die rechte Seite meines Wagens und zu Adele zu gelangen. Es war nicht auszuschließen, dass uns dort niemand auflauerte und also die Chance bestand, dass wir uns gemeinsam in südlicher Richtung absetzen konnten.

In der Erkenntnis, dass Initiativen anderer Art kaum Sinn hatten, schob ich mich so flach wie möglich zurück zum Fahrweg. Als ich ihn gerade erreicht hatte, hörte ich plötzlich Motorengeräusch von Westen, das an Lautstärke schnell zunahm. Bald tauchten die Lichter von zwei Fahrzeugen auf; die des ersten erfassten meinen Wagen, der den Weg blockierte, und es hielt an. Es war ein SPW, besetzt mit Männern, die Maschinenpistolen im Anschlag hielten, ein weiteres Gefährt gleicher Art folgte ihm.

Ich stand auf, blieb aber vorsichtshalber hinter einem Baum stehen. Neben dem Fahrer erhob sich eine Gestalt und schnauzte mich an: »Was soll das? Was zum Teufel machen Sie hier?«

Da ich einen Dienstgrad nicht ausmachen konnte, meldete ich auf gut Glück: »Sturmmann Maeger und Sturmmann Brenneke auf Versorgungsfahrt zur 9. Kompanie LSSAH, Hauptsturmführer. Wir werden hier im Wald beschossen!«

Der Kommandoführer gab einen kurzen Befehl; etwa 20 Mann saßen ab, schwärmten rechts und links des Weges aus und durchkämmten die Umgebung. Mit Unterbrechungen ertönten mehrere kurze Feuerstöße aus MPs aus verschiedenen Richtungen.

Dann wandte er sich wieder mir zu. »Bleiben wir bei ›Untersturmführer‹, und beschossen werden Sie zu Recht! Nur Idioten fahren ohne ausreichenden Schutz durch den ›Partisanenwald‹, den kennt hier jeder. Wir bringen vom Divisionsstab den Befehl zum sofortigen Rückzug für Ihre Einheit. Steigen sie auf und bleiben Sie hinter uns. Es geht los!«

Die geländegängigen Fahrzeuge kurvten durch das Gebüsch rechts um unseren MTW herum und nahmen volle Fahrt auf. Erleichtert um einen ausgewachsenen Mühlstein, der mir vom Herzen fiel, setzte ich mich ans Lenkrad, Adele kletterte neben mich und der Motor des vermaledeiten Kfz 69 hatte tatsächlich noch so viel Restwärme, dass er ansprang. Gang rein, Kupplung kommen lassen und Gas geben waren eine einzige Bewegung. Aber dann rührte sich nichts, der Motor er-

starb, das verdammte Vehikel stand wie angewachsen. Und ich wusste auch sogleich, warum:

Ich hatte unter dem Beschuss in einem unbewussten Reflex den Handbremshebel angezogen, die dadurch fest anliegenden Bremsbacken und die heißen Bremstrommeln waren inzwischen abgekühlt, dabei hatte sich Kondenswasser gebildet und der Frost hatte das System total blockiert.

Mit der Lötlampe wollte ich aus guten Gründen dem Problem nicht zu Leibe rücken. Mir blieb nur eins: Anlassen, Vollgas geben, einkuppeln und damit entweder die Bremsen, die Kupplung oder das Getriebe auseinander reißen. Ich spekulierte richtig, die Bremsen kapitulierten mit einem lauten Krach und ich fuhr, fuhr wie der Teufel schlingernd und schaukelnd den Waldweg entlang, hatte bald die Schützenpanzer eingeholt, die sich um uns nicht weiter gekümmert hatten, und erreichte endlich unseren Kompaniegefechtsstand. Alle dort waren froh, dass überhaupt jemand kam und etwas zu essen brachte. Anderlik klopfte mir sogar wohlwollend auf die Schulter.

Die Schützenpanzer rauschten gleich wieder ab. Anderlik und der Kompanietrupp stiegen in mein Kfz 69, wir fuhren langsam den Zügen voran, die sich zu Fuß nach Westen auf den Weg machten. Nach einer halben Stunde kamen uns die unterdessen alarmierten übrigen Gefechts-Fahrzeuge entgegen, alle saßen auf und die Kolonne trat den Weg nach Westen an. Unterwegs erhielten wir durch einen Melder die Gewissheit, dass die Russen tatsächlich einen großen Kessel gebildet hatten, in dem wir mit den Infanterieregimentern der Division ohne schwere Waffen eingeschlossen waren. Die Artillerie und das Panzerregiment befanden sich noch auf dem Transport zwischen Kiew und Charkow.

So lernten wir die Praxis und die Stimmung eines geordneten Rückzugs kennen und damit den totalen Kontrast zur Euphorie der Blitzkriege. Und es stellte sich heraus: Der Führung war nicht nur ihre strategische Konzeption abhanden gekommen, sie hatte auch ihre taktische Inspiration verloren. Es wurde nur noch improvisiert und das schlecht. In diesen chaotischen Tagen des Kampfes zur Verteidigung von Charkow fehlte es an allem: Verpflegung, Munition und Treibstoff kamen eher zufällig als organisiert heran, vor allem benötigten wir dringend die Unterstützung des Artillerieregiments, der Aufklärungsabteilung, der Pioniere und der Versorgungseinheiten; besonders aber des Panzerregiments, das erst vor Wochen als erste Einheit der Wehrmacht mit Tigerpanzern ausgerüstet worden war. Nach allem, was an Gerüchten über sie durchsickerte, sollten sie mit ihren Panzerungen den gefürchteten Stalin-Panzern standhalten und selbst mit der effizientesten aller deutschen Kanonen, der 8,8-Flak*), bewaffnet sein. Wo sie sich irgendwo auf dem Transport befanden, wusste niemand, nicht einmal die Standorte des Divisions- und des Regimentstabs waren bekannt.

Der Feind bestimmte das Gesetz des Handelns und das bedeutete: Der Feind war stärker, und er würde an materieller und personeller Überlegenheit, an Selbstbewusstsein, an Offensivkraft und an Kampferfahrung zunehmend gewinnen.

Es begann die Phase des Krieges, in der die deutschen Soldaten im Osten nicht mehr um den Sieg kämpften, sondern in dem immer deutlicher werdenden Bewusstsein, jedes Opfer bringen zu müssen, um

*) Flug-Abwehr-Kanone.

den Bolschewismus von ihren Familien und von ihrer Heimat fern zu halten; dies in der tiefen Verbitterung darüber, dass die Nationen der zivilisierten Welt der Sowjetunion mit allen Kräften halfen und dass eine pflichtvergessene Führung durch ihre dilettantische Politik und ihre miserable und brutale Kriegführung im Osten diese Situation herbeigeführt hatte, aus der sich kein Ausweg mehr bot. Es fragt sich, wie viel an den zunehmenden Auswüchsen gegen die Regeln der humanen Kriegführung im Osten auf deutscher Seite Ursache und wie viel Wirkung dieser qualvollen Erkenntnis war.

Es galt allgemein der Spruch: »Wenn der Landser nicht mehr ›mosert‹ (Synonym für ›meckern, schimpfen, räsonieren‹ – Anm. d. Verf.), ist die Lage äußerst beschissen.« Der Aufbruch zum Rückzug aus der Donezstellung ging in tiefstem Schweigen vonstatten, nur ein paar knappe Befehle waren zu hören. Ebenso stumm verhielt sich die Gruppe auf meinem MTW während der anschließenden Fahrt; fast alle schliefen gegeneinander gelehnt auf den Sitzen. Zugführer Ustuf Bast neben mir auf dem Beifahrersitz hatte seine Decke über den Kopf gezogen.

Das Wetter war für den Marsch ideal, die Sicht bestens, nur ganz sacht rieselte Schnee. Ich hatte eigentlich nichts anderes zu tun, als dem Horch von Kompaniechef Anderlik zu folgen, der ausgezeichnet auszumachen war. Er fuhr Richtung Westen und erreichte schon nach kurzer Zeit die Außenbezirke von Charkow. Dass wir uns einer großen Stadt näherten, war an der zunehmenden Breite der Straßen zu erkennen; die Städte in Russland waren alle sehr großzügig angelegt.

Unser Marschtempo betrug etwa reguläre 40 Stundenkilometer, mein Motor schnurrte auf der glatten und ebenen Straße gemächlich vor sich hin: Nach vorne blicken, die Lichter des Kfz 69 mit dem Kompanietrupp, der dem Horch V8 des Chefs folgte, im Auge behalten und auf Abstand achten war eine fast einschläfernde Übung, zu der eher Sturheit als aufmerksame Konzentration erforderlich war.

Plötzlich fühlte ich mich durch irgendetwas alarmiert, was sich links außerhalb meines Blickfelds abspielte. Am Ende einer abzweigenden Straße leuchteten helle Lampen, bei schärferem Hinsehen bemerkte ich in ihrem Licht huschende Gestalten, die schwere Lasten trugen und hinter großen Gebäuden verschwanden.

Spontan, ohne jedes Überlegen, riss ich das Lenkrad herum, um der Sache auf den Grund zu gehen, gab Gas und war nach Sekunden am Ort des Geschehens. Ich befand mich vor einem riesigen Lagerhaus mit einer halb geöffneten großen Schiebetür, durch die ich im spärlich erleuchteten Innern gewaltige Stapel von Kisten sah und an die 20 russische Zivilisten, die dabei waren, davon so viele wie möglich so schnell wie durchführbar fortzuschleppen.

Ganz nach der Vorschrift waren mir alle Fahrzeuge der Kompanie gefolgt, denn ich war, wenn auch absolut befehlswidrig, zum Leithammel geworden. Bei dem schnellen Kurswechsel, den ich eingeleitet hatte, war meine Besatzung munter geworden und ohne jede Erörterung der Lage waren wir uns im Nu darüber im Klaren, was wir vor uns hatten: ein prall gefülltes Lager der deutschen Wehrmacht, von Verwaltungshengsten gehortet und einfach im Stich gelassen, bevor noch die Stadt aufgegeben war.

Als wir absaßen und die Rampe des Schuppens enterten, nahmen die marodierenden Russen, von denen einige Uniformen trugen, Reißaus in die Weite des Gebäudes, dessen gewaltige Ausmaße fast unabsehbar waren, obwohl die elektrischen Beleuchtungskörper im hohen First noch funktionierten.

Wir trauten unseren Augen nicht und stießen uns gegenseitig an, um uns zu versichern, dass wir nicht träumten.

Direkt vor uns lagen neben geöffneten Kisten Holzwolle und kostbar aussehende Flaschen; ich nahm eine in die Hand und las »Champagne – Veuve Cliquot« und auf einer anderen »Hennessy V.S.O.P«. Auf den Riesenstapeln, die sich dahinter türmten, standen weitere Ehrfurcht gebietende Namen wie »Bénédictine«, »Bols«, »Chartreuse« und »Cointreau«. Allein dieser Berg von Kisten musste Tausende von Flaschen beinhalten. Zehn, zwanzig, dreißig Meter weiter standen andere Gebirge von Kisten, Kartons mit einfacheren Schnäpsen – rein fiktiv vermutlich gedacht für einfache Landser wie uns – Rot- und Weißweinen aller edlen Provenienzen, Schokolade, Pralinen, Hummer und Gänseleberpastete in Dosen, Gemüsekonserven, Salami, Keksen, Knäckebrot, Zigarren, Zigaretten – und was sonst die Gaumen von Stabsoffizieren und ihrem Gefolge erquicken konnte – selbstverständlich alles vom Feinsten. Noch weiter hinten türmten sich hoch übereinander Fässer mit Butter, Butterschmalz, gepökeltem Fleisch, Bier und Trockengemüse.

Andächtig betrachteten wir die angehäuften Kostbarkeiten, bis Ustuf Bast mahnte: »Wir müssen uns beeilen, nur das Beste aussuchen!«

Wir wussten, er hatte Recht; wir konnten nur begrenzte Mengen mitnehmen, und da war Cognac besser als Champagner, Schokolade besser als Kekse, Butterschmalz besser als Trockenerbsen. Wir luden auf unsere Fahrzeuge, was sie tragen konnten, Butter, Salami und Schokolade vor allem, daneben machte jeder seine private kleine Beute an Hochprozentigem und Zigaretten.

Wir probierten gerade aus, wie wir uns auf meinem hochbeladenen Kfz 69 einrichten sollten, als das geschah, womit ich die ganze Zeit über gerechnet, dies aber pragmatisch verdrängt hatte. Ein Auto stob in rasantem Tempo heran, bremste vor mir knirschend ab, und heraus sprang Anderlik. Ich stand vorsorglich bereits stramm.

»Wo sind Sie geblieben?«, schrie er. »Ich habe unseren Einsatzbefehl nicht ausführen können! Dafür bringe ich Sie vor das Kriegsgericht!«

Dann erst erfasste er allmählich die Sachlage.

Ustuf Bast öffnete den Mund, um etwas zu sagen, aber Anderlik sah unverwandt mich an: »Ich warte auf Ihre Antwort! Ich hoffe, Sie lassen sich etwas einfallen!«

Mir fiel in der Tat etwas ein.

»Ich bin Ihnen gefolgt, Hauptsturmführer. Als wir an der Kreuzung waren, sind wir aus dieser Straße beschossen worden. Zur Sicherung der Kompanie bin ich sofort abgebogen. Ich dachte, der Fahrer des Kompanietrupp-Wagens hätte es mitbekommen.«

Inzwischen hatte Anderlik die Flaschen bemerkt, die auf der Rampe umherlagen.

»Stimmt das?«, knurrte er Bast an.

Der antwortete beschwichtigend: »Wird wohl so sein!« Einige meiner Kameraden murmelten Beifall.

»Das klären wir noch«, sagte Anderlik. Und dann an seinen Fahrer gewandt: »Laden Sie ein paar Kisten auf!«

Das wurde im Nu erledigt. Alle saßen auf; Anderlik übernahm wieder die Spitze und es ging weiter. Die Fahrt ging durch Charkow und endete südwestlich der Stadt in einem kleinen Dorf bei Merefa.

Dort wurde ohne Flankenverbindung zu anderen Einheiten eine Auffangstellung eingerichtet. Wir kamen dazu zeitig genug, die Russen waren jedenfalls noch nicht da.

Von meiner Eigenmächtigkeit war nicht mehr die Rede, am nächsten Tag schmunzelte mir Anderlik bei der ersten Begegnung nach der Aktion zu, und sogar Nieweck, der sich mit dem Tross ebenfalls eingefunden hatte, grinste mich schief an. Babucke, der Fourier, machte ein Gesicht wie Weihnachten; wir mussten alles, was wir ergattert hatten, bis auf die »persönlichen« Kleinigkeiten, bei ihm abgeben, und er überlud seinen Verpflegungswagen und den Feldküchendiesel so, dass sich die Federn durchbogen.

Von dem auf eigene Faust requirierten »Beutegut« blieb trotzdem noch eine gute Fuhre übrig. Irgendwie beschaffte Babucke beim Bataillonstross – vermutlich gegen ein paar Raritäten aus dem »Cognac-Lager« – einen zusätzlichen Ford-Lkw, der den Rest der Reichtümer aufnahm. Babucke wachte darüber wie Zerberus; der Kompanie ließ er nur das zukommen, was ihn an spärlicher Verpflegung aus der Etappe erreichte.

Es stellte sich heraus, dass die Prise aus der illegitimen Requisition der Kompanie entscheidend half, die folgenden schweren Tage zu überstehen. Sie zehrte noch lange davon; zu Ostern backte die Feldküche mit dem Rest des Butterschmalzes für jeden in der Kompanie ein riesiges Blech Butterkuchen.

Ich ging zielbewusst, aber haushälterisch um mit etlichen Dosen Schokakola und unter den Spirituosen einigen Flaschen Bols-Orange-Bitter, der mir besonders gut schmeckte und dazu hochprozentig, also in der Kälte eine echte Hilfe war.

Und in der Kompanie hatte ich mir beträchtlichen Respekt erworben, als erfolgreich eigenwilliger Interpret autoritärer Strukturen und als »Organisierer« mit einem speziellen Riecher für außergewöhnliche Okkasionen.

Mit meinem Coup war ich allerdings unbeabsichtigt jemandem ins Gehege geraten, der unangetastet seit Bestehen unseres Haufens eine Sonderstellung besaß und im ureigenen Sinne des Wortes genoss: Uscha Babucke, dem Fourier, dem die leibliche Versorgung der Einheit oblag.

Er war der merkwürdigste Mann in der Kompanie und sah so aus, wie er hieß und es seiner Stellung entsprach, wohl genährt, rundlich und rosig. Im Übrigen war er von gemächlicher Gemütsart; stets trug er ein selbstgefälliges Lächeln in seinem feisten Gesicht, nie sah er jemanden mit seinen kleinen, kalten Augen direkt an, wurde jedoch auch nie mit Gebrüll im Uscha-Vokabular ausfällig.

Der Koch, Rottenfüher Löbel, war ihm ergeben wie ein Hund; die beiden stammten wie die meisten im übrigen Tross unter der Allmacht von Spieß Nieweck aus Brandenburg, woher sich schon damals viele Seilschaften im Etappenwesen rekrutierten. Wenn er den Krieg überlebt hat, was ich für wahrscheinlich halte, hat er sich vermutlich in einem Kader ein warmes Nest eingerichtet.

Babucke war ein Mann von Grundsätzen, dazu gehörte das Prinzip, dass Soldaten ein gutes Essen nicht zu oft geboten werden sollte, damit sie es als Ausnahme und damit die Bedeutung des Fouriers zu schätzen lernten. Andererseits: Für irgendeinen Fraß sorgte er immer und machte sich so unentbehrlich. Er hatte kaum Kontakte und war nicht beliebt, mit Ausnahme bei einer gewissen Spezies von russischen Frauen, die er mit einer bewundernswert sicheren Spürnase ausfindig zu machen wusste. Wann und wo wir immer für einen Tag oder – während der Ruheperioden – in einem Dorf für längere Zeit Quartier machten, Babucke hatte mit Löbel im Nu ein Obdach entdeckt, in dem es eine gefällige »Matka« gab.

In unseren Unterkünften gab es oft genug hübsche, aber absolut abweisende Mädchen und junge Frauen. Interessiert waren wir alle natürlich durchaus, aber ich kenne nicht einen Fall, in dem jemand von uns zum Zuge gekommen wäre. Babucke jedoch suchte und fand mit nachtwandlerischer Sicherheit seinem Gusto gemäße füllige, reifere und entsprechend realistische und zugängliche Partnerinnen, die seine nahrhafte Funktion zu nutzen wussten.

Wenn es nicht an Ort und Stelle klappte, erkannten wir das daran, dass er mit einem Päckchen unter dem Arm über die Dorfstraße huschte und einem entfernteren Ziel zustrebte.

Mir war klar, dass wir höllisch aufpassen mussten, wenn wir von unseren guten Sachen aus dem »Cognac-Lager« wenigstens einen Anteil zurückhaben wollten. Babucke gehörte zu der Spezies, die – wenn sich dazu eine Gelegenheit bot – ohne Skrupel von dem üppigen Fang so viel nach Hause geschafft hätte wie nur möglich; von den Honorarverpflichtungen seinen zahlreichen Damen gegenüber abgesehen. Und ich nahm mir vor, ihn und die drei Lkws mit unseren Köstlichkeiten nicht mehr aus den Augen zu lassen.

Unser neuer Einsatzort nordöstlich von Merefa war ein Nest mit nur wenigen Häusern, die vom Krieg, soweit man erkennen konnte, noch nichts abbekommen hatten. Unsere noch kampfstarken Züge bezogen ihre Stellungen nur einige hundert Meter vom östlichen Dorfrand entfernt.

Wir, der Gefechtstross, besetzten die Häuser und arrangierten uns auf die übliche Weise mit den Bewohnern. Unser Kompaniechef hatte angeordnet, dass die Küche und die Fouragewagen bei uns blieben; Nieweck und der übrige Versorgungstross hatten sich bereits auf dem Marsch zum neuen Zielort nach Westen abgesetzt, sicherheitshalber gleich bis zum 160 Kilometer entfernten Poltawa.

Kiehn und ich gingen in unserem Kaff bei Merefa Doppelwache. Dabei mussten wir nicht nur ständig ein Auge auf die Quartiere und die Fahrzeuge haben, sondern auch sorgfältig das offene Gelände nach Süden und Westen beobachten. Dort konnten bei der verworrenen Frontlage jederzeit russische Spähtrupps oder auch durchgesickerte größere Einheiten auftauchen und gefährlich werden. Am Dorfrand hatten wir deshalb notdürftig Schützenlöcher und eine MG-Stellung ausgehoben, in denen die Angehörigen des Gefechtstrosses sich mit etwas Glück hätten verteidigen können.

Ede Kiehn gehörte zu den ältesten in der Kompanie. Er war Fahrer des Kompanietrupp-Fahrzeugs und eine Art Original. Als allgemeine Zielscheibe kameradschaftlicher Frotzeleien hatte er gleich mehrere merkwürdige Spitznamen: Kasimir Krautkopf, Rasputin und außerdem Molotow; dafür zumindest gab es einen Grund, denn er behauptete, bei der Unterzeichnung des historischen Deutsch-Sowjetischen Nichtangriffs-

pakts 1939 in irgendeinem Zusammenhang dem sowjetischen Außenminister Wjatscheslaw Molotow begegnet zu sein.

Alles war ringsum ruhig und still. Die Nacht war noch jung, trotz eines wolkenbezogen Himmels bot sie bei dem schneebedeckten Boden mäßige Sicht. Während wir auf unserem Wachgang unsere Runden machten, kamen wir regelmäßig an Babuckes drei voll geladenen Lkws vorbei, die dicht an dem Bauernhaus geparkt waren, das er als seine momentane Residenz erkoren hatte. Dass dort auch die passende Hausfrau nach seinem Gusto vorhanden war, hatte ich längst eruiert.

Mich beschäftigte unentwegt die Überlegung, was mit unseren Beuteschätzen geschehen würde, und kombinierte wie folgt: Babucke, der Risiken nicht schätzte und sich hier bei uns auf ungewohnt vorgeschobenem Posten befand, hatte bislang nur ausgeharrt, weil er die Gefahren im unsicher gewordenen Hinterland nicht abschätzen konnte.

Er würde die erste günstige Chance nutzen, sich und die beiden Fourage-Fahrzeuge in Sicherheit zu bringen, und zwar so weit wie möglich. Nur die Feldküche und Löbel würde er mit bescheidenen Vorräten zurücklassen. Wenn wir von den Leckerbissen der Ladung etwas behalten wollten, mussten wir den Zeitpunkt seines Aufbruchs bestimmen, ihn dann unter Druck setzen und unsere Bedingungen stellen.

Die Schlussfolgerung war einfach: Wir brauchten einen Plan, und wir mussten ihn ausführen. Ich ging die Sache an wie im heimatlichen Collège tausend Mal geübt. Hypothese: Babucke würde spätestens in Stunden türmen und die Fourage-Lkws mit ihren Herrlichkeiten entführen. These: Letzteres musste verhindert wer-

den; dazu mussten wir eine chaotische Situation schaffen, in der wir Babucke zwingen konnten, einen Teil unserer nach den Umständen rechtmäßig ergatterten Beute aus dem »Cognac-Lager« zurückzulassen. Der Beweis wäre der Erfolg: Wir würden rein materiell unser Ziel erreichen und darüber hinaus die Genugtuung empfinden, Babucke, den wir alle nicht besonders mochten, auf eine so ausgebuffte Weise ausgetrickst zu haben.

Molotow, der aus Berlin stammte, sang, wenn ihm danach zumute war, gerne das volkstümliche Lied von der Krummen Lanke. Auch in dieser Nacht summte er leise vor sich hin:

»Und so saß ich mit d'r Emma uff de Banke,
Über uns sang traulich een Pirol,
Unter uns floss still de Krumme Lanke,
Neben uns aß eener Wurst mit Sauerkohl …«

Für mein Vorhaben musste ich mich als Nächstes seiner Mithilfe versichern. »Apropos Sauerkohl«, begann ich harmlos, »ein Stück prima Salami oder eine Dose Schokakola täte uns doch jetzt gut, oder auch beides … liegt massenhaft auf dem Lkw!«

Molotow leckte sich die Lippen. »Da wird nischt draus«, gab er dann aber zu bedenken, »der Babucke passt uff wie'n Schießhund. Und dann hat er an der Plane hinten ooch noch'n Schloss dran jemacht. Da komm' wa nich ran, ohne janz dämlich uffzufalln«.

»Vielleicht doch, stell dir vor, der Iwan schießt'n paar Granaten auf die Schuppen hier oder hält mal eben mit'm MG drauf. Im Nu spielt alles verrückt, am meisten Babucke; der will sofort mit unseren leckeren

Sachen türmen ... aber wir lassen ihn nicht, bevor er genug abgeladen hat!«

»Awer da is ja keen Iwan«, beharrte Molotow.

Ich musste deutlicher werden: »Mensch, Molotow, du bist doch'n fixer Berliner Junge! Wer kann denn schon 'ne russische von 'ner deutschen Granate unterscheiden, wenn se explodiert is!«

»Ah', jetz' kapier ick ... Mann, dat wär'n Ding!« Molotow geriet merklich in Fahrt. Ich erläuterte ihm meinen Plan; unsere Rollen und die Ausführung abzusprechen war ein Kinderspiel und dauerte nur wenige Minuten.

Alles ging mit den Waffen, die wir bei uns hatten, ganz leicht. Vor allem die Gewehrgranaten), von denen wir mehrere dabei hatten, weil wir sie wegen der weit größeren Sprengwirkung Handgranaten vorzogen, eigneten sich vorzüglich für unseren Coup, denn sie waren bei der Detonation von kleinen Artilleriegranaten nicht zu unterscheiden.*

Wir begannen damit, dass wir uns vorübergehend trennten.

Als Molotow einige Sekunden außer Sichtweite war, hörte ich zwei Mal hintereinander am südlichen Dorfrand ein helles hartes Krachen, dann ratterte kurz seine MP – das allgemein übliche Alarmsignal.

Ich hatte drei meiner Granaten schon bereit gehalten, zog sie kurz hintereinander ab und warf sie in hohem Bogen so, dass sie vor und hinter Babuckes Quartier fast gleichzeitig explodierten, akustisch hatte es täuschend echt die Wirkung einer Dreiersalve.

---

*) Gewehrgranaten wurden aus einem kleinen Mörser verschossen, der auf den Karabinerlauf aufgesetzt wurde; sie ließen sich auch abziehen und werfen wie eine Handgranate. Angeblich waren sie eine persönliche Erfindung Hitlers.

Der Effekt war selbst für uns, die Initiatoren des Spektakels, geradezu phänomenal: Als Erstes ertönte aus Babuckes Bude ein lauter Schrei, dann wurde es in den anderen Häusern laut, die Kameraden stürzten mit ihren Waffen ins Freie, weiter weg begann ein MG zu rasseln – der Schütze behauptete später steif und fest, er habe auf flüchtende Schatten geschossen –, dann sprang die Tür an Babuckes Quartier auf, er humpelte über die Schwelle, zog mit einer Hand die Hose hoch, hielt mit der anderen jammernd sein Gesäß und schrie: »Sofort die Lkws anlassen, und nichts wie weg! Der Iwan schießt sich auf uns ein!«

Und dann: »Sani! Sani! Ich bin verwundet!«

Unser Sani Sepp Rist war vorne in der Stellung. Ich sah mir die Wunde an und versorgte Babucke fürsorglich mit einem Schuss Cognac zur Desinfektion der Wunde und einem Verbandpäckchen. Es war nur ein etwa vier Zentimeter langer Streifschuss an der Beuge zwischen dem rechten Oberschenkel und der dazugehörigen Gesäßbacke – das heißt, ich wusste es besser: Die Verletzung stammte von einem Splitter einer Gewehrgranate. Er musste durch ein Fenster geflogen sein und Babucke in einer Position getroffen haben, die man für die Schlafhaltung im Bett kaum als normal zu bezeichnen pflegt, allenfalls für den Beischlaf. Aber darüber wollte ich lieber nicht diskutieren.

Als sich das allgemeine Tohuwabohu zu ordnen begann, bot sich zwangsläufig das folgende Bild der Szene:

Um den Platz des Geschehens herum standen die inzwischen hellwach gewordenen Männer des Gefechtstrosses; die Motoren an den Fourage-Lkws liefen, die Fahrer saßen am Lenkrad, und Babucke, versehen mit einem zusätzlichen Kissen zur Schonung seines Hinterteils, schickte sich an, den Beifahrersitz des Führungsfahrzeugs zu erklimmen.

Gerade als er sagte: »Ab nach Poltawa!«, traten ihm etliche Männer in den Weg.

»Du kannst doch nicht«, knurrte Schirrmeister Stöber drohend, »mit allem hier abhauen und uns mit der Notration zurücklassen! Lad erst mal ab!«

»Darüber verfüge ich!«, keifte Babucke, erntete aber rundum nur höhnisches Gelächter.

Ich stieß Stöber, der neben mir stand, leicht an, entfernte mich gerade weit genug, um eine Gewehrgranate etwa 20 Meter hinter das Haus zu werfen, vor dem die Versammlung stattfand, und hatte prompt den gewünschten Erfolg. Als ich unauffällig und entsprechend langsam zurückkam, hatte Babucke bereits die Heckklappe am Kastenaufbau des ersten Lkw geöffnet und von der hohen Ladung eine Kiste heruntergeworfen.

»Mehr!«, riefen etliche Stimmen. Und als ich rief: »Schokakola!«, riefen andere im Chor: »Schokakola! Salami! Dosenpastete!«

Zögernd schob Babucke zwei weitere Kisten und einige Kartons nach, meinte dann aber mit wehleidiger Stimme: »Das muss aber genug sein!«

Kiehn war von der Aktion unterdessen so fasziniert, dass er auch noch eine von seinen Gewehrgranaten opferte, sie detonierte knapp hinter dem Gebäude. Babucke wurde sichtlich nervös, aber wir standen wie eine Mauer und das so lange, bis sich vor uns auf dem eisbedeckten Straßenrand ein stattlicher Vorrat stapelte, mit dem wir und die Gefechtseinheiten gut zwei Wochen auskommen konnten. Und immerhin blieb auch der Feldküchen-Wagen zurück, der seinen normalen Vorrat geladen hatte.

Offiziell blieb die Version von dem Feuerüberfall der sowjetischen Artillerie unangezweifelt. Was sich in dieser Nacht wirklich abgespielt hatte, war in der Kompanie natürlich nicht geheim zu halten, dafür sorgte schon Kiehn, der im angeheiterten Zustand gerne über Heldentaten sprach. Noch nach Jahren – und Jahrzehnten – erhielt sich das Geschehen als eine Geschichte, die mit viel Schenkelklopfen und Gelächter immer wieder erzählt und vermutlich weidlich ausgeschmückt wurde. Dies ist die wahre und richtige Fassung, und wenn sie zu Not, Tod und Grauen mit ihrem burlesken Inhalt so wenig passt, so möge man bedenken, dass im Krieg vieles geschieht, was unmenschlich ist, andererseits aber auch sehr Menschliches, und das ist eben manchmal komisch.

Am wenigsten Anlass zu irgendwelchen Erörterungen der ganzen Begebenheit sah Babucke selbst. Ihm wurde wegen seiner »bei einem sowjetischen Feuerüberfall erlittenen Verwundung« das Verwundetenabzeichen verliehen, und er trug es mit Stolz.

In den unteren Kommandobereichen wurde es mit der Geheimhaltung von Stabsbefehlen nicht so genau genommen. Der Chefwagenfahrer und der übrige Kompanietrupp – Sani, Funker, Melder, der für das Entfernungsmessgerät zuständige E-Messer – waren in der Regel so gut informiert wie der Chef selbst.

So wussten wir bald alle: Wir hatten die taktische Aufgabe, in unserer isolierten Auffangstellung auszuharren, bis sich möglichst viele der versprengten Einheiten der aufgelösten deutschen Front wieder gesammelt hatten. Dabei ging es in unserem Abschnitt hauptsächlich um eine bespannte Division, die wie wir aus Frankreich im Eiltempo herangekarrt worden war;

infolge des durch die frühzeitig Fersengeld gebenden Stäbe verursachten totalen Führungs-Chaos wurde sie an einem Ort ausgeladen, der sich bereits im Operationsbereich der Roten Armee befand.

Diese war ihrerseits offenbar von ihrem eigenen Erfolg so überrascht, dass sie ebenfalls noch kein wirksames strategisches Konzept entwickeln konnte. Sie stieß zwar mit schnellen Verbänden massiv auf Charkow vor, beherrschte aber noch nicht die seit dem Polenfeldzug erfolgreiche deutsche Taktik der Durchstöße durch gegnerische Frontlücken, wie es sie in der Lage um Charkow reichlich gab. Kaum hatte unsere Kompanie die Stellung bei Merefa notdürftig ausgebaut, rannten die Sowjets immer wieder mit Verwegenheit frontal gegen sie an und hatten dabei auf dem freien Gelände große Verluste. Einen Kilometer weiter nördlich oder südlich hätten sie unsere Auffangstellung leicht umgehen und uns nach den Regeln der modernen Kriegsführung bequem einsacken können.

Natürlich setzten die sowjetischen Stäbe alles daran, ihre Angriffskeile zu verstärken; es war nur eine Frage der sehr begrenzten Zeit, wann sie über genügend Kräfte verfügen würden, mit der Schlacht um Charkow ihren spektakulären Erfolg von Stalingrad zu wiederholen. Die Situation wurde für uns also von Stunde zu Stunde mulmiger, zumal uns schon vom zweiten Tag an kein Versorgungsnachschub mehr erreichte.

Die Russen vor unserer Auffangstellung waren deutlich überlegen und griffen immer wieder rücksichtslos an. Auf der offenen Fläche waren Verluste enorm, aber auch bei uns gab es täglich Ausfälle. Die Toten mussten begraben, die Verwundeten geborgen – was nur bei Dunkelheit möglich war – und durch ungesichertes Gelände zum Bataillonsverbandplatz gebracht werden; tagelang stand nicht einmal fest, wo sich dieser überhaupt befand. In den vier Tagen bei Merefa zählte die Kompanie vier Tote und elf Verwundete, für ihren Rücktransport wurde ich mit meinem Kfz 69 fünf Mal eingesetzt.

Zu den Aufgaben des Gefechtstrosses gehörte die Bestattung der Gefallenen, bei dem tief gefrorenen Boden war dies keine leichte Aufgabe. Der Umgang mit Hacke und Spaten blieb mir dabei erspart, dafür trug Danninger mir auf, die mit dem Nachschub roh angelieferten Holzkreuze zu beschriften. Das tat ich unter Zuhilfenahme von an der Spitze schräg zugeschliffenen Vierkanteisen, die ich in der Feldschmiede des Instandsetzungs-Wagens glühend machte. Lappen und die zur Handhabung der heißen MG-Läufe bestimmten Asbesthandschuhe standen ebenfalls zur Verfügung. Mit dem improvisierten Werkzeug brannte ich zur allgemeinen Zufriedenheit in Frakturschrift die Namen und Daten der Toten in die Kreuze ein.

In einem Dorf bei Merefa legten wir drei Gräber neben einer Kirche an und erlebten, wie ein Pope dazu kam, sie segnete und ein Gebet sprach. In der Nacht darauf machten die Russen einen Vorstoß und besetzten das Dorf; als wir es kurz darauf wiedereroberten, fanden wir statt der Gräber nur noch frische Spuren von Panzerraupenketten.

Die Aufgabe, die wir in der Auffangstellung bei Merefa hatten, ist militärhistorisch beschrieben. Zur Durchführung, besser gesagt zur Durchführbarkeit, gab es kontroverse Befehle: den des Führers, der Durchhalten um jeden Preis befahl, und den des Kommandeurs des zu diesem Zeitpunkt noch ohne Panzer operierenden 1. SS-Panzerkorps, Generaloberst Hausser, der am

15. Februar den Befehl zum begrenzten Rückzug gab, um mit Unterstützung von aus Frankreich neu herangeführten Verbänden die Front zu stabilisieren und die Wiedereroberung von Charkow einzuleiten.

Immerhin hatte das Ausharren der 9. LSSAH bei Merefa den gewünschten Erfolg. In der Abenddämmerung des zweiten Tages bemerkten die Posten viele Gestalten, die sich unter Umgehung unserer Kompaniestellung von Südosten her auf unser Dorf zu bewegten. Wir richteten uns unverzüglich zur Verteidigung ein, bemerkten aber dann zu unserem Erstaunen, dass es sich um einen ungeordneten Haufen ohne Waffen handelte; die Ersten, die auf Rufnähe herankamen, schrieen laut: »Wir sind Deutsche, Kamerad! Deutsche Soldaten! Nicht schießen!«

Mindestens 500 Mann hasteten schließlich an uns vorbei, riefen immer wieder: »Perunje! Kommt der Iwan!« und waren nicht aufzuhalten. Einige von ihnen baten: »Habt ihr zu essen, Kamerad?«

Wir konnten sie mit einigen Laiben Kommissbrot dazu bringen, uns verworrene Auskünfte zu geben, aus denen wir erfuhren: Es handelte sich um Angehörige eines Infanterieregiments der »Herz-Division«*), Zwangsrekrutierte aus dem äußersten Osten des Reiches, die beim Entladen bereits von sowjetischen Vorauseinheiten bedrängt worden waren. In Panik geraten, hatten sie ihre Ausrüstung im Stich gelassen und keinen anderen Rat gewusst, als prompt Fersengeld zu geben. Wir wagten nicht zu fragen, was aus ihren Offizieren und den anderen Einheiten ihrer Truppe gewor-

*) In der Wehrmacht waren die Divisionen erkennbar an so genannten »taktischen Zeichen«, die an den Fahrzeugen angebracht waren. Vier Divisionen waren nach den Skatkarten als »Herz-«, »Kreuz-«, »Karo-« und »Pik-Division« benannt.

den war, schließlich waren wir ganz froh, dass sie ihrem fliehenden Haufen eilig hinterherrannten.

Der Vorfall bestärkte in uns das Gefühl, eine Insel in einer unkontrollierbar gewordenen Flut zu sein, die jederzeit über uns zusammenschlagen konnte, und in unsere Anspannung mischte sich zunehmend Besorgnis. Dazu trug nicht nur das Wissen um die prekäre taktische Lage bei, sondern auch der durch Erfahrung geschärfte Instinkt des Frontsoldaten. Die fast stündlich wiederholte Nachfrage des Kompaniechefs beim Bataillonsstab hatte jedoch nur als stereotypes Ergebnis den Befehl: »Weiter die Stellung halten! Es kommen noch Leute von uns!«

Unser Ausharren sollte sich schließlich tatsächlich lohnen. Am Morgen des übernächsten Tages, fast 40 Stunden nach der fliehenden Horde der Infanteristen, tauchte bei klarem Wetter auf einem Hügel im Osten eine Kolonne auf, die sich uns in Ruhe und Ordnung geradewegs näherte. Und als die Spitze vor dem Dorf hielt, sahen wir mit Pferden bespannte Kanonen in bestem Zustand, mit Mannschaften in vorschriftsmäßiger Ausrüstung und Bewaffnung, ein Teil von ihnen sicherte rechts und links in angemessenem Abstand den Transport.

Wir gingen auf ihn zu; als wir ihn erreichten, hielt er an, und ein Oberwachtmeister fragte als Erstes: »Bitte, dürfen wir bei euch bleiben, unsere Offiziere waren beim Entladen plötzlich verschwunden, und unsere Infanterie ist einfach davongelaufen und hat uns im Stich gelassen!«

Angesichts des eindrucksvoll anrückenden weithin sichtbaren Regiments hatten die Russen, die unsere Stellung belagerten, sich hastig zurückgezogen. Anderlik hatte sich deshalb aus der Stellung entfernen können und bei uns eingefunden. Er antwortete dem Wachtmeister: »Nichts lieber als das, Kamerad, aber ich habe Befehl, euch weiter nach hinten zu schicken, ihr werdet erwartet.«

Aus ein paar kurzen Fragen und Antworten ergab sich: Es war das Artillerieregiment der »Herz-Division«, seine Männer waren alle Westfalen. Ich empfand etwas wie Stolz auf meine Landsleute und verteilte so viel Schokakola, wie ich auf meinem MTW zur Hand hatte.

Die Männer von der Herz-Division mit ihren Kanonen waren die Letzten, die sich in unserem Abschnitt aus dem Chaos des Zusammenbruchs retten konnten. Dass sie es mit so viel Bravour getan hatten, gab uns Auftrieb. Sie hatten nach unseren deprimierenden Erlebnissen der vergangenen Tage bewiesen, dass die deutsche Wehrmacht nicht insgesamt zu einer Bande von Hasenfüßen verkommen war; und sie hatten deutlich gemacht, dass eine selbstbewusste und standhafte Truppe die Rote Armee immer noch auf respektvoller Distanz halten konnte.

Wenige Stunden später lösten sich unsere Gefechtszüge im Schutz der beginnenden Dunkelheit vom Feind. Dabei wurde Hauptsturmführer Anderlik schwer verwundet.

Für uns mehr oder weniger orientierungslos fuhren wir einige Tage lang nach Westen durch die hügelig werdende Landschaft, die von Balkas (Grabenbrüchen) durchzogen war. Tagsüber bezogen wir in den verstreuten Dörfern Sicherungsstellungen, nachts fuhren wir zu neuen Zielen, mit denen wir weder Namen noch Richtungen verbinden konnten, weil die Befehle ständig wechselten. Die Wege führten vielfach durch die steilwandigen Grabenbrüche, der in den Nächten fallende Neuschnee machte sie oft fast unpassierbar. Die Truppe, für die es kaum Gelegenheit zu ein paar Stunden Schlaf gab, und das Material wurden aufs Äußerste beansprucht.

Aus diesen Tagen bleiben mir Bilder der nackten Brutalität des Krieges unvergesslich. Da war eine vorüberfahrende Kolonne; in dem mit Scheinwerferkappen abgeblendeten Licht der Fahrzeuge sah ich quer über der Fahrbahn einen toten Soldaten mit angewinkelten Armen liegen; ob Russe oder Deutscher, war nicht erkennbar. Jedes Mal, wenn ein Rad über ihn fuhr, hob sich der steif gefrorene Oberkörper an, es wirkte wie eine verzweifelte Geste der Bitte um Hilfe. Ich konnte meinen Blick von der Szene nicht lösen – bis die breitspurigen Ketten eines Panzers ihn zermalmten und nur noch ein schmutzig-roter Fleck übrig blieb.

Auch die folgende Szene war exemplarisch für die neue Dimension tragischer Fatalität, die den Krieg zu beherrschen begann:

In einem schmalen Hohlweg begegneten wir einer Abteilung von Tigerpanzern. In beiden Richtungen waren alle Fahrzeuge so dicht aufgefahren, dass es unmöglich war, durch Zurücksetzen mehr Bewegungsraum zu schaffen. Direkt vor mir hatte der Fahrer eines Beiwagen-Krads in einer besonders engen Biegung versucht, für den Gegenverkehr mehr Platz dadurch zu schaffen, dass er so dicht wie möglich an die steile Wegbegrenzung heran und in den dort tieferen Schnee fuhr. Weil die Fahrbahn nach seiner Seite hin stark abfiel, kam er nicht mehr frei. Ein entgegenkommender Tigerpanzer setzte sich in Bewegung, um die Stelle zu passieren, begann jedoch auf der schrägen, vereisten

Fläche abzugleiten. Der Fahrer hielt zwei Meter vor dem Krad an.

Der im Turmluk stehende Panzerkommandant, bei dem relativ hellen Licht der massierten Fahrzeuge an den Kragenspiegeln als Untersturmführer deutlich erkennbar, schrie den Kradfahrer an: »Machen Sie sofort Platz!«

»Ich kann nicht,« erwiderte der, »ich stecke fest! Ich muss mich erst frei schleppen lassen! Sie können so nicht vorbei ohne abzurutschen!«

»Sie werden sehen, was ich kann!« Der Untersturmführer gab über sein Sprechfunkgerät einen Befehl nach unten.

Der Panzer rollte an, verlor augenblicklich seine Bodenhaftung und schlitterte mit einem Krach gegen das Krad. Das linke Bein des Fahrers war bis zur Hüfte nur noch eine zerquetschte blutige Masse. Der Panzermotor erstarb, einen Augenblick herrschte gespenstische Stille; nicht einmal der Kradfahrer gab einen Laut von sich. Er blickte einige Sekunden auf sein zermalmtes Bein, dann zog er seine Pistole und schoss dem Untersturmführer, danach sich selbst durch den Kopf.

Es geschah noch mehr Denkwürdiges. In einer unserer kurzfristig bezogenen Stellungen sicherten wir ein hoch gelegenes, lang gezogenes Straßendorf. Es war ein heller Tag, und aus unseren Quartieren in den Bauernhäusern hatten wir weite Sicht in Richtung Iwan, von dem jedoch nichts zu sehen war.

Trotzdem wurden Außenposten aufgestellt, und für zwei Stunden war ich einer von ihnen; um mir die Zeit zu vertreiben, gab ich mit meiner Pistole 08 zur Übung eine Reihe von Schüssen auf einen Baumstumpf ab, der ein Stück weiter hangabwärts stand. Danach entfernte ich nach der Vorschrift eine noch im Lauf steckende Patrone, sicherte die Waffe und legte mich für eine Weile aufs Ohr.

Als ich wieder aufgewacht war, machte ich mich daran, die Pistole zu reinigen. In der Stube waren außer mir drei Mann von meiner Gruppe, die das seltene Nichtstun genossen, und die Hausbesitzerin, die still in einer Ecke saß und an einer Socke herumstopfte. Urplötzlich wurde die absolut friedlich wirkende Idylle von einer Detonation zerrissen, hinter mir klirrte Glas, und als Nächstes wurde mir bewusst, dass der gewaltige Knall aus meiner Hand kam, in der ich die großkalibrige 08 – neun Millimeter, das Karabinergeschoss hatte vergleichsweise bescheidene 7,62 Millimeter – gerade zerlegte.

Uns allen war bekannt, dass die 08 eine heimtückische Waffe war; sie konnte noch einen Schuss auslösen, wenn das Magazin herausgenommen und der Kolben von Lauf und Verschluss abgelöst waren. Diese beiden Teile bildeten dann eine Einheit, die man nach Betätigung der so genannten Abzugstange trennen musste. Wenn man nach Entnahme des Magazins nicht eine möglicherweise im Lauf befindliche Patrone entfernt hatte, löste sich ein Schuss. Dies war mir passiert, die Kugel war in Hüfthöhe durch meine Hose gefahren und war unmittelbar am Kopf meines Kameraden Kälbel vorbei in einen verglasten Schrank geschlagen. Wir waren mehr verdutzt als erschrocken und dann erleichtert, weil Kälbel nicht getroffen war und ich, wie sich herausstellte, nur einen leichten Streifschuss abbekommen hatte. In Panik geriet unsere russische Hausfrau: Sie begann schrill und unablässig zu schreien, stürzte aus ihrer Ecke durch die Haustür ins Freie und rannte mit verblüffender Schnelligkeit die lange Dorfstraße entlang. Wir sahen sie nicht wieder; vermutlich hat sie später glaubwürdig die Geschichte von den brutalen »Faschisti« erzählt, die sie nicht nur umbringen wollten, sondern auch ihren kostbaren Glasschrank zerstört hatten. Wie auch immer – ich konnte sie verstehen, und sie tat mir hinterher Leid.

Für den Vorfall gab es anschließend eine Erklärung. Während ich schlief, hatte einer meiner Stubengenossen meine Pistole zur Hand genommen und damit herumgespielt, sie dabei auch durchgeladen und sie dann, gesichert, aber nicht entladen, wieder hingelegt. Als ich sie reinigen wollte, wähnte ich sie in dem von mir ordnungsgemäß versorgten Zustand. Trotzdem: Es war meine Waffe, ich hatte die Verantwortung, und ich hatte gegen eine klare und bei dieser Waffe auch wichtige Weisung der Heeresdienstvorschrift verstoßen. Mit etwas weniger Dusel bei den Folgen hätte die Sache für mich schlimm ausgehen können. Aber es wurde nicht mehr darüber gesprochen.

Die neuen MTWs bereiteten Probleme. Nicht nur das umständliche Hantieren mit den Lötlampen machte uns zu schaffen, die Sechs-Zylinder-Motoren waren den strapaziösen Anforderungen nicht gewachsen. Es handelte sich um einen so bezeichneten seitengesteuerten Typ mit einer rechts oberhalb der Kurbelwelle – also nicht im Zylinderkopf angebrachten – Nockenwelle; dies bedingte lange Stößelstangen zur Betätigung der im Kopf hängend mit Kipphebeln angebrachten Ventile. Die relativ schwachen Motoren mussten ständig mit hohen Drehzahlen gefahren werden, das führte zu Überforderungen und als Folge zu Überhitzungen und Brüchen der Stößel.

Mein Fahrzeug war das zweite, das schon nach zehn Tagen Einsatz mit diesem Schaden nachts in einer Kolonnenfahrt ausfiel; die Geräusche, die der Motor unvermittelt von sich gab, waren so beängstigend, dass ich mich veranlasst sah, ihn missmutig schleunigst abzustellen. Autos waren für mich immer Objekte hohen technischen Interesses und auch der sorgfältigen Pflege, auftretende Motorschäden habe ich deshalb grundsätzlich persönlich genommen, sehr verstimmt reagiert und mich anschließend ausgesprochen nachtragend verhalten.

Ich war also auf mein Kfz 69 schlicht gesagt stinksauer; hinzu kam, dass ich mich von Kiehn mit seinem Kompanietruppwagen abschleppen lassen musste. Auf einer leicht ansteigenden schmalen Piste zockelte ich voller Verdruss hinter ihm her, als plötzlich vor mir alles hielt, und zwangsläufig also auch ich. Durch die Umstände bedingt stand ich dabei mehr zur Mitte der Fahrbahn hin als im Prinzip sinnvoll.

Eine ganze Weile geschah weiter nichts, meine Gruppe schlief hinter mir im Wagen den vielfach geübten Landser-Schlaf im Sitzen.

Ich selbst war auch ein wenig eingenickt, als hinter mir lautes Hupen ertönte, das bald zu einem unangenehmen Daueralarm ausartete. Ich war nicht in der Laune, mich davon beeindrucken zu lassen, und reagierte in der ersten Lärmpause nach hinten gewandt mit der laut gebrüllten kommissüblichen Standard-Empfehlung: »Leck mich am Arsch!«

Der Effekt war beträchtlich: Sekunden später tauchte links neben meinem Fahrersitz ein Mann auf, den ich an seiner für die LAH nicht eben üblichen Statur, seiner Aufmachung in kostbarem Generals-Pelz mit den Insignien seines Rangs und nach der früheren Begegnung im Rata-Werk von Taganrog sofort erkannte: Es war leibhaftig unser Divisionskommandeur Sepp Dietrich.

»Na, was sagten Sie da, was ich tun soll? Und warum machen Sie nicht Platz?«, raunzte er.

Ich richtete mich im Sitzen so vorgeschrieben stramm wie möglich auf: »Ich bitte um Entschuldigung, Obergruppenführer, aber ich kann nicht zur Seite fahren, mein verdammter Motor ist kaputt!«

Sepp Dietrich erwies sich als ein Mann von dem Format, das ihm in der Truppe nachgesagt wurde. Er brachte im Nu meine Wagenbesatzung auf die Beine, holte von hinten noch ein paar Mann Hilfe und im Handumdrehen war mein MTW zur Seite geschoben.

Bevor er einstieg und davonrauschte, verabschiedete er sich noch von mir mit dem Satz: »Na, dann sehen Sie zu, dass der Karren bald wieder läuft!«

Worauf mir nur die Plattitüde: »Selbstverständlich, Obergruppenführer!« einfiel.

Der Fall ließ sich weder selbstverständlich noch nach dem geflügelten LAH-Wort zu Ende bringen: »Unmögliches wird sofort erledigt, Wunder dauern etwas länger!«

Als es Tag wurde, nahmen Uscha Stöber, Autoschlosser Hampel und ich uns die Sache vor. Ich demontierte den Kopfdeckel des Motors, und der Defekt war augenblicklich sichtbar: Der Stößel des Auslassventils am zweiten Zylinder war gebrochen.

»Da kannst du erst mal allein weitermachen, dabei lernst du was,« stellte Stöber fest, »wir haben noch mehr zu tun!«. Und damit war ich vorerst mit dem Dilemma mir selbst überlassen.

Ein anderes Kfz 69 hing bereits mit einem Schaden am Differenzialgetriebe der Vorderachse beim I-Wagen*) am Haken; bei ihm eine Stößelstange als Ersatz

---

*) Instandsetzungs-Wagen (Werkstattwagen).

auszubauen, war ein Leichtes. Aber dazu musste aus meinem Motorgehäuse der untere, abgebrochene Teil des Stößels herausmanipuliert werden. Als mir dies mit Geduld, geeigneten Schraubenschlüsseln und einem Stück Draht gelungen war und ich den neuen Stößel eingeschoben hatte, erschien mir dieser um einige Millimeter zu kurz.

Ich rief Stöber zur Hilfe und erklärte ihm meine Bedenken. Der meinte nur: »An den Kisten ist doch durch das ständige Überdrehen das Ventilspiel total verstellt. Du musst die Einstellung am Kipphebel anpassen!«

Ich hatte Einwände: »Da stimmt was nicht, und ich trau mich nicht!«

Stöber wurde zum Uscha und dienstlich: »Richten Sie den Kipphebel neu ein! Das ist ein Befehl!« Und nachdem das geschehen war und er das nach Gefühl eingestellte Ventilspiel kontrolliert hatte: »Jetzt lass den Motor mal an!«

Das tat ich mit einem Achselzucken. Ich drehte den Zündschlüssel, trat den Anlasser – und es gab einen lauten Knall. Und aus der Erinnerung meiner engagierten Beschäftigung mit Automotoren kam mir augenblicklich die Erleuchtung, die mir eingab, was geschehen war: Der Ventilstößel war ein so bezeichneter Tassenstößel, er saß normalerweise mit dem unteren Ende seines Schaftes in einer tassenförmigen Hülse, die als Gleitelement auf der exzentrisch arbeitenden und so den Ventilhub bewirkenden Nockenwelle diente.

Diese »Tasse« war beim Entfernen des alten Stößelunterteils heruntergefallen und lag fürs Erste irgendwo im Motorgehäuse. Der ohne Tasse eingebaute Stößel hatte bei der ersten Umdrehung die Nockenwelle und damit den Motor blockiert. Autoschlosser Hampel wusste es umgehend sogar besser, er sagte lakonisch: »Die Steuerkette ist gerissen, nur 'ne Sache für sechs, acht Stunden!«

»Das ist nicht mein Bier!«, beendete Stöber die Erörterung des Tatbestands, »du und Maeger bleibt hier, ihr sucht auf dem I-Wagen die nötigen Teile aus und repariert! Wir fahren weiter!«

Was nicht mehr und nicht weniger bedeutete als: Wenn ihr klarkommt, sehen wir uns irgendwo wieder, wenn nicht, ist das euer Problem!

Zum Glück verstand Hampel sein Handwerk. Er versorgte sich mit Schrauben, Bolzen, einer weiteren Stößelstange aus dem schon teildemontierten Kfz 69, und dann blieben wir mit der maroden Karre allein zurück. Wir bauten den Kühler aus und dann die vordere Motorabdeckung; dahinter zeigte sich die Steuerkette, und sie war nicht gerissen, was Hampel einen laut hörbaren Seufzer der Erleichterung entlockte. Er zog sofort den richtigen Schluss, dass lediglich der Bolzen zur Befestigung des von der Gliederkette angetriebenen Stirnrads auf dem Nockenwellenzapfen gebrochen war.

Blieb noch das Dilemma mit der Stößeltasse. Wir lösten den Nockenwellendeckel auf der rechten Seite des Motors und fanden die Tasse da, wo sie nicht hingehörte, verklemmt zwischen Gehäuse und Nockenwelle.

Der Rest war lediglich Routinearbeit, die natürlich im Freien bei einer verhältnismäßig freundlichen Temperatur von etwa 25 Minusgraden geleistet werden musste. Wir hatten es nicht besonders eilig und wärmten uns regelmäßig in dem Haus auf, vor dem wir an dem Auto herumbastelten; bei dem Gedanken, dass wir uns nur zu zweit sozusagen auf verlorenem Posten in der großen Ortschaft aufhalten mussten, war uns allerdings nicht besonders wohl, zumal immer wieder in einiger Entfernung MG-Salven und einzelne Gewehrschüsse zu hören waren.

Daraus wurde, gerade als wir eine Aufwärmpause antreten wollten, schlagartig ein regelrechter Feuerüberfall, der mit Waffen aller Art und Kaliber unser Dorf unter Beschuss nahm. Um uns detonierten Granaten an allen Ecken und Enden, wir suchten in einem Graben an der Hauswand Deckung, so gut es ging. Da niemand zurückschoss, wurde das Feuer aber bald eingestellt; auf dem Hügelkamm vor uns tauchten zahlreiche Fahrzeuge auf, von denen einige sich aus dem Verband lösten und schnell auf uns zufuhren. Wir erkannten sie bald als deutsche PSWs*) und gaben uns zu erkennen.

Nach einigem Palaver, in das auch die Besatzungen zweier anderer PSWs einbezogen wurden, die quer durch die Ortschaft gerollt waren und zu uns stießen, stellte sich Folgendes heraus: Am anderen Ende des großen Dorfs, in dem wir uns befanden, war – was wir nicht wissen konnten – von einer unserer Kompanien der Waffenmeister mit zwei Mann zurückgeblieben, der ein MG instand setzen sollte. Beim Einschießen der Waffe platzierte er eine Salve mitten in die Kolonne der Aufklärungsabteilung unserer Division, sie prasselte – ohne sonst wie Schaden anzurichten – auf die Panzerungen der Fahrzeuge. Wie im Krieg und in Westernfilmen üblich, fetzten die unversehens Beschossenen zunächst einmal aus allen Rohren zurück und unterzogen dann das Ziel und die Wirkung der Aktion einer näheren Prüfung.

---

*) Panzer-Späh-Wagen.

Nachdem auch dieses Abenteuer zu einem guten Ende gekommen war, zogen die PSWs mit ihren Mannschaften ab. Wir bauten unsere Maschine wieder zusammen, stellten mit einer Rasierklinge sogar das Ventilspiel zünftig ein, brachten mit der Lötlampe das wieder eingefüllte Kühlwasser auf Temperatur und dann – o Wunder der Technik – auch den Motor in Schwung. Noch bevor die Dämmerung hereinbrach, schnurrten wir gemächlich von dannen und erreichten nach wenigen Kilometern die Kompanie, gerade rechtzeitig für eine warme Erbsensuppe. Stöber sollte am Ende Recht behalten: Es war ein Tag, an dem ich tatsächlich einiges gelernt habe.

Alle Befehle dieser Tage wirkten mehr oder weniger konfus. Das war damit zu erklären, dass die noch schwachen deutschen Abwehrkräfte mit einer Taktik eingesetzt wurden, die sich mit elastischem Widerstand dem angreifenden Gegner anpassen und ihn durch schnelle Truppenbewegungen irritieren sollte; dies konnte nur improvisiert mit motorisierten Einheiten effizient umgesetzt werden.

In dem Band »Der Große Atlas zum II. Weltkrieg« von Peter Young wird dazu ausgeführt:

»Die letzte und größte Operation des sowjetischen Winterfeldzugs 1942/43 begann nördlich des Don. Am 12. Januar durchbrachen auf breiter Front zwischen Orel und Rostow vier sowjetische Fronten … die deutschen Linien und griffen die Heeresgruppe Don im Süden und die Heeresgruppe B von Weichs an. Ziel der Sowjets war Charkow. Auf der rechten Flanke fluteten die sowjetischen Panzer im wahrsten Sinne des Wortes westwärts, umzingelten Teile der deutschen 2. Armee und zwangen deren Rest, bis hinter Kursk zurückzugehen. Charkow wurde Anfang Februar von der sowjetischen 4. Armee und 3. Panzerarmee befreit. Im Süden war die Lage der Deutschen ein wenig besser.

Durch einen taktisch überlegenen Einsatz seiner Reserven gelang es von Manstein, den sowjetischen Angriff zum Stillstand zu bringen. Er ging – trotz einer zahlenmäßigen Unterlegenheit von eins zu sieben – seinerseits zum Angriff über. Er konnte Charkow zurückerobern und, unter Eliminierung der ohnedies verwundbaren sowjetischen Frontvorsprünge, noch vor Beginn des Frühjahrstauwetters am Donez entlang eine stabilere deutsche Front aufbauen.

Trotz dieses Erfolges von Mansteins hatten die Sowjets in ihrer Winteroffensive den Deutschen einen entscheidenden Schlag versetzt. Es gibt keine genauen Zahlen, doch starben in diesem russischen Winter 1942–43 schätzungsweise mehr als 100 000 deutsche Soldaten. Nach eigenen Angaben zerstörten oder eroberten die Sowjets mehr als 5 000 Flugzeuge, 9 000 Panzer und Tausende anderer Fahrzeuge sowie 20 000 Gewehre. Wahrscheinlich waren ihre Verluste an Menschen ebenso hoch wie die der Deutschen, doch hatten sie die Genugtuung, all das Land wieder zurückerobert zu haben, das sie 1942 verloren hatten; sie waren sich unterdessen bewusst geworden, dass sie stärker als die Deutschen und auf dem Weg zum Sieg waren.«

Die fast täglichen Verlegungen in neue Stellungen bei schleppendem und unzureichendem Versorgungsnachschub beanspruchten die Truppe aufs Äußerste. Nachts wurde marschiert – der Begriff galt auch für motorisierte Ortswechsel –, beim Morgengrauen mussten die Männer Verteidigungslinien beziehen oder zum Angriff antreten. Im besten Fall hatten sie nur Sicherungs-

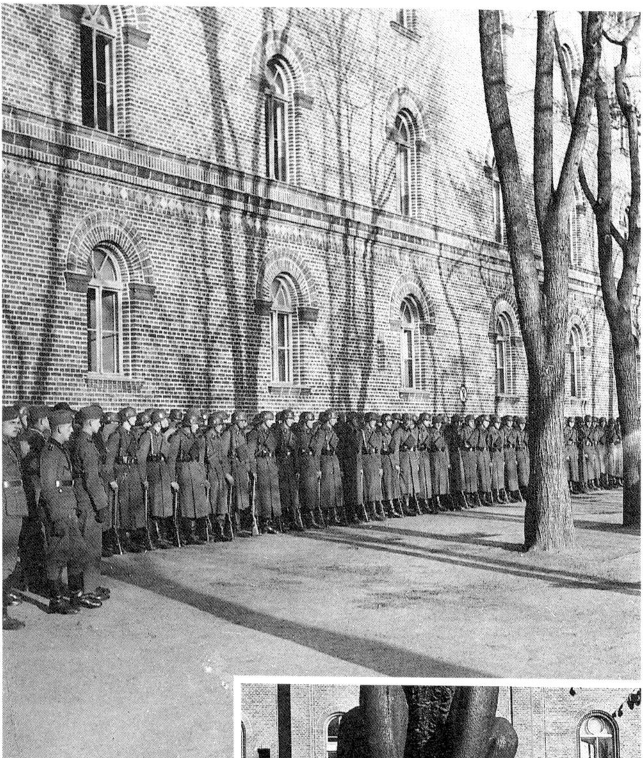

Berlin-Lichterfelde: die »4. E-LSSAH«, angetreten zum Appell

Berlin: die Ausbildungsgruppe von Stube 14, links außen der Autor

Die »4. E-LSSAH« während der Ausbildung auf dem Marsch

Berlin-Lichterfelde: mit Kameraden vor der Schwimmhalle der Kaserne – links (sitzend) der Autor

März 1942: Der Autor in erbeuteter russischer Uniform –
MG-Stellung der HKL im Tal des Sambek östlich von Taganrog

Im Bunker:
Hauptscharführer
»Marinus« und
Rottenführer
»Laban«

Jegorowka Juni 1942: Nach dem Dienst mit jungen Ukrainerinnen, links de Boer († 43), vorne Spethmann († 43)

Jegorowka: kleines Konzert mit zwei Geigen und einem Bandoneon (li. Uscha Hübner), ganz rechts ohne Achselklappen und Ärmel-Emblem »Iwan« ein junger russischer Hiwi (Hilfswilliger), Muniträger in einer MG-Gruppe

Der Autor während eines Heimaturlaubs
im August 1943

Parade der
LAH auf den
Champs Elysées
in Paris –
Juli 1942

Der Verfasser als
MG-Schütze
in der Bereitstellung
vor der Landung der
Kanadier bei Dieppe
im September 1942

Ausflug nach Paris
September 1942 mit
Uscha Hübner (Mitte)
und Sani Sepp Rist (rechts)

Vor dem
»Manoir«
in Boissy –
v.l.n.r.:
Wolf, de Boer,
Schamper,
Spethmann,
rechts der Autor

Eine SMG-Gruppe bei der Einleitung eines Angriffs

Olschany, Mai 1943: die Kompanie beim Essenfassen

Schlacht um Charkow – März '43: Einsatzbesprechung vor einem MTW (Mannschaftstransportwagen) KFZ 69 (Mercedes-Benz)

KFZ 15/Horch V8: der beste Geländewagen der Wehrmacht – und fast der einzig taugliche für den Krieg im Osten

Schlacht von Kursk-Belgorod: Soldaten einer SS-Panzerdivision bergen einen schwer verwundeten Rotarmisten (Aus: Janusz Piekalkiewicz, »Unternehmen Zitadelle« © J. K. Piekalkiewicz-Bildarchiv)

Schlacht bei Kursk und Belgorod: Das Kräfteverhältnis am 1. Juli 1943 nach sowjetischen Angaben

	Wehrmacht:	Rote Armee:
Infanterie	900.000	1.337.000
Geschütze	10.000	20.200
Panzer/Sturmgeschütze	2.700	3.306
Flugzeuge	2.500	2.650

Quelle: Piekalkiewicz – Unternehmen Zitadelle

Kursk-Belgorod – Juli 1943:
Fahrt in die Bereitstellung zum Angriff

Kursk-Belgorod: Gefangene Sowjetsoldaten

Schlacht bei Kursk-Belgorod: MG-Gruppe der »Neunten« in Erwartung eines sowjetischen Angriffs

Oberstgruppenführer Sepp Dietrich, Kommandeur der 1. SS-Panzerdivision, in Feldherrnpose auf einem Horch V8, Sondermodell für Generäle

Auf dem Transport nach Italien, Juli 1943 – links der Autor

Italien: »Ferien auf dem Bauernhof«

Chefzelt mit Horch V8

Stolz in italienischen
Sommeruniformen:
Kameraden der »Neunten«,
oben in Überfallhosen –
links Bernd Kloska, der schon
mit mir Rekrut in Berlin war –
unten andere vom
Kompanietrupp in kurzen Hosen

Kroatien – Oktober 1943:
Antwort mit dem MG auf einen Feuerüberfall von Partisanen in Kroatien, am Kfz 69 hinten frische Einschüsse

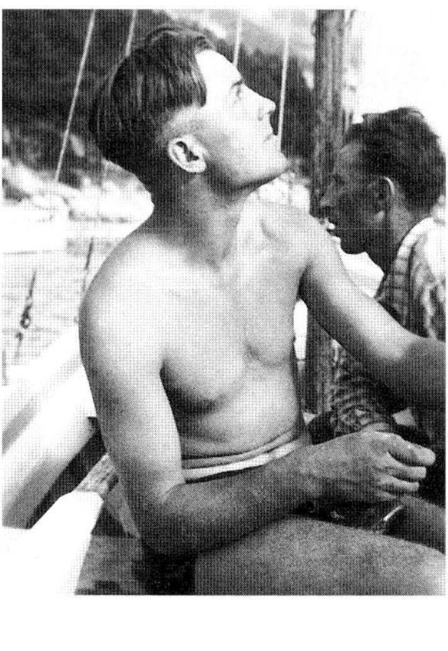

Istrien – September 1943:
Zur Abwechselung eine kleine Segelpartie auf der Adria bei Portorose

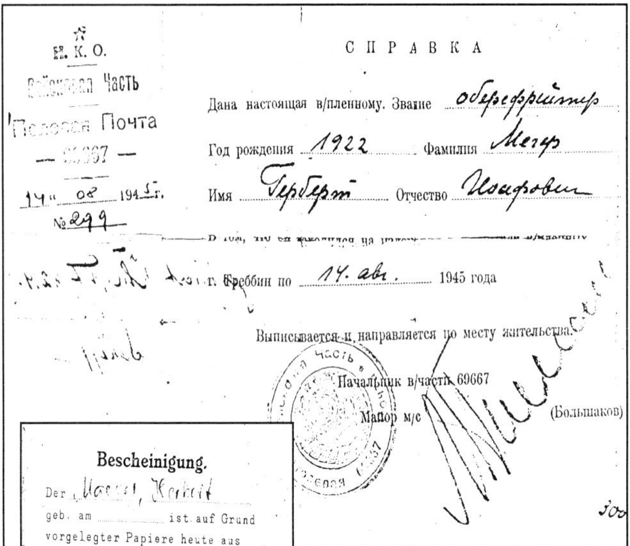
Н. К. О.
Войсковая Часть
Полевая Почта
— 69667 —
„14" 08 1945 г.
№ 299

СПРАВКА

Дана настоящая в/пленному. Звание обер-ефрейтор
Год рождения 1922 Фамилия Мегер
Имя Герберт Отчество Иосифович
[illegible]
г. Треббин по 14. авг. 1945 года
Выписывается и направляется по месту жительства.
Начальник в/части 69667
Майор м/с (Большаков)

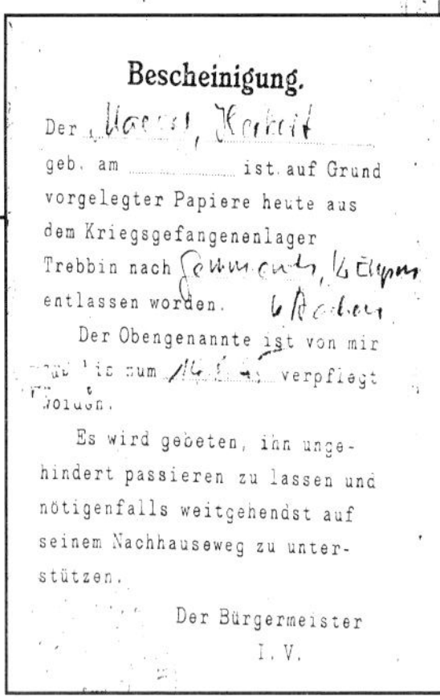
Bescheinigung.

Der Maeger, Herbert
geb. am .... ist auf Grund
vorgelegter Papiere heute aus
dem Kriegsgefangenenlager
Trebbin nach [illegible]
entlassen worden.
Der Obengenannte ist von mir
bis zum 14.8.45 verpflegt
worden.
Es wird gebeten, ihn unge-
hindert passieren zu lassen und
nötigenfalls weitgehendst auf
seinem Nachhauseweg zu unter-
stützen.
Der Bürgermeister
I. V.

Entlassungsschein No 299 – ausgestellt am 14. August 1945 für den »Obergefreiten Herbert Maeger«

Verpflegungsnachweis der Stadt Trebbin vom 14. August 1945

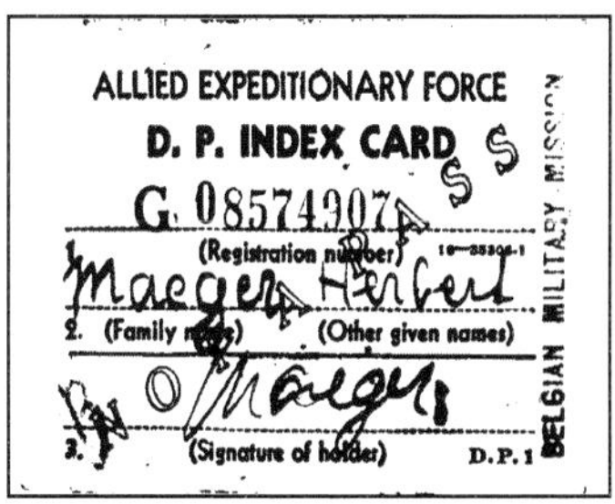
ALLIED EXPEDITIONARY FORCE
D. P. INDEX CARD
G. 08574907
1. (Registration number)
Maeger Herbert
2. (Family name) (Other given names)
3. (Signature of holder) D.P.1
BELGIAN MILITARY MISSION

D. P. (Displaced Persons) Index Card der »Belgian Military Mission« Lüneburg vom September 1945

aufgaben in Frontlücken oder zur Flankendeckung zu übernehmen; aber in der Regel wurde eine »schwere« Kompanie mit ihrer hohen Feuerkraft an Brennpunkten eingesetzt.

Der Bewegungskrieg fordert, außer in der schnellen raumgreifenden Offensive, einen weit höheren Tribut an Gefallenen und Verwundeten als der Stellungskrieg, in dem Bunker und Gräben einen vergleichsweise hohen Schutz bieten. In den ersten Tagen nach dem Entladen waren die Verluste unserer Kompanie noch gering, aber vom 16. bis zum 28. Februar, also in knapp zwei Wochen, verlor sie fast 50 Mann; das Schlimmste jedoch sollte noch kommen.

Der 28. Februar 1943, ein Sonntag und ein sonniger dazu, wurde zum schwarzen Tag der 9. LSSAH. Er begann mit verhältnismäßig mildem Frost, die aufsteigende Sonne verwandelte das Land in eine weithin überschaubare funkelnde Fläche von Schneekristallen.

Die Kompanie hatte nach einem langen Nachtmarsch eine neue Stellung im oberen Bereich eines sich lang hinziehenden flachen Hangs bezogen, der zu einer Senke – vermutlich einem verschneiten Bachlauf – abfiel, in dem sich einige Katen und kahle Bäume aneinander drängten, und sofort mit dem mühsamen Geschäft des Eingrabens begonnen; Flankenanschluss an andere Einheiten gab es auch diesmal nicht. Eine Vorderhangstellung dieser Art war immer eine missliche Sache, weil sie auf große Entfernungen hin gut erkennbar war und keine Rückzugsmöglichkeit in eine weniger einsehbare und damit sicherere Position bot. Ich glaube, dass dieses taktische Prinzip bei der LAH viele unnötige Verluste verursacht hat; soweit ich später auf die Entscheidungen Einfluss hatte, habe ich mich immer für einen Stellungsbau knapp hinter einem Höhenkamm mit zwei vorgeschobenen MG-Stellungen auf der Hanghöhe eingesetzt.

Etwa zwei Kilometer hinter den Zügen hatte der Gefechtstross in einem Dorf Unterkunft gefunden, das sich durch eine bemerkenswert hohe Zahl noch vorhandener Hühner auszeichnete; sie waren flugfähig und so intelligent, dass sie sich ausschließlich auf den Firsten der Häuser aufhielten, wo sie für uns unerreichbar waren. Ich muss der Objektivität halber bei dieser Gelegenheit bemerken, dass selbst für eine disziplinierte Truppe im Kampfgebiet bei knapper und eintöniger Verpflegung Hühner keine Tabuobjekte waren.

Soweit der Sprechfunk in der damaligen Qualität funktionierte, diente er nur der Verbindung mit dem Bataillonsstab, der Gefechtstross hatte kein Gerät. Wenn nicht ein Melder besondere Aufträge für uns brachte, vollzog sich unser Versorgungsprogramm nach eingespielter Routine. Nachdem – möglichst im Schutz der Dunkelheit – die Gefechtseinheit mit Waffen, Gerät und kalter Verpflegung zum Einsatz abgesessen war, zogen sich die Fahrer mit den MTW in die nächstbeste erreichbare Deckung zurück, dies war in aller Regel das nächste Dorf außerhalb der feindlichen Infanteriewaffen und der Sicht der Artilleriebeobachter. War mit direktem Beschuss nicht zu rechnen oder die Sicht eingeschränkt, fuhren wir dann mit einzelnen geländegängigen Fahrzeugen einige Stunden später, also am Tage, warmes Essen und Tee in Thermokanistern zu unseren frierenden Kameraden in der Stellung; war dies wegen massiver Feindeinwirkung nicht möglich, mussten sie bis zum Abend warten, dann brachten wir gleichzeitig Munition und nahmen Verwundete oder – und leider oft genug – Tote mit zurück.

An jenem 28. Februar war ringsum alles so ruhig, dass Uscha Danninger, der seit Merefa dem Gefechtstross vorstand, Löber anwies, bereits am Vormittag eine Kartoffelsuppe zu kochen, um sie nach vorne bringen zu lassen. Eigentlich wäre ich dran gewesen, aber wegen der klaren Sicht wurde keines der großen Kfz 69 für den Einsatz bestimmt, sondern der viel kleinere und niedrigere VW-Schwimmwagen, der hinter den Schneeanhäufungen längs der ausgefahrenen Piste fast verschwand. Gefahren wurde er vom Kleinsten und Jüngsten im Tross, der in Olschany von der Luftwaffe zu uns gekommen war und nur »Bobbel« genannt wurde. Danninger wandte sich an mich und meinte: »Du fährst am besten mit! Schaut euch vor der Hanghöhe aber noch mal gut um!«

Bobbel und ich kutschierten los. Es ließ sich wie eine Spazierfahrt an, in wenigen Minuten erreichten wir die Höhe, hinter der wir auf unsere Männer stoßen und sie mit der warmen Suppe überraschen wollten. Beinahe wäre Bobbel ohne weiteres über den Grat gerollt, der von der Piste schräg angeschnitten wurde, als ihn einige harte, helle Kanonenschüsse jenseits des Kamms dazu brachten, scharf abzubremsen. Der VW stand günstig in einer Schneewehe; mit unseren immer bereiten Spaten schaufelten wir sie zu einem kleinen Wall auf, der ihn fast vollständig verbarg. Bobbel blieb nach der Vorschrift beim Fahrzeug; ich kroch und robbte vorsichtig am Rand des Weges entlang, bis ich den jenseitig abfallenden Hang überblicken konnte.

Was ich sah, ließ mir das Blut in den Adern erstarren. Zwei T 34 stürmten in voller Fahrt auf die Stellung unserer Kompanie zu, deren über etwa 150 Meter Breite verteilte Gruppen nur zum Teil ihre Stände und Deckungslöcher in den harten Boden vorangetrieben hat-

ten. Bei ihrem schnellen Angriff schossen die beiden Panzer schon aus größerer Distanz aus allen Rohren; dabei konnten sie in ihrer wild schaukelnden Bewegung noch nicht viel anrichten.

Bobbel befand sich plötzlich hinter mir. »Fahr zurück«, schrie ich ihn an, »versuch Hilfe zu holen!« Er machte sich davon, so schnell er konnte.

Ich blieb an Ort und Stelle und wurde ohnmächtiger Zeuge des furchtbaren Szenarios, das sich vor mir entwickelte. Die stählernen Kolosse strebten auseinander, je einer ging den linken und den rechten Flügel der Stellung an und dann kamen sie grausam und methodisch zur Sache. Ohne einen Schuss abzugeben, kurvten sie auf die teilweise unfertigen Schützenlöcher und MG-Stände zu, überrollten sie, setzten zurück und drehten sich über jedem Loch und über jedem Mann solange auf der Stelle, bis alles zwischen ihren breiten Raupenketten zermalmt war. Dabei leisteten sie gründliche Arbeit und ließen sich dazu Zeit; als sie mit den ersten beiden Deckungslöchern fertig waren, war dort nichts mehr zu sehen als die tief aufgewühlte fruchtbare, schwarze ukrainische Erde.

Niemand von unserer Kompanie lief davon; es wäre auch sinnlos gewesen, denn jeder Versuch hätte die Fliehenden in das Schussfeld der Panzer-MGs gebracht. Angesichts des Schicksals ihrer Kameraden stellten sich die Männer von der 9. LSSAH ihrem Schicksal. Sie nahmen verbissen und kaltblütig ihre Chancen in dem ungleichen Kampf wahr: Da sie mit ihren leichten Waffen gegen die Panzer nichts ausrichten konnten, blieben sie nach Möglichkeit im toten Winkel der Sehschlitze und der MGs der Ungetüme, sprangen und wälzten sich im letzten Augenblick vor ihnen zur Seite und hielten sich, so gut sie konnten, seitlich von ihnen neben den Raupenketten. Mancher hatte bei dem verzweifelten Versuch, so sein Leben zu retten, so viel Glück, dass er ihn mit Erfolg mehrfach anwenden konnte und schließlich davonkam.

Aber ich sah auch, wie einer nach dem anderen zu blutigem Brei zerquetscht wurde; ich sah es wie in einem Albtraum, verwirrt und betäubt von dem Bewusstsein, dass ich nichts tun konnte als jeden Tod voll verstörter Trauer mitzuerleben. Ich sah, wie zwei, drei unserer Männer, die sich in der relativ sicheren Nähe des einen Panzers bewegten, von MG-Salven aus dem anderen Panzer niedergestreckt wurden. Und ich sah, wie mein alter Gruppenkamerad Spohn auf einen Panzerführer, der ihn aus dem geöffneten Turmluk mit der MP erledigen wollte, jedes Mal, wenn dieser den Kopf herausstreckte, mit seiner Pistole schoss und ihn hinunter zwang; viermal wiederholte sich die Szene und Spohn blieb am Leben.

Später sind immer wieder Fragen aufgeworfen worden, wie es zu der Katastrophe kommen konnte. Warum hatte die Kompanie keine Haft-Hohlladungen zur Panzerbekämpfung zur Hand? Antwort: Es waren keine vorhanden, es wäre auch sehr zweifelhaft gewesen, ob jemand sie hätte anbringen können. Denn dazu hätte er auf einen fahrenden Panzer springen müssen, und die Russen kannten die Gefahr und vereitelten dies durch ständige abrupte Richtungswechsel ihrer Kampfwagen; dabei nützten sie den Vorteil, dass sie bei ihren neueren Typen gleichzeitig den Raupenkettenantrieb auf der einen Seite vorwärts und den auf der anderen Seite rückwärts laufen lassen konnten; auch darin waren sie den deutschen Modellen voraus.

Die sowjetischen Panzerbesatzungen gingen ein hohes Risiko ein. Schon ihre Attacke ohne Infanteriebe-

gleitung war ein Husarenstück, zumal sie mit deutscher Panzerabwehr rechnen mussten; schon dass sie nicht zur Stelle war, musste für die Russen als Glücksfall gelten, in jedem Augenblick, der verging, konnten Pak oder Panzerjäger eingreifen. Dass sie ihr Katz-und-Maus-Spiel buchstäblich mit jedem Einzelnen unserer Männer zu Ende bringen mussten, kostete sie Zeit.

Ich habe mir auch später nie eine Vorstellung davon machen könne, wie lange die furchtbare Tragödie dauerte, deren fassungsloser Zuschauer ich war. Für mich stand die Zeit still, gleichzeitig verflog sie in einem rasenden Ablauf. Ich war mir aber in jedem Augenblick bewusst, dass nur die Zeit und ein neues Ereignis eine Wende in dem mit mörderischer Logik ablaufenden Geschehen bringen konnten.

Das Ende kam ebenso überraschend schnell wie der Anfang. Links von mir auf der Hanghöhe tauchten die hohen Silhouetten von zwei Panzerjägern auf, im selben Moment wandten sich die T 34 zur Flucht. Sie kamen höchstens 150 Meter weit. Dann bellten die Kanonen der beiden Panzerjäger kurz hintereinander auf, und sofort löste sich einer der T 34 in eine Explosionswolke auf. Der andere versuchte in einer Schneewolke davonstiebend einen Haken zu schlagen; einer der Panzerjäger schoss noch einmal, und aus dem Heck des zweiten T 34 löste sich eine Stichflamme, das Turmluk öffnete sich, ein Mann der Besatzung versuchte auszusteigen, blieb aber in dem sich in Sekundenschnelle ausbreitenden Feuer seitlich am Turm liegen; im Nu war er eine lodernde Fackel. Er stieß noch einen langen gellenden Schrei aus, dann war es zu Ende. Nach allem, was vorangegangen war, war es ein vergleichsweise undramatisch wirkender Abschluss.

So schnell ich konnte, rannte ich in die Kompaniestellung, hinter mir etliche Angehörige unseres Gefechtstrosses, die mit drei Kfz 69 und dem Horch herbeigeeilt waren. Wir trafen auf die erschöpften Überlebenden, darunter Ustuf Müller, der nach der Verwundung Anderliks die Kompanie führte. Wir begannen zu zählen: Vor dem Angriff waren die Züge 72 Mann stark, drei Schwerverwundete wurden geborgen; die Bilanz: 16 Tote hatte der schwarze Sonntag die Gefechtseinheit in weniger als einer Stunde gekostet; 53 Mann waren übrig. Unter dem Schutz der Panzerjäger begannen wir sofort, die Stellung wieder herzurichten.

Über das Ganze wurde anschließend nicht viel gesprochen. Noch Schlimmeres – so erfuhren wir – wurde verhindert, weil Bobbel die beiden Panzerjäger kurz vor dem Dorf angetroffen und alarmiert hatte, in dem der Gefechtstross lag. Und dann stellte sich heraus, dass etwas weiter südlich der Stellung in Schussweite drei Pak-Geschütze bereitgestanden hatten, die aber in der falschen Richtung eingefroren waren und deshalb nicht eingreifen konnten.

Es kamen weitere schwere Tage für die Kompanie. Noch am frühen Morgen nach dem Schwarzen Sonntag wurde sie um zwei Kilometer nach Nordosten verlegt, in ein Gebiet, das tagelang in russischer Hand gewesen war. Als wir die Züge dorthin fuhren, mussten wir uns genau an einen von Pionieren mit Stangen abgesteckten Weg halten, das gesamte Gelände ringsum war vermint. Wegen der Feindeinsicht bei heller werdendem Tageslicht mussten unsere Männer die letzte Strecke zu Fuß zurücklegen; immerhin hatten sie in ihrer neuen Stellung als Rückendeckung den Schutz einiger Gebäude, vermutlich einer kleinen Kolchose, die aber zum Teil zerschossen und ausgebrannt waren. Der Gefechtstross kehrte nach dem Transport in seinen alten Standort zurück, weil sich ein geeigneter anderer nicht bot.

Den ganzen Tag über hörten wir aus der Stellung Gefechtslärm. Sobald die Abenddämmerung anbrach, machte ich mich auf den Weg, um die Züge in ihrer neuen Stellung zu versorgen. Ich traf sie in gedrückter Stimmung an; irgendwie war durchgesickert, dass sie ungeachtet des trostlosen personellen Zustands mit dem 1. Panzerkorps zu einem unmittelbar bevorstehenden deutschen Großangriff antreten sollten. Die Rote Armee musste davon Wind bekommen haben; den ganzen Tag über hatte russische Infanterie immer wieder angegriffen und dabei auch Artillerie eingesetzt. Nachdem die aus Frankreich im Eiltempo herangeschafften Verstärkungen eintrafen, konnten die großen Frontlücken einigermaßen geschlossen werden. Aber auch die Sowjets führten ständig neue Kräfte heran; sie hatten offensichtlich entdeckt, wo im Frontabschnitt sich auf deutscher Seite die größte Feuerkraft und damit das gefährlichste Offensivpotenzial befand: bei unserer »schweren« Kompanie mit ihren SMGs und Granatwerfern.

Der härteste Tag war der eines sowjetischen Angriffs mit 36 Panzern, von denen 13 nur mit Haftminen erledigt wurden.

Als ein Zeichen dafür, dass sich die deutsche Front mit dem Eintreffen neuer Verstärkungen aus Frankreich zunehmend verdichtete, hatten sich tags zuvor in dem Dorf die Fahrzeuge der 7. und der 8. Kompanie eingefunden. Dadurch wurde es in den Quartieren enger, aber wir waren doch froh, wieder »Tuchfühlung« mit unseren Nachbareinheiten im Bataillon zu haben, und fühlten uns sicherer als vorher, als wir uns mehr oder weniger einsam und verloren im Niemandsland vorkamen.

Es lag nahe, dass überlegt wurde, auch die Nachschubfahrten zu den Fronteinheiten kooperativ zu organisieren. Danninger vereinbarte mit dem zuständigen Uscha von der 8., dass von beiden Gefechtstrossen je ein MTW mit Munition und dem Sani der 8. gemeinsam nach vorne fahren und beide Kompaniegefechtsstände anfahren sollten. Die Fahrt verzögerte sich jedoch, weil die MG- und Werfer-Munition aus der Etappe erst gegen Mitternacht angeliefert wurde, das aber wenigstens in reichlicher Menge. Die beiden Fahrzeuge machten sich auf den Weg und wir anderen legten uns erst mal aufs Ohr; der kommende Tag würde kein Zuckerschlecken werden, das spürten die alten Hasen unter uns im Urin.

Die alte Matka oben auf der Liegefläche ihres warmen Ofens hatte Rheuma. Wenn sie nachts eine falsche Bewegung machte und die Schmerzen sie allzu sehr plagten, pflegte sie laut zu jammern. Ich bemerkte es diesmal, weil Grulich, der neben mir und drei anderen auf dem Lehmfußboden schlief, mich anstieß, weil er raus musste. Wie den meisten, die schon im ersten Winter in Russland dabei waren, machte ihm seine Blase zu schaffen, wenn er am Abend der Flasche zugesprochen hatte; und volle Flaschen hatten wir ja noch vom Cognac-Lager in Charkow her.

Noch bevor Grulich zurückkam, erschien Danninger in der Tür und sagte laut: »Ich brauche einen Freiwilligen!« Und als ich ihn fragend ansah:

»Die beiden Kfz 69 sind vorne nicht angekommen,

sie sind in die Luft geflogen, eins von der Siebten auch! Der verdammte Iwan hat es fertig gebracht, in den letzten drei Stunden die Piste zu verminen. Ein Mann vom Bataillonsstab kam mit der Meldung.«

Impulsiv bemerkte ich: »Viele können es in der kurzen Zeit doch nicht gewesen sein.«

»Dazu genügen drei Mann, sie müssen sich nur auskennen und die richtigen Stellen wählen.«

»Ich werde fahren!«, sagte ich, »wir können die Züge nicht im Stich lassen! Ein paar Flaschen und Schokolade sollte ich auch mitnehmen!«

»Gut so! Heiz deine Kiste an!« Danninger wandte sich an die anderen im Raum. »Ihr werdet sofort die Munition laden! Es ist genug da!« Und dann wieder an mich: »Du musst über das freie Gelände rechts von der Piste, da können die Minen nicht so dicht liegen! Grulich fährt mit! Hals- und Beinbruch!«

Ich wusste, er hatte Recht, und nur so hatten wir eine Chance. Es lag wenig Schnee, wir würden also kaum stecken bleiben, die Sicht war passabel; außerdem konnten wir über die offene und ebene Fläche die direkte und deshalb kürzere Strecke nehmen. Das war wichtig, denn die Nacht war bald zu Ende, und wenn es hell wurde, würde die russische Artillerie in dem offenen Gelände genüsslich auf uns ein Scheibenschießen veranstalten. Die Risiken? Dass wir durch Minen mussten, war Faktum und kein Thema; und wenn wir durchkamen, konnten wir uns verfahren und bei den Iwans landen.

Es gab nur eins: Die Zähne zusammenbeißen, so schnell wie möglich losfahren, Gas geben, was der Karren hergab, und im Vertrauen auf welchen Schutzengel oder welches Glücksschwein auch immer mitten durch die üble Geschichte hindurch.

Wir starteten so eilig, dass zu weiterem Überlegen gar keine Zeit blieb. Auf der Fahrt stieg die Spannung; sie war für mich wie der Ritt auf einem Pulverfass, an dem die Lunte brannte. Sie ging mit heulendem Motor über im Frost erstarrte Bodenhöcker und Furchen, hinter uns schepperten die durchgeschüttelten Munikästen.

Als wir die Hälfte des Weges ohne Zwischenfall zurückgelegt hatten, klopfte Grulich mir auf die Schulter und ich atmete erst einmal tief durch. In diesem Augenblick gab es unter dem Vorderwagen einen Blitz und einen donnernden Krach: Der Wagen blieb abrupt stehen und etwas Dunkles flog links von mir in hohem Bogen durch die Luft. Es dauerte ein paar Sekunden, bis wir uns vergewissert hatten, dass wir noch lebten, dass wir, soweit feststellbar, nicht verwundet waren, und dass unsere brisante Ladung ruhig und friedlich hinter uns lag. Ich stieg aus, um mir den Schaden anzusehen und sah, dass meinem Kfz 69 der linke vordere Kotflügel fehlte und die Motorhaube rechts seitlich am Fahrzeug herunterhing.

Alles andere befand sich dort, wo es hingehörte; die Vorderräder schienen intakt, auch der Motor – er stand, weil ich als natürliche Reaktion voll in die Bremsen gestiegen und ihn dabei abgewürgt hatte.

Nichts lag für mich näher, als die Motorhaube wieder zurechtzurücken, mich wieder an meinen Platz zu setzen, den Anlasser zu betätigen, die Kupplung zu treten, den ersten Gang einzulegen, Gas zu geben und loszufahren. Und nichts schien selbstverständlicher als das Verhalten des Autos, das sich in Bewegung setzte, als ob nichts geschehen sei. Grulich und ich wussten über russische Minen so viel, dass wir uns vergegenwärtigen konnten, was geschehen war: Wir waren auf eine der so genannten »Schützenminen« aus Holz geraten, die ohne Metallteile konstruiert und deshalb mit unseren Suchgeräten nicht zu orten waren. Sie konnte einen Mann töten, gegen Fahrzeuge aber wenig ausrichten. Unsere Vermutung bestätigte sich, als ich später einen Hartholzsplitter fand, der in der Spritzwand zwischen Motor und Fahrersitz steckte.

Minuten später erreichten wir den Kompaniegefechtsstand in der zerschossenen Kolchose, wo man uns kaum noch erwartet hatte und trotz aller Misere der gegenwärtigen Verhältnisse freudestrahlend empfing. Nach den schweren Verlusten hatte ich für die Züge warme und kalte Verpflegung, die noch nach der alten Iststärke der Kompanie zugeteilt worden war, reichlich mitgebracht. Meine Ladung war im Handumdrehen verteilt.

Ustuf Müller, der übernächtigt und erschöpft aussah, gab mir die Hand und sagte: »Wir haben zwei Schwerverwundete, die zurück müssen, und außerdem brauchen wir dringend noch mehr Werfermunition und Haftminen.«

»Wird gemacht, Untersturmführer«, antwortete ich ohne zu überlegen, »ich fahre in meiner Spur zurück und bringe dann, was gebraucht wird!«

Nachdem die Verwundeten verstaut waren, trat Müller an meine Wagentür und sagte: »Wir müssen mit mehr Verwundeten rechnen! Sagen Sie Danninger, dass wir auch mehr MG-Munition brauchen! Wenn Sie es noch mal bis hierher schaffen, können Sie sich anschließend hier hinter der Mauer in Deckung halten!«

Die Rückfahrt war ein Kinderspiel. Die Russen merkten nichts davon oder hatte andere Sorgen; unsere Artillerie, die unterdessen auch wieder vorhanden war, deckte sie mit einem Feuerüberfall vor dem Angriff unseres Regiments ein. Und da ich mich sorgfältig in mei-

ner eigenen Spur hielt, sah ich die Minen in Anbetracht der Umstände nur noch als eine geringe Gefahr an.

Beim Gefechtstross lud ich mit Grulichs Hilfe so schnell wie möglich die benötigte Munition, dann machten wir uns zum zweiten Mal auf den Weg und absolvierten die Tour wie eine Spazierfahrt auf bekannten Wegen. Als wir in der Stellung ankamen, sagte Ustuf Müller nur: »Dafür bekommen Sie das EK!«

Ustuf Müller fiel am Mittag desselben Tages, er gehörte zu denen, um die es schade war.

Und schließlich machte ich, als die Kompanie zum Angriff antrat, die Tour durch das Minenfeld ein drittes Mal, weil es keine andere Verbindung zum Gefechtstross gab und ich ihm den Befehl zum Nachrücken überbringen musste. Als Spethmann vom Kompanietrupp, der den Spruch von Ustuf Müller mitgehört hatte, ein paar Tage später Danninger ansprach, lachte der nur und meinte: »Kraftfahrer bekommen kein EK, die kriegen höchstens das Kriegsverdienstkreuz!« Aber darauf kam es mir eigentlich gar nicht so sehr an.

Bis zum Mittag hatten die Pioniere die Piste wieder gesäubert. Sorgfältig auf die Begrenzungen achtend, fuhren wir mit allen Fahrzeugen den Gefechtseinheiten, die mit ihrem Angriff schnell Boden gewannen, hinterher. Alle kamen gut durch bis auf den Letzten, es war Bobbel mit seinem Schwimmwagen; in einer Explosionswolke schoss er plötzlich in die Höhe, überschlug sich in der Luft, fiel herunter und stand wie zuvor auf seinen vier Rädern.

Bobbel schaute sich verdutzt um, dann gab er Gas und fuhr weiter. Wir wünschten der sowjetischen Holzwirtschaft und Schützenminen-Produktion eine möglichst lang dauernde Zukunft.

Inzwischen war die sowjetische Offensive, die Anfang Januar am Don begonnen hatte und bis zum 11. März über eine Strecke von 450 Kilometern bis nördlich Poltawa vorgedrungen war, zwischen Stalino und Charkow durch die entschlossenen Angriffsoperationen der deutschen 1. und 4. Panzerarmee von Süden und des II. SS-Panzer-Korps von Norden zum Stillstand gebracht worden. Die so bewirkte Entlastung der deutschen Front bedeutete für die LAH, deren westlich Charkow eingekesselte Infanterieregimenter dezimiert wurden, und damit auch für unser Bataillon, Rettung aus höchster Gefahr. Denn sie ermöglichte es der Division, endlich ihre Panzer und Artillerie zum Einsatz zu bringen. Dass sich zwischen ihnen und uns über 50 Kilometer nur russische Einheiten befanden, ist uns erst viel später bewusst geworden.

Der Kampf um Charkow Februar/März 1943 ist in die Militärgeschichte eingegangen als ein Erfolg der deutschen Truppenführung, die mit unterlegenen Kräften nicht nur verhinderte, dass die Rote Armee ihren spektakulären Sieg von Stalingrad in eine totale Niederlage für die Wehrmacht an der Ostfront ausweiten konnte, sondern aus einer schwierigen Verteidigungsposition gegen eine zahlenmäßige sowjetische Übermacht von sieben zu eins zu einem Großangriff antrat, der mit der Wiedereroberung Charkows endete und die deutsche Front im gesamten Mittelabschnitt auf Monate stabilisierte.

Dass dies gelang, wurde nur dadurch möglich, dass der Kommandeur des 1. SS-Panzerkorps, Oberstgruppenführer Hausser, sich über die stupiden Durchhaltebefehle Hitlers hinwegsetzte und sich mit hohem Verantwortungsbewusstsein und großem taktischen

Geschick das weit gehend verloren gegangene Vertrauen der Truppe zurück erwarb.

Hausser hatte den Auftrag, den russischen Vorstoß über den Don nach Westen aufzuhalten, die dadurch entstandene gefährliche Lage des ganzen deutschen Südflügels, insbesondere der Heeresgruppen von Manstein und von Kleist, zu meistern und die starken, in breiter Front zwischen Slaviansk und Kursk vorgehenden, weit überlegenen sowjetischen Kräfte im Angriff zu schlagen. Ehe jedoch das Panzerkorps versammelt war, hatten die Sowjets mit der ersten Gardepanzerarmee den Donez bei Isjum schon überschritten und die nördlich von Charkow stehenden schwachen deutschen Streitkräfte mit weiteren, starken Verbänden durchbrochen. Dadurch wurde die Lage für das Panzerkorps Hausser äußerst kritisch.

Haussers Truppen standen am 12. Februar noch östlich von Charkow, als der Gegner in ihrem Rücken bereits die Versorgungsstraße Charkow-Poltawa beherrschte und im Begriff war, das SS-Panzerkorps von seinen rückwärtigen Verbindungen abzuschneiden. Dennoch befahl die Armee auf ausdrückliche Weisung Hitlers dem Korps, in Charkow zu bleiben und die Stadt unter allen Umständen zu halten. Zwei Tage später standen die Einkreisung des Panzerkorps und seine Vernichtung unmittelbar bevor. Trotzdem beharrte die Armeeabteilung Lanz, unter deren Befehl das Korps stand, auf der Durchführung des Führerbefehls, Charkow »komme, wie es wolle« zu halten und bestätigte diesen am Nachmittag desselben Tages noch einmal.

Für uns alle bahnte sich die Gefahr an, wie zwei Monate zuvor in Stalingrad die 6. Armee unter General Paulus von weit überlegenen Feindkräften eingekesselt und aufgerieben zu werden, denn unsere Artillerie und unsere Panzer standen immer noch auf den Transportzügen aus Frankreich. Hitler in seiner Hybris befahl wieder einmal »Festhalten ohne Rücksicht auf Verluste«.

Aber Oberstgruppenführer Hausser, Kommandeur des SS-Panzerkorps, der aus der Reichswehr*) stammte, war aus anderem Holz geschnitzt als Paulus.

Er verkörperte einen Offizierstypus, wie ihn allen bisher geäußerten gegenteiligen Behauptungen zum Trotz gerade die Waffen-SS hervorgebracht hatte: tapfer, entschlossen, frei vom traditionellen unbedingten Gehorsam der autoritär orientierten Armee. Es gab zwar auch die anderen, die ideologischen bornierten Apparatschiks, aber die waren nicht bei der kämpfenden Truppe zu finden.

Und Hausser war wohl auch nicht die klägliche Figur eines Truppenführers, der – wohl versehen mit Cognac und anderen angenehmen Überlebenshilfen – das Ende in einem sicheren Bunker abgewartet hätte, um dann im vollen Ordensschmuck dem Sieger seinen Degen anzubieten.

Zwei Jahre später, in der schweren Abwehrschlacht in Ungarn, gab Sepp Dietrich, Kommandeur der »Leibstandarte«, in ähnlicher Art ein Beispiel für Verantwortungsbewusstsein seinen Soldaten gegenüber, als er im Januar 1945 in Ungarn den sinnlosen Befehl Hitlers, eine Abwehrstellung »bis zum letzten Mann« zu halten, ignorierte, aus einem Kessel ausbrach und so als deren Kommandeur die 6. SS-Panzerarmee und mit ihr die LAH rettete. Hitler befahl, alle Angehörigen der LAH hätten sofort den Ärmelstreifen mit der in

*) Bezeichnung für die durch den Versailler Vertrag auf 100 000 Mann begrenzte Armee in der »Weimarer Republik«.

Sütterlin silbergestickten Aufschrift »LSSAH Adolf Hitler« abzulegen, was auch geschah. Unverbürgt ist das damals in der Waffen-SS kolportierte Gerücht, Dietrich und seine Stabsoffiziere hätten die Streifen auf einen Haufen geworfen und ihre Kriegsauszeichnungen gleich dazu.

Die Vorgänge beweisen, dass die Vorstellung von der Waffen-SS als einer Hitler blind und bedingungslos ergebenen Truppe nicht zutrifft. Schon 1943 wurde in der Truppe freimütig die Meinung geäußert: »Wenn wir diesen Krieg gewinnen sollten, müssen wir erst einmal zu Hause mit den Partei-Bonzen und ›Goldfasanen‹*) gründlich aufräumen!« Noch 1999 traf ich einen hohen Bundeswehroffizier, der im Krieg junger Leutnant der Wehrmacht war und mir verwundert berichtete, bei Äußerungen dieser Art von LAH-Offizieren Ohrenzeuge gewesen zu sein.

Da ich nicht in Ungarn dabei war, hatte Hitlers Verdikt für mich persönlich eine Kuriosität zur Folge: Ich gehörte zu den wenigen LAH-Angehörigen, die den Ärmelstreifen bis zuletzt trugen, auch nach meiner Abordnung zur Sanitätsschule in Bad Aussee, der Versetzung zum Sanitäts-Ersatzbataillon der Waffen-SS in Stettin und später bei meinem letzten Einsatz an der Oderfront in der Division Dirlewanger.

Persönliches Erleben wird erst in äußeren Zusammenhängen deutlich, die der direkt Beteiligte bestenfalls ahnen, jedoch nie überblicken kann. Zahlen und Fakten in vielen Details des Geschehens sind erst nach Öffnung der Moskauer Archive im Zuge der »Peres-

*) Bezeichnung für die höheren Funktionäre der N.S.D.A.P. (National-Sozialistische-Deutsche-Arbeiter-Partei) wegen ihrer mit Goldtressen reichlich versehenen Uniformen.

troika« westlichen Autoren voll zugänglich geworden. Bekannt wurde dadurch zur Schlacht von Charkow unter anderem Folgendes:

In dieser Lage befahl Hausser im Einvernehmen mit dem benachbarten Korps Raus, dem die Division »Großdeutschland« unterstand, seinen Divisionen, ihre Stellungen zu räumen und sich zurückzukämpfen. Gegen 13 Uhr meldete Hausser diesen Entschluss der Armeeabteilung mit dem Funkspruch: »Um Truppe vor Einschließung zu bewahren und Material zu retten, wird 13 Uhr Befehl zum Durchschlagen hinter Udy-Abschnitt am Stadtrand befohlen. Zur Zeit Durchkämpfen im Gange. Straßenkämpfe im SW und Westen der Stadt.«

Nachdem Lanz als Kommandeur der Armeeabteilung den strikten Durchhaltebefehl Hitlers wiederholt hatte, meldete Hausser: »... habe am 14.2./16 Uhr 45 den Befehl zur Räumung von Charkow und zum Ausweichen hinter den Udy-Abschnitt in der Nacht vom 14./15. 2. gleichzeitig an Korps Raus (General, Kommandeur der 6. Panzerdivision) gegeben. Beurteilung der Lage folgt schriftlich.«

Augenzeugen berichten, dass Hitler bleich vor Zorn die Meldung vom Ungehorsam seines SS-Panzerkorps entgegennahm.*)

Durch diesen Rückzug wurde die sowjetische Armee in ihrem Angriffsgeist aufs Äußerste bestärkt. Niemand auf deutscher Seite konnte ahnen und bewerten, welche – in sowjetischen Quellen belegte – enorme psychologische Wirkung die Räumung Charkows auf Stalin und seinen Generalstab hatte. Die Befreiung Charkows führte nicht nur zu einer weiteren Steige-

*) Quelle.: Paul Carell, Verbrannte Erde – Die Schlacht zwischen Wolga und Weichsel, Augsburg 1999.

rung des sowjetischen Triumphgefühls; Stalin sah darin auch eine Bestätigung für die vermuteten strategischen deutschen Rückzugsabsichten. Er hielt es für undenkbar, dass Hitlers »Prätorianer« von Charkow abließen, wenn nicht ein allgemeiner Rückzugsbefehl vorlag.

Am 21. Februar hieß es im Armee-Kriegstagebuch, Bericht Nr. 307, der Roten Armee: »Die Folgen des Falles von Charkow und des Zusammensturzes der deutschen improvisierten Donez-Front werden im OKW als katastrophal bewertet. In Gefahr, abgeschnitten, im aussichtslosen Abwehrkampf zerschlagen, in fruchtlosen Gegenstößen aufgerieben oder von den nachstoßenden russischen Massen überholt und vernichtet zu werden, stehen seit 17. Februar die Verbände und Reste von mehr als vierzig deutschen Divisionen. Zu diesen gehört fast die Hälfte aller deutschen Panzertruppen und Panzer, die dem deutschen Heer und der Waffen-SS überhaupt noch verblieben sind ... Gleichgültigkeit und fatalistische Hoffnungslosigkeit setzen die Kampfkraft der deutschen Truppen jetzt rapid überall im Süden der Ostfront, auch bei den deutschen Reserven, die noch gar nicht gekämpft haben, aber das Verhängnis in der improvisierten Etappe sehen, äußerst bemerkenswert herab.«

In der euphorischen Siegesstimmung der sowjetischen Armeen bahnt sich jedoch bereits ihre Niederlage in dieser Schlacht an. Es zeigt sich sehr bald, wie richtig Haussers Entschluss zum geplanten Rückzug war. Zwei gar nicht zu entbehrende, voll kampfkräftige, osterfahrene Panzerdivisionen sowie die »Panzergrenadier-Division »Großdeutschland« sind für die entscheidende Phase der Abwehrschlacht erhalten geblieben. In wenigen Tagen wendet sich das Blatt. Als die Panzer- und Artillerieregimenter des SS-Panzerkorps endlich aus Frankreich eingetroffen sind, wird die Gegenoffensive mit einer Rasanz eingeleitet, die sowohl die Sowjets wie die Angreifer mit ihrem Erfolg überrascht.

Die Führung der Roten Armee verliert die Übersicht und täuscht sich tagelang über die wirkliche Lage. Am späten Abend des 24. Februar erkennt sie endlich, dass die Panzergruppe von Armeegeneral Popow offensichtlich zerschlagen, die 6. sowjetische Armee in schwerster Bedrängnis, große Teile abgeschnitten und eingekesselt sind. Am 28. Februar gelangt die deutsche 7. Panzerdivision südlich Isjum an den Donez. Die Panzergruppe Popow ist vernichtet. Das 40. Panzerkorps steht am Abend des 28. Februar wieder am Donez in den Stellungen, die man während der russischen Winteroffensive im Januar hatte aufgeben müssen. Hoths Panzerkorps treiben die zurückflutenden russischen Verbände vor sich her, schließen sie ein und zerschlagen sie südlich des Donez. Die deutschen Verluste sind gering, die sowjetischen beträchtlich. Sechs Panzerkorps, zehn Schützendivisionen und ein halbes Dutzend selbstständige Brigaden sind ausgelöscht oder weit gehend kampfunfähig, 615 Panzer, 400 Geschütze und 600 Pak zerstört, 23 000 gefallene sowjetische Soldaten liegen auf dem Schlachtfeld, einschließlich der Verwundeten ergeben sich blutige Verluste von mehr als 100 000 Mann. In Gefangenschaft geraten nur 9 000; den deutschen Verbänden fehlten die Kräfte, um die großen Kessel zu schließen. Durch die großen Lücken können beträchtliche Teile der sowjetischen Divisionen entkommen und sich über den zugefrorenen Donez retten, allerdings ohne schwere Waffen und Fahrzeuge.

Auf das wichtigste Ziel, Charkow, stößt mit anderen deutschen Verbänden das II.-SS-Panzer-Korps – mit der LAH – vor. Das sowjetische Oberkommando versucht in kühner Improvisation zwei Panzerkorps und drei Schützendivisionen, die zur Heeresgruppe »Woronesch-Front« gehörten, zum Schutz von Charkow dem SS-Panzerkorps entgegenzuwerfen. Dabei geraten sie zwischen die Abwehrfronten der LAH und der beiden anderen Divisionen des SS-Panzerkorps und damit in einen Kessel, aus dem nur Teile sich in wilder Flucht vor der Vernichtung retten können. Zu Beginn der Offensive müssen sich die Bataillone des Panzerkorps durch brusthohen Schnee schaufeln, dann aber wird es wärmer, Tauwetter tritt ein.

Hausser hat nach der Zerschlagung der Kampfgruppe der 3. sowjetischen Panzerarmee freie Bahn. Er greift auf Befehl von Generaloberst Hoth westlich ausholend nach der Stadt und steht am 8. März bereits wieder an ihrem Westrand. Am 11. März wird mit der Einnahme von Charkow die Offensive abgeschlossen, die fünf Tage vorher begonnen hatte.

Am Morgen des 4. März traten wir mit dem gesamten SS-Panzer-Korps und unterstützt von den endlich eingetroffenen schweren Waffen zum Angriff auf Charkow an und demonstrierten – vermutlich geschah dies zum letzten Mal in diesem Krieg – die Stoßkraft des legendären »Blitzkriegs«. Die Russen, offenbar in der Furcht, nun selbst eingeschlossen zu werden, leisteten im Vorfeld der Stadt kaum Gegenwehr. Um die Lage so gut wie möglich auszunutzen, hasteten wir hinter ihnen her, bemerkten aber bald, dass wir selbst mit aufgesessenen Gefechtseinheiten keine Chance hatten, sie einzuholen und zu stellen.

Dabei bot sich uns ein merkwürdiges Schlachtfeld dar. Bei unserem rollenden Angriff über weithin flaches Gelände fanden wir dieses bedeckt mit Ausrüstungsteilen der sowjetischen Armee, und zwar in einer für eine schnelle Flucht typischen Reihenfolge. Zunächst stießen wir auf eine Zone mit zurückgelassenen Waffen und Munitionsbehältern aller Art, nach einem Kilometer war das Feld übersät mit Decken und Koppeln, schließlich hatten die Fliehenden buchstäblich Fersengeld gegeben, offensichtlich in höchster Eile weggeworfen fanden wir nur noch Brotbeutel und Mäntel, schließlich sogar fast nur noch Fellmützen und Filzstiefel.

Erst am Stadtrand von Charkow, dem wir uns von Nordwesten näherten, hatten sowjetische Einheiten Stellung bezogen und sich zunächst zu heftigem Widerstand entschlossen. Sie waren bei der Schnelligkeit, mit der sich unser Angriff und der russische Rückzug vollzogen, jedoch nicht in der Lage, eine geschlossene Verteidigungslinie aufzubauen. Sowie wir auf dem offenen Gelände Feuer bekamen, drehten wir ab und brachen von Norden in die Stadt ein. Über zwei Tage entwickelte sich eine erbitterte Schlacht, in der um Straßen und einzelne Häuser gekämpft wurde. Schließlich eroberte am dritten Tag unser Bataillon das Zentrum, den von Betonburgen im sowjetischen Zuckerbäckerstil umstandenem Roten Platz, der als Prestigeprojekt stalinistischer Machtdemonstration errichtet worden war. Der Platz hieß danach für einige Monate »Platz der Leibstandarte«; Max Hansen, unser Bataillonskommandeur, erhielt das Ritterkreuz.

Einige Tage lang durften wir in den Hochhäusern ausruhen, fühlten uns dabei aber keineswegs wohl. Die

Quartiere mussten wir mit den verbliebenen Bewohnern teilen, ausschließlich Frauen und Kindern hoher Funktionäre des Regimes, die uns mit Furcht und unverhohlener Feindseligkeit begegneten. Sie fanden jedoch eine durchaus intelligente Lösung, indem sie in einen Teil der Wohnungen zusammenzogen und uns die restlichen überließen. Die Prominentenwohnungen waren – als von uns bestaunter, vordem in der Sowjetunion nie gesehener Luxus – mit Badezimmern ausgestattet; frohe Erwartungen, die wir damit verbanden, erwiesen sich jedoch als unerfüllbar, denn Wasserleitungen funktionierten zwar, die Badewannen aber hatten keinen Abfluss. Sinnigerweise hatten die Wohnungsinhaber darin Säcke mit Kohlen untergebracht.

In den hohen Betonbauten fühlten wir uns nicht ohne Grund wie in einer Falle. Bei einem Alarm hätten wir über die langen Treppen viel zu lange gebraucht, um zu unseren Fahrzeugen zu gelangen. Wir waren froh, als wir aus der Stadt, die unter russischem Artilleriebeschuss lag, abgezogen und in freier Landschaft eingesetzt wurden.

Die Meinung einiger mit dem Stoff befasster Autoren, dass mit dem Angriffsschwung der Einnahme Charkows die deutsche Offensive hätte erfolgreich auf die stark befestigte Woronesch-Front, den »Kursker Bogen«, ausgedehnt werden können, teile ich nicht. Dazu war die Truppe zu erschöpft. Das zeigte sich in den folgenden Kämpfen in dem neuen Operationsgebiet unserer Einheit, der Gegend um Kasatschja-Lopan nördlich von Charkow. Dort setzte sich die für uns planlos wirkende, kuriose Art der Kriegsführung fort, die bereits bei unserem Ausladen östlich des Donez im Januar begonnen hatte.

Wir waren in unserer Kampfkraft viel zu schwach, um eine beständige Front zu etablieren. Die Verbindungen zwischen den Einheiten ließen sich nur mühsam aufrecht erhalten, die Kampfeinheiten und die Gefechtstrosse mussten nicht nur den Regeln und Gepflogenheiten entsprechend in engem Zusammenhang operieren: Die Kraftfahrer und die Fahrzeuge wurden immer wieder unversehens unmittelbar in die Kampfhandlungen einbezogen.

Unvermeidbare Verluste machten sich bei den schon seit Anfang des Feldzugs unzulänglichen Transportkapazitäten, die für schnelle Verlegungen und die Versorgung der Truppe von größter Bedeutung waren, empfindlich bemerkbar; für die Ausfälle an Menschen und Material gab es nur sporadisch und unzureichend Ersatz.

Die Lage war von allgemeiner Verworrenheit gekennzeichnet. Strategie als planmäßige Führung war nicht mehr erkennbar, die Taktik geriet zur Kunst der Improvisation, der Anpassung an die schnell wechselnden Gegebenheiten. Zwei Umstände vermittelten uns Trost: Zum einen war der Gegner uns zwar zahlenmäßig nach wie vor deutlich überlegen, im Übrigen jedoch – insbesondere was den Nachschub anging – kaum besser dran als wir; zum anderen hatten wir aus dem Lager in Charkow noch so viel an Spirituosen diverser Art, dass wir damit unsere Stimmung einigermaßen in der Balance halten konnten.

Mein persönlicher Vorrat, den ich hinter Decken im Laderaum des MTW verstaut hatte, bestand noch aus einigen Flaschen Bols-Orange-Bitter. Der Inhalt einer Flasche machte auch eine Nachtfahrt im Schneesturm um einiges erträglicher.

Zum Ausruhen oder zum Schlafen kam ich kaum. Wegen meines guten Orientierungssinns wurde ich immer öfter angehalten, Versorgungsfahrten in die vorderste Stellung und den Rücktransport von Verwundeten durchzuführen. Regelmäßig hatte ich dabei einen Begleiter, aber damit waren wir immer nur zu zweit, und wir mussten damit rechnen, auf russische Spähtrupps oder versprengte Gruppen zu stoßen. Das geschah auch einige Male, aber da wir unsere Augen offen hielten, konnten wir uns jedes Mal retten, indem ich das Gaspedal entschlossen durchtrat. Bei Nacht waren wir allerdings ganz auf unser Glück angewiesen. Wenn buchstäblich Not am Mann war, wurden wir auch zu ganz gewöhnlichen Infanteristen.

Ich lag fest an die Erde gepresst, dicht über mir zischten unablässig die Geschosse wie ein Sturm, der über einen Felsgrad faucht. Wenn ich vorsichtig den Blick hob, sah ich hinter der glitzernden Fläche das dunkle Gewirr einiger Baumkronen, die vom Schnee frei gefegt waren, und die Dächer der niedrigen Häuser, zwischen denen die Russen ihre Stellung eingerichtet hatten.

Nur die flache Wölbung des Feldes, hinter dem sie jetzt verborgen waren, schützte mich vor dem Feuer der Maschinenwaffen. In dem Augenblick, in dem wir die Höhe des flachen Kamms erreichten und die Silhouette der Bauernkaten und Bäume vor uns auftauchte, überfiel uns das massive und vernichtende Feuer. Zwei Männer rechts von mir waren sofort tot, einer davon war Ullrich von meiner Kompanie, der ein MG getragen und den ich mit zwei Munikästen begleitet hatte; wer der andere war, wusste ich nicht. Bevor er dazu kam, einen Schuss abzugeben, erhielt der Panzer IV links von mir fast gleichzeitig einen Volltreffer. Er hielt abrupt an und aus seinem Rumpf schlugen nach einer Explosion helle Flammen; niemand stieg aus.

Ein weiterer Panzer, der weiter links vorgerückt war, schaltete den Rückwärtsgang ein und zog sich mit heulendem Motor in die Deckung der Senke zurück. Mir wurde klar, dass ich allein war, und mich überkam ein Gefühl wehrloser Verlassenheit und Angst. Als ich mich gefasst hatte, robbte ich seitlich zur Leiche Ullrichs, um das MG zu bergen, einen Munikasten musste ich dabei zurücklassen. Dann kroch ich rückwärts zu den anderen in den zunächst sicheren Bereich. Der improvisierte Angriff war gescheitert.

Das Desaster hatte als überstürzte Aktion seinen Anfang genommen nach einem überraschenden Alarm. Gegen Mittag war ein Kradmelder vom Bataillonsstab in dem winzigen Dorf, in dem unser Gefechtstross sich eingerichtet hatte, eingetroffen mit dem Befehl, dass alle verfügbaren Männer sich mit allen greifbaren Waffen versehen und ihm folgen sollten, um auf ebenfalls alarmierte Kampfreserven des Bataillons zu treffen; ein starker sowjetischer Trupp habe unsere Kompanie umgangen, sich in ihrem Rücken festgesetzt.

Das gesamte Bataillon hatte inzwischen Befehl, sich wegen einer übermächtigen feindlichen Bedrohung der ungesicherten Flanken auf neue rückwärtige Stellungen zurückzuziehen.

Die übrigen Kompanien hatten bereits begonnen, sich vom Feind zu lösen. Die »Neunte«, die sich gegen unablässige frontale Angriffe verteidigen musste, war also in einer äußerst gefährlichen Situation.

In kürzester Zeit brachten wir beim Gefechtstross zwölf Männer zusammen, die mit Karabinern, zwei MGs, etlichen Patronenkästen und Handgranaten be-

waffnet dem Kradmelder auf zwei MTWs folgten. Eines der MGs trug Ullrich, ein Rottenführer aus dem alten Stamm der Neunten, ich war seine »Mannschaft« mit zwei Munitionskästen und einem Ersatzlauf. Schon nach weniger als zwei Kilometern stießen wir in einem flachen Tal auf zwei Panzer IV und eine zusammengewürfelte Truppe aus der Bataillonsreserve, alles in allem waren wir eine etwa 45 Mann zählende Schar mit vier LMGs. Ein junger Untersturmführer, offensichtlich frisch von der Junkerschule, versuchte so etwas wie Ordnung in den Haufen zu bringen, der sich jedoch schon bald nach den Zusammengehörigkeiten automatisch formiert hatte. Schwieriger war schon die Entscheidung über die Art des Vorgehens, denn wir wussten über die Lage so gut wie nichts: weder über die Stellung des Gegners, der sich zwischen uns und der Neunten festgesetzt hatte, noch über seine Stärke und Bewaffnung. Unausweichlich fest stand, dass wir handeln mussten, und das ohne langes Überlegen, wenn wir nicht zusammen mit der Kompanie ohne Aussicht auf Rettung umzingelt werden wollten.

»Also nichts wie ran!«, hatte ein Oberscharführer vom Bataillon gesagt, und alles hatte sich in offener Gefechtsformation in Bewegung gesetzt, Ullrich mit dem MG an der Spitze, ich wenige Schritte links hinter ihm. Über zweihundert Meter waren wir in angespannter Bereitschaft vorgerückt, ohne dass ein Schuss fiel.

Dann, auf der Höhe des Geländekamms, hatte uns urplötzlich und mit vernichtender Gewalt das massive Feuer überfallen, aus dem ich mich mit den anderen Überlebenden gerettet hatte.

Als wir uns in der Senke sammelten, fehlten fünf Mann, drei Verwundete hatte man mit zurückbringen können;

sie wurden in einen Sanka) verladen und nach hinten geschafft.*

Unser erster Angriff hatte sich zu einer Katastrophe entwickelt, aber er hatte uns zwei wichtige Informationen verschafft: Wir wussten jetzt, wo der Feind sich befand, und dass er stärker und offenbar besser bewaffnet und munitioniert war, als wir erwartet hatten. Immerhin hatten auch wir Verstärkung erhalten; ein weiterer Panzer war eingetroffen, was bei unserer zahlenmäßigen Unterlegenheit und der ungünstigen Angriffssituation eine wichtige Unterstützung bedeutete.

Der erfahrene Oscha hatte dem jungen Ustuf bald das richtige Konzept plausibel gemacht: Ein neuer Frontalangriff war aussichtslos; wir würden uns in zwei Kampfgruppen mit je einem Panzer aufteilen, die offene Fläche in einem angemessen weiten Bogen umgehen und die Rotarmisten in der Häusergruppe, in der sie sich verschanzt hatten, von Norden und Süden in die Zange nehmen.

Dabei würden wir bei unserer geringen Kopfzahl allerdings gegen alle Regeln der Taktik ohne Kontakt miteinander operieren müssen – ein beträchtliches, bei der Sachlage jedoch unvermeidliches Risiko.

Der Ustuf übernahm mit seinem Trupp den Part der nördlichen Umgehung und konnte – das war an der Geländestruktur erkennbar – für einen guten Teil seines Weges eine schmale Bodenfalte nutzen. Zu der Gruppe, die den Bogen nach Süden unter Führung des Oscha schlug, gehörte ich mit dem von Ullrich übernommenen MG; mit dem Munikasten folgte mir Reimers, ein Mann aus dem letzten Nachschub. Ein zweites MG trug Kolb, der Waffenmeister unseres Ge-

---

*) »Sanitäts-Kraftwagen«.

fechtstrosses. Wir mussten den weiteren Weg um einen flachen Hügel nehmen, der uns Deckung bieten würde, bis wir die Kuppe und damit den abfallenden Hang vor der Stellung der Sowjets erreichten.

Wir legten den ersten Teil der Strecke, der über gut 600 Meter für die Iwans uneinsehbar war, in einer lockeren Reihe zurück. So befanden wir uns mit einer Vierteldrehung nach links in der für einen Panzer mit 18 Mann Infanterie sinnvollen Gefechtsordnung; auf der baumlosen, weiten, schneebedeckten, in der Sonne glitzernden Fläche nahm sich der einsame Trupp eher verloren als bedrohlich aus.

Der Panzer hielt sich vorsichtig zurück. Das war nach dem jähen Ausfall des anderen Kampfwagens nicht nur verständlich, es erschien ohne Absprache mit der Besatzung für uns alle sinnvoll und erwünscht; der Panzer war für unser Unternehmen von entscheidender Bedeutung und deshalb kostbar und unersetzlich. Wir, die Fußtruppe, mussten herausbekommen, was uns hinter der Kuppe erwartete: ob, wo und wie die Iwans eine Flankensicherung postiert hatten, und vor allem, mit welchen panzerbrechenden Waffen sie ausgerüstet waren. Dann mussten wir die Sicherungsmannschaft so schnell wie möglich ausschalten und unter dem Feuerschutz der Kanone und der MGs des Panzers die feindliche Hauptstellung angreifen. Wir konnten nur hoffen, dass wir dabei auf dem abfallenden Hang Deckungsmöglichkeiten finden würden.

Wir erreichten die flache Kuppe, Uscha Kolb und ich übernahmen mit den MGs zwangsläufig die Spitze. Gebückt und auf den letzen Metern kriechend verschafften wir uns einen Überblick über die Szene. Die Häusergruppe war näher, als wir erwartet hatten, die

Distanz betrug höchstens 150 Meter. Auf dem abfallenden Hang davor gab es einige kahle Bäume, Holzzäune und ein paar Kuscheln. Hinter einem dürren Busch sah ich leichten Rauch aufsteigen – vermutlich Machorka-Rauch – und bei genauerem Hinblicken vier Iwans mit einem der antiquiert anmutenden plumpen russischen schweren MGs, die, mit einem ummantelten wassergekühlten Lauf bestückt, wegen ihres Gewichts so mühsam zu handhaben waren, dass sie auf einer kleinen Lafette mit Holzrädern von zwei Mann gezogen werden mussten.

Die etwa acht Katen vor uns bildeten mit den umstehenden Bäumen in der kahlen Landschaft eine flache Ellipse, ähnlich der leicht gebogenen Balka in unserem Blickfeld, die rund 100 Meter östlich davon mit einem tiefen Einschnitt die Fläche unterbrach.

Offensichtlich erwarteten die vier Iwans mit ihrem MG nichts Böses. Sie wandten ihre volle Aufmerksamkeit aufbrandendem heftigen Gefechtslärm an der gegenüberliegenden Seite der Häusergruppe zu; dort war unser nördlicher Stoßtrupp, der den kürzeren Weg hatte, im richtigen Moment zum Angriff angetreten.

Unsere Munischützen mit den Kästen waren zur Stelle: Kolb und ich legten die Patronengurte ein und spannten die Verschlüsse der MGs. Kolb stieß einen leisen Pfiff aus, sah mich an und deutete mit dem Finger auf die Häusergruppe; dann drehte er sich auf die linke Seite und stieß seinen rechten Arm mit der geballten Faust dreimal nach oben: für unsere Gruppe und den Panzer das Zeichen, zügig auf der Kuppe in Stellung zu gehen.

Unmittelbar darauf eröffneten wir das Feuer. Kolb nahm die vier Sicherungsposten ins Visier und hatte sie im Nu erledigt. Ich kämmte gleichzeitig mit kurzen

Salven vom Rand her beginnend die sowjetische Hauptstellung ab. Kolb schwenkte sein MG zu den Häusern hin und der Panzer, der unterdessen eine gute Schussposition eingenommen hatte, fiel umgehend mit seiner Schnellfeuerkanone und seinen beiden MGs ein. Die anderen Männer unseres Stoßtrupps ballerten aus ihren Karabinern und vereinzelt aus MPs heraus, was ihre Waffen hergaben. Insgesamt war es ein beachtliches Feuerwerk.

Überraschenderweise lösten wir keine Gegenwehr aus. Warum das so war, konnten wir aus unserer überhöhten Stellung bald erkennen: Die Russen waren durch das plötzliche massierte Feuer aus ihrer Flanke in Panik geraten und verließen in hellen Scharen die Häusergruppe, um in der Balka dahinter Schutz zu suchen. Sie rannten auf dem Weg dorthin über das blanke Feld und dabei wurde erkennbar, dass es an die 200 Mann waren.

Sie rannten unter dem Kugelhagel unserer Waffen um ihr Leben. Ich richtete mein MG auf sie und tat dies ohne jede Überlegung und Besinnung, erfüllt von einer bis dahin mir unbekannten Vernichtungswut Feinden gegenüber, die Ullrich und die anderen erschossen und zielbewusst versucht hatten, auch mich umzubringen. Als schon nach wenigen Schüssen mein Restvorrat an Munition aus dem einzigen Kasten, den ich zur Verfügung hatte, zu Ende war, wurde mir bewusst, dass ich auf fliehende – in diesem Augenblick wehrlose – Menschen schoss, und es überkam mich ernüchternde Scham und die Erkenntnis, dass es die Reaktion auf die übermäßige Anspannung und eigene Todesangst war. Ich hatte etwas mir Fremdes erlebt, den Ausnahmezustand, den Ernst Jünger als Sublimierung des Erlebnisses von Blut, Kampf und Grauen mit der Formel »heroischer

Nihilismus« verklärt; weniger intellektuelle Autoren sprechen von der »mythischen Berserkerwut« und dem »Furor Teutonicus«, oder sie begnügen sich schlicht mit dem Begriff »Blutrausch«. Ich war von dem Erlebnis tief betroffen; es war eine für mich neue Erfahrung, sie hat sich nie wiederholt.

Als das Gros der Russen die Balka erreicht hatte, lagen auf dem freien Feld an die 70 Getroffene. Die Davongekommenen gingen in der Deckung des Grabenbruchs sofort in Stellung. Und erst jetzt erkannten wir, dass etliche Iwans sich dort schon vorher verborgen und uns unter Beschuss genommen hatten; die gesamte Truppe schätzte ich auf immer noch mehr als 150 Kämpfer.

Unter dem Eindruck des zunehmenden starken Feuers aus der Balka und in der Ungewissheit darüber, was die Iwans noch an Panzerabwehr aufbieten konnten, zogen wir uns hinter die Hügelkuppe zurück. Erleichtert stellten wir fest, dass wir unseren beachtlichen Erfolg ohne jeden Verlust errungen hatten. Zweifellos war dies dem fast unglaublichen Zufall zu verdanken, dass unser von Norden angesetzter Stoßtrupp die Russen genau in dem Moment angegriffen und dadurch von uns abgelenkt hatte, in dem wir feuerbereit waren und eingreifen konnten. Die Russen mussten eine minutiös geplante konzentrische Aktion starker deutscher Kräfte angenommen haben. Was wir mit unserem riskanten Manöver wirklich unternommen hatten, lag prinzipiell weit außerhalb der Logik ihrer Mentalität.

Aber die Sache war nicht zu Ende. Die Streitmacht, die sich in der Balka festgesetzt hatte, war zahlenmäßig immer noch ungefähr viermal so stark wie unsere beiden getrennt agierenden Stoßtrupps; sie war gut be-

waffnet und mit Munition reichlich versehen, jedenfalls ging sie weiterhin verschwenderisch damit um.

Wir hielten kurz Kriegsrat mit dem Ergebnis, dass es am besten war, die bewährte Vorgehensweise noch einmal zu praktizieren. Das hieß: Wir würden im Schutz der Anhöhe zwischen uns und der Balka erneut einen Bogen schlagen und uns ihr wie bei unserem ersten Handstreich von der Seite nähern, möglichst in schrägem Winkel von hinten.

Drei Umstände waren zu berücksichtigen: Die Zeit drängte, denn die Wintersonne näherte sich deutlich dem westlichen Horizont; unser kooperierender Stoßtrupp – das hatten wir von unserer Kuppe her gut ausmachen können – hatte keine Chance, von Norden her über das freie Gelände an die Balka heranzukommen; und schließlich hatten wir keine Ahnung, welches Gelände wir selbst vor der für die Russen günstigen Verteidigungsstellung vorfinden würden.

Es blieb uns nichts anderes übrig, als uns auf den Weg zu machen und es darauf ankommen zulassen. Wir setzten uns in der schon zur Übung gewordenen Manier in Bewegung und hatten schon nach kurzer Zeit einen Punkt erreicht, von dem wir vom Osthang des Hügels aus nach links die Balka in etwa 200 Meter Entfernung wieder übersehen konnten. Sie sah aus wie ein in die Erde eingelassenes Boot und verlief mit rund 100 Metern Länge und 20 Metern Breite fast genau von Nord nach Süd. In dem nach Westen wie ein flacher Bogen gekrümmten scharf abbrechenden Rand der Erdfalte lagen dicht gedrängt die Russen und schossen aus allen Rohren auf die Männer unseres anderen Stoßtrupps, der mittlerweile die Häusergruppe besetzt hatte; das dürftige Gegenfeuer konnten wir nicht wahrnehmen, jedenfalls zeigte es keine erkennbare Wirkung.

Die Aussichten unserer Kameraden, noch irgendetwas unternehmen zu können, waren äußerst gering und sanken in den nächsten Sekunden auf null. Denn noch während wir uns einen Überblick über die Lage verschafften, ertönte ein heller, harter Knall; unmittelbar darauf stand zwischen zwei der Bauernkaten der Panzer, der ihren Trupp begleitet hatte, in hellen Flammen. Kolb, der neben mir lag, und ich begriffen sehr bald, wer ihn erledigt hatte. In der Mitte der lang gestreckten Reihe der Russen sahen wir einen Mann mit einem Kampfgerät, das ich bis dahin nur vom Hörensagen mit der Bezeichnung »Panzerbüchse« kannte; es war eine Waffe mit einem zwei Meter langen Rohr, die vorne mit einer zweibeinigen Abstützung versehen war, und mit hoher Mündungsgeschwindigkeit und beträchtlicher Durchschlagskraft Panzergranaten mit einem Kaliber von rund 30 Millimeter verschoss. Unsere Panzer IV hatten vor ihnen zu Recht entsprechenden Respekt.

Aber wir sahen auch etwas, was uns neuen Mut gab. Die Fläche zwischen uns und der Balka war flach wie ein Tisch, aber – für uns ein phänomenaler Glücksfall – bedeckt mit dürren mannshohen Maisstauden. Unser Panzer stand noch im Sichtschutz des Hangs. Nach kurzer Rücksprache mit dem Kommandanten, den wir über die Existenz der Panzerbüchse informierten, brachen wir auf, gingen abgeschirmt durch das verdorrte Gestrüpp vor.

Als wir den Rand des Maisfeldes erreichten, bot sich uns die Szenerie wie eine schaurige Arena dar: 50 Meter nah und wenige Meter tiefer als unser Standpunkt lag die Balka mit den unentwegt feuernden Russen, davor das weiße Feld mit ihren beim Rückzug niedergemachten Kampfgenossen, weiter hinten die Häusergruppe mit unseren in der Deckung unsichtbaren Kameraden und dem qualmenden Panzer.

Die frühe Dämmerung brach herein, und es ging um Minuten. Unser Panzer ging zwischen den Stauden in Position und agierte mit äußerster Umsicht. Um die Russen nicht auf uns aufmerksam zu machen, setzte der Führer seine Kanone nicht ein; dafür begannen die beiden Panzer-MGs zu rattern, deren Abschüsse die Russen beim Lärm ihres eigenen Feuers nicht hören konnten. Als Ersten nahmen sie den Mann mit der gefährlichen Panzerbüchse aufs Korn, er sackte zusammen und das Rohr seiner Waffe richtete sich gegen den blasser werdenden Himmel. Dann streuten sie sorgfältig und mit tödlicher Präzision von der Mitte nach außen die lang gestreckte Reihe der Rotarmisten ab und dann noch einmal von außen nach innen. Wir anderen gaben keinen Schuss ab, ich hatte sowieso für mein MG keine Munition mehr und war eigentlich froh darum, an dem grauenvollen Gemetzel nicht beteiligt zu sein.

Der Panzer erledigte alles. Es war ein grausames Abschlachten und es hatte nichts zu tun mit dem Mythos des offen kämpfenden Heldentums Mann gegen Mann. Angewidert und doch fasziniert verfolgte ich das blutige Schauspiel, das sich nach der unerbittlichen, ausweglos barbarischen Logik des Krieges vollzog: Wir oder ihr, du oder ich!

Das Inferno schien kein Ende zu nehmen, dauerte in Wirklichkeit aber kaum mehr als eine Minute. Dann herrschte plötzlich eine fast unnatürliche Stille. Wir gingen hinab in die Balka. Überall dampfte warmes Blut in der kalten Luft, von den Russen lebte niemand mehr, die Panzermänner hatten ganze Arbeit geleistet.

Ich ging zu dem toten Panzerbüchsenmann, um mir seine Waffe näher anzusehen, mit der er zwei unserer

Kampfwagen mit ihren Besatzungen abgeschossen hatte. Die Büchse hatte eine Art Zielfernrohr, mit dem man empfindliche Stellen der Panzerung genau anvisieren konnte; der Mann, ein junger, kräftiger Soldat, hatte sie offenbar gekannt. In seiner Truppe musste er eine bevorzugte Stellung genossen haben, denn er lag zwischen zwei Kommissaren, die rote Sowjetsterne an ihren Mantelaufschlägen trugen. Einem von ihnen nahm ich seine MP aus der erschlafften Hand und hängte sie mir über die Schulter.

Dann zog ich meine 08 und machte mich daran, den zerklüfteten rückwärtigen Teil des Grabenbruchs zu erkunden. Dort verlief eine kleine, querlaufende Erdspalte.

Ich folgte ihr und hatte auf dem ansteigenden Pfad erst wenige Meter zurückgelegt, als sich wie aus dem Nichts urplötzlich eine Gestalt vor mir erhob.

Ich hob in einem Reflex meine Pistole und schrie mein »Ruki wjärsch!«). Vor mir stand ein junger Russe, sicher nicht älter als ich, der mich mit weit aufgerissenen Augen voller Angst ansah und seine Arme hochriss.*

*Was dann geschah, erlebte ich als Sekundengeschehen und wie einen Zeitlupenfilm zugleich: Bevor ich zu ihm noch »Karascho! Dawai!«**) sagen konnte, dröhnte unmittelbar hinter mir ein Schuss; ich sah, wie die Spur von Hoffnung in den Augen des Russen in ungläubigem Entsetzen erlosch und wie er zusammensackte.*

Voller Wut drehte ich mich um. Hinter mir stand Reimer, noch mit dem Karabiner im Anschlag. »Du Vollidiot«, schrie ich ihn an, »war das nötig?«

---

*) »Hände hoch!«

**) »Gut so! Auf geht's!«

In Reimers Blick stand Fassungslosigkeit. Mühsam rang er nach Worten; schließlich sagte er nur hilflos: »Ich wollte es nicht!« Und tief in meinem Innern wusste ich, dass ich dem Jungen, der zum ersten Mal das Grauen des Krieges erlebte, glauben konnte.

Ich wandte mich um und ging weiter. Ich war noch keine zwanzig Schritte gegangen, als ein neuer ohrenbetäubender Knall mich nach vorne warf; gleichzeitig wurde es dunkel vor meinen Augen. »Das war's dann!«, dachte ich als Erstes; aber dann bemerkte ich, dass ich weiter denken und meine Gliedmaßen bewegen konnte. Nichts tat mir weh. Da mir immer noch schwarz vor den Augen war, griff ich an meinen Kopf und stellte fest, dass mein Stahlhelm mir die obere Hälfte des Gesichts verdeckte. Ich nahm ihn ab und fand schließlich heraus, was mir widerfahren war: Die MP, die ich dem toten Kommissar abgenommen und am Tragriemen über meine Schulter geworfen hatte, war noch durchgeladen und gespannt gewesen. Irgendwie hatte der Abzug der Waffe sich in einen Teil des MGs verhakt, das ich ebenfalls umgehängt hatte; der Schuss hatte sich gelöst, die Kugel hatte den hinteren Rand meines Helms getroffen, diesen nach vorne und mich zu Boden geschleudert. Dabei hatte ich großes Glück gehabt: Das Geschoss war innen den Stahlhelm entlanggefahren und hatte ihn an der oberen Wölbung nach außen durchschlagen; es hätte ebenso gut im Helm weitergeleitet werden können und dann mein Gesicht getroffen.

Ich rappelte mich auf und ging zu den anderen zurück. Gemeinsam machten wir uns auf den Weg zum Ausgangspunkt unserer Operation; wir kamen an den vielen toten Russen vorbei und an unseren an die zwanzig

Kameraden, die bei dem versuchten Frontalangriff in der Häusergruppe und davor gefallen waren. Der abgeschossene Panzer qualmte noch, etliche Meter weiter lag zwischen fünf oder sechs weiteren Toten der junge Untersturmführer mit einem wie gestanzten kreisrunden Loch mitten in der Stirn, aus dem es merkwürdigerweise nicht blutete; der russische Panzerbüchsenmann war ein erstklassiger Schütze gewesen.

Der Rückweg dauerte nicht lange, die direkte Strecke zu den Fahrzeugen betrug nur einen knappen Kilometer. Nachdem wir uns gesammelt hatten, stellten wir fest, dass von unserer Neunten außer Ullrich ein zweiter Mann fehlte. Wir übrigen zehn stiegen in unsere beiden MTWs und fuhren so schnell wie möglich zum Standort des Gefechtstrosses, wo der Rest der Mannschaft in sorgenvoller Spannung auf uns gewartet hatte. Sofort bereiteten wir die inzwischen kalt gewordenen Fahrzeuge für den Start vor. Da Ullrich gefallen war und ein anderer sein Fahrzeug übernehmen musste, übergossen wir ein Kfz 69, das bereits einen Schaden am Vorderachsgetriebe hatte, mit Benzin und setzten es in Brand.

Ein Bataillonsmelder brachte uns die Nachricht, dass wir unsere Gefechtseinheit bei der Häusergruppe westlich der Balka abholen sollten. Als wir mit den fünf MTWs, die uns nach den Verlusten der zurückliegenden Wochen verblieben waren, dort ankamen, war es bereits Nacht. Bald darauf kamen unsere Männer von der Fronttruppe, sie hatten sich nur mit Mühe und im Schutz der Dunkelheit vom unentwegt angreifenden Feind lösen können. Am Morgen waren es mit dem Ersatz, der einige Tage vorher zur Verstärkung eingetroffen war, noch 36 Mann gewesen. Im Licht der Scheinwerfer unserer Fahrzeuge, die wir im Halbkreis aufgefahren hatten, zählten wir 38 abgekämpfte, erschöpfte Männer, darunter acht, die nicht zur Neunten gehörten, offenbar Versprengte von der Achten, unserer Nachbarkompanie. Bald war klar: Auf unseren Kfz 69 konnten wir, wenn alle sich so eng wie möglich zusammenpferchten, nur 35 unterbringen.

Die Gruppen stiegen in ihre Fahrzeuge. Erst jetzt sah ich, dass bei den noch wartenden Versprengten zwei Männer isoliert in der Mitte des Haufens standen, gefangene Russen, die mit gesenktem Kopf und hängenden Schultern ihr weiteres Schicksal erwarteten.

Die Versprengten wurden auf die MTWs verteilt, zwei der Unsrigen, ein Unterscharführer von der Achten und Uscha Hübner von unserem zweiten Zug, verharrten noch bei den Russen auf der beleuchteten weißen zertrampelten Fläche. Ringsum waren alle Gespräche verstummt, neuer Schnee begann sacht in die Stille zu rieseln.

»Wir können sie nicht mitnehmen«, schrie Hübner endlich.

»Einer von ihnen kann sich auf meinen rechten Kotflügel legen!«, beeilte ich mich einzuwerfen. »Der andere kann auf meinem mit!«, ergänzte Grulich, dessen Fahrzeug neben meinem stand.

Sekunden vergingen. Dann ratterte plötzlich Hübners MP; die beiden Russen sanken lautlos zusammen. Hübner brach in ein schrilles hysterisches Lachen aus und hängte seine Maschinenpistole um.

Der fremde Uscha sah Hübner an, spukte aus und sagte scharf: »Was bist du doch für ein mieses, elendes Schwein!«

Hübner stieg zu seiner Gruppe ein, der Uscha von der Achten fand anderswo Platz. Dann fuhren wir davon.

Die Strapazen dieser neuen Art des Krieges machten sich bei uns allen bemerkbar. Das Gefühl, dem Geschehen ausgeliefert zu sein, in den wechselhaften Kämpfen nicht mehr zu bestimmen, sondern die Rolle der Unterlegenen spielen zu müssen, statt agieren immer öfter mit wachsendem Risiko und fraglichem Erfolg nur noch reagieren zu können, drückte merklich auf die Stimmung. Die Selbstsicherheit der Truppe wich mehr und mehr dem Zweifel an dem Mythos ihrer überlegenen Kampfkraft, die das Rückgrat ihrer Wertvorstellungen war. Die Moral der LAH war wie die aller anderen deutschen Frontdivisionen angeschlagen und wie in jeder militärischen Einheit, die in ihrem Verhalten vom Prinzip des Angriffsgeistes zu dem der hinhaltenden Verteidigung wechselt, hatte dies Folgen: Der Elan der deutschen Wehrmacht war gebrochen, und in der Sowjetarmee schwand der Inferioritätskomplex, der sie vierzehn Monate gelähmt hatte, und machte dem neuen Bewusstsein Platz, dass sie auf dem Wege zum Sieg war – vor uns erhob sich immer bedrohlicher das Gespenst der Niederlage.

Uns allen machte neben den vielen anderen Problemen der Mangel an Schlaf zu schaffen. Die ständigen Stellungswechsel, zu denen uns die sich fortwährend wandelnde Lage zwang, ließen uns allenfalls für ein paar Stunden zur Ruhe kommen; wegen der zahlreichen Sondereinsätze, die ich mit dem MTW zu erledigen hatte, war ich besonders betroffen.

Fast über die ganze Dauer meiner vierjährigen Soldatenzeit mit Ausnahme der Wochen, die ich im Urlaub oder in einem Lazarett verbrachte, waren jedes Mal die schlimmsten Augenblicke die, in denen ich aus der Tiefe des Schlafes jäh in einen Zustand auftauchte, der mir die trostlose Wirklichkeit bewusst machte, in der ich mich befand. Im besten Falle war es das Gebrüll eines UvD in einer Unterkunftsbaracke, das mich weckte; im schlimmsten ein plötzlicher Artillerieüberfall oder das laute Rufen eines Kameraden in einer Alarmsituation an der Front. Kein Albtraum kann bedrückender sein als das Erwachen in eine Realität, die von Schrecken, Entbehrungen und Todesangst ohne Ende beherrscht wird.

In jenen wirren Märztagen des Jahres 1943 schlief ich jeweils nur für bestenfalls zwei oder drei Stunden. Im hohen Schnee war für die Kradmelder*), auch solche mit Beiwagenmaschinen und Differenzialantrieb beider Hinterräder, oft kein Durchkommen möglich; das brauchbarste und zuverlässigste Fahrzeug, das als einziges für wichtige Missionen infrage kam, war das Kfz 15 des Kompaniechefs, ein Horch-Kübelwagen mit V-8-Motor, der für Fahrten in schwerem Gelände das erforderliche hohe Drehmoment und einen robusten Vierradantrieb hatte.

Er war schwierig zu fahren, weil er zur Vermeidung zu hoher Druckbelastungen des Getriebegehäuses durch den starken Motor nicht, wie die Kfz 69, schräg verzahnte – beim Schalten selbsttätig synchronisierende – Getrieberäder besaß, sondern gerade verzahnte. Diese mussten bei den Schaltvorgängen mit genau dosiertem »Zwischengas« und zweimaligem Aus- und Einkuppeln in der Leerlaufstellung vor dem Eingriff auf exakt die gleiche Rotationsgeschwindigkeit gebracht werden. Das musste sehr schnell geschehen, denn während dieses Vorgangs war das Fahrzeug praktisch ohne Antrieb, blieb also in Schlamm oder Schnee innerhalb von Sekunden stehen und damit stecken; das

---

* Melder mit »Krafträdern« (Motorräder).

dadurch unvermeidliche erneute Anfahren war eine noch schwierigere Prozedur. Wenn es nicht mit der erforderlichen Geschicklichkeit behandelt wurde, protestierte das Getriebe mit beängstigendem Krachen – wenn es überhaupt reagierte.

Rottenführer Schubert, der »offizielle« Fahrer des begehrten Stücks, konnte mit dem Wagen umgehen und er galt als der Einzige, bis er wegen einer leichten Verwundung ausfiel. In aller Eile wurden einige Aspiranten getestet, die ihn ersetzen sollten, und es stellte sich heraus, dass ich auf Anhieb mit dem Wagen zurechtkam.

In kurzer Zeit perfektionierte ich die diffizilen Gangwechsel, indem ich auf das Auskuppeln verzichtete und die Operationen nur mit dem Handhebel und dem Gasfuß erledigte, den ich blitzschnell während des Schaltvorgangs einsetzte. Diese Artistik brachte mir Pluspunkte ein, besonders bei Uscha Danninger, bei dem ich schon vorher einen Stein im Brett hatte. Sein Wohlwollen, das sich später zu einer echten Freundschaft steigerte, wurde für mein weiteres soldatisches Schicksal von großer Bedeutung.

Meine erste Fahrt mit dem Horch wäre beinahe auch meine letzte gewesen. Ich sollte einen Schwerverwundeten zum Regimentsverbandplatz bringen, mein Beifahrer war dabei Grulich. Die Hinfahrt ging glatt vonstatten, auf der Rückfahrt verloren wir bei Dunkelheit und in heftigem Schneesturm die Orientierung. Nach Stunden mühsamen Suchens auf der mit Stangen markierten verwehten Piste stießen wir auf ein einsames Bauernhaus. Eine ältere Frau öffnete uns und gab uns einen Becher mit warmem Tee; hundemüde streckten wir uns dann auf dem Fußboden aus und schliefen sofort ein.

Nach meinem Zeitgefühl war kaum eine Stunde vergangen, als ich aus bleiernem Schlaf erwachte, weil jemand mit beiden Händen heftig meinen Arm schüttelte. Es war unsere Quartiergeberin, die mich laut anschrie: »Pan! Pan! Bistra! Bistra!*) – Russki Soldatt!«

Auch Grulich fuhr hoch, und wir hasteten in größter Eile zu unserem Fahrzeug. Die Nacht war klar geworden, und auf der hellen Schneedecke sahen wir schon bedenklich nahe etliche Gestalten auf uns zu stapfen. Der Horch sprang wie gewohnt prompt an, und ohne das Licht einzuschalten, lenkte ich ihn sofort auf Gegenkurs und außer Gefahr. Irgendwann in der Nacht erreichten wir unseren Tross.

Ein anderes weit schlimmeres Erlebnis hatte ich wenige Tage darauf. Wir mussten den Kontakt zu unserer Nachbarkompanie zur Linken, der Achten, herstellen; vorsichtig fuhren wir zu viert mit schussbereiten Waffen bei dunstigem Wetter nach Norden, als wir in einer Senke auf sechs nahe beieinander liegende Tote im ringsum blutgetränkten Schnee trafen. Wir fuhren näher heran, stiegen ab und sahen, dass es Kameraden waren, die bestialisch verstümmelt worden waren: Allen hatte man die Augen ausgestochen, die Ohren abgetrennt und die Geschlechtsteile abgeschnitten, die man ihnen in den Mund gestopft hatte. An der riesigen roten Lache, in der sie lagen, erkannten wir, dass sie lebendig langsam verblutet waren.

Der Krieg in Russland war kein »humaner« Krieg; die Rote Armee führte ihn von Anfang an mit der brutalen Härte, die das System kennzeichnete und der zuvor schon viele Millionen der eigenen Bürger zum Opfer

---

*) »Herr! Herr! Schnell! Schnell!«

gefallen waren. Die Sowjetunion war als einzige große Nation der Genfer Konvention nicht beigetreten, und sie verhielt sich in ihrem Sinne konsequent: Sanitäter und Sanitätsfahrzeuge, die das Rote Kreuz auf weißem Grund trugen, wurden von der Roten Armee als bevorzugte Ziele unter Beschuss genommen. Dies führte dazu, dass die Rote-Kreuz-Armbinden nicht mehr getragen und Embleme an den Sankas mit Tarnfarben überspritzt wurden.

Die gnadenlose Kampfweise der Sowjetarmee förderte die Ideologisierung der Waffen-SS im Sinne »Reichsführer« Himmlers, der mit ihr eine politische Truppe schaffen wollte. Die Erfahrungen des Krieges und der Zustrom von Freiwilligen aus den europäischen Ländern vereitelten jedoch weit gehend die geplante Instrumentalisierung. Schon die Zusammensetzung der Waffen-SS zeigte ihre Vielschichtigkeit: In den 38 Divisionen der Waffen-SS dienten einschließlich »Ostmärkern« (Österreichern) und Sudetendeutschen rund 500 000 Deutsche und 350 000 Skandinavier, Niederländer, Franzosen und Belgier.

Dazu kamen mit insgesamt zusätzlich rund 300 000 bzw. 410 000*) Mann die aus Rumäniendeutschen bestehende Division »Prinz Eugen« und eine Reihe »fremdstämmiger« Waffen-SS-Divisionen: zwei lettische, eine estnische, die ungarischen Divisionen »Maria-Theresia« und »Hunyadi«, eine slowenische, die ukranisch-galizische und die russische Division »Rona« sowie so exotische Verbände wie die beiden kroatischen »Handschar« und »Kama«, die weit gehend aus moslemischen Freiwilligen bestanden. In den letzten Kriegsmonaten gab es sogar kleinere weißru-

---

*) Quelle: DER SPIEGEL 35/1999.

thenische, böhmisch-mährische und italienische SS-Einheiten.

Erst in jüngster Zeit hat man begonnen, sich in der einschlägigen Literatur des Themas Waffen-SS mit mehr Objektivität anzunehmen. Bemerkenswert sind die Feststellungen des Historikers Bernd Wegner*), den ich zitiere:

»Was (...) Himmlers Ordensvorstellung aus der Inflation vergleichbarer Verbalismen hervorhob, war zum einen ihr fanatisch biozentrischer Charakter in Verbindung mit einer imperialistischen Zielvorstellung, zum anderen der beträchtliche Grad ihrer organisatorischen Verwirklichung.

Wenn dabei konkrete historische Vorbilder des SS-Ordens gleichwohl unverkennbar bleiben, so doch nie als dogmatisch vorgegebene Muster, sondern als nur sehr partiell gültige geschichtliche Exempel, deren einzelne Elemente je nach Zweckmäßigkeit ihres historischen Kontextes entkleidet und einem neuen, den Bedürfnissen und Interessen der SS entsprechenden Sinnzusammenhang zugeordnet wurden!

Am deutlichsten tritt dies bei den ›inoffiziellen‹ Leitbildern zutage, wie beispielsweise beim Jesuitenorden. Dieser wurde einerseits zur prototypischen Verkörperung des klerikalen Hauptfeindes ›nordisch-germanischer‹ Denkungsart stilisiert, andererseits ist sein Einfluss auf Himmlers eigenes Verständnis von der SS als ›Gegenorden‹ wiederholt bezeugt. Der scheinbare Widerspruch ist leicht auflösbar: Gerade weil die Societas Jesu hinsichtlich ihrer hierarchischen Struktur, ihrer Funktion als weltanschauliche Avantgarde und ih-

---

*) Bernd Wegner, Hitlers Politische Soldaten: Die Waffen-SS – 1933–1945, 5. Nachtrag (1997), Paderborn.

rer auf totale Indienststellung des Individuums weisenden Ordnungsprinzipien so vorbildlich war, gewann sie, und damit die von ihr verkörperte Idee, in den Augen der SS einen Grad von Gefährlichkeit, der bürgerlich-liberalen Organisationen zwangsläufig versagt bleiben musste. (...)

Ein zweites, im Unterschied zur Gesellschaft Jesu offiziell verwendetes Ordensleitbild der SS war der Deutsche Ritterorden. (...) Seine Vorbildhaftigkeit für die SS resultierte dabei nicht allein, wie im Falle des Jesuitenordens, aus der inneren Struktur der Gemeinschaft, ihrem Tugendideal und Dienstbegriff, sondern darüber hinaus aus der die nationalsozialistische Vorstellung eines ›politischen Soldatentums‹ scheinbar antizipierenden Dialektik geistlichen und weltlichen Streitens.

Vor allem aber beruht die Anerkennung des Ritterordens als Leitbild auf seiner Verknüpfung mit dem Prozess der Ostkolonisation. Hier schien der geeignete Anknüpfungspunkt zu einer über die Adaption ideengeschichtlicher Versatzstücke hinausgehenden Rekonstruktion historischer Kontinuität gegeben. (...)

Auf den ersten Blick erstaunlicher mag das Ausmaß resistenten Verhaltens auch unter den ›germanischen‹ Freiwilligen der Waffen-SS anmuten, wie es B. de Wever am Beispiel der flämischen Freiwilligen aufgezeigt hat.

Hier kam es, wesentlich bedingt durch die politischen Gegensätze zwischen der ›großgermanischen‹ Politik des SS-Hauptamtes und dem nationalistisch orientierten Flämischen Nationalverbund (VNV), zu einer regelrechten Oppositionsbewegung, die im November 1943 in einer Eidesverweigerung Hunderter von Freiwilligen ihren spektakulärsten Ausdruck fand;

ähnliche Vorkommnisse hatte es in den Monaten zuvor bereits unter den niederländischen Freiwilligen gegeben. (...)

Wie unterschiedlich die Motive und Erwartungen der in die Waffen-SS strömenden westeuropäischen Freiwilligen waren, macht schließlich auch ein auf interessante Weise andersartiges Buch deutlich: Der Journalist L. Reichlin hat ohne jeden wissenschaftlichen Anspruch, aber mit außerordentlicher Einfühlung und Beobachtungsgabe am Beispiel weniger Einzelschicksale die verschiedenartigen Lebenswelten ausgeleuchtet, denen die insgesamt etwa 800 bis 900 Schweizer Waffen-SS-Freiwilligen entstammten; seine sehr persönlich gehaltene Reportage überzeugt nicht zuletzt darum, weil der Verfasser neben den historischen Verhältnissen auch seinen eigenen Prozess der Aneignung und Verarbeitung dieses in der Schweiz lange Zeit tabuisierten Themas dokumentiert.

Dass die Forschung über nationale Minderheiten in der Waffen-SS nur langsam Fortschritte macht, kann nicht überraschen. Die traumatischen Erfahrungen, welche die betroffenen Länder während der Kriegs- und Besatzungszeit mit der Kollaboration, aber auch mit deren politischer Liquidierung nach dem Kriege gemacht haben, ließen psychologische und politische Blockaden entstehen, die erst die jüngere Kollaborationsforschung nachhaltig überwinden zu können scheint.

Eine (...) Analyse würde die Waffen-SS wohl wesentlich stärker denn bisher als ein bizarres Produkt der Aporie des Dritten Reiches identifizieren, damit zugleich den zählebigen Mythos von der in sich geschlossenen Elitetruppe endgültig ad absurdum führen sowie die in nationaler wie sozialer, professioneller wie ideologischer Hinsicht außerordentliche Heterogenität der Waffen-SS thematisieren.«

Was die Waffen-SS weit gehend einte, war als gemeinsames Motiv der kompromisslose Kampf gegen den Bolschewismus. Die Art, wie sich auch die deutsche Wehrmacht in manchen Fällen dabei verhielt, kann man mit guten Gründen verurteilen. Allgemein wird der Nationalsozialismus wegen seiner Motivation und deren Resultate als das verbrecherischere System angesehen. Die Frage, ob der Kommunismus oder der Nationalsozialismus das schlimmere Übel war, ist jedoch vorausentschieden durch individuelle Erfahrungen und Prägungen. So hat der Nobelpreisträger Alexander Solschenizyn sie aufgrund eigenen Erlebens in seinem »Archipel Gulag« beantwortet mit der Feststellung:

»Diese Menschen, die am eigenen Leib 24 Jahre kommunistisches Glück zu spüren bekommen hatten, wussten 1941 bereits, was noch niemand in der Welt wusste: Dass es auf dem ganzen Planeten und in der ganzen Geschichte kein bösartigeres, blutrünstigeres und gleichzeitig raffinierteres Regime gibt als das bolschewistische, welches sich ›sowjetisches‹ nennt; dass ihm weder an Vernichtungseifer noch an Beharrungsvermögen, noch an radikaler Zielsetzung; noch an durch und durch ›unifizierter Totalitarität‹ irgend ein anderes Regime gleichkommt.«

Die Art von Krieg, wie sie sich nach der Einnahme von Charkow entwickelte und die uns allen zunehmend widerwärtig war, zog sich noch etwa zwei Wochen hin. Dann – die Gefechtsstärke der Neunten betrug noch 22 Mann – wurden wir Ende März von frisch herangeführten Reserven abgelöst und aus der Front gezogen.

In Olschany, etwa 30 Kilometer westlich von Charkow, wurden wir in Bauernhäusern des Ortes einquartiert, um für kommende Einsätze wieder »aufgefrischt« zu werden.

Der Nachschub, der die Einheit wieder zur Kampfstärke auffüllen sollte, bestand nur noch zum Teil aus jungen Freiwilligen, etliche waren von Görings schrumpfender Luftwaffe zu uns abkommandiert worden; sie zeigten verständlicherweise nicht gerade große Begeisterung, fügten sich dann aber gut in ihr neues Milieu ein. In einer militärischen Einheit lernt man schnell, dass man auf Gedeih und Verderb aufeinander angewiesen ist; eine Gruppe, ein Zug, eine Kompanie sind Schicksalsgemeinschaften, die ein Gefühl der Verbundenheit vermitteln und dadurch zu eine Art Heimatersatz werden.

In Olschany ging natürlich prompt die Schleiferei wieder los, mit der vor allem den »Neuen« klar gemacht werden sollte, welch erlauchtem Haufen sie nun angehörten. Da ich lange genug dabei war, um zur Stammmannschaft gerechnet zu werden, blieb ich vom Ärgsten verschont. Den Kraftfahrern und damit auch mir hatte man jedoch eine besondere Plackerei zugedacht: die Fahrzeuge in einen »appellfähigen Zustand« zu versetzen. Das bedeutete in der Praxis, dass sie nicht nur in allen sichtbaren Teilen, sondern auch im Motorraum sowie im Bereich des Unterbodens und der Radkästen auf das Penibelste gereinigt werden mussten. Bei Anfang April noch empfindlicher Kälte lagen wir tagelang in Schnee und Eis unter den Wagen und operierten mit Zahnbürsten in allen Ecken und Winkeln. Beim Appell selbst fuhr dann der Schirrmeister oder der Spieß mit einem angespitzten Streichholz die Schraubenschlitze entlang; kam dabei die geringste

Menge an Schmutz zum Vorschein, waren Strafwachen und Nachappelle so lange fällig, bis sich kein Grund zur Schikane mehr finden ließ.

Mit den Hausbewohnern, die uns als Zwangseinquartierung dulden mussten, arrangierten wir uns wie üblich: Sie schliefen auf den geräumigen Öfen und wir auf den Fußböden aus gestampftem Lehm. Wenn Stroh aufgetan werden konnte, breiteten wir darauf nachts unsere Decken aus, tags wurde es in eine Ecke gehäuft.

Der über zwei Monate dauernde Aufenthalt in Olschany war alles in allem eine ganz gute Zeit für uns. Das Wetter wurde im April allmählich wärmer und sonnig, der Dienst war nach Abschluss aller Appelle erträglich, die Verpflegung ausreichend; wenn es Linsensuppe gab, konnte ich zwei Kochgeschirre zu je eineinhalb Liter vertilgen; meine anderen Lieblingsspeisen waren Milchreis oder Nudeln mit Backobst. Gegen Aspirintabletten, die mir meine Mutter schickte, konnte ich bei den russischen Bäuerinnen hin und wieder ein paar Eier ergattern, ein Ei für eine Tablette war der Tauschkurs.

Im Juni erhielt ich ganz unerwartet drei Wochen Heimaturlaub, die an sich längst fällig gewesen wären, die mir jedoch Spieß Nieweck mit seiner Aversion gegen alle, die nicht seinen primitiven Stallgeruch aufwiesen, bis dahin vorenthalten hatte. Nach 21 Monaten an der Ostfront, in Frankreich und wieder an der Ostfront war ich für 21 Tage wieder ein relativ freier Mensch.

Die Urlaubstage begannen mit einer endlos langen Fahrt in der Holzklasse der Deutschen Reichsbahn durch die Ukraine und Polen. Um schlafen zu können, hatte ich mir aus einem Gasmasken- und dem Brotbeutelband eine Konstruktion geknüpft, in die ich meine

Arme legen und auf diese meinen Kopf stützen konnte. In Brest-Litowsk gab es einen Aufenthalt zur gründlichen Behandlung in einer riesigen Entlausungsanstalt und danach ein Paket mit Fressalien, mit dem jeder Urlauber bedacht wurde.

Nach 40 Stunden Fahrt oder mehr hielt der Zug im Berliner Bahnhof Zoo, wo ich nach Aachen umsteigen musste. Ich wähnte mich in einem Traum, bestaunte auf den Bahnsteigen die Mädchen in ihren Sommerkleidern wie Wesen von einem anderen Stern.

Zu Hause erwarteten mich als begehrtesten Genuss der Luxus eines richtigen Bettes, altvertraute Mahlzeiten, aufgesparter Likör und meine Bücher, mit denen ich den größten Teil der Zeit verbrachte. Ich machte Besuche bei Bekannten und Verwandten und wurde in meiner Uniform, mit der sich offenbar die abenteuerlichsten Legenden verbanden, allenthalben wie ein exotisches Fabelwesen beäugt.

Die allgemeine Stimmung hatte sich merklich gewandelt. Nach dem siegreichen Westfeldzug hatten sich viele Eupen-Malmedyer auf einen Frieden eingestellt, der nach der Parole »Heim ins Reich« das Gebiet endgültig von Belgien trennen und Deutschland einverleiben würde. Meine Landsleute – soweit sie nicht 1920 ihre Heimat aufgegeben und das hungernde Deutschland gewählt hatten – waren durch die belgische Annexion in der Kunst der pragmatischen Anpassung hinlänglich geübt, zumal diese den Vorteil hatte, dass man, wie immer es kam, zu den Siegern gehörte: eine Annehmlichkeit, die materiell durchaus überzeugend wirkte.

Erkenntnisse dieser Art hatten jedoch in der Grenzlandschaft nach der schweren Niederlage der Wehrmacht in Stalingrad eine Atmosphäre erzeugt, die von vorsichtiger und abwartender Zurückhaltung geprägt war und in der ich mir zunehmend isoliert vorkam.

Unter den wenigen Briefen an mich, die meine Eltern aufgehoben hatten, befand sich einer der Reichsbahndirektion Köln; man bat mich um nochmalige Überlassung des Negativs meiner einmaligen Aufnahme der Hammerbrücke bei Hergenrath nach deren Sprengung im Mai 1940. Ich konnte den Absender telefonisch erreichen und mich mit ihm verabreden; zur Fahrt nach Köln zog ich zivile Kleidung an, dies war mir in meinem Urlaubsschein ausdrücklich erlaubt worden.

Es war ein kühler Tag, und ich trug meinen rostfarbenen, für den deutschen Geschmack etwas ungewöhnlichen Mantel, der einige Jahre zuvor in Antwerpen gekauft worden war.

Auf der Rückfahrt nach Aachen hatte ich einen Fensterplatz, der Zug war schwach besetzt. Als er in Düren hielt, sah ich auf dem fast leeren Bahnsteig zwei Männer in Mänteln und Hüten, die in meinen Waggon stiegen. Plötzlich saß einer neben mir, der andere stellte sich dicht vor mich. Etwas Hartes wurde mir gegen die Rippen gedrückt und einer der beiden sagte: »Kein Aufsehen! Ihre Papiere bitte!«

Ich zog mein Soldbuch und den Urlaubsschein aus der Brusttasche und präsentierte beides. Die Herren staunten nicht schlecht, als der eine laut und fragend vorlas: »Leibstandarte?« – »Was dagegen?«, gab ich nassforsch zur Antwort.

Dann entspannte sich die Atmosphäre. Es stellte sich heraus: Als ich in Köln einstieg, war ich einem Bahnbeamten verdächtig vorgekommen: Sahen nicht so englische Spione in den einschlägigen Filmen der Ufa aus? Er hatte die Gestapo alarmiert, die mir prompt auf den

Leib rückte. Die Herren entschuldigten sich, und mir blieb das Amüsement.

Der Urlaub ging rasch vorbei. Die Rückreise nach Charkow machte ich gemeinsam mit einem LAH-Angehörigen vom 2. Regiment, der aus Eupen stammte und auf den ich zu Beginn der Fahrt zufällig traf. Er überlebte, kehrte in seine Heimatstadt zurück und hatte dort einiges zu erleiden.

Bei der Ankunft in Charkow kam mir das Bahnhofsgelände merkwürdig leer vor, und ich bemerkte dann, dass es von einer Kette feldgrau Uniformierter abgesperrt war. Von denen, die den Zug verließen, wurden etliche angehalten und in eine Absperrung geführt. So etwas, das wusste ich, tat man, wenn man eine schnell zusammengewürfelte Truppe für irgendeine brisante Aktion brauchte: Man nannte es »Aktion Heldenklau«.

Ich kroch unter dem Zug hindurch und stahl mich über die Gleise ins Freie. Später erfuhr ich, dass man nach Angehörigen der Waffen-SS gefahndet hatte, weil man sie als Stammpersonal für die Aufstellung der neuen Division »Hitlerjugend« benötigte.

Als ich wieder bei der Kompanie eintraf und dabei merkwürdigerweise eine Art »Wieder-zu-Hause-sein-Gefühl« empfand, ergaben sich Veränderungen, die für mich erfreulich waren und – wie sich später zeigte – von großer Tragweite sein sollten. Spieß Nieweck, das unberechenbare Ekel, wurde durch den mir gewogenen und zum Oscha beförderten Danninger abgelöst, der mich, als Cheffahrer Schubert mit einer schweren Infektion ins Lazarett musste, zu dessen Nachfolger machte. Damit wurde mir nicht nur der von mir heiß begehrte Horch V8 zuteil, ich wurde im Einsatz zugleich Führer der Kfz-Gefechtsstaffel; im Rang blieb ich Sturmmann, also Gefreiter, in der Dienststellung hatte ich jedoch Unterführerfunktion. Fortan hatte ich es so weit geschafft, dass ich nicht zur Unterführer- oder Führerschule musste, einige Annehmlichkeiten dieser Qualifikation jedoch genießen konnte. Ich gehörte zum Kompaniestab, brauchte nicht mehr Wache zu stehen. Und niemand konnte mir mehr aus purer Laune heraus 50 Kniebeugen oder Liegestütze befehlen.

Und noch eine wichtige Neuerung gab es. Wir bekamen einen neuen Kompanieführer: Obersturmführer Breuer, der sich als ein Mann von bestem Format erweisen sollte – ein Vorbild und fürsorglich für seine Männer, gebildet, genügsam und bescheiden; er hielt seine Ausrüstung und Kleidung selbst in Ordnung, verzichtete also auf den üblichen »Putzer«. Als sein Fahrer war ich ihm ständig näher als alle anderen; ich erwarb bald sein Vertrauen und er meine uneingeschränkte Hochachtung.

Allzu viel Zeit, meine neue Situation zu genießen, hatte ich nicht. Schon nach wenigen Tagen überstürzten sich die eintreffenden Alarm- und Einsatzbefehle für den Angriff auf den Kursker Bogen, das »Unternehmen Zitadelle« lief an. Der Kompanie standen härteste Tage mit schwersten Kämpfen und Verlusten bevor.

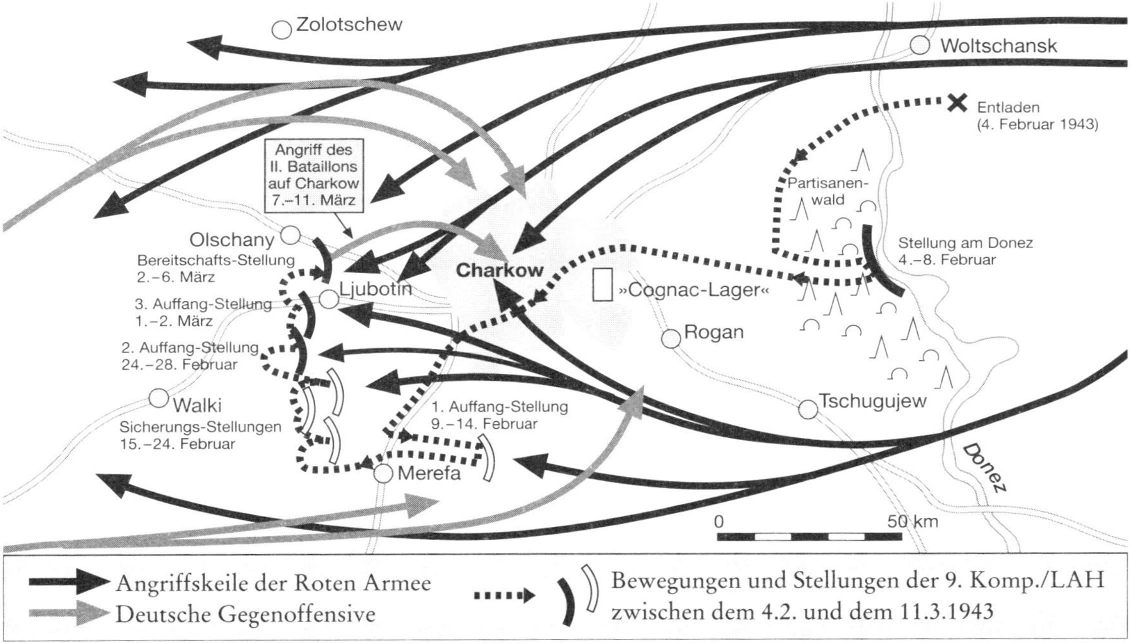
Zolotschew
Woltschansk
Entladen
(4. Februar 1943)
Angriff des
II. Bataillons
auf Charkow
7.–11. März
Partisanen-
wald
Stellung am Donez
4.–8. Februar
Olschany
Bereitschafts-Stellung
2.–6. März
Ljubotin
Charkow
»Cognac-Lager«
3. Auffang-Stellung
1.–2. März
Rogan
2. Auffang-Stellung
24.–28. Februar
Walki
Sicherungs-Stellungen
15.–24. Februar
1. Auffang-Stellung
9.–14. Februar
Tschugujew
Merefa
Donez
0
50 km
Angriffskeile der Roten Armee
Deutsche Gegenoffensive
Bewegungen und Stellungen der 9. Komp./LAH
zwischen dem 4.2. und dem 11.3.1943

Die Schlacht von Kursk und Belgorod

Olschany war uns allen lieb geworden. Unser Kompaniequartier waren etwa zwanzig Häuser eines Ortsteils, der etwas abseits des Zentrums lag. Wie üblich, teilten wir uns in zwangloser Gewohnheit die Häuser mit den Bewohnern und schliefen auf dem lehmgestampften Fußboden. Da ich inzwischen zum Kompanietrupp gehörte, hatte ich dabei mehr Platz als in der Unterkunft einer MG-Gruppe, die drei bis vier Mann stärker war.

In meiner neuen Aufgabe als Gefechtsstaffelführer fand ich mich bald zurecht, zunächst verlangte sie mir auch nicht viel ab. Erst im Einsatz, wenn die Staffel der MTWs so nahe wie möglich an der Kampflinie und für operative Bewegungen der Kompanie in Bereitschaft gehalten werden musste und mir bei schnellen Verlegungen mit dem Spitzenfahrzeug die Verantwortung für die Marschroute oblag, würde ich entsprechend gefordert werden.

In der sensiblen Hierarchie des Gefechtstrosses hatte die Veränderung zwangsläufig kleine Irritationen verursacht. Immerhin waren Grulich und Kiehn, die schon lange dem Kompanietrupp angehörten, Rottenführer, also im Rang höher als ich. Aber es gab keine Probleme, weil sie mich in meiner Sonderposition ohne weiteres anerkannten und ich Anweisungen, wenn sie erforderlich wurden, in die Form kameradschaftlich vorgetragener Wünsche kleidete.

Meinem neuen Kompaniechef Breuer gegenüber

verhielt ich mich so aufmerksam und pflichtbewusst, wie er es erwarten konnte, und mit den Uschas in den Zügen hatte ich glücklicherweise praktisch nichts mehr zu tun. Und für alle Fälle war da noch Spieß Fred Danninger, auf dessen Beistand ich mich verlassen konnte; falls erforderlich, regelte er unerfreulichere Situationen mit seinem derben Tiroler Charme.

In die Idylle des russischen Sommers mit seinem beständigen Sonnenschein fuhr in den letzten Junitagen wie ein rauer Wind unbehagliche Unruhe. Rasch aufeinander folgend wurden Waffen-, Ausrüstungs- und Fahrzeugappelle anberaumt, schwer beladene Lkws des Bataillonstrosses mit Munition und Kraftstoff rollten an, und allgemein machten sich Anspannung und Nervosität breit. Es wurde bald unverkennbar: Mit der Behaglichkeit in dem beschaulichen ukrainischen Städtchen, in dem wir den Krieg beinahe vergessen hatten, war es vorbei.

Als jedoch die Stunde des Aufbruchs kam, verwandelte die Gelassenheit von Ostuf Breuer die übliche Hektik in besonnene Routine, und als er das Startzeichen gab, war ich in meinem Innern heilfroh, neben ihm im Führungsfahrzeug und nicht mit einem MG oder einer Lafette auf einem der MTWs zu sitzen. Denn uns allen war bewusst, dass es nicht in einen frischfröhlichen Krieg gehen würde, sondern in einen harten Kampf, der manchen von uns das Leben kosten würde.

Drei Jahre lang hatte die Wehrmacht große militärische Erfolge erzielt mit der Strategie und Taktik des Bewegungskrieges. Die Führung tastete die gegnerische Front nach schwachen Stellen ab, durchstieß sie mit schnellen Panzerverbänden und setzte diese weit ausholend im Rücken des Gegners ein, um ihn von jeglicher Versorgung abzuschneiden und ihn dann in großen Kesselschlachten zu vernichten.

Die Sowjetarmee erlitt durch diese neue Methode der strategischen Kriegführung schon in den ersten Monaten gewaltige Verluste, die noch gesteigert wurden dadurch, dass ihre Soldaten nach den strategischen Prinzipien des Masseneinsatzes von Menschen im Ersten Weltkrieg zum Widerstand bis zur letzten Patrone gezwungen oder aber in dichten Angriffswellen gegen die deutschen Fronten ins Feuer geschickt wurden und verbluteten.

Bei Stalingrad siegte die Rote Armee erstmals mit der deutschen Methode. Nördlich und südlich der Stadt überrannte sie mit starken Kräften die Stellungen der unzulänglich ausgerüsteten und zur Opferbereitschaft nur schwach motivierten Italiener und Rumänen, schloss mit einer groß angelegten Zangenoperation den Kessel. Die Ende Dezember 1942 noch 250 000 Mann starke 6. Armee, von Hitler mit sturen Durchhaltebefehlen am Ausbruch gehindert und bald ohne Nachschub an Waffen, Munition, Verpflegung und medizinischer Versorgung, kapitulierte mit 90 000 erschöpften, ausgehungerten Überlebenden. Später konnte man in der DDR über Jahrzehnte auf Transparenten den keineswegs ironisch gemeinten Spruch lesen: »Von der Sowjetunion lernen heißt siegen lernen!«

Der Feldzug im Osten entwickelte sich zu einem Krieg mit vertauschten Rollen. Hitler, der die vollmundige Parole ausgegeben hatte: »Wo der deutsche Soldat steht, da steht er, und keine Macht der Welt kann ihn von dort wieder wegbringen!«, war geistig wieder in den Stellungskrieg seines Schützengrabens von 1916 zurückgekehrt. Der von der Propaganda euphemistisch mit dem Attribut »Größter Feldherr aller Zeiten« versehene Gefreite im Ersten Weltkrieg – in der Truppe sarkastisch auf »GRÖFAZ« verkürzt – hatte 1941 die Wehrmacht völlig unzulänglich ausgerüstet in den Krieg gegen die UdSSR geschickt. Nach dem Siegeslauf der ersten Monate zeigte sich, dass die Führung unfähig war, den Nachschub zu sichern und auch nur einen Bruchteil des sich bis zum Pazifik erstreckenden Riesenreiches unter Kontrolle zu bringen.

In und nach Stalingrad klammerten sich Hitler und sein in devotem Kadavergehorsam erstarrtes Hauptquartier in verlustreichen Rückzügen an jeden Quadratmeter russischen Bodens. Dabei opferte er die Substanz der deutschen Armee, nahm ihr das Vertrauen in die Führung, ihr Selbstvertrauen und den Glauben an ein glimpfliches Ende des katastrophalen Abenteuers. Die deutschen Soldaten kämpften schließlich verzweifelt nur noch, um die Rote Armee, von der nicht alle, aber viele Einheiten Gefangenen gegenüber Beispiele brutaler Grausamkeit gegeben hatten, von Deutschland und ihren Familien fern zu halten; dabei waren sie sich bewusst, dass diese Hoffnung sich nur durch ein Wunder erfüllen konnte.

Und um das Maß selbstzerstörerischen Wahns voll zu machen, tat die deutsche Führung genau das, was gegen alle Erfahrungen dieses Feldzugs sprach. Sie beschloss mit dem »Unternehmen Zitadelle« unter Einsatz fast aller noch intakten Divisionen und schweren Waffen den Angriff auf die härteste Stelle der sowjetischen Front, das in einem Bogen mit einem Radius von 50 Kilometern zur Festung ausgebaute tief gestaffelte Verteidigungssystem um die Stadt Kursk, etwa 120 Kilometer nördlich von Charkow.

Im Schutz der kurzen Nacht war ich zwei Mal in die vorderste Linie gefahren, wo die Züge unter schwerem Beschuss lagen. Am Tag zuvor hatten sie, unterstützt von »Tigern«, Sturmgeschützen und Stukas, gegen verbissenen Widerstand zwei ausgebaute Grabensysteme durchbrochen. Acht Tote und elf Schwerverwundete mussten wir zurückschaffen. Grulich und ein weiterer Fahrer halfen dabei mit ihren Kfz 69. Gehfähige Leichtverwundete mussten sich zu Fuß auf den Weg zum Bataillonsverbandplatz machen.

Wir hatten mit dem Gefechtstross Deckung in einer der mit Bäumen und Büschen bestandenen breiten, flachen Senken gefunden, wie sie in der Gegend um Belgorod zum Landschaftsbild gehörten und den typischen russischen Balkas ähnlich waren. Sie war für eine einigermaßen sichere Unterbringung der Fahrzeuge eigentlich zu klein; bei der bestehenden Gefahr von Luftangriffen standen sie viel zu dicht beieinander.

Von den Verwundeten konnten die fünf mit den schwersten Verletzungen mit Sankas zurückgebracht werden; die übrigen sechs mussten in der Senke zurückbleiben, weil mit Anbruch der Morgendämmerung russische Schlachtflieger auftauchten und fast jede Bewegung von Fahrzeugen im offenen Gelände unmöglich machten. Da wir keinerlei Flakschutz hatten, bauten Grulich und ich in einem Acker zehn Meter vor dem bewaldeten Rand der Senke auf der zum Dreibein ausgeklappten Lafette ein MG zur Fliegerabwehr auf.

Sani Rist hatte die zurückgebliebenen Verwundeten so gut wie möglich versorgt, wir lagerten sie auf Decken in Nähe meines Kfz 15. Um sie besser zu schützen, begannen wir Löcher zu graben, was in dem steinigen und von Wurzeln dicht durchzogenen Boden nur langsam vonstatten ging.

Als wir die Deckungslöcher nach gut zwei Stunden fertig gestellt hatten, begannen wir das Schauspiel zu beobachten, das uns die sowjetischen Schlachtflieger boten. Nachdem drei von ihnen auf der Suche nach Beute einige Zeit vergeblich über der Landschaft gekurvt hatten, nahmen sie sich eine bewaldete Mulde vor, die von unserer Senke etwa 400 Meter entfernt war. Mehrfach griffen sie im Sturzflug an, wir hörten die Bordwaffen rattern und die dumpferen Explosionen von Bomben. Danach stiegen aus dem Waldstück zwei dunkle Rauchwolken auf.

Urplötzlich ließen die sowjetischen Maschinen von ihrem Ziel ab und rasten mit ungeheurer Geschwindigkeit auf uns zu. Wir konnten uns gerade noch in einem augenblicklichen Reflex zu Boden werfen, als das Prasseln der Granaten aus den Maschinenkanonen über uns hereinbrach. In Sekundenschnelle war die erste Attacke vorbei; ein MTW des dritten Zuges brannte, zwei von unseren Verwundeten waren getroffen, der eine hatte Granatsplitter im Oberschenkel abbekommen, der andere einen Volltreffer im Bauch, an dem er schnell verblutete.

Wütend und ohne jede weitere Überlegung hastete ich zu unserem MG. Wohl wissend, dass die Schlachtflieger in ihren Rumpfbodenflächen gepanzert und durch mein MG kaum verwundbar waren, wartete ich, bis eines der Flugzeuge in erreichbare Nähe kam und mir in einem weiten Bogen seine Seite zuneigte; dann nahm ich es unter Beschuss. Schon die erste Salve lag offenbar gut; ich sah, wie der Pilot abrupt seine Maschine nach oben zog und abdrehte. Ich kam noch dazu, ihm einen zweiten Feuerstoß nachzusenden, als eine Ladehemmung das MG blockierte.

Ich nahm den heißen Lauf aus dem Mantel und lief

zu meinem am Rand der Senke stehendes Fahrzeug, um einen Ersatzlauf zu holen. Als ich nach Sekunden mein Kfz 15 erreichte, griffen die Schlachtflieger mit anschwellendem Motorengeheul erneut an; ihnen voraus fegten Geschossgarben durch die Bäume und über den Boden. Irgendwie hatte ich plötzlich das russische Selbstladegewehr, das ich in der Nacht aus der Frontlinie mitgenommen und in dem Gewehrständer neben meinem Fahrersitz untergebracht hatte, aus der Halterung gerissen. Instinktiv warf ich mich auf den Rücken und gab in schneller Folge auf eine der Maschinen, die mit einem Inferno von Detonationen und Feuer über uns hinwegbrauste, einige Schüsse ab. Noch in der schnellen Bewegung, mit der ich mich hinwarf, spürte ich einen leichten Schlag in der rechten Hüfte, den ich kaum beachtete.

Dann sah ich, dass der russische Schlachtflieger von einer deutschen ME 109 verfolgt wurde, die sich hinter ihn gesetzt hatte und aus allen Rohren feuerte. Der Russe bäumte sich auf, versuchte an Höhe zu gewinnen, raste dann aber in einem steilen Winkel zur Erde und verschwand am Horizont in einer riesigen Qualmwolke.

Als ich wieder zu mir kam, herrschte eine geradezu betäubende Stille. Ich fühlte etwas Warmes und Klebriges an meinem rechten Bein und sah, als ich hingegriffen hatte, an meiner Hand Blut. Rist, der sich ganz in der Nähe aufgehalten hatte, war gleich zur Stelle und zog mir die Hose herunter. Nachdem er ein etwa bohnengroßes Loch unterhalb meines rechten Hüftgelenks begutachtet hatte, meinte er nur: »Na, für einen Heimatschuss langt das nicht!« Dann legte er fachgerecht einen Verband an und ich machte probehalber und mit Erfolg ein paar Schritte. Und Rist sagte zum Abschluss mit trockenem Humor: »KV, der Nächste!«

Bei ihrem zweiten Angriff hatten die Schlachtflieger, abgesehen von wenigen harmlosen Einschlägen in die Karosserien von drei MTWs, nicht viel angerichtet. Meine Verwundung war zu unbedeutend, um damit Staat zu machen.

Ich erfüllte also meine Aufgabe wie vorher; ein taubes Gefühl in meinem Bein verschwand nach ein paar Stunden. Einige Tage hinkte ich noch ein bisschen, dann hatte ich die ganze Sache vergessen. Vier Monate später jedoch sollte ich an den Vorfall durch eine dramatische Entwicklung erinnert werden, die mein ganzes Leben entscheidend beeinflusste.

Als die deutschen Armeen am 5. Juli 1943 zum Angriff gegen die sowjetischen Streitkräfte im Kursker Bogen antraten, erwartete sie ein schon zahlenmäßig deutlich überlegener Feind, der das Gelände mit Minenfeldern, Panzergräben, Stellungssystemen, Bunkern, Hunderten eingegrabenen Panzern und anderen Hindernissen zu einer gigantischen Falle ausgebaut hatte.

Der wohl bekannteste Chronist des »Unternehmens Zitadelle«, der polnische Historiker Janusz Piekalkiewicz*, schreibt über enormen Vorbereitungen der Roten Armee:

»Unterdessen hat die Rote Armee ihre Arbeiten an den Verteidigungslinien im Kursker Bogen beendet. Von April bis Juni 1943 hat man beispielsweise im Bereich der Zentralfront etwa 5 000 Kilometer Schützen- und Verbindungsgräben ausgehoben sowie rund 400 000 Minen und eingebaute Sprengladungen gelegt. Armeegeneral Rokossowski: ›Allein im Abschnitt der 13. und 70. Armee wurden 112 Kilometer Stachel-

*) Janusz Piekalkiewicz: Unternehmen Zitadelle – Kursk und Orel: Die größte Panzerschlacht des 2. Weltkrieges.

drahthindernisse errichtet und mehr als 170 000 Minen verlegt.‹

Die Zahl der automatischen Waffen bei den Fronttruppen der Sowjetarmee und der Panzer hat sich von April bis Juni fast verdoppelt. Generalmajor Fomitschenko: ›Als sich im Sommer 1943 unsere Truppen auf das Zurückschlagen des feindlichen Angriffs auf Kursk vorbereiteten, tarnten sie ihre Stellungen in meisterhafter Weise: Deutsche Aufklärungsflugzeuge, die in einer Höhe von weniger als 20 Metern flogen, konnten nichts als leere Felder sehen. In diesem scheinbar verlassenen Gelände waren jedoch ganze Regimenter mit Artillerie, Granatwerfern und Panzern verborgen.‹«

Was man gegen die glänzend vorbereitete Rote Armee auf deutscher Seite aufgefahren hatte, war so etwas wie ein letztes offensives Aufgebot in einem fatalen Wettlauf mit der Zeit, die mit den enorm gesteigerten Waffen- und Fahrzeuglieferungen der USA an die Rote Armee, dem Zusammenbruch der deutsch-italienischen Front in Nordafrika, den großen Verlusten im Seekrieg und der Zerstörung der deutschen Städte durch die anglo-amerikanische Luftflotte immer stärker und schneller zu einem Faktor der sich bereits abzeichnenden deutschen Niederlage wurde.

Noch glaubte das Oberkommando der Wehrmacht, mit neu entwickelten Waffen eine wiedergewonnene Überlegenheit demonstrieren zu können. Das waren zum einen der Jagdpanzer »Ferdinand« mit einem Gefechtsgewicht von 72 Tonnen, ausgerüstet mit der bewährten 6,40 Meter langen 8,8-Zentimeter-Kanone, die ursprünglich als schwere Flugzeugabwehr-Kanone (Flak) entwickelt worden war und sich dann als sehr wirksame Mehrzweckwaffe erwies. Seine Panzerung

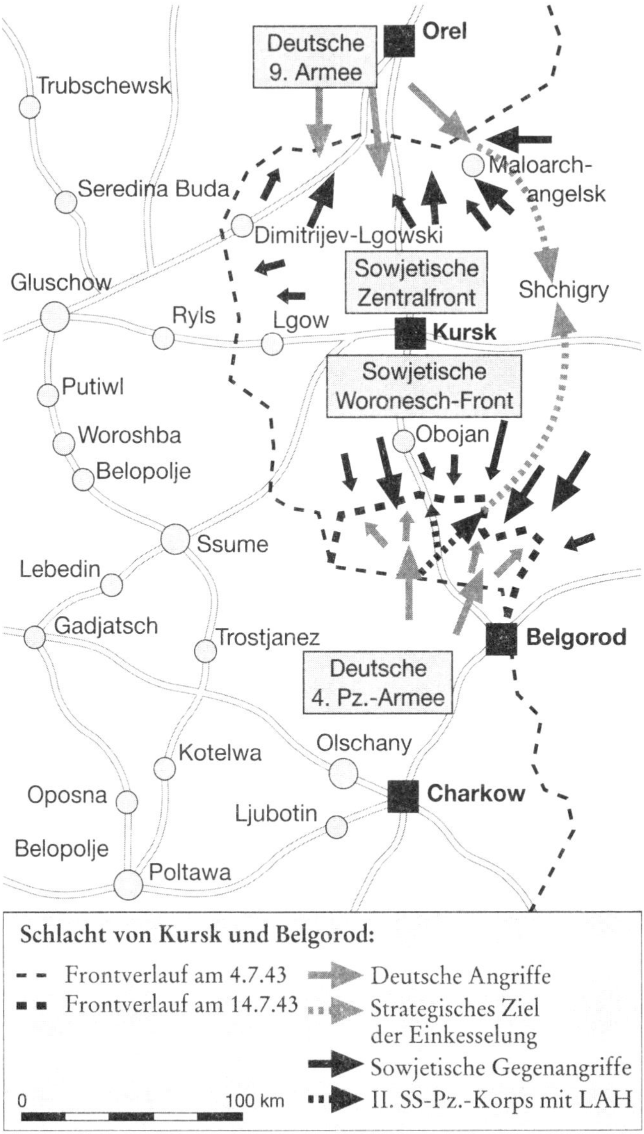
Deutsche 9. Armee
Orel
Trubschewsk
Seredina Buda
Dimitrijev-Lgowski
Maloarch-angelsk
Gluschow
Sowjetische Zentralfront
Shchigry
Ryls
Lgow
Kursk
Putiwl
Sowjetische Woronesch-Front
Woroshba
Obojan
Belopolje
Ssume
Lebedin
Gadjatsch
Trostjanez
Belgorod
Deutsche 4. Pz.-Armee
Kotelwa
Olschany
Oposna
Charkow
Ljubotin
Belopolje
Poltawa
Schlacht von Kursk und Belgorod:
Frontverlauf am 4.7.43
Frontverlauf am 14.7.43
Deutsche Angriffe
Strategisches Ziel der Einkesselung
Sowjetische Gegenangriffe
II. SS-Pz.-Korps mit LAH
0
100 km

war bis zu 20 Zentimeter stark. Die andere »Wunderwaffe«, von der man kriegsentscheidende Einsätze erhoffte, war der »Panther«: 45,5 Tonnen schwer, mit einer 7,5-Zentimer-Kanone und zwei MGs 42 bestückt, an der Front 80 bis 110 Millimeter stark gepanzert und bis zu 55 Stundenkilometer schnell.

Aber die »Ferdinands« und die »Panther« hatten ähnliche Probleme wie schon vor ihnen die »Tiger«. Viele der Stahlungetüme fielen bald aus. Hinzu kam, dass der »Ferdinand« im Nahkampf mit feindlicher Infanterie buchstäblich wehrlos war. Neben der starr eingebauten Riesenkanone hatte er nicht einmal ein MG zum Kampf gegen die Panzer-Vernichtungstrupps der Roten Armee. Und gegen die wirksamen 8,8-Kanonen hatten die Sowjets bald auch ein Rezept entwickelt. Mit ihren wendigen, schnellen T 34 unterliefen sie – in der Schlacht von Kursk zusätzlich begünstigt vom hügeligen, unübersichtlichen Gelände – die stark gepanzerten deutschen Kampfwagen; auf kurze Entfernung aber war ihren 8,5-Zentimeter-Kanonen auch die schwere Armierung der neuen deutschen Panzer nicht gewachsen.

Die Kursker Schlacht war auch die erfolgreiche Feuertaufe der sowjetischen Sturmgeschütze auf Selbstfahrlafette vom Typ JSU. Mit einem Gewicht von 41,2 Tonnen und einer Geschwindigkeit von 37 Stundenkilometern waren sie wesentlich wendiger und schneller, dazu mit einer 12,2-Zentimeter-Kanone und einem MG stärker bewaffnet als der deutsche »Ferdinand«. Außerdem kam den Russen die gute Ausstattung mit dem robusten amerikanischen Standard-Lkw zustatten, von dem sie im Laufe des Krieges über 400 000 Stück erhielten. Die USA hatten also erheblichen Anteil an Stalins Sieg bei Kursk. Hinzu kam die Überlegenheit der sowjetischen Nachrichtendienste.

Die »STAWKA«, das sowjetische Oberkommando, war durch ihren Geheimdienst, der über ihre Agenten in der Schweiz bis in die nächste Umgebung Hitlers reichte, über den Plan und den Zeitpunkt der Offensive genauer unterrichtet als die Stäbe der deutschen Frontarmeen, ebenso über die Zusammensetzung und Stärke der beteiligten deutschen Streitkräfte.

Die Sowjets wussten, worum es ging. Der Oberbefehlshaber der 6. sowjetischen Garde-Armee, Generalleutnant Tschistjakow, hatte noch am Abend des 4. Juli die Kommandeure seiner Divisionen zu besonderer Vorsicht ermahnt: »Vor Ihnen liegt Hitlers Garde!«, hatte Tschistjakow gesagt, »wir müssen in diesem Abschnitt mit einem Schwerpunkt der deutschen Offensive rechnen.«

Schon am ersten Angriffstag durchstieß das SS-Panzerkorps mehrere Stellungen des sowjetischen Verteidigungssystems. Die Russen wehrten sich verbissen, vor allem im Kampfsektor der LAH wollte ein Garde-Schützenregiment nicht weichen. Georg Karck*), der Chef der 9. Kompanie des 2. Regiments der LAH, brachte schließlich die Entscheidung. Mit nur einer Hand voll Männer knackte er fünf feindliche Bunker mit geballten Ladungen.

Die LAH schlug sich wie eh und je mit gewohnter Bravour, obwohl sie in vier Jahren Kriegseinsatz eine nach Herkunft und Bildungsstand sehr unterschiedliche Truppe geworden war. Viele Männer der Division wa-

*) Quelle: Paul Carell: Verbrannte Erde – Schlacht zwischen Wolga und Weichsel, Augsburg 1999. – Karck, damals Untersturmführer, war während der Ausbildung bei der 4. Ersatzkompanie/LSSAH in Berlin mein Kompanieführer.

ren inzwischen zur Waffen-SS eingezogen worden, ohne gefragt zu werden. Von Begeisterung für die »nationalsozialistische Sache« war nie die Rede, nicht einmal bei den Freiwilligen, von denen sich manche unter dem Druck fanatischer Eltern und Lehrer oder unter anderen Zwängen gemeldet hatten. Als in der langen Ruhezeit unserer Kompanie in Olschany ein Stabsoffizier einen weltanschaulichen Vortrag hielt, hörten ihm alle sichtlich gelangweilt zu.

Aber wer auch immer zu dieser Truppe gehörte, ordnete sich in eine Gemeinschaft ein, die dem Prinzip der absoluten Zuverlässigkeit auf Gegenseitigkeit verpflichtet war. Wenn der MG-Schütze Munition brauchte, war es keine Frage, dass er sie bekam, die Munischützen schafften sie auch im stärksten gegnerischen Feuer heran; fiel einer aus, robbte der nächste schon in Bereitschaft Liegende herbei, um seine Kästen mit den Patronengurten zum MG zu bringen. Einen Verwundeten unter welchen Umständen auch immer sich selbst zu überlassen, galt als undenkbar; wer sich dessen schuldig gemacht hätte, was man »Feigheit vor dem Feind« nannte, hätte den Tag nicht überlebt.

Das Gesetz der unbedingten Kameradschaft aber war nicht nur unausweichliche Verpflichtung, es übte auch eine schwer zu beschreibende Faszination auf alle aus, die ihm unterworfen waren. Diese bindende Kraft überwand die natürliche Furcht des Einzelnen und sie ließ selbst da, wo individuelle Entscheidungen möglich gewesen wären, keine Wahl. Mein Kamerad Hermann Schreiber, dem ich bei meinen nächtlichen Fahrten in die HKL immer wieder begegnete, war vor Kursk Schütze 1, er bediente also das MG und war somit der wichtigste Mann in seiner Gruppe. Am dritten Tag der Schlacht erhielt er einen Brief seiner Mutter, die ihm schrieb, sein Bruder sei gefallen und er möge mit der beigefügten amtlichen Nachricht die 14 Tage Sonderurlaub beantragen, die für diesen Fall gewährt wurden. Hermann gab mir seinen Antwortbrief mit, in dem stand: »Liebe Mutter, es tut mir Leid, aber ich kann jetzt meine Kameraden nicht im Stich lassen!«

Auf dem Höhepunkt des Kampfes begann rund um Prochorowka eine offene Panzerschlacht mit 1 500 Panzern und Sturmgeschützen, wie sie in der Kriegsgeschichte bisher einmalig ist. Die sowjetischen Panzer stießen in voller Fahrt auf die deutschen Vorausabteilungen und durchbrachen den deutschen Panzerschleier. Die T 34 schossen auf geringe Distanz »Tiger« ab, denen im Nahkampf ihre starke Bewaffnung und Panzerung keinen Vorteil mehr bot.

Die offizielle sowjetische »Geschichte des Großen Vaterländischen Krieges« zitiert in Band 3 einen Bericht, den das Oberkommando der »Woronesch-Front« unter deren Generälen Chruschtschow und Watutin nach der Schlacht dem Hauptquartier erstattete. Am 7. Juli, so heißt es in dem Report, habe es an einem seidenen Faden gehangen, an einer einzigen Entscheidung, ob den deutschen Divisionen der Durchbruch nach Obojan gelingen würde oder nicht. Die Front der 6. Garde-Armee war zerrissen. Hinter ihr standen nur noch Teile von zwei sowjetischen Panzerkorps. Um den deutschen Panzerstoß zu stoppen, befahl General Watutin im Einverständnis mit Chruschtschow den Resten der 1. Panzerarmee, sich mit ihren Panzern einzugraben und eine Pak-Mauer zu bilden.

Als ich in dieser Nacht von meiner dritten Fahrt in die vorderste Linie zurückkam, war es schon fast Tag, und ich war zum Umfallen müde. Die Kompanie hatte in sechs Tagen neun sowjetische Verteidigungsstellungen genommen, sich aus der eroberten neunten aber nach Einbruch der Dunkelheit etwa 300 Meter zurückgezogen, weil sie vom Iwan massiv mit Artillerie und Stalinorgeln eingedeckt wurde. Bei der ersten Fahrt hatte ich fünf Verwundete, bei der zweiten zwei weitere Verletzte und drei Tote nach hinten gebracht.

Die strapaziösen Nachtfahrten hatten mir in den vorangegangenen Tagen kaum Zeit zum Schlafen gelassen; tagsüber rasten immer wieder sowjetische Schlachtflieger und Jäger über unser grünes Versteck und ließen uns nicht zur Ruhe kommen.

Total übermüdet und verdreckt war ich gerade dabei, mir auf dem kleinen, aber sehr gut funktionierenden Benzinkocher, den ich mit dem Horch V-8 übernommen hatte, etwas gehamsterten Kaffee zu kochen, als Danninger kam und mich anraunzte:

»Mach die Kiste klar, wir fahren nach Olschany! Quartier machen!«

Ziemlich verdattert fragte ich: »Wieso Quartier, geht der Zirkus denn hier nicht weiter?«

»Der Krieg ist aus«, beschied mich Danninger, »wir haben die Schnauze voll und hauen ab – nach Italien, in den Sommerurlaub!«

Ich hielt die Auskunft für einen seiner schlechten Witze. Er ließ sich aber auf keine weitere Diskussion ein und erklärte bei seinem Abmarsch nur noch:

»In zehn Minuten geht's los, Kiehn und Grulich fahren mit!«

Verblüffungen hielten bei einem alten Muschkoten wie mir nicht mehr lange an. Ich trank meinen Kaffee, wusch mich, betankte den Horch, kontrollierte den Ölstand und wischte die Sitzbezüge mit einem feuchten

Lappen ab. Kaum war ich fertig, da kamen Danninger und die beiden anderen; die Fahrt ging los in Richtung Charkow. Ausflugsstimmung herrschte nicht gerade, denn wir mussten im prallen Sonnenschein weithin offenes, deckungsloses Gelände passieren; für beutehungrige Jabos) und ähnliches Gelichter waren wir eine willkommene Zielübung. Wir hielten die Türen geöffnet, denn wenn einer der Vögel auftauchte, gab's nur eines: raus so schnell wie möglich, um hakenschlagend wie ein Hase irgendein Erdloch oder ein Gestrüpp zu erreichen, immer in der vagen Hoffnung, davonzukommen. Ich hatte mir für einen solchen Fall überlegt, dass die größte Chance darin bestehen würde, sich nach dem ersten Angriff tot zu stellen.*

Gesprochen wurde nicht viel. Jeder beobachtete der Sitzordnung entsprechend angespannt seinen 90-Grad-Sektor des blauen Himmels. Danninger neben mir gab sich dabei ostentativ gelangweilt und hielt zwischendurch ein Nickerchen. Ich kontrollierte unauffällig seinen Teil des Horizonts mit und vorsichtshalber auch die Landschaft zur Linken, also zur Front hin; das war kein Problem, denn die unbefestigte Piste war an zahlreichen Fahrspuren auszumachen, denen ich leicht zu folgen vermochte. So weit wir sehen konnten, war keine Bewegung zu entdecken, kein Laut zu vernehmen außer dem zuverlässigen Brummen meines Motors. Alles war ruhig wie im tiefsten Frieden, viel zu ruhig für meinen Geschmack.

Unversehens kamen wir an eine Stelle, an der die Reifenspuren in einem scharfen Winkel nach rechts abbogen, nur noch wenige führten weiter geradeaus. Ich hielt an und meinte: »Wir sollten auch nach rechts abbiegen!«

---

*) Jagd-Bomber.

»Nichts da«, knurrte Danninger, »nach Ckarkow geht's geradeaus; und dahin müssen wir!««

Ich gab, einem deutlich spürbaren Instinkt folgend, noch nicht auf und beharrte: »Aber hier stimmt doch etwas nicht! Da ist etwas total faul!«

Danninger setzte sich gerade und wurde dienstlich und förmlich: »Aus mit dem Palaver! Fahren Sie geradeaus weiter, das ist ein Befehl!«

Mit verdoppelter Aufmerksamkeit fuhr ich weiter in dem flach gewellten, kilometerweit übersehbaren Gelände. Um die Staubfahne des Horch möglichst klein zu halten, verringerte ich dabei das Tempo; das tat ich, um Danninger nicht zu reizen, nur ganz allmählich.

Nach ein paar hundert Metern sah ich direkt neben mir etwas, was in mir sofort höchsten Alarm auslöste. In ein Deckungsloch geduckt blickte mich unter einem Stahlhelm verdutzt und ängstlich ein Soldat Marke »Schütze Arsch« an, der seinen Arm hob und eindringlich nach Osten deutete. Gleichzeitig bemerkte ich neben seinem Loch ein Kistenbrett mit der Aufschrift »Halt! Hier HKL!«

Ich reagierte ohne jede Überlegung augenblicklich. Genau in dem Moment, in dem Danninger mit bedrohlich erhobener Stimme sagte: »Was ist los! Fahr weiter! Oder hast du Schiss?«, rammte ich den Gang ein, gab Vollgas und raste mit einer Rechtswendung davon.

Im selben Moment brach die Hölle los. Da, wo wir noch eben gestanden hatten, und sofort darauf ringsum explodierten in dunklen, blitzerhellten Rauchwolken Granaten; »Ratsch-Bumm«, mindestens drei; die Richtschützen hatten unser Herankommen wie Jäger auf dem Anstand verfolgt und nur darauf gewartet, dass wir noch etwas näher kämen. Ich sah fast nichts, schob den zweiten Gang rein, dann mit dem Hebel des Zusatzgetriebes die Schnellübersetzung, und brauste wild nach rechts und links kurvend über die weite leicht ansteigende Ackerfläche mit einem Karacho, dass sich meine Mitfahrer krampfhaft festklammern mussten. Dabei dankte ich unentwegt meinem Schutzengel, dass ich den Horch unter mir hatte, der mit seinem Acht-Zylinder-Motor durch den Acker pflügte und mit den Stollen der Geländereifen seines Allradantriebs Lehmkrumen nach allen Seiten verspritzte. In erschreckender Nähe krachten weiterhin die Salven der »Ratsch-Bumm« und warfen hohe Erdfontänen auf; in der Windschutzscheibe waren plötzlich zwei gezackte Löcher, aber der Horch meisterte unbeirrt souverän die Situation und trug uns mit jeder Sekunde weiter aus der tödlichen Gefahr, in die wir geraten waren.

Die Iwans schossen wie von Sinnen. Doch ihre Salven lagen zunehmend ungenauer und wurden spärlicher; nach etwa zwei unendlichen Minuten hatten wir es geschafft. Das Gelände fiel in eine Senke ab und bald waren wir außer Sicht der sowjetischen Richtkanoniere. Gut hundert Meter weiter hielt ich im Schatten einer einsamen, kärglichen Baumgruppe an. Niemand von uns hatte auch nur einen Kratzer abbekommen.

Wir atmeten kräftig durch und saßen eine Gedenkminute ab. Danach legte Danninger mir seine Hand auf die Schulter und erklärte in akzentfreiem Deutsch und sehr manierlich:

»Du darfst mir sagen, dass ich ein Idiot bin!«, und ich antwortete prompt:

»Jawoll, Stabsscharführer, gerne!«

Dann stieg ich aus und überprüfte den Horch. Außer den Löchern in der Windschutzscheibe und einigen

Splittereinschlägen im vorderen rechten Kotflügel und in der Heckkastentür konnte ich keine Schäden feststellen. Ich tätschelte anerkennend seine Motorhaube und machte mir nichts daraus, dass die anderen zusahen. Als wir abfuhren, funktionierte er wie eh und je äußerst vertrauenerweckend. Wir kamen bald auf eine Rollbahn, auf der Fahrzeuge unterwegs waren, folgten ihr nach Süden, erreichten nach einer Stunde den westlichen Stadtrand von Ckarkow und nach einer weiteren halben Stunde Olschany.

Dort wurden wir von den Bewohnern unserer Quartiere, die wir zwei Wochen vorher verlassen hatten, mit mäßiger Freude begrüßt. Ich wollte vor allen Dingen schlafen und fand dazu einen leeren Raum, in dem nur eine Pritsche stand, die mit Gurten bezogen war. In voller Montur warf ich mich darauf und fiel augenblicklich in bleierne Bewusstlosigkeit. Die Sonne stand schon ein Stück tiefer, als mich ein scharfes Brennen auf meiner rechten Körperseite weckte, mit der ich auf der Pritsche gelegen hatte; sie war rot und schmerzhaft geschwollen. Als ich die Liege umdrehte, fand ich auf der Unterseite der Gurte dicke Schichten mit von meinem Blut vollgesogenen Wanzen. Ich trug sie hinaus, übergoss sie mit Benzin und bereitete den Wanzen ihr verdientes Inferno. Danach fühlte ich mich etwas besser.

Der deutsche Zangenangriff auf den Kursker Bogen war eine der letzten strategischen Offensiven der Wehrmacht, vermutlich die letzte überhaupt. Was danach kam, waren bestenfalls taktische Reaktionen auf die immer großräumiger angelegten Operationen der Sowjetarmee. Trotz der personellen und materiellen Unterlegenheit hätten die beim Unternehmen Zitadelle eingesetzten deutschen Armeen die Schlacht gewinnen können, wenn ihnen das Kriegsglück zur Seite gestanden hätte. Aber das Kriegsglück der Feldzüge in Polen und Frankreich bestand in dem Überraschungsmoment; bei Kursk und Belgorod waren nicht die Verteidiger die Überraschten, sondern die Angreifer, die auf einen in jeder Hinsicht exzellent vorbereiteten Gegner stießen. Trotzdem: Nach allem, was man heute weiß, bestand einige Tage lang für die deutschen Armeen eine Chance für einen Sieg, der allerdings zeitlich und räumlich nur ein begrenzter gewesen wäre; im Süden, wo das 1. SS-Panzerkorps die russische Front durchbrochen hatte und zum Angriff auf Obojan ansetzte, schien eine Zeit lang ein Erfolg greifbar nahe zu sein.

Doch die Entscheidung, die alle deutschen Chancen und Erfolge im Kursker Bogen zunichte machte, fiel fern von Kursk, Prochorowka und Obojan. Die Feldmarschälle von Manstein und von Kluge wurden am 13. Juli in das Führerhauptquartier nach Ostpreußen, die »Wolfsschanze«, befohlen. »Zitadelle« wurde von nachrangiger Bedeutung, denn in Italien bahnte sich eine Katastrophe an, nachdem die italienische Armee unter General Badoglio geputscht und den Alliierten die Kapitulation angeboten hatte.

Am 10. Juli 1943 waren englische, amerikanische und kanadische Truppen von Nordafrika her auf Sizilien gelandet. Die italienische Verteidigung der Insel war schnell zusammengebrochen. 300 000 Mann waren bis auf wenige Einheiten einfach davongelaufen. Die Alliierten rollten über die Küstenstraßen vorwärts. Widerstand leisteten nur noch deutsche Fallschirmjäger, Panzergrenadiere und Flak-Kampftrupps.

Am 17. Juli befahl Hitler die sofortige Herauslösung

des SS-Panzerkorps aus der Front, weil er es nach Italien werfen wollte, zum größten Teil aber wurde es dann während der folgenden Monate doch an der Ostfront belassen. Nur unsere Division, die LAH, wurde in Eiltransporten nach Italien verlegt.

Das Quartiermachen in Olschany war keine große Sache. Die Züge und Gruppen wurden wieder auf die Häuser verteilt, in denen sie vorher gelegen hatten. Das war umso leichter, als die Kompanie in den Tagen zuvor schwere Verluste erlitten hatte; von etwa 120 Mann Gefechtsstärke waren in den wenigen Kampftagen durch Tod oder Verwundung 47 ausgefallen.

Die Stimmung war auf dem Nullpunkt. Wir alle wussten: Unsere Durchbruchserfolge im Kursker Bogen waren unbedeutende Pyrrhussiege, die in keinem Verhältnis zum Effekt und den enormen Verlusten an Menschen und Material standen.

Der Aufenthalt in Olschany dauerte nur drei Tage, in denen zwölf Mann »Ersatz« aus Berlin eintrafen, junge Freiwillige und ein paar »umfunktionierte« Männer von der Luftwaffe. Dann wurden wir in Charkow verladen, und als die Räder des Transportzugs zu rollen begannen, um uns immer schneller nach Westen und damit immer weiter weg von Kursk und Charkow zu tragen, vergaßen wir die Schrecken der Schlacht. Wir waren junge Männer, dem Geschehen der Stunde und des Tages verhaftet, und die Gewissheit, dass wir dem Albtraum Russland wenn auch nur für eine ungewisse Zeit entkamen, war uns Grund genug zur Freude.

Der bereits zitierte Schriftsteller Paul Carell zieht die Schlussfolgerung, der Krieg im Osten sei nicht durch Stalingrad, sondern durch den Abbruch des »Unternehmens Zitadelle« entschieden worden. Es mag sein, dass die deutschen Armeen durch glückliche Umstände die Schlacht hätten gewinnen können. Daraus jedoch einen möglichen »Endsieg« abzuleiten, dürfte kaum mehr sein als wenig reale Spekulation. Für meine Einheit, die 9. LSSAH, kann ich nur feststellen, dass sie nach acht Tagen auf eine Gefechtsstärke von 56 Mann zusammengeschmolzen war. Zu großen Aktionen nach dem gigantischen Kräftemessen war zunächst keine Seite fähig. Die weitaus größeren und damit kriegsentscheidenden Reserven und Ressourcen aber hatte die Sowjetunion.

Hinzu kam, dass die Rote Armee ihre Struktur grundlegend verändert hatte. Die Panzerstreitkräfte waren neu gegliedert, und sie konnten sich auf eine mächtige Panzerproduktion stützen, die bedeutend höher lag als die der deutschen Kriegswirtschaft.

Der Möglichkeit beraubt, große Angriffsoperationen zu führen, gingen die Deutschen an der gesamten Ostfront zur Verteidigung über. Das Gesetz des Handelns hatten die Sowjets übernommen, und das Ende war eine Frage der Zeit. Die deutschen Verluste bei Kursk betrugen nach Marschall Schukow 500 000 Mann, 1 500 Panzer, 3 000 Geschütze und 1 500 Flugzeuge. Über die Verluste der Roten Armee schweigt Moskau bis heute. Sie waren gewiss nicht unbedeutend. So brachte z. B. allein die deutsche 4. Panzerarmee unter Generaloberst Hoth rund 32 000 Gefangene ein, vernichtete mehr als 2 000 Panzer sowie fast ebenso viele Geschütze.

Am Abend des 5. August gab Stalin den Befehl, in Moskau ein Feuerwerk zu veranstalten sowie als Ehrensalut für die Truppen der Zentralfront je 12 Salven aus einer großen Zahl von Geschützen abzufeuern.

Italienisches Intermezzo

Es war immer wieder erstaunlich, wie oft die in den »Scheißhausparolen« kolportierten Gerüchte sich als zutreffend erwiesen. Noch bestimmte gedämpfte Zuversicht über den Ausgang der Schlacht nach den – auf den Frontabschnitt begrenzten – Durchbruchserfolgen der LAH die Stimmung, als es urplötzlich hieß: »Schluss der Vorstellung, übermorgen geht es ab nach Italien!«

Was man sich erhofft, das glaubt man gern, und so begannen selbst die notorischen Skeptiker unter uns, sich vorsichtig dem Traum der deutschen Seele von Süden und Sonne hinzugeben. Niemand, der den Russlandfeldzug erlebt hat, kann sich eine Vorstellung davon machen, wie stark bei jedem von uns die Sehnsucht war, dem Grauen dieses beispiellos gnadenlosen Krieges zu entkommen und sei es auch nur für eine Weile. »Bevor ich sterben muss«, so habe ich mehr als einmal einen der blutjungen Soldaten sagen gehört, »möchte ich wissen, wie es ist, mit einer Frau zu schlafen!« Ein letzter Wunsch, der – wenn überhaupt – allenfalls in einem Bordell erfüllt wurde und nur eine bittere Erfahrung mehr bescherte.

Zwei Tage später rollten wir bereits der Sonne entgegen. Wir Männer vom Gefechtstross waren mit unseren Fahrzeugen auf offene Güterwagen verladen worden und genossen die Fahrt in strahlender Sommersonne, die über Kiew, Shitomir und Lemberg (Lwiw) anfänglich genau nach Westen ging. Die Fahrt verlief im Eiltempo, kurze Aufenthalte gab es nur für schnelle, notwendige Lokwechsel, wenn deren Vorrat an Wasser und Kohle erschöpft war. Wir rollten durch Schlesien, wo an den Bahnschranken die blonden deutschen Mädchen standen und uns zuwinkten; wir bestaunten sie wie unwirkliche Wesen aus einem Märchen.

In Breslau wandte sich der Transportzug nach Süden, passierte Prag und fuhr dann durch Bayern und das Inntal entlang bis Schwaz bei Innsbruck, wo wir ausgeladen wurden. Die Kompanie setze sich unverzüglich über den Brenner nach Italien in Marsch.

Spieß Danninger, der aus dem nahe gelegenen Landeck stammte, nutzte die Gelegenheit für einen außerplanmäßigen Kurzurlaub bei seiner Familie und erbat sich dafür bei unserem immer konzilianten Chef Ostuf Breuer den Horch und mich als Begleitung; so verbrachte ich eineinhalb Tage in Landeck in einem richtigen Bett und lernte die deftige Tiroler Kost kennen. Im Übrigen machte ich mir einen schönen Tag ohne irgendwelche Verpflichtung.

Nach der zweiten Übernachtung machten wir uns auf den Weg. Bis zur Höhe des Brennerpasses war das Wetter diesig und unfreundlich, dann aber öffnete sich in strahlender Sonne Oberitalien mit seiner ganzen Pracht. In den Ortschaften, die wir durchfuhren, standen die Südtiroler am Straßenrand und winkten uns begeistert zu. Danninger, der eine Flasche Wein mit auf die Reise genommen und inzwischen geleert hatte, zeigte ein für mich überraschendes Verhalten. Er stand vor dem Beifahrersitz, hielt sich mit der linken Hand am Rahmen der Windschutzscheibe fest, vollführte mit der Rechten wilde Drohgebärden und schrie immer wieder: »Haut ab, ihr blöden Makkaronifresser!« – und

Schlimmeres. Ich erhöhte mein Tempo so weit, dass ihn das Publikum auf keinen Fall verstehen konnte, es reagierte auf die temperamentvollen Ausbrüche mit umso größerem Enthusiasmus. Erst nach einer Weile wurde mir klar, worum es ging: Nordtiroler waren echte Tiroler, Südtiroler, von denen viele aus dem italienischen Süden zugewandert waren, aber alles andere und deshalb Objekte tiefster Verachtung.

Ich hatte vorher noch nie Gelegenheit, den Horch auf einer gut ausgebauten Straße auszufahren, und gab ihm die Sporen; auf den Geraden brachte er es auf die für einen Geländewagen und die damaligen Verhältnisse sagenhafte Geschwindigkeit von 120 Stundenkilometern. Knapp sechs Stunden nach der Abfahrt erreichten wir die Kompanie in Reggio, wo sie auf einer grünen Wiese am Stadtrand ihre Zelte aufgeschlagen hatte.

Am nächsten Tag begann eine recht kuriose Art von Krieg. Nachdem Italien sein martialisches Engagement, das 1940 mit der unerwünschten Einmischung in den Krieg begonnen worden war, 1943 unter dem Eindruck der alliierten Landung auf Sizilien für beendet erklärt hatte, war der Division LAH als einziger kampffähiger Einheit in ihrem Operationsraum die Aufgabe zugeteilt worden, Oberitalien und damit den Nachschub für die im Süden des Landes verbissen Widerstand leistende 10. deutsche Armee zu sichern.

Das war nicht so einfach, denn die Gefechtsstärke der Division betrug nach der erst vor einer guten Woche beendeten verlustreichen Schlacht bei Kursk schätzungsweise etwa 3000 Mann. Aber im Divisionsstab gab es offenbar jemanden, der sich etwas einfallen ließ, die Einheiten wurden mit allen Fahrzeugen in ständig veränderter Reihenfolge in einen permanenten Marschzustand versetzt: Tag und Nacht waren wir unterwegs, um mit den pausenlosen Kolonnenfahrten im Raum Modena, Bologna, Florenz, Padua, Verona und Mailand den Eindruck der Präsenz starker Verbände vorzutäuschen.

Die italienische Führung ließ sich tatsächlich täuschen. Drei Stunden standen wir gefechtsbereit auf den Einfallstraßen von Mailand, dann kapitulierten dort fünf Divisionen unserer ehemaligen Kampfgenossen; vermutlich hatten sie auch nicht viel Lust, weiter ihre Haut zu Markte zu tragen, außerdem bemühten sich die Faschisten, die in der Polizei einen starken Rückhalt hatten, wieder die Macht zu übernehmen. In wenigen Tagen wurden 106 000 italienische Soldaten entwaffnet*) und in Lagern zusammengefasst; es hieß, dass viele von ihnen zum Arbeitseinsatz nach Deutschland gebracht wurden.

Wir besetzten Mailand und bezogen mit dem Kompanietrupp Quartier in einem alten Palazzo, der einen schönen, großen Innenhof hatte, der Horch ging zentimetergenau durch die Einfahrt. In dem Haus residierte ein schwedischer Konsulatsangestellter, in einem Flügel des Erdgeschosses wohnte die Hausmeisterfamilie, von den leer stehenden Räumen nahmen wir einige in Beschlag.

Wir waren anfänglich mehr oder weniger uns selbst überlassen, rekognoszierten die Umgebung und bemerkten Männer und Frauen, die mit Beuteln und Kartons aus einem großen Gebäude kamen. Wir stellten bald fest, dass es sich um ein ausgedehntes Lagerhaus

---

*) Quelle: Werner Haupt, Deutsche Spezialdivisionen 1938–1945, 1995.

handelte, das voller guter Dinge gewesen war, die für englische Kriegsgefangene bestimmt waren: hauptsächlich Schokolade, Kekse, Konserven und Zigaretten. Bis auf herumliegende Reste war alles leer geräumt, ich fand darunter als bescheidene Beute einige Dosen mit hellem Virginia-Tabak und kondensierte Libbys-Milch, die sehr süß war und mir als vorher nie erlebter Genuss hervorragend schmeckte.

Ostuf Breuer hatte einen Sonderauftrag für mich. »Nehmen Sie ein paar Mann mit und fahren Sie nach Osten Richtung Brescia! Am Stadtrand liegt der Flughafen, dort sollen noch Italiener sein; erkunden Sie die Lage und kommen Sie gleich zurück, aber unternehmen Sie weiter nichts!«

Der Flugplatz war ein weitläufiges Gelände, auf dem ein Dutzend zweimotorige italienische Kampfflugzeuge offenbar voll einsatzbereit herumstanden. Bei einigen Baracken am Randes des Flugfeldes bemerkten wir Fahrzeuge. In der Nähe der Einfahrt, wo wir Halt gemacht hatten, befand sich eine große Halle, die wir genauer in Augenschein nahmen. Sie enthielt einige kleinere Militärmaschinen und einige Lastwagen, darunter ein knallrotes Feuerwehrauto, das es mir sofort angetan hatte; ich brachte es in Gang und machte mir den Mordsspaß, es mit Sirenengeheul und in halsbrecherischem Tempo in die Stadt zu kutschieren. Grulich, der immer mit von der Partie war, übernahm den Horch. Unsere spektakuläre Ankunft erregte bei unserem Haufen wie beabsichtigt beträchtliches Aufsehen. Dies war die Art von Auftritten, mit denen man ihm imponieren konnte.

Breuer lächelte dazu nachsichtig, nahm meinen kurzen Bericht entgegen und gab der Kompanie umgehend Befehl zum Aufsitzen. Am Flughafen schwärmten die Züge aus und wandten sich dem dichter bebauten Teil an der Westseite des Areals zu. Dort standen zwei Wohnblocks, aus denen auf uns geschossen wurde, als wir in ihre Nähe kamen. Sie wurden von zwei Zügen durchsucht, einige Männer, die vorgefunden wurden, auf einer kleinen Wiese zusammengetrieben. Alle gingen jedoch davon aus, dass sie harmlos waren und die Heckenschützen sich rechtzeitig aus dem Staub gemacht hatten.

Unterdessen hatte ich mich mit den Kameraden des Kompanietrupps den Baracken auf dem Flugfeld zugewandt, die mir schon bei unserem ersten Besuch verdächtig vorgekommen waren. Die erste, auf die wir trafen, war leer, bei der zweiten fand ich eine verschlossene Tür vor; ich trat sie ein und stand in einem abgedunkelten Raum vor einem beleuchteten Tisch, hinter dem ein Uniformierter eifrig mit einem Funkgerät hantierte. Als er in die Mündung meiner russischen MP blickte, sprang er wie von der Tarantel gestochen auf und riss die Arme hoch, als wolle er die Zimmerdecke durchstoßen. Ich gab einen Feuerstoß in das Funkgerät ab, winkte den schlotternden Italiener hinaus und führte ihn zu Ostuf Breuer, der meine Meldung entgegennahm, und sagte: »Sagen Sie ihm, er soll abhauen und sich Zivilklamotten besorgen!« So geschah es, ich war einigermaßen perplex und in diesem Fall durchaus nicht ganz einverstanden. Aber Ostuf Breuer war eben ein Gemütsmensch, mit der späteren Medienvorstellung vom brutalen SS-Offizier hatte er nicht das Geringste gemein. Die Zivilisten beim Hochhaus hatte er schon vorher laufen lassen.

Kurz darauf bot sich mir die Gelegenheit, mein Renommee als findiger »Organisierer« bei der Kompanie nachhaltig zu festigen. Eine unserer Sicherungsfahrten führte uns nach Cremona, und Ostuf Breuer trug mir auf, zu erkunden, ob sich in der dortigen Offiziersschule noch jemand aufhielt. Ich fuhr mit dem Kompanietrupp im Horch und einem Kfz 69 los.

Wir erreichten bald den weitläufigen, zur Straße hin mit einem hohen Gitter abgegrenzten Komplex, fanden aber das Gittertor verschlossen. Wir holten aus unseren Fahrzeugen Brecheisen und hatten das Hindernis schon überwunden, als ein einzelner italienischer Offizier auf uns zulief, erregt auf uns einschrie, seine Pistole zog und auf mich richtete. Ich sah die Situation nicht als bedrohlich an; aber hinter mir ertönte ein Schuss, jemand hatte reagiert und den Mann in die Brust getroffen. Das zu monieren, gab es keinen Anlass; aber als der junge, außergewöhnlich gut aussehende Mann verblutend vor mir auf dem Boden lag, empfand ich Mitleid und Bedauern über seinen Tod, der mir als ein sinnloses, aber doch eindrucksvolles Beispiel von Ehrbewusstsein und Tapferkeit erschien, zu dem trotz der bei uns allgemein gültigen wenig respektvollen Meinung über ihre soldatischen Qualitäten Italiener offenbar fähig waren.

Wir stürmten in das Gebäude; meine Kameraden durchsuchten das Parterre, ich folgte meinem bewährten Instinkt, stieg sofort in das Obergeschoss und begann es gründlich zu inspizieren. Zunächst fand ich nichts, was interessant gewesen wäre, aber dann geriet ich an das Magazin und wurde in reichem Maße fündig. Es enthielt Ausrüstungsteile aller Art: feinste Schuhe und anderes Lederwerk, ein Lager mit Ballen erstklassigen hellgrauen Tuchs für Ausgehuniformen, vor allem aber einen großen Raum voller Offiziers-Tropenhemden, Überfallhosen und kurze Hosen in hellem Kaki, darunter auch LAH-Größen, und sogar passende Mützen. Ich alarmierte die anderen und wir luden auf, was unsere Fahrzeuge fassten. Dazu erbeutete ich in der Waffenkammer eine Anzahl der begehrten Beretta-Pistolen, die ich großzügig verteilte.

Als wir mit unserer Beute bei der Kompanie ankamen, war die Überraschung vollkommen. Breuer klopfte mir auf die Schulter, ließ Spieß Danninger rufen, der sich natürlich begeistert zeigte, und befahl diesem, die Kompanie sofort antreten und sich mit den neuen Uniformteilen einkleiden zu lassen. Im Nu hatte jeder seine passende Montur und machte sich mit Nadel und Zwirn daran, die Hemden mit den Kragenspiegeln und Schulterstücken und die Mützen mit dem Totenkopf der LAH zu versehen. Alle waren stolz in ihrem schicken Dress und höchst zufrieden, die in der Sommerhitze fast unerträglichen Tuchuniformen und die hässliche, unbequeme Drillich-Arbeitsbekleidung los zu sein. Das ganze Regiment bestaunte die »Neunte« und beneidete sie von ganzem Herzen.

Es war noch einiges übrig. Breuer ließ es dem Bataillonsstab zukommen und dazu zwei Ballen von dem hocheleganten Uniformtuch, was dazu beitrug, höhere Bedenken gegen die unvorschriftsmäßige Kluft zu zerstreuen. Ich schickte einige Meter von dem schönen Tuch nach Hause, was mir, wie auch anderen, von Breuer ausdrücklich erlaubt wurde.

Das alles wäre in einem anderen Ambiente keineswegs selbstverständlich gewesen. Aber unter den Umständen und in dem freundlichen Klima war alles leichter und lockerer, was auch zu dramatischen Konsequenzen führte. Kontrollierte Beute an italienischen Militärbeständen zu machen, wurde nicht beanstandet; im

Übrigen jedoch galten die strengen Regeln der so genannten »Manneszucht«; niemand von uns hätte sich getraut, einem Italiener die Armbanduhr abzunehmen.

Mein Kamerad Hermann Schreiber, der MG-Schütze im 2. Zug war, wurde ohne jedes eigene Dazutun in eine Sache verwickelt, von der er mir sehr bedrückt berichtete.

Hermann war ein Jahr zuvor in Frankreich von der Ersatzkompanie zur Neunten gekommen. Wir trafen uns zum ersten Mal in der Waschbaracke, wo ich ihn ansprach, weil er sich mit einiger Umständlichkeit bemühte, seine Socken zu waschen.

»Lass da mich mal ran«, sagte ich zu ihm, »ich zeige dir, wie das einfacher und schneller geht!«

Und in dem sich anbahnenden Gespräch stellte ich die unvermeidliche Frage: »Wo kommst du denn her?«

»Aus Rheydt, das liegt bei Düsseldorf!«

»Aber dann sind wir ja Landsleute! Und in Rheydt bin ich regelmäßig in den Ferien bei meinen Verwandten gewesen, die haben in der Bahnhofstraße ein Großhandelsgeschäft!«

Hermann kannte die Familie und freute sich, einen Rheinländer zu treffen, in der LAH eine dünn gesäte Spezies. Wir begegneten uns in der Folge immer wieder und tauschten vertraulich Erlebnisse und Empfindungen aus. Am 28. Februar, dem »Schwarzen Sonntag« der Neunten während der Schlacht um Charkow, gehörte er zu den Überlebenden.

In Italien hatte Hermann das Pech, einem Kommando zugeteilt zu werden, das drei Kameraden vom 1. Bataillon erschießen musste. Die drei Männer hatten die Lockerung der Truppendisziplin gründlich missverstanden; sie waren in Mailand in ein Geschäft eingedrungen und hatten den Inhaber, einen Juwelier, gezwungen, ihnen einige Preziosen herauszugeben. Der Fall wurde ruchbar und kam in kürzester Frist vor das Standgericht der Division, das die Delinquenten zum Tode verurteilte.

Von jeder Kompanie wurden für das Erschießungskommando Soldaten bestimmt und Hermann gehörte dazu. Es war eine schwere Aufgabe, der sich niemand entziehen konnte. Hermann machte die Sache zu schaffen; es erleichterte ihn etwas, darüber zu sprechen und er meinte: »Nur gut, dass nach der Vorschrift einer der Karabiner, die uns ausgehändigt wurden, mit einer Platzpatrone geladen war, vielleicht war es der, mit dem ich schießen musste!«

Nach zwei Wochen abenteuerlicher Aktivitäten war die Lombardei wieder fest in deutscher Hand. Man ließ uns zur Sicherheit noch in der Landschaft, wir wurden aber aus der Stadt an den Po in der Nähe von Pavia verlegt. Dort zeltete die Kompanie auf dem Gelände eines großen bäuerlichen Anwesens; ich ergatterte Milch, Kartoffeln und die riesigen, mild schmeckenden Zwiebeln der Gegend und bereitete daraus für Ostuf Breuer, Danninger, mich und manchmal auch für den einen oder andern mehr auf einem Benzinkocher schnelle Gerichte, die durchweg als Abwechslung und Ergänzung zur Truppenverpflegung gelobt wurden; als köstlich galten meine Bratkartoffeln aus fein geschnittenen rohen Knollen mit Büchsenfleisch.

Im Übrigen hatte ich ein gutes Leben. Während die anderen sich im Geländedienst plagen und Wache schieben mussten, schob ich eine ruhige Kugel, schlief auf dem Heuboden des Gehöfts oft morgens bis neun und teilte mir den Tag nach Belieben ein. Einige Uschas sahen das mit merklichem Missvergnügen, aber Spieß

Danninger blockte sie ab und betraute mich mit leichten Sonderaufgaben wie Fahrten mit ihm zum Bataillon und die Begleitung von Kradmelder Adele auf Meldefahrten.

Babucke und Löber servierten wie immer die gleiche miese Kost, eines Tages setzten sie ihren zweifelhaften kulinarischen Künsten die Krone auf: Durch irgendein Missgeschick waren Trockenerbsen, Reis und Dörrgemüse in den Säcken umgefallen und vermengt worden, sie schaufelten das Durcheinander einfach in die Feldküche und gaben es als Mittagessen aus, das ich wie gewohnt auch für Ostuf Breuer abholte.

Als er neben mir und unserem Sani Sepp Rist vor seinem Zelt am Feldtisch saß und in gewohnter Bescheidenheit brav den Mischmasch löffelte, brach ich plötzlich das Schweigen mit der Bemerkung: »Heute hat unsere Küche einen Rekord aufgestellt, das ist der übelste Schweinefraß der Kompaniegeschichte!«

Der Erfolg war durchschlagend. Breuer, der immer Beherrschte, sprang auf, ging mit schnellen, steifen Schritten zur Küche und brüllte Babucke an: »Was erlauben sie sich, so einen Saufraß anzubieten! Wenn so etwas noch ein einziges Mal vorkommt, gehen Sie sofort für drei Tage in den Bau!«

Babucke, krebsrot anlaufend, stammelte nur erschrocken: »Jawohl, Obersturmführer! Jawohl, Obersturmführer!« – Mir war das Ganze für vieles eine späte Rache, die ich genoss.

Wenige Tage darauf führte Ostuf Breuer mit mir ein Gespräch, das für meine Zukunft von großer Bedeutung werden sollte. Ich überprüfte gerade den Horch, der unter einer großen Plane neben seinem Chefzelt stand, als er zu mir trat und wie beiläufig zu mir sagte:

»Sie sind ja jetzt schon ein paar Monate mein Fahrer und auch mit anderen Aufgaben betraut worden. Ich habe Sie als zuverlässig, korrekt und besonnen in kritischen Situationen kennen gelernt. Außerdem haben Sie eine entsprechende Vorbildung. Ich überlege, ob ich Sie für die Junkerschule anmelden soll, was meinen Sie dazu?«

Mir war sofort bewusst, dass von meiner Antwort sehr viel für mich abhängen konnte. Bei einem Mann wie Breuer würde etwas anderes als eine offene Antwort schlecht ankommen.

Also fasste ich mich schnell: »Ich bin Kriegsfreiwilliger, Obersturmführer, für die Führerlaufbahn) müsste ich mich auf zwölf Jahre verpflichten. Ich versuche meine Pflichten gut zu erfüllen und danke Ihnen für die Anerkennung und Ihr Vertrauen, aber mein Zukunftswunsch ist ein anderer. Ich glaube, zum Truppenoffizier wäre ich nicht besonders geeignet!«*

»Was möchten Sie denn gerne werden?«, wollte Breuer wissen.

»Ich würde gerne Arzt werden!«

»Aber das ist doch auch eine Möglichkeit«, eröffnete mir Breuer, »Sie könnten doch SS-Arzt werden; wären Sie damit einverstanden?«

Alles war besser als Neunte, die schon bald einen anderen und dann voraussichtlich weit weniger angenehmen Chef haben konnte. Und so sagte ich schlicht: »Ja, das wäre ich, Obersturmführer!«

»Dann werde ich das im Auge behalten!«, war die knappe Antwort.

Weiterhin war nicht mehr die Rede davon, erst Monate später sollten sich die für mich erfreulichen Folgen

---

*) Bei der LAH als einer so genannten »aktiven Truppe« gab es keine Reserve-, sondern nur Berufsoffiziere.

zeigen. Fürs Erste kam immerhin meine Beförderung zum Rottenführer) dabei heraus.*

Eine Weile kurvten wir noch durch die Lombardei zu wechselnden Standorten. Für eine gute Woche schlugen wir die Zelte am Ufer des Po auf, und die gesamte Kompanie – der Versorgungstross ausgenommen – erhielt den Befehl, durch den Fluss zum gegenüberliegenden Ufer zu schwimmen. Was dabei nicht bedacht worden und auch nicht ohne weiteres erkennbar war: Der Strom hatte gefährliche Strudel, als wir ihn überquert hatten, waren alle weit abgetrieben und total erschöpft. Zwei Mann fehlten, wir warteten vergebens auf sie, dann traten wir den langen Rückweg über eine Brücke an. Von dem Vorfall war mit keinem Wort mehr die Rede.

Von den Ertrunkenen abgesehen, hatte die Kompanie in der ganzen Zeit des Aufenthalts in Oberitalien keine Ausfälle. Wir hatten uns an das behagliche Sommerfrischendasein gewöhnt, als Mitte September das 1. Regiment LAH und damit auch unsere Einheit nach Osten in Marsch gesetzt wurde. Nach dem militärischen Zusammenbruch Italiens waren die Partisanen in Jugoslawien erheblich aktiver geworden und hatten sich auch schon in Istrien bemerkbar gemacht. Mit unserem Auftreten gedachte man ihnen wieder Respekt beizubringen.

Bis Triest und in die benachbarten kleineren Küstenstädte hatten sich die Freischärler noch nicht vorgewagt. Wir verbrachten zwei Tage im malerischen Portorose, wo ich der Versuchung nicht widerstehen konnte und mit zwei wagemutigen Kameraden ein am

---

*) Entsprach im Heer dem »Obergefreiten«.

Strand liegendes Segelboot für eine Spritztour auf der Adria flottmachte. Wir hielten uns in Küstennähe, bekamen aber Probleme mit dem unsteten Wind und mussten, um wieder Land zu erreichen, fleißig kreuzen, was ich bis dahin nur mit selbst gebastelten Modellbooten geübt hatte.

Wir rückten auf der Küstenstraße bis Pola an der Südspitze der Halbinsel vor, der wichtige Kriegshafen war von der deutschen Marine nur schwach besetzt. Auf der Weiterfahrt durch das bergige Innere Istriens nach Norden stießen wir auf Dörfer, die von den Bewohnern offensichtlich fluchtartig verlassen worden waren. Dann wandten wir uns über Rijeka nach Osten durch den Karst und dann nach Süden dem Gebirge von Kapela zu. Als wir die offenere Landschaft verließen, wurden wir zunehmend in Gefechte verwickelt; die Partisanen beschossen uns aus dem Hinterhalt von den schroffen Felswänden herunter. Wenn wir uns über schmale Serpentinen hinaufgekämpft hatten, fanden wir nichts mehr vor. In den Tälern konnten wir uns nur im Konvoi bewegen, mit einem Kfz oder einem Krad alleine unterwegs zu sein, wurde zu einem riskanten Abenteuer. Wir fanden diese feige und barbarische Art zu kämpfen, die in der völkerrechtlich gültigen Haager Landkriegsordnung geächtet war, abscheulich und noch widerwärtiger als den Krieg in Russland; es war bekannt, dass die Partisanen grundsätzlich ihre Gefangenen massakrierten.

Es gelang uns lediglich zweimal, Gruppen von ihnen zu stellen und wirkungsvoll unter Feuer zu nehmen. Ich hatte dabei genug mit der Einweisung des Gefechtstrosses zu tun und schoss selbst nicht; aber ich empfand erstmals ein Gefühl der Genugtuung angesichts der gefallenen Gegner.

Bei einer dieser Aktionen kam es zu einem regelrechten Gefecht. Wir überraschten eine größere Zahl von Partisanen, die sich in einem Dorf festgesetzt hatten, hinter dem sich steile Berge türmten. Da sich endlich die ersehnte Gelegenheit zum offenen Kampf bot, zudem der Tag bereits zur Neige ging und wir den Gegner nicht in der Dunkelheit entkommen lassen wollten, hatten wir keine andere Möglichkeit, als den Angriff mit aufgesessenen Mannschaften in flachem, leicht abfallendem Gelände vorzutragen, das sich weithin deckungslos über etwa einen Kilometer erstreckte.

Wir fuhren mit Vollgas, unsere MG-Schützen schossen von den schwankenden MTWs, was die Läufe hergaben, ohne Rücksicht auf das heftige Abwehrfeuer. Erst kurz vor dem Dorf stiegen die Gruppen ab und gingen zum Sturmangriff über. Als sie das Dorf erreichten, waren die Partisanen im Schutz der hereinbrechenden Abenddämmerung in den nahen Bergen verschwunden.

Der Kampf kostete uns einige Verwundete, unter ihnen war mein Kamerad Hermann Schreiber aus Rheydt, der einen Oberschenkeldurchschuss davontrug. Er wurde, wie ich bei einer unserer späteren Begegnungen von ihm erfuhr, in ein Lazarett nach Triest gebracht; danach wurde er zur Junkerschule nach Prag abkommandiert.

Es gab auch weniger ungute Erlebnisse. Ostuf Breuer hatte wieder einen Sonderauftrag für mich und meine bewährten Mannen; wir sollten ein einsames Dorf hoch oben in den Bergen erkunden, das von unten gut sichtbar war, und alle Männer unter 60 Jahren dingfest machen und mitnehmen. Zwei SMGs sollten uns für alle Fälle Feuerschutz geben. Die Kameraden mit schussbereiten MPs neben und hinter mir, steuerte ich den Horch, gefolgt von Grulich mit einem Kfz 69, über die enge, gewundene Straße den Berg hinan durch Rebenhänge mit überreifen Trauben, die augenscheinlich niemand zu ernten wagte.

Wir fanden das Dorf wie ausgestorben; als ich mit dem MP-Kolben an ein Hoftor klopfte, tat sich eine Zeit lang nichts, dann wurde es geöffnet von einem Mann, der mich in klanggefärbtem, aber gut verständlichem Deutsch sofort ansprach: »Hier ist außer uns niemand mehr, Herr! Wir sind Kroaten! Die anderen sind in die Berge geflohen! Wir sind keine Feinde, kommen Sie herein und sehen Sie sich um!«

Ich gab einem meiner Begleiter ein Zeichen und wir folgten dem Bauern über den Hof in eine niedrige, wohnliche Stube. An der Wand hing ein Foto des Hausherrn, das ihn als jungen Unteroffizier in der Uniform des K.u.k.-Heeres*) des Ersten Weltkriegs zeigte. Seine rundliche Frau setzte uns Brot, Wurst und Wein vor und bat uns zuzulangen, was wir der Höflichkeit halber taten.

Der Mann war sichtlich keine sechzig. »Eigentlich haben wir Befehl, Sie mitzunehmen«, sagte ich, »aber das werden wir nicht tun; ich nehme das auf meine Kappe!«

Man hörte geradezu, wie ihm ein Stein vom Herzen fiel. Mit überschwänglichen Dankesbeteuerungen küsste er meine Hand und schloss mit den Worten: »Ich habe eine hübsche Tochter, darf ich sie holen und bekannt machen?«

Er ging hinaus und kam mit einem ansehnlichen, munteren Mädchen zurück, die um die zwanzig sein

*) Kaiserliche und Königliche Armee in der Monarchie Österreich-Ungarn.

mochte. Ich begrüßte sie artig und sagte dann: »Sie ist reizend, ich wünsche ihr Glück in dieser schweren Zeit! Und jetzt müssen wir weiter!« Im Tal meldete ich Breuer, was wir vorgefunden hatten, und er gab sich, wie fast immer, in seiner souveränen Art damit zufrieden.

Unsere Führung operierte bei der verworrenen Lage in diesem allgegenwärtigen Kleinkrieg, wie es die Situation gerade erforderlich zu machen schien. Da wir auf die wenigen Straßen in den von steilen Felswänden gesäumten Tälern angewiesen waren, konnten die Partisanen, die in der Landschaft zu Hause waren, uns von den Höhen unter Feuer nehmen. Zum Glück für uns hatten sie außer Granatwerfern keine schweren Waffen und konnten mit ihren MGs und Gewehren nicht allzu gut umgehen, obwohl sie deutlich im Vorteil waren. Uns hatten sie als Ziele praktisch auf dem Präsentierteller der Talebenen, während sie in ihren Verstecken hinter den zahlreichen Felsblöcken nur schwer auszumachen und noch schwerer zu bekämpfen waren. Unsere Granatwerfer konnten als Steilfeuerwaffen gegen hoch gelegene Ziele kaum eingesetzt werden, und unsere Handfeuerwaffen konnten mit einfachen Mantelgeschossen nur wenig ausrichten. Wir erhielten deshalb Explosiv-Munition, die sich als recht wirkungsvoll erwies; es muss für die Partisanen ziemlich erschreckend gewesen sein, wenn sie sich in ihrer vermeintlich sicheren Deckung hinter den Felsen plötzlich von Hunderten fast gleichzeitig berstenden Sprenggeschossen umgeben sahen.

Wir handelten damit zwar in klarer Unvereinbarkeit mit der Haager Landkriegsordnung, aber das taten die Partisanen als Nichtkombattanten mit jedem Schuss, den sie abgaben, auch; und außerdem bestand zwischen dem Resultat und dem Effekt eines Beschusses mit leichten Maschinenkanonen – der Vierlingsflak zum Beispiel, wie sie der Schweizer Rüstungskonzern Oerlikon der deutschen Wehrmacht gegen Gold in großer Zahl lieferte – kaum ein Unterschied.

Und wenn man die Sache retrospektiv sieht: Nach der Haager Landkriegsordnung waren auch Geiselerschießungen als Repressalien nach Überfällen auf eine Besatzungstruppe legitim; sie wurden rückwirkend als ungültig erklärt, um Verurteilungen deutscher Angeklagter, die in Nürnberg, in Rom und in Frankreich vor den Kriegsverbrechertribunalen verhandelt wurden, rechtlich möglich zu machen.

Durch die heimtückische Kriegsführung zunehmend frustriert und erbittert, entschlossen wir uns, als sich bei einem weiteren hinterhältigen Überfall die Gelegenheit bot, zu einem spontanen Gegenangriff. An einer fast senkrechten Felswand schlängelte sich ein Serpentinenweg hoch; Breuer entschied sich für eine Art Husarenstück, wies zwei Gruppenführer mit ihren Kfz 69 an, ihm zu folgen, und sagte zu mir: »Rauf geht's, so schnell und so weit wie möglich!«

Ich preschte mit Karacho los. Wir kamen auf der schmalen Straße mit ihren Haarnadelkurven unerwartet gut voran und hatten fast die halbe Höhe der Wand erklommen, als wir von oben massiv beschossen wurden. Augenblicklich verließen unsere Mannschaften die Fahrzeuge und gaben den Angreifern Zunder aus vier MGs; wir anderen schossen mit unseren Karabinern. Zusätzlich erhielten wir Feuerschutz durch die restlichen acht MGs der Kompanie aus dem Tal; alles in allem entstand ein beträchtlicher Feuerzauber, dem die

Partisanen nicht lange standhielten. Nach einigen Minuten saßen wir auf und waren bald auf der Höhe der Wand, wo wir auf einem Plateau ein einsames Haus, einige Hühner und ein Schwein vorfanden, aber keinen Menschen. Im Haus fielen uns jedoch Kartenmaterial und andere Unterlagen in die Hände, die Breuer an sich nahm. Uscha Hübner war so wütend, dass er das Strohdach der Hütte in Brand steckte, bevor wir abrückten. Niemand versuchte, ihn daran zu hindern, auch Breuer nicht.

Am Tag darauf gab mir Breuer den Auftrag, die erbeuteten Papiere mit dem Horch-V8 zum Bataillonsstab zu bringen. Das war ein Weg von einigen Kilometern und ich legte ihn ohne Begleitung zurück. An der langen Steigung einer Bergstraße, zu deren Linken ein Abgrund gähnte, geriet ich in einen Stau hinter etlichen schweren Lkws einer Brückenbaukolonne. Die Sache dauerte: Ich legte zur Sicherung den Rückwärtsgang ein und stieg aus, um mir die Beine zu vertreten. Plötzlich bemerkte ich, dass sich der letzte hoch beladene Laster der Kolonne vor mir in Bewegung setzte und rückwärts zu rollen begann.

Aus welcher glücklichen Eingebung auch immer hatte ich mit meinem Fahrzeug zu ihm in einigem Abstand angehalten.

Ohne eine Sekunde zu verlieren, spurtete ich auf meinen Fahrersitz, trat die Kupplung und versuchte gleichzeitig den Wagen, der sofort zu rollen begann, so weit wie möglich nach rechts zu steuern.

Der Lkw vor mir hatte inzwischen an Fahrt gewonnen; ich konnte gerade noch verhindern, dass er den Horch voll erfasste, er prallte jedoch krachend auf den vorderen linken Kotflügel. Dann driftete er nach links ab und verschwand polternd im Abgrund.

Mehr wütend als konsterniert stellte ich fest, dass der Schaden heilbar war. Es gab ein unvermeidliches ausgiebiges Palaver, an dem der Führer der Brückenbaukolonne, ein Hauptsturmführer, und der schreckensbleiche Fahrer des Unglücks-Lkw beteiligt waren. Der Hauptsturmführer schloss messerscharf, dass ich Schlimmeres verhindert hätte, und bescheinigte mir dies mit ein paar Zeilen. Dann befreite ich mit einem Brecheisen, das zur Ausrüstung gehörte, das Vorderrad von dem zerbeulten Blech und konnte irgendwann weiterfahren.

Nach meiner Rückkehr zur Kompanie zeigte sich Breuer erfreut, dass dem kostbaren Horch nicht mehr passiert war. Ein Auto dieses Status gab es immerhin nur zweimal im Bataillon, das eine fuhr der Kommandeur, das andere der Chef der schweren Kompanie, und das war Breuer, der darauf mit Recht stolz war.

Um den Horch wieder in den gewünschten perfekten Zustand zu versetzen, musste ich ihn in eine Karosseriewerkstatt nach Cilli bringen. Die Reparatur dauerte entsprechend und verschaffte mir drei volle Tage nicht besonders amüsanten, aber ungebundenen Aufenthalt in der kleinen Stadt, von der ich noch nicht wusste, dass sie schon bald darauf für mich von schicksalhafter Bedeutung werden sollte.

Die zweite Oktoberwoche brachte für mich eine höchst unwillkommene Veränderung. Obersturmführer Breuer, mein hoch geschätzter Chef, wurde zum Bataillonsstab versetzt; sein Nachfolger war Obersturmführer Rieker, ein weizenblonder Holsteiner Hüne mit einem Nussknackergesicht, der sich allen gegenüber kühl distanziert verhielt, kein lautes Wort von sich gab und mir auf Anhieb unheimlich war. Mir blieb nichts anderes übrig, als das Beste aus der neuen Situation zu machen, und ich war auf der Hut, mir keine Blöße zu geben.

Einer der missgünstigen Uschas musste Rieker etwas gesteckt haben, denn er beäugte mich bei unserem ersten Zusammentreffen kritisch und meinte: »Sie sollen ja bei meinem Vorgänger Privilegien gehabt haben, die müssen Sie sich bei mir noch verdienen. Sie werden also wieder zur Wache eingeteilt!«

Schon in der kommenden Nacht drehte ich mit Kiehn meine Runde am Randes eines in einer Waldlichtung gelegenen Dorfes, in dem die Kompanie schlief. Der Mond gab mäßiges Licht, sodass wir die Umrisse der Häuser wahrnehmen konnten. Der Wald ringsum war schwarz und bedrohlich, für entschlossene und ortskundige Partisanen ein ideales Operationsgelände. Das Ganze war uns beiden ausgesprochen suspekt und wir vermieden jeden Laut, als wir uns langsam auf unserer Streifenroute vorwärts bewegen.

Plötzlich nahm ich etwa 30 Meter entfernt zwischen einem Haus und dem nahen Waldrand einen Lichtschein wahr wie das kurze Aufblinken einer Taschenlampe und Sekunden später einen zweiten. Ich hatte bereits wie immer auf Wachgängen eine Gewehrgranate zur Hand; ich zog sie ab, warf sie so genau wie möglich auf das ausgemachte Ziel und sofort eine Eierhandgranate nach.

Sekunden später wurde es im ganzen Dorf lebendig. Unter den Ersten, die auf uns zuliefen und sich auf Anruf zu erkennen gaben, war ein ziemlich aufgebrachter Rieker.

»Was soll der Klamauk«, schnauzte er; und nachdem ich meine Meldung gemacht hatte: »Womöglich haben Sie Gespenster gesehen! Wenn der Aufruhr blinder

Alarm war, können Sie sich auf was gefasst machen! Wir wollen mal nachsehen!«

Es stellte sich heraus, dass dort, wo meine Granate explodiert war, eine schmale Betonwanne angelegt war, die zum Wald hin eine Öffnung wie eine Schießscharte hatte. In dem geschützten Viereck musste sich jemand aufgehalten und in höchster Eile das Weite gesucht haben, denn er hatte eine Feldmütze mit einem roten Sowjetstern darauf zurückgelassen und – eine Taschenlampe.

»Na denn ... «, brummte Rieker nur, »gehen wir wieder schlafen!« Und dann zum herbeigeeilten UvD: »Aber verdoppeln Sie die Wachen! Und ... ach ja, Maeger und Kiehn können sich jetzt hinhauen!«

Auf der schmalen Straße, die sich in Serpentinen den steilen Hang hinauf wand, saß ich auf meinem Fahrersitz im Horch, sonnte mich und aß genüsslich die überreifen süßen Beeren von einer riesigen Traube, die ich ein paar Meter höher am Dorfrand gepflückt hatte. Die anderen Gefechtsfahrzeuge hatten sich hinter mir aufgereiht.

Obersturmführer Rieker, der anscheinend Alleingänge liebte, hatte ohne Begleitung das Dorf erkundet; als er zurückkam, winkte er mir zu, stieg, als ich bis zu ihm vorgefahren war, ein und bedeutete den anderen zurückzubleiben.

»Sieht alles ganz friedlich aus«, sagte er wie beiläufig, »wir fahren mal ein Stück weiter den Berg hinauf!« Das war auf keinen Fall die Eröffnung einer Diskussion, und so legte ich schweigend den Gang ein und fuhr los, obwohl mir das Vorhaben nicht behagte.

Es war ein kleines, armes Dorf, und es wirkte wie ausgestorben. Als die letzten Häuser hinter uns lagen, wurde die Straße steiler und in den Haarnadelkurven musste ich ordentlich kurbeln. Dann wandte sie sich nach links, nahm unversehens einen fast waagerechten Verlauf und zog sich als eingehauene Piste eine nach Norden gerichtete, in tiefem Schatten liegende hohe Felswand entlang.

Die ganze Sache gefiel mir immer weniger, und ich wurde langsamer. Rieker reagierte sofort auf seine Weise. »Machen Sie schon«, knurrte er ungehalten, »fahren sie weiter!« – »Was ist, wenn wir wenden müssen?«, gab ich zu bedenken, erntete aber nur ein spöttisches: »Was ist los? Haben Sie Angst?«

Ich wurde vorsichtig etwas schneller. Zu einer vernünftigen Portion Besorgnis bestand durchaus Anlass. Hinter jedem Felsvorsprung hätte ein einzelner Partisan hocken und uns ohne jedes Risiko seelenruhig abknallen können. Die Fahrbahn wurde so schmal, dass ich zu den Felsen rechts einen knappen halben Meter Spielraum hatte und zum Abgrund links für die Räder kaum viel mehr. Als wir um eine Biegung kamen, war die Straße plötzlich zu Ende, einfach nicht mehr da, offensichtlich über eine Strecke von 15 bis 20 Metern weggesprengt.

Rieker zeigte sich unbeeindruckt. »Ich klettere alleine den Berg hoch«, sagte er, »fahren Sie zurück und suchen Sie einen anderen Weg! Ich warte oben auf Sie!«

Sprach's und ließ mich innerlich wutschnaubend, äußerlich aber – wie bei einem Mann wie ihm angebracht – gelassen zurück. Der blöde Hund war einfach gemeingefährlich, ein permanentes Risiko für die ganze Kompanie; vom Umgang mit Geländefahrzeugen hatte er so viel Ahnung wie ein Ochse vom Fliegen. Aber das waren Feststellungen, die mir nicht weiterhalfen.

An Ort und Stelle bleiben konnte ich nicht, das stand

fest; das Fahrzeug allein lassen auch nicht. Jede Überlegung, es irgendwie zu wenden, war a priori reine Utopie. Am Lenkrad sitzend langsam zurücksetzen, war nicht möglich, weil mir der hohe Heckkasten die Sicht versperrte. Ich musste mir etwas Extravagantes einfallen lassen und das gelang mir schließlich: Ich schob den Fahrersitz so weit wie möglich zurück, legte den Rückwärtsgang und die niedrige Übersetzung des Zwischengetriebes ein, zog den Anlasserknopf rechts vom Lenkrad so weit heraus, dass der Motor von der Leerlaufdrehzahl auf mäßig höhere Touren kam, dann ließ ich das Kupplungspedal vorsichtig kommen; der Wagen begann langsam zu rollen. So schnell wie möglich richtete ich mich auf und drehte mich um.

Aufrecht, mit den Händen auf dem Rücken am Lenkrad, bugsierte ich den Horch rückwärts zum Ausgangspunkt der abenteuerlichen Fahrt. Rechts von mir gähnte die bedrohliche Tiefe; eine falsche Lenkbewegung hätte mich und den Wagen hinab in den Abgrund gerissen.

Mit äußerster Konzentration legte ich so eine Strecke zurück, die mir unendlich lang vorkam, in Wirklichkeit aber kaum mehr als 150 Meter maß. Als ich schließlich wenden konnte, atmete ich tief durch.

Viel Zeit, mich von dem gewagten Unternehmen zu erholen, hatte ich nicht. Der Walhalla-süchtige Rieker erwartete mich alleine auf dem Berg, das war der Inhalt seines blödsinnigen, aber unmissverständlichen Befehls. Bei der Abfahrt bemerkte ich im Dorf eine Art Feldweg, der auf der sonnigen Südwestseite des Berges in die nicht besonders steilen Weinhänge führte. Der Horch schaffte laut Betriebsanleitung Steigungen bis zu 45 Grad, und ich war in der Laune, das auszuprobieren. Mit Karacho pflügte ich durch Stangen und Reben in direktem Kurs nach oben, bis es einfach nicht mehr weiterging. Ich ließ den Horch auf einem winzigen Plateau stehen, hängte meinen Karabiner um und machte mich auf den Weg zum Gipfelpunkt. Dort saß Rieker und rauchte eine Zigarette.

Er bedachte mich mit einem für seine Verhältnisse freundlichen Blick und bemerkte: »Ich wollte mal sehen, ob ich Sie als Fahrer behalten soll oder wieder in eine Gruppe schicke! Sie können bleiben!«

Es wäre opportun gewesen, wenn ich jetzt: »Danke, Obersturmführer!« gesagt hätte; aber ich brachte es nicht über die Lippen.

Rieker bedachte mich mit einem schrägen Blick, dann stand er auf und sagte: »Jetzt gehen wir hier oben noch ein Stück weiter und sehen uns mal um!«

Es war ein schöner Spaziergang über den Bergkamm, der sich weithin dehnte. Die Aussicht ringsum war prächtig, in Büschen und Halmen summten Insekten, weit und breit war kein Mensch zu sehen, der Krieg Lichtjahre entfernt

Die Idylle war ein trügerisches Wunschbild, das jäh zerstört wurde. Wenige Meter rechts vor mir nahm ich eine rasche Bewegung wahr: Hinter einer Kuschel vor uns wuchs buchstäblich aus dem Boden eine Gestalt, es war ein junger Mann in typischer Partisanenbekleidung, auf dem Kopf ein Schiffchen mit dem fünfzackigen roten Stern. Vermutlich war es ein Einzelposten, den wir im Schlaf überrascht hatten; mit entsetzten Augen in seinem zu Tode erschrockenen Gesicht stand er mit erhobenen Armen vor uns. Wäre er wachsam und kaltblütig gewesen, er hätte uns beide in unserer Leichtfertigkeit bequem erledigen können.

Rieker gab dem Gefangenen ein Zeichen, vor uns her in Richtung Dorf zu gehen, dann zog er seine Pisto-

le und schoss ihn mit einer flüchtigen Bewegung genau ins Genick.

Mir war hundeelend zu Mute, und ich konnte es nicht verbergen. Rieker warf mir einen ungerührten Blick zu und sagte zynisch: »Das hat Ihnen wohl nicht gefallen! Aber bedenken Sie: So war es für ihn am humansten! Ich hätte ohne weiteres Ihnen befehlen können, ihn zu erschießen! Es wäre mir gar nichts anderes übrig geblieben, oder wir hätten ihn mitnehmen und im Dorf umständlich aufknüpfen müssen, in vollem Einklang mit der Haager Landkriegsordnung.«

Mit meinem Verstand wusste ich, dass er Recht hatte. Mein Gemüt aber war ein Chaos von Protest, Trauer und hilflosem Aufbegehren. Alles ringsum war plötzlich fremd und feindlich. Die Dämmerung brach an, und schweigend ging ich hinter Rieker zu dem zurückgelassenen Fahrzeug.

Bis Mitte Oktober hatte ich es vorgezogen, die muffigen Häuser möglichst zu meiden und auf der Rückbank in meinem Horch zu schlafen. In der höheren Lage wurden jedoch die Nächte allmählich kühler und ich teilte mit Spethmann und Grulich das Doppelbett im Schlafzimmer eines der vielen verlassenen Häuser. In der zweiten Nacht begannen unversehens meine rechte Hüfte und mein Bein zu schmerzen; in wenigen Stunden schwoll mein Oberschenkel beträchtlich an, und ich begann zu fiebern; Rist war gleich zur Stelle und maß über 39 Grad.

Ich konnte noch nicht ahnen, dass der anbrechende Tag nach zwei Jahren und drei Monaten der letzte bei der 9. LSSAH sein würde. Normalerweise wäre ich mit aller Umsicht in einem Sanka in das nächste Feld- oder Kriegslazarett gefahren worden, aber urplötzlich brach im Kompanietrupp hektisches Gehetze aus, verursacht durch einen Marschbefehl mit Alarmcharakter: Der Transportzug für die sofortige Verladung stand bereit; wie immer wurde auch sofort das Ziel bekannt: die Ostfront im Raum Schitomir.

In aller Eile raffte ich meine Siebensachen zusammen und Spieß Danninger ließ mich zum Bataillonsverbandplatz fahren, wo Obersturmführer Keppel, der mich aus früheren Begegnungen wieder erkannte, wohlwollend meinte: »Na, da bleibt Ihnen auf jeden Fall fürs Erste Russland im Winter erspart. Der Hauptverbandplatz wird schon verladen, wir werden Sie in ein nahes Krankenhaus bringen und die Ortkommandantur benachrichtigen, die wird sich dann um Sie kümmern.«

So geschah es dann, wenn auch etwas anders als so optimistisch gedacht. Binnen einer Viertelstunde fand ich mich in einem kleinen und sehr bescheidenen Krankenhaus wieder; in dem einzigen großen Raum lag ich mit etwa 20 anderen Patienten, von denen keiner ein Wort mit mir sprach oder sprechen wollte. Einen Arzt bekam ich nicht zu sehen, die Pflege oblag einigen Nonnen, die mir ebenfalls wortlos und mürrisch miserable Mahlzeiten brachten. Sie verabreichten mir einige obskure Tabletten, die jedoch bewirkten, dass ich trotz meines hohen Fiebers klar denken konnte. Ich wusste, dass ich mich in einem Ort nahe der südlichen Grenze Sloweniens befand; das Gebiet, das früher lange zur österreichisch-ungarischen Monarchie gehörte, war mit der Bezeichnung »Südkärnten« dem »Großdeutschen Reich« einverleibt worden; ein Akt, den die Partisanen kaum respektierten, wie sonst wäre unsere militärische Anwesenheit dort erklärbar gewesen.

Von einer Ortskommandantur hörte und sah ich

nichts, also beschloss ich, auf eigene Faust zu handeln. Am dritten Tag meines Aufenthalts rappelte ich mich mühsam auf und kleidete mich an – bis auf den rechten Stiefel, der nicht mehr auf meinen rechten Fuß passte. Es war schwierig, den Weg zum nächsten Bahnhof zu erkunden, glücklicherweise lag er in der Nähe. Humpelnd und unter Schmerzen brach ich auf, die Nonnen gaben mir sogar eine Krücke mit auf den Weg; sie waren sichtlich erleichtert, mich los zu sein.

Bis zum Bahnhof schaffte ich es unter Qualen; um das unbestimmte Warten auf einer Bahnsteigbank durchzustehen, musste ich mit aller Kraft meine Zähne zusammenbeißen. Endlich kam doch ein Zug, der nach Cilli (Celje) fuhr; mithilfe des Zugführers stieg ich ein und war in etwas mehr als einer Stunde in Cilli, das ein kleinerer Bahnknotenpunkt war mit einer Dienststelle des Roten Kreuzes und einem Kriegslazarett. Es wurde inzwischen schon Abend, aber es dauerte nur noch eine weitere gute halbe Stunde, bis ich in dem wunderschön an einem Südhang gelegenen Lazarett ein weiches Bett und beste Versorgung hatte.

Am nächsten Morgen lag ich auf dem Operationstisch, wo ein sehr vertrauenerweckender Oberstabsarzt mich erwartete und in leicht österreichisch gefärbtem Deutsch beruhigend zu mir sagte: »Sie kommen etwas spät, aber das werden wir bald wieder in Ordnung haben.« Ein wenig peinlich war mir, dass eine außerordentlich hübsche OP-Schwester mich in der Leistengegend rasieren musste, und als sie sich mit einem Rasiermesser anschickte, die Prozedur vorzunehmen, und dabei einen Körperteil in die Hand nahm, den man damals nur Damen präsentierte, zu denen man eine intime Beziehung hatte, überspielte ich mutig dic Situation, indem ich zu der leicht Errötenden sagte: »Bitte, liebe Schwester, schneiden sie nicht mehr weg als unbedingt notwendig!« Wozu der Oberstabsarzt jovial schmunzelte.

Als ich aus der Narkose aufwachte, war mein vordem unförmig angeschwollenes Bein fast wieder normal. Der Oberstabsarzt klärte mich auf: »Es war eine Phlegmone, wir haben eineinhalb Liter Eiter abgezapft und einen gar nicht so kleinen Granatsplitter entfernt, hier ist er. Wo haben Sie ihn denn her?«

»Den habe ich im Sommer bei Belgorod abbekommen«, antwortete ich, »er hat damals hier an der Hüfte nur ein kleines Loch verursacht.«

»Haben Sie denn das Verwundetenabzeichen erhalten?«, sagte er. Und, als ich das verneinte: »Na, dann werden wir das jetzt für Sie bei Ihrer Einheit beantragen!«

Das Abzeichen traf tatsächlich zwei Wochen später ein, und so hatte ich mit der Ostmedaille aus dem ersten Russlandwinter, dem »Gefrierfleischorden«, wenigstens die zwei Auszeichnungen, die einen echten Frontsoldaten ausmachen. Die bleibende Narbe an der Innenseite meines Oberschenkels ist etwa zwölf Zentimeter lang.

Schon nach einer Woche war ich so weit genesen, dass ich täglich Ausgang hatte, was ich gerne nutzte. Ich hatte eine gute Zeit im Kriegslazarett Cilli, dessen von österreichischem Charme angehauchtes Ambiente mir wesentlich sympathischer war als die gewohnte preußische Kühle. Alle waren nett und freundlich, außer der Oberschwester, die – fälschlicherweise – argwöhnte, dass ich mich in der Stadt als Casanova betätigte. Aber ich war bescheiden genug, um mit dem zwanglosen Aufenthalt bei guter Kost vollauf zufrieden zu sein.

Die Zeit verging dabei im Handumdrehen. Ich dachte schon gar nicht mehr an ein Abschiednehmen, da ließ mich eines schönen Tages kurz vor Mittag der Oberstabsarzt rufen und eröffnete mir: »Eigentlich sind Sie ja schon eine Weile wieder gesund. Ich habe Sie hier gehalten, weil Sie sicher schon Schlimmes hinter sich haben und Ihnen die Zeit hier gut getan hat. Aber jetzt muss ich Sie leider rausschmeißen, und zwar sofort; heute Abend kommt ein Lazarettzug mit Schwerverwundeten von der Ostfront. Wir brauchen jedes Bett. Die Schreibstube wird Ihnen aber eine Überweisung in ihr Heimatlazarett Aachen geben, das wird dann Kontakt mit ihrer Feldeinheit wegen Ihres Genesungsurlaubs aufnehmen.«

Der Schreibstubenbulle hatte das Papier schon parat und gab es mir mit den Worten: »Dein Bett musst du bis 15 Uhr räumen und ohne Verzug abfahren, es gehen danach heute noch drei Züge nach Wien.«

Im Krankenzimmer wartete auf mich eine weitere Überraschung; auf dem Bett lag Post für mich, eine Karte meiner Eltern, denen ich aus dem Lazarett geschrieben hatte, und die nun ihren umgehenden Besuch in Cilli ankündigten.

Die unerwartete Nachricht bereitete mir erhebliches Kopfzerbrechen: Die Karte war drei Tage zuvor abgeschickt worden, meine Eltern hatten sich also mit Sicherheit bereits auf den Weg gemacht, sie würden innerhalb der nächsten zwölf Stunden eintreffen. Auf dem Bahnhof oder in der Stadt konnte ich mich aber nicht über Mitternacht hinaus herumdrücken, ohne mit der Feldgendarmerie in Konflikt zu geraten, der man in jedem Fall besser aus dem Wege ging.

Ich erörterte das Problem mit meinem Bettnachbarn, einem jungen Gefreiten der Panzertruppe aus der

Gegend um Lüneburg, der mir ganz lässig sagte: »Das ist ganz einfach, ich lege dir die Karten und sage dir, wann deine Eltern in Cilli ankommen!«

»Nach Jux ist mir nicht zu Mute!«, antwortete ich ungehalten. »Das ist kein Jux!«, beteuerte er, »meine Großmutter hat mir das Kartenlegen beigebracht, und es funktioniert! Lass mich mal machen, was hast du dabei zu verlieren?« Worauf ich nach wie vor skeptisch nur feststellen konnte: »Nichts!«

Er mischte seine Karten, legte einige davon aus und sagte bestimmt: »Deine Eltern kommen heute Abend nach neun an, fahr auf keinen Fall vorher ab!«

»Wenn du so genau alles vorher weißt, kannst du mir vermutlich auch sagen, wie viel Urlaub ich noch haben werde.«

»Sicher«, sagte der Panzermann, mischte seine Karten neu, legte sie nach rechts, dann nach links aus und verkündete mit selbstsicherer Miene: »Genau 61 Tage!«

»Du weißt, dass das Quatsch ist, 61 Tage Urlaub hat's noch nie gegeben – und das im fünften Kriegsjahr!«

Er schüttelte nachsichtig den Kopf: »Wir werden ja sehen! Ich geb' dir meine Heimatanschrift, dahin kannst du dich ja beschweren, wenn es anders kommt! Aber was anderes: Was muss ich tun, um an deine schicke Überfall-Hose zu kommen?«

Damit meinte er meine Beute aus der Offiziersschule in Cremona, italienische Tropenausrüstung bester Qualität in Beige. Nach einigem Handeln bot er mir zum Tausch eine Beretta-Pistole an, die er allerdings nicht bei sich, sondern zu Hause hatte. Hoch und heilig versprach er, sie mir nach Gemmenich zu schicken, sobald er nach Hause käme. Ich habe nie wieder von ihm gehört.

Unter dem Eindruck dessen, was ich anschließend erlebte, habe ich den Verlust ziemlich leicht verschmerzt. Auf dem Bahnhof wartete ich, wie mir mein zukunftsdeutender Kamerad geraten hatte, ab. Einen Zug, der gegen 17 Uhr abfuhr, ließ ich abdampfen, ein späterer – der letzte am Tage – ging um 22 Uhr. Ich drückte mich, so gut es ging, in der Umgebung des Bahnhofs herum. Kurz nach 21 Uhr kam ein Zug aus Wien, ich erwartete ihn auf dem Bahnsteig und war doch einigermaßen erstaunt, als ihm tatsächlich meine Eltern entstiegen. Sie waren überrascht und erleichtert, als sie hörten, wie sich die Dinge entwickelt hatten.

Mit dem 22-Uhr-Zug machten wir uns gemeinsam auf die lange Rückreise. Sie war an den Verhältnissen gemessen angenehm; mein Vater trug seine Uniform, und wir hatten auf der ganzen Fahrt ein Dienstabteil zu unserer Verfügung.

In der Heimat auf vorerst unbestimmte Zeit angekommen, benahm ich mich den Umständen entsprechend: Ich schlief lange, machte obligate und angenehme Besuche, darunter einen bei meinen Verwandten in Rheydt, las und ließ, wie die Metapher es ausdrückt, »die Seele baumeln«.

Meine Überweisung trug mir auf, mich umgehend in meinem Heimatlazarett, das war das Kriegslazarett in Aachen-Ronheide, zu melden. Dem kam ich nach und wurde von einem Oberstabsarzt empfangen, der erfreulicherweise von ähnlicher Gemütsart war wie der brave Mann in Cilli.

»Nach Russland wollen wir Sie vor Weihnachten nicht in Marsch setzen«, teilte er mir mit, »melden Sie sich am ersten Montag nach den Feiertagen morgens gegen 11 Uhr wieder bei mir. Bis dahin wird Ihre Einheit sicher noch Geduld üben. Und dann sehen wir weiter!« Ich hatte damit noch über vier Wochen gute Urlaubszeit dazugewonnen.

Am Montag nach Neujahr machte ich mich per Eisenbahn auf den Weg nach Aachen und meldete mich pünktlich im Vorzimmer des Oberstabsarztes, wo eine offensichtlich ziemlich beschäftigungslose Sekretärin mich lapidar beschied: »Der Chef ist nicht da, kommen Sie am nächsten Montag wieder!« Ich reagierte mit einem »Danke!« und registrierte mit Genugtuung: wieder eine Woche gutgemacht! Und mich an die Prophezeiung in Cilli erinnernd: Aber 61 Tage ergibt das noch lange nicht!

Das jedoch sollte sich noch auf eine kuriose Weise ändern. Als ich eine Woche später wieder in Aachen vorsprach, war der Oberstabsarzt anwesend. Mit leicht erstaunter Stimme ließ er mich wissen: »Sie sind offenbar bei Ihrer Einheit gut angeschrieben! In dem Papier hier steht, dass sie Ihnen noch einmal 21 Tage Genesungsurlaub gewährt! Na, herzlichen Glückwunsch!«

Ich war ziemlich perplex, bedankte mich und begann noch draußen auf dem Gang penibel nachzurechnen. Aber ich konnte es drehen und wenden, wie ich wollte: Am 25. November war ich in Cilli abgefahren, 31 Tage hatte der Dezember, am 26. Januar abends musste ich wieder in Berlin sein – nach Adam Riese ergab das genau 61 Tage! Und so kam es dann auch.

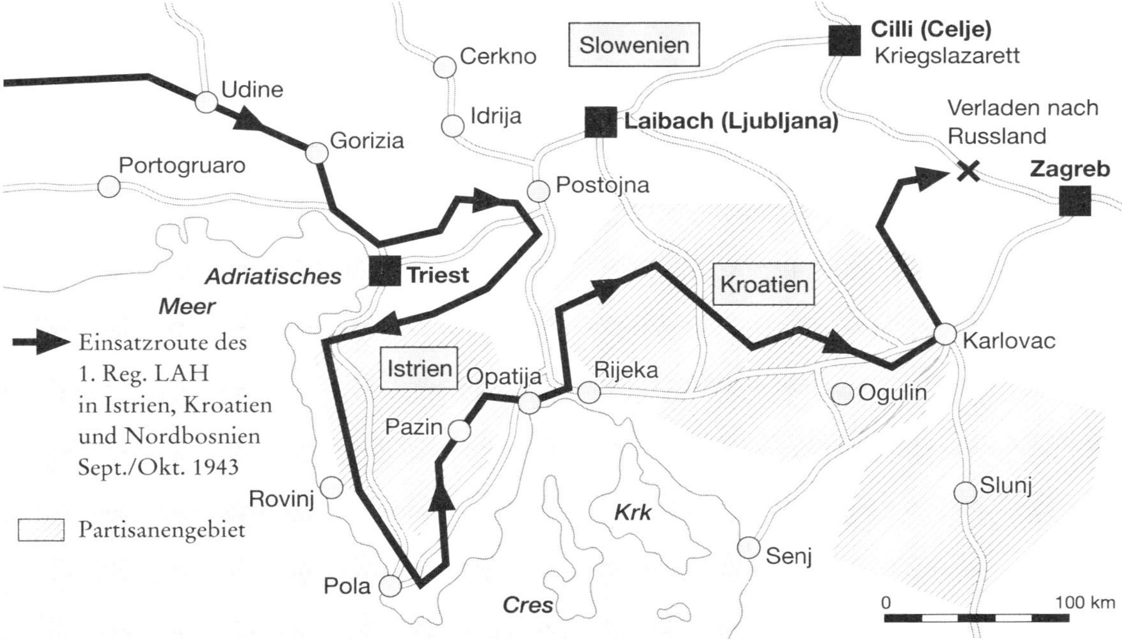

Cilli (Celje)
Kriegslazarett
Slowenien
Cerkno
Udine
Idrija
Laibach (Ljubljana)
Verladen nach
Russland
Gorizia
Portogruaro
Postojna
Zagreb
Adriatisches
Meer
Triest
Kroatien
Karlovac
Istrien
Opatija
Rijeka
Ogulin
Pazin
Slunj
Rovinj
Krk
Senj
Pola
Cres
0
100 km
Einsatzroute des
1. Reg. LAH
in Istrien, Kroatien
und Nordbosnien
Sept./Okt. 1943
Partisanengebiet

Sechs Monate Urlaub vom Krieg

Als ich bei der Ersatzkompanie in Berlin eintraf, rechnete ich noch damit, bald wieder an die Ostfront in Marsch gesetzt zu werden. Aber dann entwickelten sich die Dinge weit günstiger, als ich es zwei Monate vorher hätte ahnen können. Der gute Spieß Danninger war ganz offensichtlich entschlossen, das vage Versprechen, das mir Ostuf Breuer in Italien gegeben hatte, zu erfüllen; Genaues erfuhr ich in der Schreibstube der E-Kompanie noch nicht, aber mir wurde bedeutet, dass ich eine endgültige Entscheidung abzuwarten hätte. Erfreulich war zudem, dass ich das nicht in der finsteren Kaserne in Lichterfelde tun musste, sondern sozusagen aufs flache Land geschickt wurde, in ein Nest mit dem originellen Namen Markgrafpieske zwischen Berlin und Frankfurt an der Oder, wo Teile des Ersatzbataillons vor den immer härter werdenden Bombenangriffen in Sicherheit gebracht worden waren. Bis Fürstenwalde fuhr ich mit der S-Bahn, dann musste ich zehn Kilometer marschieren.

Ich war in Markgrafpieske kaum angekommen, als ich den Befehl erhielt, mich umgehend wieder zurück nach Fürstenwalde zu begeben; auf dem dortigen Bahnhof wurde ich einem Kommando zugeteilt, das die Aufgabe hatte, ankommende offene Güterwagen zu entleeren, in denen Kohle für die ringsum, so in Storkow und Bad Saarow-Pieskow und anderen Orten, untergebrachten Stabs- und Ersatzeinheiten angeliefert wurde.

Für die Rückfahrt machte ich einen Lkw ausfindig, der mich mitnahm. Auf dem Bahnhof fand ich in einer kleinen Baracke drei Mann vor, die mit mir zusammen das Kommando bildeten. Meistens hatten wir gar nichts zu tun, spielten Karten oder taten uns ohne Erfolg in dem trübseligen Ort um, in dem die einzige Attraktion ein recht mieses Kino war. Alle vier oder fünf Tage traf ein Waggon mit Kohle ein, dann galt es, diesen im Rekordtempo zu leeren, damit der Waggon schnellstens wieder frei wurde für den Transport anderer wichtiger Kriegswirtschaftsgüter, nach dem auf Transparenten allenthalben verkündeten Motto: »Räder müssen rollen für den Sieg!«

Es war keine leichte Arbeit, denn die Kohle musste mit der Schaufel in weitem Schwung so weit weg vom Waggon und über dessen Wand befördert werden, dass die Halde nicht bis an das Gleis wuchs. Hochmotiviert durch den angenehmen Druckposten, den wir hatten, schafften wir jedoch die zehn Tonnen Waggoninhalt regelmäßig in knapp viereinhalb Stunden. Anschließend sahen wir aus wie die Bergleute nach der Schicht und hatten Stunden zu tun, um unser Drillichzeug und uns selber wieder in einen präsentablen Zustand zu bringen.

Wir hofften schon, auf diese Weise gut durch das Frühjahr zu kommen, als wir Anfang März abgelöst und nach Markgrafpieske beordert wurden. Dort erwartete mich der Spieß des Ersatzbataillons mit einer willkommenen Nachricht; er eröffnete mir, dass ich auf unbestimmte Zeit beurlaubt und zur Studentenkompanie für Medizin der Waffen-SS nach Gießen abkommandiert sei.

Glücklich über die Wendung der Dinge in meinem

Soldatendasein machte ich mich Mitte März auf den Weg in eine Stadt, die äußerlich vom Krieg ganz und gar unbetroffen schien. In Gießen war noch keine Bombe gefallen, alles atmete friedliche Beschaulichkeit; die Bürger zeigten mir wie den anderen Studenten gegenüber die freundliche Aufgeschlossenheit, die dem traditionellen Ruf der Universitätsstadt entsprach.

Als Erstes musste ich die Regularien absolvieren, die auch bei einer Studentenkompanie unumgänglich waren: Anmeldung und Entgegennahme der speziellen Anweisungen für das Studium und den inneren Dienstbetrieb, zu denen die absolute Pflicht gehörte, sich in dem Kompaniegebäude, das vor dem Krieg von einer Studentenverbindung genutzt worden war, jeden Mittag pünktlich zwölf Uhr dreißig einzufinden, um an dem gemeinsamen Mittagessen teilzunehmen, das mit dem kommissüblichen Tagesappell verbunden war. Bei dieser Gelegenheit wurden von dem auch hier unvermeidlichen Spieß Befehle und anderes mitgeteilt, was für die Erhaltung unserer soldatischen Moral erforderlich erschien.

Die Studentenkompanie stellte auch die Fachbücher für das Studium und besorgte ein Privatquartier. Ich erhielt zusammen mit einem Kommilitonen aus Wien ein Dachgeschosszimmer bei Frau Wittig in der Posener Straße am südlichen Stadtrand, in der Nähe des Philosophenwäldchens, in dem nach der Überlieferung schon Justus Liebig, der Nestor der Universität, sich ergangen haben soll. Er wurde nach einem Studium in Bonn und Paris 1824 im Alter von 21 Jahren Professor in Gießen und begründete durch seine Entdeckungen den weltweiten Ruhm der Universität.

Nachdem ich immatrikuliert worden war, vergingen bis zum Semesterbeginn noch einige Wochen; wir wurden zum Bau von Baracken eingesetzt, in denen wir nach Fertigstellung kaserniert untergebracht werden sollten. Diese Arbeit mussten wir auch nach Aufnahme des Studiums an den Sonntagen fortsetzen; wir bemühten uns nicht ohne Erfolg, den Fortgang der Arbeiten kunstvoll zu verzögern. Im Übrigen genossen wir die relativ beträchtliche Freiheit, die uns nach den Umständen notgedrungen gewährt werden musste. Ich ließ mir von zu Hause mein Fahrrad kommen und war damit bei den Fahrten zu den in Gießen weit auseinander liegenden Instituten auf die öffentlichen Buslinien nicht angewiesen.

Es ergab sich fast zwangsläufig, dass ich dabei einer netten jungen Kommilitonin begegnete, die ebenfalls in der Breslauer Straße wohnte. Sie hieß Ilse Harmsen, war ein Jahr jünger als ich, stammte aus Cuxhaven und wollte Tierärztin werden. Sie hatte ebenfalls ein Fahrrad, und wir besuchten die Vorlesungen des Fachs Botanik gemeinsam. Allmählich kamen wir uns auch sonst näher. Es war am Anfang eine auf Sympathie beruhende Beziehung, die sich allmählich zu einer Jugendliebe entwickelte; den Vorstellungen der Zeit entsprechend war sie auf romantische Vertraulichkeiten beschränkt. Zu den Standardvergnügungen gehörten abendliche Spaziergänge im nahen Philosophenwäldchen.

Ich erlebte, allen Schrecknissen des Krieges weit entrückt, schöne Monate. Ilse wohnte zusammen mit einer Studentin aus Güstrow, die Gisela hieß. Mit meinem Zimmergenossen, dem Wiener, machten wir gemeinsame Ausflüge zu viert in das Lahntal und schwammen auch in dem mit seinem bräunlichen Wasser wenig einladenden Fluss. Wir besuchten auch die benachbarten Burgen Schiffenberg und Gleiberg, beide

Orte gehörten zehn Jahre später zu meinem Tätigkeitsbereich als Redakteur der »Wetzlarer Neuen Zeitung«.

In unseren Dienstplan, der dafür sorgte, dass wir außerhalb der Vorlesungen beschäftigt waren, gehörten außer der sonntäglichen Hilfe beim Barackenbau wöchentlich mehrere Sportstunden, hauptsächlich Leichtathletik. Es gelang mir, darüber hinaus am Fechtunterricht teilzunehmen, und ich erreichte im Florettfechten, das mir viel Freude machte, bald die Anerkennung der Ausbilderin, gegen die ich mich nach einigen Wochen gut behaupten konnte. In dieser Disziplin machte ich auch später an der Junkerschule eine gute Figur.

Wir wurden in Gießen auch zum Aufsichtsdienst in einer geschlossenen Anstalt für psychisch Erkrankte der Waffen-SS eingesetzt. Hinter den Gittern spielten die Irren weiter Krieg auf ihre Weise mit allen Schikanen der höheren Dienstränge gegenüber den Gemeinen, derer sie auch in ihrem Zustand noch fähig waren. Sie in dem finsteren Gebäude vor den ärgsten Exzessen zu bewahren und zu versorgen war eine deprimierende Aufgabe.

In den kurzen Semesterferien arbeiteten wir täglich zehn Stunden an den neuen für uns vorgesehenen Baracken. Wir bereiteten uns schon auf das zweite Semester vor, als wir von einem unerfreulichen Befehl überrascht wurden, der uns allen äußerst ungelegen kam: Die Studentenkompanie in Gießen wurde aufgelöst und zu einem Offizierslehrgang geschlossen in die Junkerschule Prag versetzt.

Von der Junkerschule zum »Knochensturm«

Glücklich war wohl kaum jemand unter uns über die Entwicklung, die unsere Zeit im friedlichen Gießen beendete und uns in einem Transportzug, der immerhin aus Personenwagen und nicht aus Viehwaggons bestand, nach Prag führte. Würden wir dort zu Frontoffizieren gedrillt werden, oder waren wir für eine Verwendung im Rahmen dessen gedacht, was wir alle anstrebten und wofür wir zwei Semester eifrig gebüffelt hatten? Spekuliert wurde auf der Fahrt reichlich, und alle Gespräche endeten mit der bedrohlichen Aussicht, in Russland wie so viele andere verheizt zu werden.

Prag kannte ich bislang nur aus dem Geschichtsunterricht als Residenz der römisch-deutschen Kaiser und aus dem Film »Die Goldene Stadt« mit der Schauspielerin Kristina Söderbaum, die – weil ihre Rollen prinzipiell mit einem nassen Selbstmord endeten – im Volksmund »Reichswasserleiche« hieß.

Die Stadt empfing uns trotz der warmen Jahreszeit mit einer eisigen Atmosphäre. Die Tschechen verabscheuten die Deutschen ohne Ansehen der Person und daraus machten sie keinen Hehl; von menschlichen Regungen auch einem Besatzungssoldaten gegenüber, wie ich sie in Frankreich, Italien und selbst in Russland kennen gelernt hatte, war nicht das Geringste zu spüren. Die Mädchen, wenn wir überhaupt welche zu sehen bekamen, würdigten uns keines Blickes.

Bei den seltenen Malen, die ich während meines Prager Aufenthalts in die Innenstadt kam, bemerkte ich, dass die Bürger offensichtlich besser ernährt und gekleidet waren als unsere »Volksgenossen« im Reich. Von Bodenkämpfen und Luftangriffen war die Stadt gänzlich verschont geblieben. Auch von militantem Widerstand, wie wir ihn in Russland und auf dem Balkan kennen gelernt hatten, war nichts zu bemerken; der Hass der Tschechen entlud sich erst in den letzten Tagen des Krieges, als der Sieg der Sowjets und ihrer westlichen Alliierten unzweifelhaft sicher war.

Die grausamen Verfolgungen der Deutschen in der Tschechoslowakei, die sich über Monate und Jahre im ganzen Land hinzogen, waren nicht die Taten Einzelner, es waren Massenaktionen, neben der Vertreibung als offene Morde begangen an Hunderttausenden von Opfern, bis heute noch von vielen Tschechen ausdrücklich gebilligt als gerechte Vergeltung eines ganzen Volkes an einem anderen Volk.

Die Junkerschule, die uns aufnahm, befand sich in Prag-Dewitz, einem westlichen Vorort der Stadt. Ich erlebte dort nach Berlin, Taganrog und Boissy in Frankreich zum vierten Mal das, was man militärische Grundausbildung nannte, diesmal allerdings mit einer gewissen Rücksicht darauf, dass die Ausbilder – meist im Rang eines Haupt- oder Oberscharführers – in uns zukünftige Offiziere sahen.

Trotzdem begann alles mit dem typischen, stumpfsinnigen Kommissbetrieb: Exerzieren, Geländedienst, Waffenkunde, HDV-Unterricht, und das Ganze immer wieder von vorn. Abwechselnd wurden uns dabei die Befehlsfunktionen zugeteilt, schließlich sollten wir ja das Kommandieren lernen. In allen diesen Disziplinen war ich leidlich bewandert, und da ich an der Junkerschule keine Erfolgsambitionen hatte, konnte ich es nicht lassen, die Ausbilder, wenn sie die HDV in irgendeinem Punkt falsch zitierten oder auslegten, auf die korrekte Version hinzuweisen; das verunsicherte sie und machte sie mir gewiss nicht besonders gewogen. Die Schulleitung bestand erkennbar aus Offizieren, die den Parteikadern näher standen als der Fronttruppe, sie hatten spürbar einen »Stallgeruch«, der nicht der unsere war.

Nach zwei Wochen änderte sich der tägliche Dienstplan, in dem die Schulung für die eigentlichen Führungsaufgaben immer mehr in den Vordergrund trat. Dabei kamen zu den Bereichen der allgemeinen unteren Truppenführung speziell die taktischen und organisatorischen Aufgaben der Sanitätseinheiten, im Grunde also Tätigkeiten, denen ich mich grundsätzlich nicht entziehen wollte, obwohl sie mit dem karitativen Dienst an hilfebedürftigen Menschen wenig zu tun hatten. Ich hatte mich jedoch aufgrund meiner Erlebnisse und Erkenntnisse inzwischen so weit von den Inhalten des soldatischen Bewusstseins abgesetzt, dass mir die Offizierschule im Herzen zuwider war.

Obwohl zwei der mit den Fachreferaten beauftragten Offiziere sich bemühten, mich zu motivieren, blieb ich, einem starken inneren Gefühl folgend, kritisch und reserviert; eine Haltung, die merklich auch andere Angehörige der »Inspektion« – unserer Ausbildungseinheit – teilten.

Nach dem Frühsport stand Waffenreinigen auf dem Tagesplan, danach die auch an der Junkerschule seltene Disziplin »Weltanschaulicher Unterricht«. Im Ausbil-

dungsprogramm unserer Inspektion tauchte sie zum ersten Mal auf, und wir machten uns auf eine langweilige und ruhige Stunde gefasst.

Der Referent war ein Obersturmführer, an dem nichts bemerkenswert war; als Dorfschullehrer hätte er dem Typus entsprochen, als SS-Führer gehörte er offensichtlich zur Kategorie »Heimatfront«. Dass er nie eine Feuertaufe erlebt hatte, witterten wir sofort. Außerdem sah man es an seinem blanken Waffenrock, auf dem einsam ein HJ-Sportabzeichen prangte.

Sein Vortrag begann wie erwartet, nach dem Inhalt abgegriffen und in der Diktion banal und phrasenhaft. Thema war das kurz nach der Machtergreifung durch den Nationalsozialismus im Jahre 1933 erlassene »Gesetz zur Verhütung erbkranken Nachwuchses«, das die zwangsweise Sterilisierung von schwer – insbesondere geistig – Behinderten zum Ziel hatte; eine Maßnahme, die bei der Bevölkerung auf nur mäßigen Widerstand stieß. Über die Auswirkungen war in der Öffentlichkeit nur wenig bekannt geworden; dass nach dem Gesetz verfahren wurde, war in der Umgebung der geschlossenen Anstalten kein Geheimnis und wurde hingenommen, ohne große Emotionen zu wecken. Die Thematik wurde an der Universität Gießen, wo ich noch bis zwei Monate vorher das Fach Eugenik belegt hatte, diskutiert mit dem Ergebnis, dass die mit dem Gesetz geschaffenen Verhältnisse als eher positiv angesehen wurden.

Die Schulungsstunde zog sich zäh dahin. Der Vortragende selbst drosch lustlos und hölzern sein Repertoire ab: von der Rassenhygiene, von der Notwendigkeit der Förderung der positiven Elemente im Volkskörper und von der staatlichen Aufgabe, der negativen Auslese entschlossen entgegenzuwirken; im Besonderen auch durch die Sterilisierung von Individuen, deren Fort-

pflanzung unter diesen Gesichtspunkten als schädlich angesehen wurde.

Bis zu diesem Punkt absolvierten wir die Pflichtübung als Zuhörer mehr oder weniger teilnahmslos. Schließlich ging der Referent zu einer Schilderung der Maßnahmen über, die mit einem detaillierten Programm etwa ein halbes Jahr zuvor beschlossen worden waren. Er sprach von den praktizierten medizinisch-operativen Eingriffen bei den Betroffenen und äußerte dann unvermittelt einen Satz, der unversehens – auch für mich – dramatische Folgen haben sollte.

»Wir haben uns«, sagte er, »für eine Maßnahme entschieden, mit der die Lösung des Problems wesentlich vereinfacht wird. Geistig schwer Behinderte werden nach einer entsprechenden medizinischen Indikation grundsätzlich der Euthanasie zugeführt, das Verfahren garantiert natürlich die peinliche Beachtung der humanitären Prinzipien!«

Es folgte eine rhetorische Pause und die Luft im Raum wurde plötzlich eisig. Dann stand in der Reihe links von mir ein SS-Junker auf und sagte mit ruhiger, klarer Stimme:

»Ich protestiere in aller Form gegen diese Missachtung des ärztlichen Ethos und des hippokratischen Eides, dem ich mich als Medizinstudent verpflichtet fühle!«

Neben ihm erhoben sich zwei weitere junge Männer. Der eine sagte: »Ich schließe mich den Worten meines Kameraden an!«, der andere nur: »Ich auch! Was Sie propagieren, ist ein Verbrechen!«

Wir anderen saßen alle erstarrt; ich empfand plötzlich Bewunderung für diese drei Kameraden und sah sie an; es waren Männer von der LAH-Schwesterdivision »Das Reich«, einer von ihnen war ein Oberscharführer mit dem EK eins, die beiden anderen, Unterscharführer, trugen das Band des EK zwei im Knopfloch, alle waren außerdem ausgezeichnet mit der Ostmedaille und dem Verwundetenabzeichen. Ich wollte aufspringen und ebenfalls rufen: »Ich auch! Ich auch!« Aber ich war wie gelähmt, meine Kehle war wie zugeschnürt. Ich blieb sitzen, und es erfüllte mich bittere Scham.

Sekundenlang herrschte eine fast unerträgliche atemlose Stille. Der Obersturmführer, maskenhaft erbleicht und um Fassung ringend, umkrampfte mit seinen Händen das Katheder. Nach einer Zeitspanne, die mir unendlich lange vorkam, holte er tief Atem und stieß gepresst hervor: »Folgen Sie mir sofort zur Schreibstube!« Mit steifen Schritten setzte er sich in Bewegung, die drei tollkühnen Opponenten folgten ihm, von ihnen und ihrem Schicksal war in der Folge nicht mehr die Rede.

Wir anderen blieben verstört zurück, niemand sagte ein Wort. Wir wussten: Unsere Kameraden hatten sich um Kopf und Kragen gebracht. Nach einer Weile kam ein Uscha von der Schreibstube und ließ uns wissen: Der Unterricht falle aus, für den Rest des Tages gelte der Dienstplan – Geländedienst und eine Vorlesung über die Führung motorisierter Einheiten.

Der Vorfall hatte mich innerlich zutiefst aufgewühlt und beschäftigte mich über die kommenden Stunden bis zum Abend. Nach Dienstschluss war ich auf der Stube, die ich mit fünf anderen Junkern teilte, allein mit meinem Bettnachbarn Uscha Hans Bender, der aus Litauen stammte und eigentlich Zdislaw Benderis hieß.

Bender und ich – das wusste ich aus vorsichtig eingeleiteten Gesprächen – waren uns einig in der grundsätzlichen Haltung zu dem, was aus der Idee des nationa-

len Sozialismus gemacht worden war, und wir hatten auch keine Illusionen darüber, was daraus noch werden würde.

An der Wand hing eine Karte, auf der die Frontverläufe mit Nadeln und farbigen Schnüren markiert waren. Im Osten hatte sich der deutsche Rückzug auf der Linie ostpreußische Grenze, entlang der Weichsel bis westlich Odessa, vorübergehend stabilisiert, im Westen waren Frankreich – bis auf Elsass-Lothringen – und Belgien voll in der Hand der alliierten Invasionsarmee, in Italien wurde die »Gotenlinie« parallel zum Apenninenkamm von La Spezia bis Rimini mühsam gehalten. Skandinavien und der Balkan mit den unentbehrlichen rumänischen Ölquellen waren mehr oder weniger offene Flanken, zu deren Verteidigung kaum Kräfte verfügbar waren.

Ich stand vor der Karte und sagte zu Bender: »Wenn das noch gut gehen soll, muss mehr als ein Wunder geschehen; unsere einzigen Reserven bestehen doch in unserer Überzeugung, dass wir für die ethischen Werte Europas gegen den Bolschewismus kämpfen. Was heute passiert ist, hat uns doch alle betroffen gemacht, diese Entwicklung muss zu einer Gefahr für die Moral der kämpfenden Truppe werden.«

Bender antwortete nicht. Er sah mich nur eindringlich an und legte beschwörend Zeige- und Mittelfinger seiner rechten Hand auf seine Lippen. Und ich erfuhr bald, warum er sich aus gutem Grund so verhielt. An der Wand der Stube, die von der Fensterfront zum Flur führte, stand ein großer Spind, der – was ich nicht wusste – eine Tür verdeckte; dahinter befand sich ein Zimmer, in dem unser Gruppenausbilder, Untersturmführer Lobeck, hauste.

Nur Augenblicke später riss Lobeck unsere Stuben-

tür auf und brüllte mich an: »Ich habe alles gehört! Sie wissen, was das bedeutet! Halten Sie sich hier zur Verfügung!«

Er bedachte mich mit einem unheilschwangeren Blick und verließ den Raum. »Mein Gott, da hast du dich in die Scheiße geritten«, sagte Bender besorgt, »wenn du willst, versuche ich das Ganze abzuschwächen, ein Satz wurde aus dem Zusammenhang gerissen oder irgendwie.«

»Danke, lass es gut sein, Hans«, versuchte ich ihn zu beruhigen. »Damit hast du nichts zu tun! Eigentlich bin ich ganz froh, dass es so kommt. Hier könnte ich mich keinen Tag mehr wohl fühlen.«

Mir war klar: Was auf mich zukam, war unabwendbar und äußerst bedrohlich. Viel Zeit, meine Lage zu überdenken, hatte ich jedoch nicht. Nach Minuten kam ein Typ von der Schreibstube und meldete lakonisch: »Maeger zum Rapport zum Inspektionschef.«

Ich schnallte um, setzte den Stahlhelm auf und machte mich auf den Weg. Der Spieß winkte mich mit einer Handbewegung durch eine Tür in einen Raum, in dem der Chef der Inspektion, Hauptsturmführer Gerlach, hinter seinem Schreibtisch saß, seitlich von ihm stand Lobeck mit zugekniffenen Augen.

Ich stand stramm und schnarrte vorschriftsmäßig mein »SS-Junker Maeger wie befohlen zum Rapport, Hauptsturmführer!«

Gerlach musterte mich nachdenklich und meinte schließlich ganz manierlich: »Wenn Sie das, was Untersturmführer Lobeck mir gemeldet hat, so gesagt haben, ist das schwer wiegend. Sie haben in defätistischer Weise den Endsieg infrage gestellt. Was haben Sie dazu vorzubringen?«

Ich erwiderte: »Ich stehe zu dem, was ich gesagt ha-

be, Hauptsturmführer. Anlass war der Vorfall heute beim Weltanschaulichen Unterricht. Die drei Kameraden, die dort protestiert haben, sind keine Verräter und keine Defätisten, sie haben eine berechtigte Sorge zum Ausdruck gebracht.«

»Ich möchte die ganze Sache nicht weiter ausdehnen als nötig«, sagte Gerlach, »geben Sie eine glaubwürdige Erklärung ab, und ich werde eine tragbare Regelung finden.«

Lobeck mischte sich ein: »Er hat sich ganz unmissverständlich ausgedrückt, Hauptsturmführer! Es ist Wehrkraftzersetzung und Kritik an der nationalsozialistischen Ethik! Er muss auf jeden Fall relegiert werden!«

Meine Reaktion war nicht mehr vom Verstand kontrolliert. Ich hörte mich zu meinem eigenen Entsetzen kalt sagen: »Ich verzichte darauf, dieselbe Uniform zu tragen wie Untersturmführer Lobeck!«

Gerlach verlor die bislang sorgsam gewahrte Contenance. »Sie frecher Mensch«, schrie er, » ich bestrafe Sie wegen Beleidigung eines Vorgesetzten mit drei Tagen verschärftem Arrest! Sie werden vom weiteren Besuch der Junkerschule ausgeschlossen und nehmen an keinem Dienst mehr teil. Das Weitere wird sich finden! Abtreten!«

Meine Stubenkameraden empfingen mich mit distanzierter Verlegenheit. Einer klopfte mir stumm auf die Schulter. So weit noch Gespräche aufkamen, waren sie knapp und belanglos. In der Nacht schlief ich über Erwarten gut.

Beim Frühappell am nächsten Morgen wurde ich vor die Front der Inspektion befohlen. Die Bestrafung gegen mich wurde, wie sie Gerlach schon angekündigt hatte, vom Spieß verlesen, dann trennte er mit der Schere meine Junkerlitzen ab. In einem seltsamen Wechselbad der Gefühle empfand ich dabei Verzweiflung, Erniedrigung und Erleichterung.

Den anschließenden Tag verbrachte ich untätig auf meiner Stube, in der Herbstsonne am offenen Fenster sitzend. Irgendwo spielte ein Radio sinnigerweise die Melodie: »Es geht alles vorüber, es geht alles vorbei, nach jedem Dezember folgt wieder ein Mai … «, und ich fühlte mich etwas getröstet.

Gegen Mittag kreuzte Lobeck auf und befahl mir trocken: »Machen Sie mal mein Zimmer sauber!« Ich ging hinüber und stellte fest, dass es nichts sauber zu machen gab, alles war peinlich korrekt aufgeräumt und makellos. Dann bemerkte ich auf Lobecks Schreibtisch seine Pistolentasche und darauf liegend eine Walther-PPK Kaliber 7,65. Sie war gegen die Vorschrift durchgeladen und mir wurde klar, was in Lobecks Kopf vorging. Nach seinen verschrobenen Ehrbegriffen gab es für ihn in meiner Situation offenbar nur eine Lösung: die Kugel. Ich hatte nicht die geringste Absicht, dieser Vorstellung gerecht zu werden, und ging zurück in meine Stube nebenan.

Am späten Nachmittag wurde ich wieder zur Schreibstube beordert. Man teilte mir mit, dass ich mich vor dem Zapfenstreich mit einer Decke ohne jede Verpflegung im Arrestbau einzufinden habe. Als ich dort eintraf, fand ich mich bald in einer absolut finsteren Zelle wieder, in der ich auf einen Mitdelinquenten stieß, dem ein Wachvergehen vorgeworfen worden war. Er war aus Lauenburg in Pommern, hieß Wöhlert und gehörte zu meiner bisherigen Inspektion, ich war ihm aber zuvor bewusst noch nicht begegnet.

Die drei Tage in der Arrestzelle vergingen in lähmender Langsamkeit. Die einzige Erleichterung bedeutete für mich die Gesellschaft eines anderen Menschen. Wir hatten uns zwar kaum Tröstendes zu sagen, boten uns aber gegenseitig einen Schutz gegen Verzweiflung in der absoluten Einsamkeit des finsteren Lochs. Ich hatte ein Hindenburglicht*) eingeschmuggelt, bei dessen trübem Schein wir immer wieder in einigen zerfetzten Zeitungsblättern lasen, die in der Zelle herumlagen.

Die einzige Verbindung zur Außenwelt war morgens und abends das Knarren der Türriegel, wenn der Wärter uns einen Krug Wasser brachte. Der Hunger war am Anfang erträglich, am Abend des zweiten Tages wurde er so quälend, dass ich nur noch an Essbares dachte; der widerliche Hirsebrei, der im ersten Russlandwinter über Monate unsere Alltagskost bildete, wäre mir wie eine Delikatesse erschienen, wenn ich ihn nur bekommen hätte. Meinen Zellengenossen wollte ich mit diesen Gedanken nicht behelligen, jedes Gespräch zwischen uns war verstummt, wir schwiegen uns in der Finsternis an.

Als ich in meiner hilflosen Niedergeschlagenheit und Erschöpfung dachte, ich würde mein Elend nicht mehr weiter ertragen können, hörte ich plötzlich Wöhlert mit beiden Fäusten an die Zellentür hämmern. Er gab nicht auf und schließlich wurden die Riegel zurückgeschoben und jemand knurrte durch den geöffneten Türspalt: »Was soll der Krawall, ist was Besonderes?« Und ich hörte Wöhlert sagen: »Hunger, Kamerad! Hunger! Bitte bring uns ein Stück Brot, nur ein kleines Stück!« Die Tür wurde geschlossen und Wöhlert verstummte. Wieder umgab uns bleierne Stil-

*) Kleine flache Schale aus Blech, mit Stearin gefüllt.

le. Aber dann knarrten wieder die Riegel und der Wärter reichte, ohne ein Wort zu sagen, zwei Kanten Brot herein. Nie, nicht einmal später in der Gefangenschaft, habe ich mit mehr Andacht mein Brot gegessen und ein Dankgebet gesprochen.

Nach den drei Hafttagen erhielten wir beide auf der Schreibstube der Inspektion einen Marschbefehl nach Berlin zum Sanitätsamt im SS-Führungshauptamt und einen versiegelten Umschlag, den wir dort zu übergeben hatten. Nach einer durch Bombenalarme unterbrochenen rund zwölfstündigen Bahnfahrt kamen wir dort an und trafen auf einen für unser weiteres Schicksal zuständigen Obersturmbannführer.

Als wir den Raum, in dem er residierte, betraten, machte dessen zunächst etwas finstere Miene freudiger Verblüffung Platz. »Mensch, wie kommst du denn hierher?«, sagte er erstaunt zu Wöhlert, der sich ebenfalls überrascht gab. Es stellte sich heraus, dass der Obersturmbannführer wie Wöhlert aus Lauenburg war und zwischen den beiden irgendwie Verwandtschaft bestand.

Nach einigem privaten Austausch von Neuigkeiten zwischen den beiden durften wir uns setzen. Der Obersturmbannführer las mit gerunzelter Stirn das Schreiben, das man uns in Prag mitgegeben hatte.

Was mich betraf, war darin von wehrkraftzersetzenden Äußerungen nur am Rande die Rede, hervorgehoben wurde die Vorgesetztenbeleidigung; vermutlich wollte die Junkerschule ihren guten Ruf nicht weiter schmälern.

»Na, wir wollen das Ganze nicht zu tragisch nehmen«, sagte der Mann, der in diesem Augenblick für uns wohl über Leben und Tod entschied, »ihr sollt zwar umgehend zur Bewährungsdivision in Marsch gesetzt werden; aber für mich seid ihr in erster Linie Sanitätssoldaten und ihr habt dafür noch nicht einmal eine ordentliche Ausbildung. Ich werde euch erst einmal für sechs Wochen zur Sanitätsschule nach Bad Aussee schicken. Danach sehen wir weiter. Alles Gute und ab durch die Mitte.«

Draußen wären wir uns in unserer Erleichterung fast um den Hals gefallen, wir konnten die für uns glückliche Wendung kaum fassen. Die Bewährungsdivision, für die wir bestimmt waren, wurde »Knochensturm« genannt, weil ihre Angehörigen auf den Kragenspiegeln keine SS-Runen trugen, sondern zwei Stielhandgranaten*), die wie gekreuzte Knochen aussahen. Sie galt als Himmelfahrtskommando. Wir wussten zwar nicht genau, wo Bad Aussee in der schönen »Ostmark« lag, aber auf jeden Fall war es nicht Berlin, nicht Prag und vor allem nicht die Ostfront.

Wir erhielten einen neuen Marschbefehl und machten uns schleunigst auf die Reise, die wir in gehobener Stimmung unternahmen. Bad Aussee empfing uns wie ein friedlicher Märchentraum; die Sanitätsschule war in einem neuen, geräumigen Gebäude an der Straße zum Grundlsee untergebracht, der Ort selbst war ein riesiges Kriegslazarett, das mit seinen Abteilungen in allen verfügbaren Hotels und Sanatorien untergebracht worden war.

Zum ersten Mal war ich gerne Soldat, der Dienst machte mir Freude. An vier Vormittagen in der Woche hatten wir Unterricht in allen einschlägigen Fächern, nachmittags arbeiteten wir im Schichtdienst wechselnd auf allen Stationen: Chirurgie, Innere Medizin, Infektions-

*) Bereits im Ersten Weltkrieg benutzte, mit einem hölzernen Wurfstiel versehene Handgranate.

abteilung, Haut- und Geschlechtskrankheiten, Röntgenabteilung.

Das Ambiente des in Friedenszeiten renommierten Kurorts war großartig. Der Lazarettbetrieb war jedoch schon merklich von den Einschränkungen des fünften Kriegsjahres betroffen. Das bezog sich auf die Verpflegung und vor allem auf das Verbandsmaterial; Gips gab es reichlich, aber schon die flexiblen Metallschienen, Pflasterstreifen und anderes waren knapp. Gebrauchte Binden wurden sorgfältig wieder aufgerollt, wieder verwendet und, wenn sie verschmutzt waren, gewaschen. Die Mullbinden wurden mehr und mehr durch schmale Krepp-Papierrollen ersetzt.

Mit Medikamenten sah es dank der hoch entwickelten deutschen pharmazeutischen Industrie besser aus. Penizillin war, obwohl von dem Briten Alexander Fleming schon 1928 entdeckt, absolut unbekannt, vermutlich war dies eine Folge der Abschottung der deutschen Forschung im »Dritten Reich«. Dafür gab es die bei einigen Erkrankungen – so Gonorrhoe und Gasbrand – sogar wirksameren, 1938 von Gerhard Domagk entwickelten Sulfonamide. Sie wurden in der Wundbehandlung als Marfanil-Puder verwendet, in Bad Aussee als Kombination mit Lebertran; die Kurzform »Lebertran-Marpu« war einer der meistverwendeten Begriffe in der Chirurgischen Abteilung. In den übrigen klinischen Bereichen waren die gebräuchlichsten Sulfonamide Cibazol, Eubasin, Euvernyl, Prontosil und Supronal. Alles, was ich lernte, kam meinen Erwartungen sehr entgegen, in der Röntgenabteilung kam mir mein früher Umgang mit der Fotografie zugute.

Ich glaubte meinen Augen nicht zu trauen, als ich nach meiner dritten Woche in Aussee beim Morgenappell plötzlich Hans Bender bemerkte. Er war ebenso überrascht wie ich, freute sich, mich zu sehen, und ich erfuhr, dass er nach Abschluss des Kurses an der Junkerschule nach Aussee abkommandiert worden war, weil er ebenfalls noch keine Grundausbildung als Sanitätsdienstgrad hatte und mit einigen anderen diese nachholen musste. Obwohl Bender inzwischen Junker, also arrivierter war als ich, erreichten wir, dass wir auf eine Stube kamen, und wir vertrugen uns so gut wie schon in Prag.

Als Mitte Oktober in Aussee Schnee fiel, brachte mir Bender, der ein ausgezeichneter Skiläufer war, in der knapp bemessenen Freizeit die Anfänge der Kunst auf Brettern bei; die rasante Abfahrt auf einer steil abschüssigen vereisten Straße beherrschte ich bald so gut wie er. Skier standen nach Wahl zur Verfügung, sie stammten aus zivilen Spenden für den Russlandfeldzug, waren aber ihrer eigentlichen Bestimmung nie zugeführt worden.

Beim Unterricht erwarb ich bald das Wohlwollen des Ausbildungsoffiziers, eines SS-Arztes im Rang eines Obersturmführers. Ich lernte schnell, alle Verbände nach dem Lehrbuch so kunstvoll anzulegen, dass ich beauftragt wurde, mit weniger Fortgeschrittenen außerhalb des Unterrichts diese Disziplin zu üben. Im theoretischen Unterricht konnte ich als Erster die chemische Formel »Dimetylaminophenyldimetylpyrazolon«, die für das damals bevorzugt gebräuchliche Schmerzmittel »Pyramidon« stand, fließend aufsagen.

Als Anfang Oktober der Lehrgang zu Ende ging, erhielt ich ein Abschlusszeugnis als Sanitätsdienstgrad, und der Leiter der Sanitätsschule eröffnete mir, ich sei mit zwei anderen Absolventen für eine zusätzliche Ausbildung zum Operationshelfer beziehungsweise Feldscher im Kriegslazarett Weilmünster im Taunus vorgesehen. Vorher wurde mir erstaunlicherweise vom Führungshauptamt in Berlin aus aber noch eine Woche Urlaub gewährt, den ich bei meiner Gießener Studienfreundin Ilse in Cuxhaven verbrachte, deren Eltern mich eingeladen hatten; meine Heimat war bereits von den Amerikanern besetzt.

Ilses Eltern nannten ihre einzige Tochter immer noch »Plümchen«, weil sie schon als Kind etwas mollig gewesen war, was ihr als erwachsener junger Dame noch gut stand. Vater Harmsen – groß, schwer und blond – war Prokurist in einem Unternehmen, das U-Boot-Ausrüstungen herstellte, und außerdem »in der Partei«; Mutter Käthe – zierlich und dunkel – hatte mich sofort in ihr Herz geschlossen. Beide lasen ihrem »Plümchen« jeden Wunsch von den Augen ab, und Töchterchen Ilses Wunschtraum war zu diesem Zeitpunkt ich. Also hatten sich alle drei eine Überraschung ausgedacht; kaum war ich in Cuxhaven angekommen, wurde meine Verlobung vorbereitet. Vater Harmsen, der von einem Bauernhof bei Bremerhaven stammte, verschwand für einen Tag und eine Nacht, dann kam er mit einem Koffer voll guter Dinge wieder, darunter eine große, fette Gans, die prompt in die Backröhre geschoben wurde.

Am Tag darauf wurde gefeiert, ein deftiges norddeutsches Fest mit netten Leuten aus der Verwandtschaft, und ich ließ es mir gefallen – warum auch nicht, es war mir schon lange nicht mehr so gut gegangen.

In den fünf Tagen meines Aufenthalts kam man sich im trauten Kreis etwas näher, und ich war verständlicherweise einer Reihe von Fragen ausgesetzt, die ich freimütig beantwortete. Auch darüber, was ich in Prag erlebt hatte und was ich davon hielt, äußerte ich mich unmissverständlich. Vater Harmsen runzelte etwas besorgt die Stirn, klopfte mir auf die Schulter und meinte wohlwollend: »Nur die Gedanken sind frei, mein Lieber!« Zum Abschied schenkte er mir eine kleine Pistole, die in die Hosentasche passte. Sie wurde nach meiner Gefangennahme die Beute eines Russen.

Mutter Käthe, mit der ich später noch in Briefwechsel stand, stellte mir 1948 unaufgefordert einen der nach dem Krieg begehrten, manchmal materiell kräftig honorierten »Persilscheine«*) aus, in dem stand: »Herr Herbert Maeger (...) ist mehrfach während seines Urlaubs besuchsweise in meiner Wohnung gewesen. Aus den mit ihm geführten Unterhaltungen konnte ich feststellen, dass Herr Maeger (...) sich von den in seinem Wehrmachtsteil vorgekommenen Methoden und Zielen offensichtlich absetzte. (...) Unter anderem machte er mir gegenüber einmal folgende Bemerkung: ›Wenn ich einmal einen Sohn haben sollte und der wollte zur SS, dann würde ich ihn vorher totschlagen.‹ – Ich selbst bin weder Mitglied der N.S.D.A.P. noch einer ihrer Gliederungen gewesen.«

Ich habe von dem Persilschein der Käthe Harmsen und Zeugnissen ähnlicher Art keinen Gebrauch gemacht. Mich von mir aus um eine Rehabilitierung zu bemühen, sah ich keine Veranlassung. Als ich 1948 in Weilburg vor eine Spruchkammer**) geladen wurde, entspann sich zwischen dem Vorsitzenden der Kammer und mir folgender Dialog:

---

*) Leumundszeugnis, verbunden mit der Assoziation, dass es geeignet erschien, »braune Westen« weiß zu waschen.

**) Spruchkammern waren zivile deutsche Gerichte, die nach dem Krieg unter der Kontrolle der Besatzungsmächte die »Entnazifizierung« durchführten. Es gab nach den Urteilen Hauptschuldige, Belastete, Minderbelastete, Mitläufer und Entlastete. Betroffen waren in den westlichen Besatzungszonen über sechs Millionen Deutsche.

Vorsitzender: »Waren Sie freiwillig Mitglied der Waffen-SS oder wurden Sie eingezogen?«

Ich: »Was kostet es, wenn ich Freiwilliger war?«

Vorsitzender: »Dann sind Sie kein Entlasteter, sondern Mitläufer und erhalten einen Sühnebescheid über 50 Reichsmark!«

Ich: »Dann erkläre ich, Freiwilliger gewesen zu sein!«

Kurz darauf stellte mir das »Hessische Staatsministerium für politische Befreiung« den Sühnebescheid zu, er belief sich einschließlich Verfahrensgebühr, Porto und Auslagen auf 76 Mark.

Der Bescheid enthielt den Vermerk: »Da der Betroffene einer vom Internationalen Gerichtshof in Nürnberg verbrecherisch erklärten Organisation angehört hat, konnte eine Amnestie nicht zur Anwendung kommen.« Das Amtsdeutsch war damals auch nicht besser.

Allem, was ich erlebte hatte, zum Trotz: Die Sache war es mir wert, ich zahlte die 76 Reichsmark und war in aller Form entnazifiziert.

Offiziell lag meine apokalyptische Vergangenheit hinter mir, aber sie hatte sich unauslöschlich in meine Seele eingebrannt.

Die schönen Tage in Cuxhaven gingen schneller zu Ende, als mir lieb war. Mein Urlaubsschein trug mir auf, mich in Stettin beim dort stationierten Ersatzbataillon der Waffen-SS zu melden. Ich kam in eine graue, vom Krieg gezeichnete Stadt und verbrachte in einer tristen Kaserne ein paar trübselige Tage. Dann erhielt ich meinen Marschbefehl nach Weilmünster im Taunus. Das in einer Landesheilanstalt etwas außerhalb im Tal der Weil untergebrachte Kriegslazarett, das ich vorfand, war größer als der Ort selber, dessen Einwohner, wie ich bald erfuhr, stolz darauf waren, kein Dorf, sondern ein »Marktflecken« zu sein.

Mein erster Eindruck war: Weilmünster hielt mit Bad Aussee keinen Vergleich aus. Aber nachdem ich mich einige Tage eingewöhnt hatte, wurden mir die positiven Aspekte bewusst; vor allem die Arbeit im Operationssaal befriedigte mich sehr. Sie stand unter der Leitung von Oberschwester Gudrun, einem wahren, aber sehr kompetenten OP-Drachen. Bald eignete ich mir die Kenntnisse und Fähigkeiten an, die bei der Grundausbildung in Bad Aussee nicht zum Repertoire gehört hatten. Mit drei Kameraden, die schon längere Zeit als Sanitätsdienstgrade an der Front tätig gewesen waren, wurde ich zielbewusst für einen gemeinsamen Einsatz als OP-Staffel in einem Hauptverbandplatz (HVP) an der Front ausgebildet. Die HVP waren den Divisionsstäben zugeordnet und die Anlaufstellen für die Verwundeten, die von den Bataillonsverbandplätzen weitergeleitet wurden. Sie arbeiteten so nahe wie möglich an der Hauptkampflinie; verständlicherweise wurden dort keine Frauen eingesetzt.

Das Ausbildungsprogramm umfasste vier Fachbereiche: Die Operationsassistenz half dem Chirurgen mit der Vorbereitung und der direkten Hilfeleistung bei der Operation; die Asepsis hatte die Aufgabe, zur Verhütung von Wundinfektionen den Operationsraum, die Instrumente und alle verwendeten Materialien keimfrei zu halten; die Anästhesie diente der Schmerzbetäubung der Patienten; die Verbandskunde war die Handhabung der fachgerechten Versorgung nach der Operation, dazu gehörte das Schienen und Gipsen bei Knochenverletzungen, zum Beispiel bei Schussbrüchen des Unterkiefers das Anlegen eines Kopf-Gipsverbands aus zwei mit Gummibändern verbundenen Teilen, die das Gebilde beweglich machten, um dem Patienten das Essen zu ermöglichen.

Da ich mich als männliche »OP-Schwester« bei der heiklen Aufgabe der Anästhesie anstellig zeigte, wurde ich bevorzugt mit diesen Aufgaben betraut. Die Anästhesie wurde, wie auch noch längere Zeit nach dem Krieg, als Inhalationsnarkose mit Chloroform zur Einleitung und Äther zur Erhaltung des empfindungslosen Zustands des Patienten durchgeführt.

Ich erlernte auch den damals weit gehend noch unüblichen Umgang mit Evipan zur intravenösen Narkose, die nur durch eine genaue Dosierung und ständiges Nachspritzen über den ganzen Zeitraum der Operation zuverlässig angewandt werden konnte. Wegen der Fertigkeit, die ich mir dabei erwarb, ließ nach dem Kriege im Städtischen Krankenhaus Rheydt, wo ich – immer noch in der Hoffnung, mein Medizinstudium fortsetzen zu können – in den Monaten Januar bis April 1946 ein vorklinisches Praktikum absolvierte, der Chefarzt der Chirurgie, Professor von Tappeiner, Evipannarkosen nicht von den Assistenzärzten, sondern von mir ausführen.

In die Kriegslazarette wurden Soldaten eingeliefert, deren Verwundung oder Krankheit so schwerer Natur war, dass mit einer baldigen Genesung in den Feldlazaretten nicht gerechnet werden konnte. Der ausgedehnte Gebäudekomplex in Weilmünster, der einen eigenen Bahnanschluss an die Strecke Weilburg–Usingen–Bad Homburg–Frankfurt hatte, konnte an die 1 200 Patienten aufnehmen, war aber, als ich dorthin kam, nicht voll belegt.

Das änderte sich schlagartig, als ich mich nach gut zwei Wochen in den Betrieb eingelebt hatte. Es wurde ein Lazarettzug mit mehr als 500 Männern angekündigt, die aus einem Kriegslazarett in Ostpreußen vor der anrückenden Roten Armee in Sicherheit gebracht worden waren. Alle vorrätigen Betten wurden in Krankensälen und kleineren Räumen aufgestellt, die Kellergeschosse, die wegen der Hanglage der Gebäude eher Souterrains waren, so weit wie möglich ausgeräumt und hergerichtet.

Als der lange Zug eintraf, war der Großeinsatz aller verfügbaren Kräfte angesagt. Beim Betreten der umgebauten D-Zug-Wagen schlug uns unerträglicher Gestank entgegen. Von dem zahlenmäßig völlig unzulänglichen und erschöpften Begleitpersonal erfuhren wir, dass der Zug eine Odyssee von sechs Wochen Dauer hinter sich hatte. Andere Lazarette, bei denen der Transport auf der weiten Strecke versucht hatte unterzukommen, waren hoffnungslos überfüllt, mit Mühe und Not hatte man eine kärgliche Verpflegung auftreiben können. Eine Versorgung der Verwundeten hatte aus Mangel an Verbandsmaterial und wegen der drangvollen Enge der mit Etagenbetten dicht bestückten Waggons kaum stattfinden können.

Zwei lange Tage brauchte die Lazarettbelegschaft, um die bedauernswerten Opfer der Irrfahrt in die vorbereiteten Quartiere zu bringen. Schon das Ausladen mittels Tragbahren war in den schmalen Gängen der Eisenbahnwagen für die entkräfteten Verwundeten eine furchtbare Strapaze, manche von ihnen starben bereits beim Entladen des Zuges. Bei der Beförderung in die hoch am Hang gelegenen Gebäude des Lazarettkomplexes waren Bauern aus dem Ort mit bespannten Leiterwagen behilflich, die sich hierfür freiwillig zur Verfügung gestellt hatten.

Wir von der OP-Staffel schafften die schwersten Fälle mit Oberschenkel- und Oberarmgipsen gleich in den OP-Saal und erlebten dort, was wir bis dahin für unmöglich gehalten hatten. Bei einigen hielten wir, als wir ihn anfassten, den Gips mit Inhalt in der Hand, das ganze Bein oder der Arm waren abgefault. Als wir bei anderen den Gips vorsichtig aufschnitten, fanden wir darunter eine pelzige graue Schicht, die wie Watte aussah, und die wir für Filz zur Polsterung der Schienen hielten, bis wir zu unserem Entsetzen bemerkten, dass diese aus einer dicht geballten Masse von Läusen bestand. Uns wurde bei dem Anblick regelrecht schlecht. Die Qualen der von dem Ungeziefer wehrlos Geplagten müssen unvorstellbar gewesen sein.

Alle, die den Transport aus Ostpreußen überlebten, hatten Unsägliches durchgemacht. Wir arbeiteten an zwei Tischen eine Woche lang von sechs Uhr morgens bis in die Nacht, um ihre Leiden zu lindern. Mir bleibt ein Tag unvergesslich, an dem wir 43 Amputationen durchführten. Es war erstaunlich, dass fast alle die Eingriffe überstanden. Da sich freiwillig kein anderer bereit fand, die abgetrennten Gliedmaßen zu »entsorgen«, übernahm ich die unangenehme Pflicht; ich packte die abgetrennten Beine und Arme in ein Tuch, trug sie zu dem hundert Meter entfernten Block, in dem sich die Zentralheizung des Areals befand, und warf die Teile einzeln in den glühenden Koks des riesigen Heizkessels. Die beiden Heizer waren dazu um keinen Preis zu bewegen.

Der Spieß, ohne den ein militärischer Betrieb nicht auskommen konnte und den es auch im SS-Kriegslazarett Weilmünster gab, war über meinen obskuren Werdegang aus der vorliegenden Personalakte genau unterrichtet. Wenn er daran etwas auszusetzen fand, ließ er dies mich jedenfalls nicht entgelten.

Als er beim Abendappell lautstark – und zu Recht –

monierte, dass etliche Angehörige des Lazarettpersonals sich bei der Aktion gedrückt hatten, konnte ich mich nicht enthalten, mich aus dem Glied heraus deutlich zu äußern mit der Feststellung: »Die sich gedrückt haben, Stabsscharführer, stehen am rechten Flügel!«

Dort befanden sich, wie üblich, die Oberscharführer der Schreibstube und der Versorgungsdienste. Meine Bemerkung, die nach Kommissmaßstäben noch Wochen vorher als dreiste Herausforderung gegolten hätte, wurde ohne Reaktion hingenommen. Vermutlich war dies ein Indiz dafür, dass angesichts der immer aussichtsloser werdenden Lage der Nation die große Nachdenklichkeit über den Sinn kritikloser soldatischer Subordination eingesetzt hatte.

Das Weilmünsterer Operationsteam von Schwestern und uns OP-Schülern bestand bei dieser großen Belastung seine Bewährungsprobe. Mit gut eingespielter Routine bewältigten wir die folgenden ruhigeren Wochen ohne größere Probleme. Wir verstanden uns untereinander und auch mit den Assistenzärzten gut, dagegen war die Beziehung des Chefarztes Obersturmbannführer Dr. Klemm zu uns – milde ausgedrückt – etwas differenziert; er war ein eitler Karrieretyp, was offenbar seiner Vorstellung von Elite entsprach, und immer makellos in Schale. Er behandelte die Patienten und uns als Statisten seiner Starrolle; mit dem Skalpell konnte er jedoch ausgezeichnet umgehen, was wir zu respektieren wussten.

Für das Kriegsende traf er bereits Vorsorge, indem er einige verwundete amerikanische Gefangene, die in das Kriegslazarett eingeliefert worden waren, bevorzugt unterbringen und versorgen ließ.

Auf dem OP-Plan stand frühmorgens als Erstes um sechs eine Blinddarmoperation, also ein relativ harmloser Routinefall, an. Alles war vorbereitet; der Patient, ein Oberfeldwebel um die dreißig, lag mit bereits eingeleiteter Narkose auf dem Tisch, der Assistenzarzt Ostuf Dr. Siebel und wir anderen standen bereit und warteten auf den Chef, der zu dem von ihm selbst angeordneten Termin nicht da war. Nach einer knappen Viertelstunde beauftragte mich Schwester Gudrun, in seiner Wohnung anzurufen. Er war sofort erreichbar und antwortete knapp: »Ich komme gleich!«

Nach weiteren zehn Minuten rief ich auf Geheiß Dr. Siebels noch einmal an und erhielt den gleichen Bescheid. Inzwischen machten wir uns Sorgen um den Patienten, um dessen Kreislauf es nicht zum Besten bestellt war. Nach weiteren fünf Minuten entschloss sich Dr. Siebel, auf jeden Fall mit der obligaten Waschung seiner Hände zu beginnen, um einen zusätzlichen Zeitverlust zu vermeiden.

Er hatte damit kaum begonnnen, als der Chefarzt hereinstürmte; er überblickte die Lage, sah, dass Dr. Siebel bereits mit dem Händewaschen begonnen hatte, blieb abrupt stehen und konstatierte nur: »Na, hier läuft ja schon alles ohne mich!« Dann machte er auf dem Absatz kehrt und verschwand von der Szene.

Der gute Dr. Siebel hatte keine chirurgische Fachausbildung, doch da lag der Patient mit seinem entzündeten Blinddarm nun seit einer halben Stunde in Narkose. Und da wir ihn alle erwartungsvoll ansahen und eine Appendektomie unter Insidern zu den simpelsten Eingriffen gehörte, die in Notsituationen schon von Kapitänen auf hoher See mit Erfolg vorgenommen worden war, griff er beherzt zum Skalpell und machte sich ans Werk. Nach zehn Minuten hatte er den Blinddarm trotz intensiven Bemühens im aufgeschnittenen Bauch nicht gefunden. Ich rief auf seine Bitte hin zum dritten Mal den Chefarzt an, um ihn zu informieren; er meinte nur lakonisch: »Dafür habe ich heute keine Zeit mehr!« Und legte auf. Wir alle standen eine Zeit lang stumm und ratlos. Dann wurde der Patient wieder zugenäht, drei Tage später war er tot.

Es stellte sich heraus, dass die Weilmünsterer, soweit ich mit ihnen zu tun bekam, freundliche Leute waren, merklich umgänglicher als die Einwohner meiner früheren Lararett-Standorte. Wenn ich abends oder sonntags dazu kam, machte ich mich auf den knapp zwei Kilometer langen Weg in den »Flecken« und kehrte im »Posthaus« ein, einer geräumigen Gaststätte mit Metzgereibetrieb, wo die gewichtige Wirtin uns Soldaten ihrer »Garnison« einen kräftigen Eintopf oder einen Bratkartoffelteller mit Sülze servierte.

Auf dem Wege zu dieser willkommenen Ergänzung in der kargen und eintönigen Lazarettverpflegung kam ich regelmäßig an einem Gemischtwarenladen vorbei. Die beiden Schaufenster waren von der einzigen auf die nahe Bahnlinie in Weilmünster abgeworfenen Fliegerbombe zertrümmert worden; in der notdürftigen Bretterverschalung gab es lediglich zwei handtuchgroße Ersatzscheiben.

Eines Tages betrat ich den Laden, weil ich Schuhcreme benötigte, die mir eine auf mich sehr sympathisch wirkende Frau mittleren Alters bereitwillig verkaufte. Im Laden waren außer mir keine Kunden, wir kamen ins Gespräch; es schloss damit ab, dass die Ladenbesitzerin, die ich als Lisette Rippel kennen lernte, mich für den folgenden Sonntagabend zum Abendessen einlud. Dem kam ich gerne nach, und so lernte ich die Tochter kennen, wieder eine Ilse. Vater Rippel war, wie ich erfuhr, 1933 – am 13.3.1933, wie die dem Okkulten zugetane Lisette betonte – bei einem Motorradunfall ums Leben gekommen; seitdem betrieben die beiden das hinterlassene Geschäft und hatten sich dabei mit viel Fleiß eine nicht gerade umfangreiche, aber treue Kundschaft erworben. Nach einem wiederholten Besuch bat ich darum, meine wertvollen medizinischen Bücher, die in dem bombenbedrohten Gießen gefährdet waren, bei den Rippels unterbringen zu dürfen, was mir bereitwillig gestattet wurde.

Die Geschichte endete ein Jahr darauf damit, dass ich im März 1946 nach Weilmünster schrieb und anfragte, ob die Bücher noch vorhanden seien und ob ich sie abholen dürfe. Die herzlich gehaltene Antwort lautete, ich sei jederzeit willkommen. Das war in den Tagen, als in der Britischen Besatzungszone, zu der Rheydt gehörte, ehemalige Waffen-SS-Angehörige per Anschlag aufgefordert wurden, sich unverzüglich zu melden. Dahinter konnte kaum etwas Gutes stecken, und so machte ich mich auf die abenteuerliche Bahnreise nach Weilmünster, die fast zwei Tage dauerte.

In Weilmünster wurde ich aufgenommen wie ein vermisst geglaubtes Familienmitglied; dass ich eine Weile blieb, wurde als selbstverständlich empfunden. Mit Ilse machte ich Spaziergänge durch das vom Krieg fast unberührte Städtchen, entlang der idyllischen Weil und über die im ersten Frühlingsgrün prangenden Hänge des Taunus. Es war sozusagen situationsimmanent, dass wir uns näher kamen. Ich fand eine neue Heimat und gewann eine gute Frau und treuen Lebenskameraden; als sie zehn Jahre später einer schweren Krankheit erlag, trauerte ich sehr um sie.

Außer meiner Tätigkeit im OP des Kriegslazaretts wurden mir noch andere Aufgaben übertragen, dazu gehörten die Teilnahme an den Visiten zur Durchführung der Verbandswechsel und die Überwachung von Bluttransfusionen, die noch mit einem primitiven Dreiwegeübertragungsgerät vorgenommen wurden. Regelmäßige Blutspender waren die jungen Soldaten der Unteroffiziersschule in der Kreisstadt Weilburg. Zugrunde gelegt wurden lediglich die Blutgruppen, feinere Bestimmungen wie die des Rhesusfaktors, gehörten noch nicht zum Standard. Ich erlebte zweimal, wie Blutempfänger durch Fehler bei der Transfusion innerhalb weniger Minuten starben.

Gelegentlich war ich als UvD für den Nachtdienst in der zentralen Schreibstube eingeteilt, das einmal das Chefarztzimmer der Hessischen Landesheilanstalt gewesen war; eine Aufgabe, die ich gerne übernahm, denn ich war alleine in dem großen Raum mit Bücherschränken bis an die hohe Decke, über deren Inhalt ich für ein paar einsame erholsame Stunden verfügen konnte.

Als UvD hatte ich Zugang zu allen Formularen und Dienstsiegeln. Eine Nacht lang spielte ich mit dem Gedanken, mir selbst einen Marschbefehl zum dortigen Kriegslazarett nach Koblenz auszustellen, wo bereits die Amerikaner waren. Hätte ich der Versuchung nachgegeben, wäre ich vielleicht damit weit genug durchgekommen, für die restliche Strecke hätte ich mir etwas einfallen lassen müssen. Schließlich wurde mir jedoch klar, dass ich auch bei einem Gelingen des Wagnisses mit den Konsequenzen, die sich für mein Pflichtbewusstsein ergaben, schwerer fertig geworden wäre als mit dem großen Risiko, das ich damit einging, dass ich blieb, um schon bald in das Chaos der zusammenbrechenden Ostfront beordert zu werden.

Das stand fast unmittelbar bevor. Und so war das Weihnachtsfest nur ein trister Übergang in eine äußerst bedenkliche neue Etappe meines Soldatendaseins. Über das, was mich erwartete, machte ich mir keine Illusionen: die Strafdivision des berüchtigten Generals Dirlewanger – der »Knochensturm«.

Mit der Straßenbahn an die Front

»Jetzt geht es ab nach Berlin, und von dort fahre ich dann mit der Straßenbahn an die Front«, hatte ich in Weilmünster gesagt, als ich Mitte Januar 1945 meinen Marschbefehl zum Führungshauptamt bekam. Die Vergangenheit, das Debakel meines Abgangs von der Junkerschule in Prag, hatte mich inzwischen eingeholt. Ich wusste, mir stand eine schwere Zeit bevor.

Nach Ende des OP-Lehrgangs in Weilmünster erhielten wir ein regelrechtes Zeugnis, das für mich die Abschlussbeurteilung »Sehr gut« enthielt. Meine drei Mitexaminanden wurden zunächst zum Sanitätsersatzbataillon nach Stettin beordert, für mich lautete der Befehl auf Meldung in Berlin. Als ich mich beim Spieß im Kriegslazarett Weilmünster abmeldete, blickte dieser mich bei der Verabschiedung viel sagend an und bemerkte: »Bisher sind Sie ja aus der Sache ganz gut herausgekommen, ich wünsche Ihnen weiter Glück. Von hier aus bekommen Sie auch allgemein eine gute Beurteilung. Ob Ihnen das allerdings viel helfen wird ...?«

Es wurde eine lange Fahrt über mehrere Tage, weil durch die unaufhörlichen Luftangriffe die Bahnlinien immer wieder unterbrochen wurden. Unvergesslich ist mir, wie ich am Abend des zweiten Tages in Kassel ankam. Die Stadt war eine leere, kalte Steinwüste, auf die der Mond schien; ich ging fast eine halbe Stunde, bis ich auf eine Streife traf, die mir den Weg zu einem Soldatenheim im Keller eines öffentlichen Gebäudes wies.

Dort bekam ich wenigstens ein heißes Getränk und irgendwo fand ich eine Pritsche, auf der ich mich endlich langmachen konnte.

In Berlin wehte inzwischen ein anderer Wind. Mein Gönner im Sanitätshauptamt, Sturmbannführer Gerlach, war zwar noch zuständig, sagte mir aber mit einem Achselzucken:

»Jetzt kann ich nicht mehr viel machen. Ihre nächste Station ist die 36. Waffengrenadier-Division, der Kommandeur ist Oberführer Dirlewanger, wenn Ihnen der Name etwas sagt. Ich werde aber dafür sorgen, dass Sie zum Divisions-Hauptverbandplatz kommen, wie es Ihrer Qualifikation entspricht. Da haben Sie immerhin noch eine bessere Chance.«

Von Dirlewanger hatte ich in der Tat schon gehört, er war der Kommandeur der Strafdivision; die Überlebenschance unter seinem Kommando war gleich null.

Es stellte sich aber heraus, dass ich zunächst in Berlin im eigentlichen und übertragenen Sinne des Wortes auf Eis lag. Fast drei Wochen verbrachte ich in einer Kaserne in Lichterfelde, die durch die unablässigen Luftangriffe der Amerikaner und der brtischen Royal Air Force weit gehend fensterlos war; die Räume waren deshalb unbeheizt. Ich wurde einem Instandsetzungskommando zugeteilt, das von morgens bis abends Fensterscheiben einsetzte. Bald konnte ich das so gut wie ein gelernter Handwerker. Erstaunlich war, dass in dem allgemein sich abzeichnenden Zusammenbruch immer wieder neues Glas zur Verfügung stand.

In Berlin war es alles andere als gemütlich. Die Verpflegung war miserabel, die Nächte verbrachte ich wegen der konzentrierten Bombenangriffe im Luftschutzkeller hockend. So war ich eher erleichtert, als ich mit etlichen anderen gegen Mitte Februar nach

Trebbin in Marsch gesetzt wurde. Ich wurde als Mitglied der OP-Staffel dem Stammpersonal der neu gebildeten 36. Waffengrenadier-Division zugeteilt, die aus den Resten ihrer Vorgängerin, der in den Abwehrkämpfen aufgeriebenen Bewährungs-Brigade Dirlewanger neu gebildet wurde. Die neue Truppe war ein letztes Aufgebot von Kriegsgerichtsverurteilten, Strafversetzten und KZ-Insassen; die Angehörigen des Divisionsstabs galten jedoch als »minder schwere Fälle von Bewährungsversetzten« und waren insoweit privilegiert, als ihnen gestattet wurde, ihre Rangabzeichen weiter zu tragen. Die diskriminierenden Insignien des »Knochensturms« blieben ihnen – und damit auch mir – also erspart.

Fast drei Wochen beschäftigte man uns mit stumpfsinnigem Geländedienst. Wir lagen zu etwa 60 Mann in einer Turnhalle mit doppelstöckigen aus rohen Brettern zusammengenagelten Betten.

Eines Nachts hatte ich einen Traum: Ich lief über ein sumpfiges Gelände einen Wassergraben entlang, von links schossen Panzer auf mich, von rechts kamen russische Soldaten auf mich zu. Ich erwachte schweißgebadet, die Traumbilder noch intensiv vor meinen Augen. Einige Wochen später sollte sich das wirkliche Geschehen bei meiner Gefangennahme fast genau so abspielen.

Im Laufe der darauf folgenden Wochen lernte ich noch einige andere mehr oder weniger trostlose brandenburgische Nester kennen. Bemerkenswert war die gleichgültige, ja ablehnende Haltung der Bevölkerung gegenüber Soldaten schlechthin; es war schlechterdings unmöglich, in einer Gaststätte einen Teller Suppe oder etwas anderes Genießbares zu bekommen, um die karge Verpflegung aufzubessern. Das war ganz anders als vorher in der »Ostmark« oder in Weilmünster, wo man im »Posthaus« immer mit einer kleinen Zusatzmahlzeit rechnen konnte. Mit der regulären Verpflegung für die Mannschaftsdienstgrade war es hinsichtlich der Qualität bei der deutschen Wehrmacht ohnehin ganz allgemein dürftig bestellt. Zum Frühstück gab es miesen Kaffeeersatz als Getränk, schweres nasses Kommissbrot, zwei Esslöffel vorwiegend aus Rüben und Farbe hergestellte Vierfruchtmarmelade und einen Klecks Margarine; abends statt der Marmelade eine Ecke Schmelzkäse in Stanniol oder ein paar Zentimeter graue Wurst, die aus zermahlenen Sehnen und Knochen, vermischt mit undefinierbarem so genannten »Bratlingspulver«, bestand.

Vom Tage meines Einrückens im September 1941 an habe ich fast nie genug zu essen gehabt. Die vollmundigen Parolen wie: »Alles für unsere tapferen Soldaten, für die besten Soldaten der Welt die beste Ausrüstung der Welt und eine erstklassige Verpflegung« erwiesen sich als leere Sprüche. Genug gab es eigentlich nur, wenn wir Gelegenheit hatten, uns teilweise selbst zu versorgen, wie beispielsweise in Frankreich, wo ich bei den Bauern Kartoffeln, Milch und Butter kaufte, um mir einen Eimer Kartoffelpüree zu kochen, meine Stubenkameraden bekamen dabei auch etwas ab.

Als die aus vier Mann bestehende OP-Staffel zusammengestellt wurde, für die ich bestimmt war, war ich immer noch Rottenführer; dieser Dienstgrad rangierte zwei Stufen unter dem des Oberscharführers, der meiner Stellung angemessen gewesen wäre.

Eine Zeit lang gammelten wir noch herum; Ende März schließlich richteten wir in der Schule eines Dorfes westlich von Guben den Divisions-Hauptverbandplatz ein. Wir waren mit Geräten und Medikamenten bemerkenswert gut ausgerüstet. Fürs Erste gab es nicht viel zu tun, denn die Front war noch relativ ruhig. Die deutsche Heeresgruppe Mitte hatte sich mit aus allen Etappen zusammengerafften Kräften, rund 700 000 Mann, am linken Oderufer verschanzt; Reserven standen kaum zur Verfügung. Rechts der Oder bereitete sich die Rote Armee mit ungeheurer Materialüberlegenheit und siegesbewusst auf die letzte, entscheidende Schlacht vor.

Nach einleitenden begrenzten Feuerschlägen am 14. und 15. April trat sie in den frühen Morgenstunden des 16. April mit einer ungeheuren Massierung von Panzern und Artillerie in 18 Armeen mit 2,5 Millionen Mann zum Angriff auf Berlin an, den sie mit dem Trommelfeuer einer beispiellosen Artilleriekonzentration von fast 43 000 Kanonen, Haubitzen und Granatwerfern einleitete; auf je fünf Meter Front kam ein Geschütz, hinzu kam das Feuer der Kanonen von 6 287 Panzern und Selbstfahrlafetten*).

Die deutsche Abwehrfront wurde regelrecht zermalmt. Trotz der vernichtenden Wirkung des ungeheuren Bombardements funktionierte im Abschnittsbereich der 36. Waffen-Grenadier-Division die Bergung der Verwundeten noch; pausenlos trafen die Sankas mit den Opfern der Schlacht in unserem Hauptverbandplatz ein. Immer dichter wurden die Reihen der Tragen, die sich vor dem OP-Raum ansammelten; auf ihnen lagen von Schock, Blutverlust und Entbehrungen gezeichnete Männer. Soweit sie bei Bewusstsein waren, war in ihren Gesichtern zusätzlich die Verzweiflung

*) Quellen: Janusz Piekalkiewicz, Der Zweite Weltkrieg, Augsburg 1993; Peter Young, Der große Atlas zum II. Weltkrieg, München 1974.

darüber zu lesen, dass sie wehrlos einem fast aussichtslosen Schicksal ausgeliefert waren. Dass diese Schlacht der letzte Akt der Götterdämmerung des »Tausendjährigen Reiches« war, wusste jeder von uns, und dass die Sowjets bis zu dieser Phase des Kampfes in der Regel Verwundete, die ihnen in die Hände fielen, auch unter der Flagge des Roten Kreuzes ohne Umstände zu erschießen pflegten, auch. Ihre Versorgung war in der sowjetischen Logistik nicht vorgesehen.

Der Ansturm überforderte uns vom ersten Augenblick an. Wir konnten die Menge der Verwundeten nicht bewältigen, obwohl wir mit unserer Operationsstaffel 18 bis 20 Stunden am Tag abwechselnd an zwei Tischen arbeiteten, ich fast ausschließlich als »Narkotiseur«; das ständige Einatmen von Chloroform und Äther belastete meine Leber stark, sie hat es mir noch viele Jahre danach übel genommen.

Die beiden Ärzte des Hauptverbandplatzes, wie wir anderen Strafversetzte, kamen ihrer Aufgabe mehr schlecht als recht nach, sie bewältigten die Probleme lieber mit Cognac, der ihnen offenbar in beträchtlichen Mengen zur Verfügung stand. Die Hauptlast nahm ihnen ein aus Jülich stammender jüdischer Arzt ab, der wie viele seiner Leidensgefährten aus dem KZ Mauthausen rekrutiert worden war und die Uniform mit den Kragenspiegeln des »Knochensturms« trug. Als Narkotiseur stand ich an den OP-Tischen fast immer neben ihm; ich versetzte die Verwundeten in Betäubung, wozu in ihrem Zustand tiefer Erschöpfung in der Regel nur geringe Mengen an Narkose-Präparaten erforderlich waren, dann nahm er die Notoperationen vor, die sich auf das Notwendigste beschränkten, damit die Tische für die Wartenden frei wurden. Das Entfernen von Infanteriegeschossen und Granatsplittern, Abbinden von Blutgefäßen und Spritzen von schmerzstillenden Medikamenten konnte und musste ich immer wieder auch selbstständig vornehmen.

Bei meiner Haupttätigkeit hatte ich, während die Verwundeten verbunden wurden, kurze Ruhephasen. Deshalb hatte ich die zusätzliche Aufgabe, nach Angabe des jeweils zuständigen Arztes die Verwundeten-Begleitzettel vorzubereiten und an den Uniformjacken auf der Brust zu befestigen. Sie glichen Paketanhängern, hatten rechts und links einen abtrennbaren roten und grünen Streifen und ließen sich nach folgenden Entscheidungen kennzeichnen: Das Abtrennen beider Farbstreifen bedeutete »Nach Versorgung zurück zur Truppe«, ein verbliebener grüner Streifen »Gehfähig Lazarett«, der belassene rote Streifen »Transportfähig Lazarett«.

Unsere beiden Stabsärzte, soweit sie ihre Pflichten überhaupt wahrnahmen, handelten im Sinne der Führung; wer von den Verwundeten nur einen Armdurchschuss oder eine leichtere Splitterwunde am Kopf, am Rumpf oder an einem Bein hatte, wurde nach der Behandlung mit der Anweisung »Zurück zur Truppe« verabschiedet. Ich fragte die armen Teufel, sooft ich dies konnte, leise: »Willst du wirklich zurück zu deiner Einheit?« – und erhielt als Antwort immer ein stummes Kopfschütteln.

Es waren Männer dabei, die als »Frontschweine« den Russlandkrieg von Anfang an hinter sich hatten; die Beweise dafür trugen sie auf ihrer Brust, von der Ostmedaille über das Infanterie-Sturmabzeichen und das Eiserne Kreuz bis zum Silbernen Verwundetenabzeichen. Mit bleichen, hoffnungslosen Gesichtern, bis zur Verzweiflung erschöpft, lagen sie auf der Bahre. Sie an die sich auflösende Front zu schicken, hätte für sie nach Jahren unsäglicher Strapazen an der Ostfront kurz vor Ende des Krieges den sicheren Tod bedeutet.

Ich ließ den roten Streifen am Zettel, was den Transport mit dem nächsten Sanka ins Lazarett bedeutete, und habe so mit Sicherheit manchem das Leben retten können. Dass ihre Chancen grundsätzlich gestiegen waren, wussten wir damals noch nicht: Mit Beginn der Berlin-Offensive wurden die sowjetischen Kampftruppen angehalten, mit gefangenen Deutschen, auch den verwundeten, weniger brutal umzugehen. Ilja Ehrenburgs flammender Aufruf zu gnadenloser Rache wurde sogar offiziell kritisiert; man wollte in Moskau das Klima für ein kommunistisches Nachkriegsdeutschland vorbereiten. Zumindest Teile der Roten Armee haben den Gesinnungswandel mit vollzogen und sich in vielen Fällen menschlicher verhalten*).

Ich wusste, was ich mit meinen Eigenmächtigkeiten riskierte: Es war eine Zeit, in der man mit den Verdikten »Sabotage« und »Wehrkraftzersetzung« nicht gerade zimperlich umging. Hätte man mich ertappt, hätte ich leicht in einer Schlinge am nächsten Baum oder an einer Wand enden können.

Die letzten Wochen an der Oderfront leben in meiner Erinnerung als ein wüstes Chaos von Blut, Untergang und Verzweiflung. Die ganze Brutalität einer in ihrer Selbstbehauptung absolut rücksichtslos gewordenen Führung kehrte sich im totalen Zusammenbruch gegen die eigene Truppe. Unsere Division gehörte zur Armeegruppe des berüchtigten Feldmarschalls Schörner, dessen Inspektionsrouten von gehenkten Soldaten ge-

*) Quelle: Tony Le Tissier, Durchbruch an der Oder, Augsburg 1997.

säumt waren. Meist waren es Versprengte, Soldaten also, die in dem Durcheinander von ihren Einheiten getrennt worden waren und keinen Marschbefehl vorzeigen konnten. Schörner, der sich von einem »Fliegenden Standgericht« begleiten ließ, machte mit ihnen kurzen Prozess; seine »Kettenhunde« – Feldgendarmerie, so genannt wegen der Ketten, mit denen sie umgehängte Nickelschilde auf der Brust trugen –, knüpften sie ohne viel Federlesens auf. Anfang Mai, als seine Armee zwischen Oder und Elbe verblutet war, stieg Schörner in einen »Fieseler Storch«*), den er ständig zu seiner Verfügung hielt, ließ sich zu den Amerikanern fliegen und von diesen zum Frühstück einladen. Gewisse Verlage feiern heute den fahnenflüchtigen Armee-Oberbefehlshaber in Prachtbänden als einen der großen Helden des Zweiten Weltkriegs.

Das sich anbahnende Armageddon vollendete sich in abstrusen Zuständen und Befehlen. Zweimal mussten wir die OP-Tische mit den Verwundeten verlassen, um irgendwo am Ortsrand Schützenlöcher auszuheben und dort erwartete russische Panzer aufzuhalten, deren Angriffe man angeblich erwartete. Dabei hatten wir keinerlei Waffen, nicht einmal eine Handgranate oder ein Seitengewehr. In den Löchern fanden wir in unserer tiefen Erschöpfung hin und wieder wenigstens ein paar Stunden Schlaf.

Die wildesten Gerüchte kursierten; eines Abends wurde uns während eines Appells ein Armeebefehl folgenden Inhalts verlesen: Die deutsche Regierung habe mit den Amerikanern und Engländern einen Waffenstillstand geschlossen, es gehe jetzt gemeinsam gegen

---

*) Aufklärungsflugzeug, das mit sehr kurzen Start- und Landestrecken auskam.

die Sowjetunion und nur noch darum, einige Tage durchzuhalten, bis die Hilfe aus dem Westen komme. Ein Beweis mehr dafür, dass einer demoralisierten Führung keine Lüge zu schäbig war, um sich unter Hekatomben von Opfern einige Tage länger ihre Macht zu erhalten.

Jeder konnte erkennen, dass das Ende nahe war. Allgegenwärtig war die Furcht, den Russen in die Hände zu fallen. Wir wussten, dass die Fronteinheiten vernichtet und ihre Reste in wilder Flucht nach Westen waren. Jegliche Organisation brach zusammen, von unseren Ärzten war der eine plötzlich verschwunden, der andere ständig sinnlos betrunken. Wir taten, was wir konnten, und schafften es tatsächlich, fast alle Verwundeten bis auf zwei, die im Koma lagen, noch ins Lazarett zu schaffen, dank der Sanka-Fahrer, die bis zum letzten Augenblick ihre Pflicht taten.

Plötzlich kamen keine Sankas mehr an, dafür wurde der Gefechtslärm lauter und deutlicher; ein sicheres Zeichen dafür, dass wir von jeder rückwärtigen Fronttätigkeit abgeschnitten waren. Alles löste sich in Minutenschnelle auf; unversehens sah ich mich allein in dem OP-Raum, in dem noch kurz zuvor so große Betriebsamkeit geherrscht hatte.

Beim Blick durch ein Fenster bemerkte ich in Schussweite an einem Waldrand eine sich nähernde russische Schützenkette. Ich packte in meinen bereits vorbereiteten Tornister mit den wichtigsten Habseligkeiten noch ein Glas Morphiumsubstanz, das ich zufällig auf einem Tisch stehen sah, hängte mir eine Sanitätstasche mit Verbandszeug und Medikamenten über die Schulter und machte mich auf den Weg in die letzte Etappe meines Soldatenlebens. Das muss um den 24. April gewesen sein.

Ohne mir Gedanken zu machen, was mich noch erwarten würde, marschierte ich nach Westen, um die Überlebenden der 9. Armee einzuholen, die wie ich nichts anderes im Sinn hatten, als möglichst schnell weit weg zu kommen von den Russen und von dem drohenden Land der Verdammnis, das Sibirien hieß, und nur ein Ziel: die Elbe, die Amerikaner, die vage Hoffnung auf ein Weiterleben in Freiheit.

Der Todesmarsch nach Westen

Bei dem Marsch nach Westen war ich auf mich allein gestellt, von meiner Sanitätskompanie habe ich unterwegs niemanden wieder gesehen. Ich verlor keine Zeit und bekam bald Anschluss an die Nachzügler der zurückflutenden Masse der deutschen Soldaten. Die militärischen Einheiten hatten sich fast alle aufgelöst. Viele zogen als Versprengte wie ich einzeln oder in kleinen Gruppen dahin, die sich zufällig zusammenfanden.

Es gab auch noch einzelne zusammengeschmolzene kampffähige Einheiten, meist solche der SS mit Panzerfahrzeugen. Dazwischen fuhren Trossoffiziere und Heeresverwaltungsbeamte mit beladenen Lkws und Pkws, die hofften, ihre Beute noch in Sicherheit bringen zu können. Manche Fahrzeuge versagten auf den Waldwegen ihren Dienst, für die hungernde Masse der erschöpften Soldaten eine willkommene Gelegenheit, sich zu verproviantieren. Allen gemeinsam war der Wille, nach Westen zu gelangen, ohne sich aufhalten zu lassen, weg von der Roten Armee und zu den Amerikanern, von denen wir wussten, dass sie an der Elbe Halt gemacht hatten. Auf etwa 4000 schätzt man die Zahl derer, die dieses Ziel wirklich erreichten. Sie gelangten westlich von Potsdam hinter die Riegelstellungen der 12. Armee unter General Wenk und bei Tangermünde über den Strom, wo ihnen der US-Generalleutnant William Simpson den Übergang erlaubte. Wenn dieser fragwürdige Erfolg des Endkampfes auch teuer erkauft war, so war es ihm doch zu verdanken, dass mit den etwa 100 000 Mann zählenden Resten der 12. Armee 300 000 Zivilisten vor den sowjetischen Truppen gerettet werden konnten.

Die Geschichte dieser Tage ist die Chronik des großen Todesmarsches der Reste der geschlagenen deutschen Armee, die jetzt nur noch ums nackte Überleben kämpften. Die Russen hatten inzwischen das ganze Land eingenommen und versuchten, die letzten deutschen Haufen in kleine Kessel zu zwingen. Aber ein großer Teil der deutschen Soldaten bewies auch in diesen letzten dramatischen Tagen, wozu sie fähig waren. Ohne schwere Waffen, die längst zurückgelassen werden mussten, wurden russische Auffangstellungen immer wieder mit Elan durchbrochen, schwere Panzer im Nahkampf vernichtet. Es war eine Operation, die durch keine strategischen oder taktischen Befehle mehr geleitet war, sich jedoch trotzdem wie eine planmäßige operative Truppenbewegung nach Westen entfaltete. Die Verluste waren enorm; die Russen hielten den deutschen Rückzugsweg durch die Wälder pausenlos unter schwerem Artilleriefeuer, Baumkrepierer hatten verheerende Wirkungen.

So gut ich konnte, versuchte ich mit dem Material aus meiner Sanitätstasche Verwundeten erste Hilfe zu leisten in der Hoffnung, dass sie damit wenigstens eine Chance erhielten, zu überleben. Dabei blieb ich zwangsläufig immer wieder zurück. Ich fand ein weggeworfenes Fahrrad und konnte damit mehrmals zur Spitze der Gruppe, der ich mich angeschlossen hatte, aufholen; bis ich mich plötzlich zwei Feldgendarmen mit Maschinenpistolen im Anschlag gegenübersah, von denen der eine mich anschnauzte: »Werfen Sie das Fahrrad und die Tasche weg, schnappen Sie sich ein Gewehr und machen Sie, dass Sie nach vorne kommen! Richtung Elbe!«

Ich war versucht zu sagen: »Wo, bitte, ist denn vorne?«, verkniff mir aber die Bemerkung, zog meinen Rote-Kreuz-Ausweis und sagte: »Ich bin Sanitätsdienstgrad! Ich versorge Verwundete, so gut es geht, dafür brauche ich das Fahrrad!«

Die Antwort des ranghöheren »Kettenhundes« kam knapp und präzise: »Machen Sie schon, oder es knallt!« Mich überkamen Mordgelüste, ich sah aber keine Chance, etwas anderes zu tun als das, was mir befohlen wurde. So wurde ich wieder Infanterist.

Ich zog zielbewusst weiter nach Westen, entschlossen, mich um jeden Preis bis zur Elbe durchzuschlagen. Ich fand in einem verlassenen Lkw Brot, ein paar Konserven und eine geladene Pistole. Auch ein brauchbares Fahrrad fiel mir in die Hände, mit dem ich über eine schmale Straße schneller vorankam. Sie führte zu der kleinen Stadt Halbe, die für mich zu einem weiteren furchtbaren Erlebnis werden sollte. Nördlich und südlich von Halbe hatten die Russen starke Stellungen besetzt. Der Rückzugsweg durch die Stadt wurde von den Überresten der deutschen Divisionen immer wieder frei gekämpft; die Russen zogen sich vor den verzweifelten Angriffen zurück und schossen von beiden Seiten mit Granatwerfern und Artillerie, was die Rohre hergaben. Wer nach Westen wollte, musste durch den Engpass Halbe, und Halbe war die Hölle.

Ich lief neben meinem Fahrrad mit vielen anderen zwischen Panzerfahrzeugen durch die von zerschossenen Häusern gesäumten Straßen um mein Leben. Die Fahrbahn war in mehreren Schichten bedeckt mit Leichen; über Hunderte von Metern konnte man seinen Fuß nicht auf freien Boden setzten. Um mich herum fielen in dem Trommelfeuer Soldaten. Wer getroffen wurde oder strauchelte, wurde von Panzerketten überrollt, von denen buchstäblich das Blut troff. Es war das Szenario eines schaurigen Infernos jenseits der Vorstellungskraft derer, die es nicht erlebt haben. Außer Atem entdeckte ich den Abgang zu einem Keller, in dem ich notdürftig Schutz fand und einige Zeit verbrachte. Nach einer Weile ließ der Beschuss etwas nach und ich rannte aufs Neue um mein Leben. Dann erreichte ich unvermittelt den Stadtrand und der ärgste Feuersturm war zu Ende.

Ich trat in die Pedale meines Fahrrads, so lange, wie meine Beine und meine pfeifenden Lungen es zuließen, dann warf ich mich neben der Straße ins Gras, um mich eine Weile auszuruhen. Ich war noch einmal davongekommen.

Ende Mai 1996 haben meine Frau und ich die Route meines Marsches über rund 130 Kilometer von der Oder bis Beelitz nachvollzogen und dabei auch den Waldfriedhof von Halbe besucht, auf dem mehr als 22 000 Opfer des Kampfes bestattet sind. Der Friedhof wächst heute noch ständig, immer wieder findet man die Überreste von Toten; man vermutet an die 30 000, die in den Wäldern rings um die Stadt verscharrt sind. Nach Ende der Vernichtungsschlacht von Halbe verzeichnete der offizielle Bericht der Roten Armee 60 000 gefallene deutsche Soldaten, 120 000 Gefangene und die Erbeutung von mehr als 300 Panzern und Sturmgeschützen sowie 1 500 Artilleriegeschützen*).

Etwa vier Kilometer westlich von Halbe kreuzt die Autobahn Berlin-Dresden die Straße von Halbe nach Teupitz. Dort hatten die Russen mit Panzern und In-

*) Quelle: Tony Le Tissier, Durchbruch an der Oder – Der Vormarsch der Roten Armee 1945, Augsburg 1997.

fanterie einen Sperr-Riegel aufgebaut, um die Reste der deutschen 9. Armee zu liquidieren, die der Hölle von Halbe entkommen waren und der Elbe zustrebten. In dem Stau, der sich an dieser Stelle bildete, sammelte sich ein bunt gewürfelter Haufen von Soldaten aller Waffengattungen, von denen jedoch die meisten keine Waffen mehr hatten.

In das Chaos, das entstand, schossen unentwegt die sowjetischen Panzer, unterstützt von Artillerie. Als ich mich dem Hexenkessel in aufmerksamer Spannung näherte, lagen einige Einschläge so nahe, dass ich mein Fahrrad mit dem Tornister, den ich auf den Gepäckträger geschnallt hatte, mitten auf der Fahrbahn fallen ließ und hinter eine Böschung hechtete, um Deckung zu nehmen. Nach etwa einer halben Minute hielt ich die Luft für sauber und ging zu meinem Fahrrad, um es aufzunehmen.

Urplötzlich befand ich mich dabei im Zentrum einer neuen Salve; drei Granaten explodierten im Straßenbereich, keine davon mehr als drei Meter von mir entfernt, wie ich Sekunden später an den Einschlagkratern erkennen konnte.

Zu irgendeiner Reaktion, etwa mich hinzuwerfen, hatte ich keine Zeit; ich stand, meine Hände am Fahrradlenker, immer noch auf der Straße. Verdutzt und ungläubig schaute ich an mir herab, fand mich aber wie durch ein Wunder offensichtlich unverletzt. Ich beeilte mich, im Laufschritt die gefährliche Stelle mit dem Fahrrad zu verlassen.

In einer Sandkuhle untersuchte ich mich und auch das Fahrrad genauer. Ich war tatsächlich heil davongekommen, das Fahrrad hatte im Rahmen zwei Granatsplitterlöcher, war aber noch brauchbar. Den Tornister hatte ein Splitter durchschlagen.

Um mich sammelte sich in kurzer Zeit ein Haufen von etwa 30 Männern, denen von den Russen an der Autobahn der Weg verlegt wurde. Nach kurzer Zeit des Überlegens waren wir uns einig in der Beurteilung unserer Lage: Wir befanden uns inmitten der großen Kesselschlacht in einem Minikessel, der für uns mit jeder Minute bedrohlicher wurde, denn die Russen würden so schnell wie möglich ihre Einschließungskräfte verstärken.

Die versammelten kümmerlichen Überreste der deutschen Armee gaben in dieser Lage ein Beispiel dafür, aus welchem Holz sie geschnitzt waren. Praktisch führungslos – fast alle Offiziere hatten sich überall als die Ersten nach Westen abgesetzt – und ohne zuvor gemeinsam ein Gefecht bestanden zu haben, organisierte sich sozusagen aus dem Nichts eine kampfbereite Mannschaft, die mit den bescheidenen noch vorhandenen Panzer-Haftminen, Handgranaten und Maschinenpistolen zu einem Angriff antrat, wie er in keiner Kriegsschule besser gelehrt werden konnte. In weniger als etwa 20 Minuten war der Weg frei. Zurück blieben vier vernichtete Panzer. Die russischen Infanteristen hatten nur wenig Kampfgeist gezeigt und sich schnell zurückgezogen; man musste ihnen zugute halten, dass sie kaum Grund hatten, unangebrachtes Heldentum zu demonstrieren, da für sie der Krieg praktisch vorbei war und es nur noch galt, den Sieg gebührend mit Wodka zu feiern.

Wegen des ständigen Beschusses, unter dem die mit zerschossenen Fahrzeugen versperrte Rückzugsstraße lag, versuchte ich, in einiger Entfernung parallel dazu voranzukommen. Dabei stieß ich auf viele Tote, Deutsche und Russen, offenbar befand ich mich in einer Art

Niemandsland. In einem Wald bei Märkisch-Buchholz hatte ich das grauenvollste Erlebnis meiner ganzen Kriegszeit. Wegen der Bombenangriffe auf Berlin hatte man dorthin in Zelte und Nissenhütten Wehrmachtstäbe mit vielen Nachrichtenhelferinnen ausgelagert.

Offenbar waren sie von sowjetischen Truppen überrascht worden. Hunderte junger Frauen lagen, so weit ich blicken konnte, im Wald; ihnen allen waren die Kleider vom Leib gerissen und die Bäuche aufgeschlitzt worden.

Das Bild wird mich verfolgen, so lange ich lebe; und wenn ich Äußerungen von Veteranen der Roten Armee, die nach der Wende in Russland vor Fernsehkameras zu Wort kamen, richtig deute, so ist auch ihnen die Erinnerung an das, was sie selbst oder ihre Kameraden im entfesselten Blutrausch – und vielfach in betrunkenem Zustand – oder aus kalter Rachsucht getan haben, eine schwere Gewissensbürde. Der Schriftsteller Ilja Ehrenburg stachelte sie 1945 an mit einem mehrfach in sowjetischen Zeitungen veröffentlichten Aufruf und in der Roten Armee verteilten Flugblättern, in dem es hieß:

»Tötet, ihr tapferen Rotarmisten, tötet! Es gibt nichts, was an den Deutschen unschuldig ist. Folgt der Anweisung des Genossen Stalin und zerstampft das faschistische Tier in seiner Höhle. Brecht mit Gewalt den Rassenhochmut der germanischen Frauen, nehmt sie als rechtmäßige Beute. Tötet, ihr tapferen Rotarmisten, tötet.«*)

Und am zerstörten Reichstag in Berlin stand noch lange der grob gepinselte Spruch zu lesen: »Das russische Schwert steckt in der deutschen Scheide!«

---

*) Quelle: Frankfurter Allgemeine Zeitung, 28.2.1995.

Ich weiß nicht, wie lange ich einsam und tief bekümmert unter den toten jungen Frauen in der Stille des Waldes stand. Irgendwann hörte ich Stimmen und versteckte mich hinter einem Zelt. Drei deutsche Soldaten kamen, die einen aufgegriffenen Russen mit sich führten. Als sie das Leichenfeld sahen, erhoben sie die Gewehre und erschossen wortlos den Russen. Als Gerechtigkeit habe ich dies nicht empfunden, denn ich hatte genügend Sowjetsoldaten – Gefangene und Überläufer, die bei uns im Frontbereich als so genannte »Hiwis« (Hilfswillige) nützlich waren – kennen gelernt, um zu wissen: Sie waren Menschen wie wir alle, manche davon gute, andere sadistisch und brutal, wie manche Deutsche brutalisiert durch ein System, das mit ihnen selbst wie mit Untermenschen umging.

Bevor ich begann, meine Kriegserinnerungen aufzuschreiben, habe ich mich entschlossen, auch über alles zu berichten, was ich an Grausamkeiten erlebt habe. Manchmal bin ich in den vergangenen Jahrzehnten mehr oder weniger taktvoll nach meinem Wissen zu deutschen Kriegsverbrechen gefragt worden, besonders wenn der Fragesteller wusste, dass ich bei der Waffen-SS war. Immer wieder habe ich festgestellt, dass die Informationen und Meinungen in diesem Zusammenhang sehr undifferenziert sind, um es gelinde auszudrücken. Dabei muss man, was den Russlandfeldzug angeht, bedenken, dass die Sowjetarmee schon von Anfang an den »totalen Krieg« führte, von dem Goebbels im Jahre schon 1943 so großmäulig redete. Sie ging dementsprechend oft gnadenlos mit ihren Gefangenen um.

Übergriffe kommen in jedem Krieg bei jeder Truppe vor. Sie werden von Einzelnen als Affekthandlungen meistens während des Kampfgeschehens begangen, oft auch als subjektive Angstreaktion. So habe ich – wie schon beschrieben – erlebt, dass Russen spontan niedergeschossen wurden, obwohl sie die Arme hoben, um sich zu ergeben; das geschah möglicherweise nicht aus kalter Brutalität, sondern in der Panik des Kampfes. Aber es waren Ausnahmefälle. Von Gewalt gegen die Zivilbevölkerung, mit der wir im Winter in der Regel in einem Raum schliefen und oft genug unser Brot teilten, oder von Massenerschießungen habe ich selbst nie etwas gesehen.

Als ich unter den vielen hingemetzelten jungen Frauen in dem Wald bei Märkisch-Buchholz stand, glaubte ich auch mein eigenes Schicksal besiegelt. Das war sie, die Bestialität, von der die deutsche Propaganda immer wieder berichtet hatte und die mich und Hunderttausende deutsche Soldaten veranlasste, immer weiter zu kämpfen, wenn auch alles längst verloren war.

Wenn die Sowjetunion der Brutalität der nationalsozialistischen Politik in Russland bei der Eroberung Deutschlands das Prinzip humanitären Verhaltens entgegengesetzt und verkündet hätte, wäre mit Sicherheit der Krieg um Monate früher beendet gewesen, und vermutlich hätten die Nachkriegsgeschichte Russlands und die Weltgeschichte einen anderen Verlauf genommen. So wie es kam, war die Kette unmenschlicher Grausamkeiten bis in die jüngste Zeit kriegerischer Auseinandersetzungen vorprogrammiert.

Im Mai 1996 haben wir im Wald der toten Mädchen auf einem Baumstumpf einen Blumenstrauß niedergelegt: Mir war dabei fast so schwer ums Herz wie 51 Jahre zuvor. In jenen Tagen des Jahres 1945 aber sollte mir schon bald durch eigene Erfahrung klar werden, dass es anständige und gnadenlos grausame Menschen bei allen Völkern und in allen Armeen gibt.

Es wurde wieder einmal Nacht. Die schmale Straße führte durch einen endlosen Wald genau auf die untergehende Sonne zu – nach Westen. Zur Rechten und zur Linken lagen, von Panzern beiseite geschoben, liegen gebliebene und ausgebrannte Fahrzeuge aller Art. An einer quer laufenden Schneise machte ich halt; dort lagen etwa 20 Verwundete, offenbar Opfer eines Feuerüberfalls, die mich anriefen. Zu mir gesellten sich ein Fahnenjunker und ein Unteroffizier; wir beratschlagten die Lage, da kamen von Osten zwei Fahrzeuge. Mit unseren Waffen im Anschlag zwangen wir sie anzuhalten. Es waren zwei Wehrwirtschaftsführer oder Zahlmeister mit ihren Fahrern, die Ladeflächen voller Kisten und Säcke. Sie mussten abladen und zusehen, wie wir verteilten, was essbar oder trinkbar war. Dann mussten sie helfen, die Verwundeten aufzuladen, und durften weiterfahren.

Ich marschierte zunächst weiter in der kleinen Gruppe, die sich so zusammengefunden hatte. Wir stießen auf einen jungen Kameraden, der an einen Baum gelehnt unter vielen Toten saß. Er hatte einen Bauchschuss, war aber bei vollem Bewusstsein und ganz ruhig. Ich blieb eine Weile bei ihm, sprach mit ihm und gab ihm in seinem hoffnungslosen Zustand auf seinen Wunsch hin auch zu trinken. Er wusste, dass er sterben würde, und bat mich, mit ihm ein Gebet zu sprechen. Das Ende kam bald.

Als ich danach allein weiterging, tauchten plötzlich ein Panzerspähwagen und zwei Schützenpanzer vor mir auf. Die Fahrzeuge waren mit Waffen-SS-Leuten besetzt, sie hielten an und wollten wissen, wer ich sei.

Äußerst misstrauisch sagten sie mir auf den Kopf zu, dass sie mich für einen Angehörigen der ominösen »Seydlitz-Truppe« hielten. Diese Einheit war nach dem General Walther von Seydlitz – Spross einer berühmten preußischen Adelsfamilie – benannt, der zum Stab der 6. deutschen Armee in Stalingrad gehörte und nach deren Kapitulation in sowjetischer Gefangenschaft den »Antifaschistischen Bund Deutscher Offiziere« gründete. Bis heute wird verschwiegen, dass Seydlitz in Verbindung mit dem »Nationalkomitee Freies Deutschland« aus in Gefangenschaft geratenen und übergelaufenen deutschen Soldaten eine bewaffnete Truppe rekrutierte, die noch in den letzten Kriegstagen südlich von Berlin Jagd auf ihre ehemaligen Kameraden machte.

Ich hatte zunächst einige Mühe, die Männer auf ihren Panzern von ihrem Verdacht abzubringen, da ich weder einen deutschen Waffenrock noch ein Soldbuch vorweisen konnte. Beides hatte ich zwei Tage zuvor vorsorglich weggeworfen, weil mir die SS-Runen auf den Kragenspiegeln gefährlich erschienen. Das traf auch für mein Konterfei im Soldbuch zu, es enthielt zwar die Eintragung, dass ich zuletzt Angehöriger der 36. Waffen-Grenadier-Division, also der Strafdivision, war; aber welcher Russe hätte sich wohl die Zeit genommen, das zu lesen oder sich erklären zu lassen. Inzwischen trug ich eine pelzgefütterte Fliegerjacke, die ich im Kofferraum eines verlassenen Mercedes gefunden hatte, offenbar ein Beutestück, das von einem sowjetischen Piloten stammte.

Ich konnte die SS-Männer aber überzeugen, schließlich wollten sie mich sogar in ihre Gruppe aufnehmen. Die Gesellschaft schien mir aber zu riskant, und ich machte mich wieder selbstständig. So kam ich noch zwei oder drei Tage langsam voran, hielt mich möglichst im Wald auf und mied die freien Flächen. Je weiter ich nach Westen kam, umso spärlicher wurden die Zeichen und Überreste der Kämpfe; auf Fahrzeuge und Leichen stieß ich nur noch relativ selten.

Bei unserer Gedächtnisfahrt im Mai 1996 habe ich manche Stellen wiedergefunden, die mir aus den Schicksalstagen Ende April 1945 in unauslöschlicher Erinnerung geblieben sind. An Ort und Stelle empfand ich neben der Trauer um die vielen Toten die gleiche Bedrückung wie damals in der Trostlosigkeit der sich wie unendlich dehnenden kargen Kiefernwälder der Mark Brandenburg.

Es war am frühen Abend eines strahlenden Frühlingstages, als ich an einer Waldspitze auf eine kleine Schar von einem Dutzend Soldaten traf, bei denen sich auch eine Frau in Männerkleidung befand. Wir kamen ins Gespräch und beschlossen, gemeinsam weiterzuziehen. Dazu mussten wir ein Sumpfgelände durchqueren, in dem vereinzelt Kuscheln standen. Als wir in der Dämmerung aus dem Wald heraustraten, bildeten wir automatisch die Formation eines Spähtrupps: Ich ging voran, die anderen folgten mir aufgelockert in etwa zwanzig Schritt Abstand.

Plötzlich ertönte ein Schuss, und aus einem Graben vor mir erhob sich ein russischer Soldat, es handelte sich wohl um einen Horchposten.

Ich schrie: »Ruki wjersch!«, und der Russe hob die Hände. Er war wohl einer der letzten sowjetischen Gefangenen, die in diesem Krieg gemacht wurden. Ich ließ ihn ein paar hundert Meter vor mir herlaufen, dann bedeutete ich ihm, in den Büschen zu verschwinden, was er auch freudig tat.

Wenig weiter erhob sich vor uns ein hoher Strohschober; als wir uns ihm näherten, wuchsen aus ihm mehrere Gestalten mit erhobenen Händen hervor. Es stellte sich bald heraus, dass es Deutsche waren, die sich dort verbargen. »Macht euch nur flach, ihr Flaschen!«, rief ich ihnen zu und machte, dass ich weiterkam. Mein Ziel war ein Gebüsch rechts vor mir, das mir in leicht erreichbarer Nähe schien.

Dann – später erfuhr ich, es war am 1. Mai und es war südlich von Beelitz – geschah fast genau das, was ich zwei Monate vorher intensiv geträumt hatte: Ich stand auf einer sumpfigen Wiese bis zu den Knien in einem schlammigen Graben. Vor mir in einer hohen Hecke, in der ich bei einfallender Dämmerung Deckung suchen wollte, erkannte ich plötzlich gut getarnte russische Soldaten hinter einem MG, links und rechts davon Gewehre im Anschlag und Gesichter unter Stahlhelmen, die mich erwartungsvoll anblickten.

Eine kleine Ewigkeit hielt ich den Atem an.

Dann hörte ich eine Stimme: »Chände choch, Kameratt, Krieg kaputt, Chitler kaputt, skoro domoi (bald nach Hause)«.

Ich steckte heimlich meine Pistole in den Schlamm und hob die Hände. Aus der Hecke löste sich eine Gestalt und kam auf mich zu. Es war ein adrett uniformierter Leutnant, der mich vom Grabenrand ansprach:

»Wie viel Uhr?«

Ich blickte automatisch auf mein linkes Handgelenk: »Halb neun!«

Der Leutnant, ein junger Mann um die zwanzig wie ich, streckte die Hand aus:

»Gib Uhr!«

Ich löste die Uhr vom Arm und wollte sie ihm hinüberreichen. In diesem Moment gab es einen ohrenbe-

täubenden Schlag, mir wurde schwarz vor den Augen. Ich wischte mir mit der Hand darüber und sah wieder den russischen Leutnant. Er stand noch an derselben Stelle, sah aber ganz anders aus. Wie ich war er über und über mit schwarzem Schlamm bedeckt. Ein russischer Panzer hatte aus etwa dreihundert Meter Entfernung von der anderen Seite des Sumpfgeländes her eine Granate genau zwischen uns in den Morast gesetzt. Mehr als märkischen Schlamm hatten wir beide dabei wie durch ein Wunder nicht abbekommen.

Der Leutnant riss beide Fäuste hoch und brüllte dem Panzer ein halbes Dutzend der unflätigen Flüche zu, an denen die russische Sprache so reich ist. Ich, erschöpft und hungrig, hilflos und buchstäblich im Dreck steckend, konnte mir nicht helfen: Ich empfand das Ganze als urkomisch und musste laut lachen.

Der Russe, noch wütend, sah mich aus zusammengekniffenen Augen an. Und dann lachte auch er, lachte immer unbändiger und schlug sich dabei mit den Fäusten auf die Knie. Meine Gefährten hatten die Situation genutzt und sich in das nahe Gebüsch geschlagen, um sich zu verbergen.

Schließlich reichte mir der russische Leutnant die Hand, zog mich aus dem Graben und führte mich in ein nahe gelegenes Dorf. Er vertrieb mit einem kurzen Befehl einige seiner Soldaten, die sich mir näherten, offenbar in der Absicht, mich zu filzen. Dann brachte er mich in einen Schulsaal, wo bereits andere Deutsche apathisch herumlagen. Er verschwand für kurze Zeit und kam wieder mit einem Napf warmer Suppe und Brot, einer Decke und einem Kopfkissen und wünschte mir eine gute Nacht. Ich schlief wie ein Stein.

Am nächsten Morgen erfuhr ich, dass eine ukrainische Kompanie mich gefangen genommen hatte. Und ich sah, dass ihre Soldaten aus dem nahen Wald deutsche Verwundete bargen und gut versorgten.

Erst bei meinen Recherchen zu diesem Buch habe ich erfahren, dass ich die letzte Gelegenheit, nach Westen und damit über die Elbe durchzubrechen, nur um Stunden verpasst hatte. Westlich Beelitz hatte die 12. Armee bis in die Morgenstunden des 1. Mai die Riegelstellung gehalten, über die sich die Reste der 9. Armee retteten.

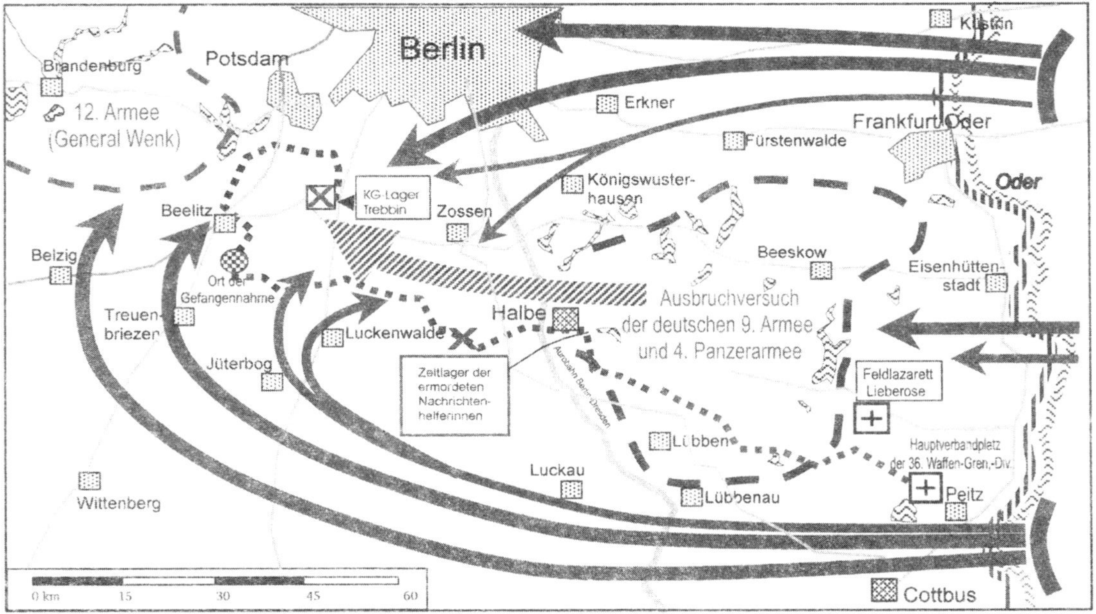

Schlacht um Berlin 15. 04. – 06.05.1945 — *= Frontverlauf am 15.04. 1945*

= Durchbruchsoperationen der Roten Armee und Einkesselung der Reste der 4. und 9. Panzer-Armee

= Marschroute des Autors nach Westen und ins Kriegsgefangenenlager Trebbin

Als »Plenny« im Gefangenenlager Trebbin

Meine erste Nacht in russischer Kriegsgefangenschaft sollte sich während meiner Zeit als »Plenny«*) auch als die beste erweisen. Nach einem Frühstück mit Tee am nächsten Morgen begann die erste Etappe einer ungewissen Zukunft, von der wir uns kaum etwas Gutes erhoffen konnten. Hinter allen Erwartungen und allen Befürchtungen stand wie ein riesiges, drohendes Gespenst eine Gefahr, die ich wie die anderen nicht zu benennen wagte, und die uns mit lähmendem Schrecken erfüllte: Sibirien. Hinzu kam unsere moralische und physische Erschöpfung. Wir hatten fast alle Wochen schwerer Kämpfe, langer Märsche, harter Entbehrungen und die Strapazen des verzweifelten Versuchs, nach Westen zu den Amerikanern durchzubrechen, hinter uns.

Was am Morgen des 2. Mai mit mir antrat, war ein verlorener Haufen von etwa 20 Mann. Ein SS-Offizier meldete uns mit »Stillgestanden!« und »Augen rechts!« dem sowjetischen Ortskommandanten. Es funktionierte wie auf dem Kasernenhof, und den Ausrufen der umstehenden russischen Soldaten konnten wir entnehmen, welchen Respekt sie noch vor der Disziplin dieses traurigen Restes der geschlagenen Armee hatten.

Dann wurden wir zu einer ersten Sammelstelle geführt, an der sich große und kleine Trupps aus allen Richtungen zusammenfanden. Die Bewacher hatten al-

---

*) Russisch: »Kriegsgefangener«.

le Hände voll zu tun, um in den desperaten Haufen so etwas wie eine übersichtliche Ordnung zu bringen. Ein junger sowjetischer Oberleutnant, an dem wir alle vorbeigehen mussten, sprach mich an:

»Sind Sie Offizier?«

»Nein!«

»Student?«

»Ja, Medizinstudent und Sanitätsdienstgrad!«

»Bleiben Sie bei mir!«

Er gab seinen Männern einen Befehl, und nach kurzer Zeit war Verbandsmaterial herbeigeschafft, mit dem ich die beträchtliche Zahl von verwundeten Kameraden versorgte, so gut ich es ohne Instrumente und Medikamente vermochte.

Nach ein paar Stunden hieß es wieder antreten, und was sich dann mit langsamen, schlurfenden Schritten in Bewegung setzte, war bereits eine Kolonne von einigen tausend Mann, die ständig wuchs und wuchs. Am späten Nachmittag war es ein unübersehbarer grauer Strom von Gefangenen, der sich in Richtung Berlin nach Norden wälzte. Die erste Nacht verbrachte ich frierend unter freiem Himmel, die zweite zusammengepfercht mit vielen anderen auf dem Dachboden eines Hauses, die dritte wieder in einem Straßengraben.

Vier lange Tage marschierten wir, zu apathisch, um auf Zeit und Wegstrecke zu achten, zu hoffnungslos, um an das zu denken, was vor uns lag. Wer nicht mehr weiterkonnte und sich niederkauerte oder hinfiel, erhielt einen derben Kolbenstoß von einem der uns rechts und links begleitenden Posten; stand er nicht umgehend auf, so erhielt er einen Genickschuss. Es kam vor, dass derselbe Russe, der gerade noch kaltblütig einen Deutschen exekutiert hatte, kurz darauf einem anderen ein

Stück Brot reichte. Nur selten geschah es, dass Zivilisten am Straßenrand versuchten, uns einen Schluck Wasser oder Ersatzkaffee zukommen zu lassen. Es war offensichtlich, dass die Bevölkerung Angst hatte und sich verborgen hielt.

In unseren Reihen zogen, so gut es ging in Männerkleidern unkenntlich gemacht, verstörte Frauen mit. Rotarmisten inspizierten jeden in der Kolonne gründlich, im Zweifelsfall mit den Händen. Die Frauen wurden herausgesiebt und abgeführt; manchmal hörten wir aus der Nähe ihre verzweifelten Schreie. Für uns Männer war unsere absolute Hilflosigkeit eine neue, zutiefst erniedrigende und bittere Erfahrung.

Einmal – wir lagerten zu einer Marschpause auf einer großen Wiese – gab es in meiner Nähe wüstes Geschrei. Sowjetarmisten, die aus nahe gelegenen Häusern gekommen waren, zerrten einen gefangenen Kameraden hoch und trieben ihn unter Flüchen und Schlägen hinter ein Gebüsch. Dann knallten Schüsse; die Russen kamen alleine zurück. Der Bedauernswerte hatte einen russischen Uniformmantel angehabt, den er irgendwo gefunden und angezogen hatte, um sich gegen die Nachtkälte zu schützen. Möglicherweise hatte er ihn auch von einem Russen geschenkt bekommen. Mir wurde bewusst, dass ich eine russische Pilotenjacke trug, und es lief mir kalt über den Rücken.

Der lange Marsch der deutschen »Plennys«, auf dem es nichts zu essen und nur gelegentlich etwas Wasser zu trinken gab, führte in weitem Bogen nach Norden, dann den südlichen Stadtrand Berlins entlang nach Osten und schließlich nach Süden, bis wir Trebbin erreichten, wo ich auf dem Truppenübungsplatz dreieinhalb Jahre früher während meiner Rekrutenausbildung in

Berlin-Lichterfelde eine Woche lang gründlich geschliffen worden war. Das Ziel der Gefangenenkolonne war ein ehemaliges Fremdarbeiterlager, das aus etwa 20 Baracken bestand. Dort wurde wieder einmal gründlich gefilzt. Ich büßte meinen Fotoapparat ein und eine Philips-Taschenlampe, die mit Handdruckbewegungen über einen winzigen Generator betrieben wurde. Stunden später fand ich sie, in alle Einzelheiten zerlegt, auf einem Müllhaufen. Meinen Tornister konnte ich durchschmuggeln, indem ich den Zeitpunkt zwischen der Barackendurchsuchung und der Personenfilzung abpasste, um ihn in der Baracke unterzubringen.

Am späten Nachmittag zogen wir in die Baracken ein, je 100 Mann bezogen etwa fünf mal fünf Meter große Stuben, in denen noch die doppelstöckigen Feldbetten für zehn Bewohner standen. Wir schliefen zum größten Teil kreuz und quer übereinander liegend wie die Toten; Aufregung gab es, wenn jemand dabei keine Luft mehr bekam.

Schon am nächsten Morgen begann der alte Kommissrummel wieder zu funktionieren. Im Handumdrehen gab es Stuben- und Barackenälteste, die noch kommandieren und brüllen konnten, als wäre inzwischen nichts geschehen. Den ersten Tag im Lager verbrachten wir mit Zählappellen, die gleich mehrfach durchgeführt wurden. Heraus kam eine Zahl von über 20 000, und damit waren die Russen endlich zufrieden. Und dann gab es sogar zur Belohnung die erste warme Mahlzeit: eine Pellkartoffel pro Mann. Meine war ziemlich klein, ich aß sie mit großer Andacht. In den folgenden Tagen gab es dann ziemlich gleichmäßige Rationen: einen knappen halben Liter Wassersuppe täglich, eine Scheibe feuchtes Brot, einen gestrichenen Esslöffel braunen Rohzucker. Wer noch einen Trau- oder Verlobungsring hatte, konnte ihn gegen eine Sonderration Suppe bei den Küchenbullen eintauschen; einer von ihnen, bei dem ich für meinen Verlobungsring einen Schlag Erbsensuppe bekam, zeigte mir eine etwa einen halben Meter lange Schnur voller aufgereihter Ringe.

Zwei oder drei Tage später wurden hölzerne Pfosten und Bretter im Lager abgeladen, rostige Nägel und Hämmer wurden ausgegeben. Damit mussten wir uns Pritschen zimmern, die etwa zwei Meter tief jeweils an drei Stubenwänden entlang angebracht wurden und wie Regale aussahen, wir lagen in den Fächern wie Sardinen in einer Büchse. Sie waren so niedrig, dass man sich darin kaum umdrehen konnte. In der Mitte des Raumes blieb kaum Platz für einen rohen Tisch und ein paar Bänke. Nur die Fenster und die Türe blieben ausgespart. Ich konnte in der engen Koje nicht schlafen und kam auf die Idee, über dem Stubeneingang ein altes Türblatt so anzubringen, dass eine Schmalseite auf dem oberen Rand des Türrahmens ruhte und die andere mit Haken und Stricken an der Decke befestigt wurde. So entstand ein vergleichsweise luxuriöser Logenplatz; Ruhe fand ich jedoch kaum, denn die Stubentür war ständig in Bewegung und mit ihr die dünne Barackenwand. Aber das alles war vergleichsweise erträglich in Anbetracht der Tatsache, dass wir tagelang nichts zu essen bekamen und fast verhungerten.

Alles im Lager drehte sich um das Essen, oder besser gesagt um den Hunger. Nahrung jeglicher Art war so kostbar wie das Leben, denn sie sicherte die notdürftige Existenz. Es herrschten strenge moralische Grundsätze. Kameradendiebstahl war schon bei der Truppe ein schweres Vergehen, im Lager war die Strafe so hart, dass sie einem Todesurteil gleichkam. Der Delinquent wurde tagelang ohne Wasser und Verpflegung an den Pranger gefesselt, wenn er nicht sofort totgeschlagen wurde.

Es gab einen regelrechten Lagermarkt, wo man alles Mögliche bekommen konnte, wenn man etwas anzubieten hatte. »Währungseinheit« war eine »aktive« Zigarette, die aus echtem Tabak bestand. Dafür gab es im Tausch den russischen Tabakersatz Machorka für drei Zigaretten, einen Schlag dünne Suppe oder eine Scheibe Brot. Zu den Tauschobjekten gehörte alles, was für das Lagerleben irgendwie von Nutzen war: Kochgeschirre, Essbestecke, Schuhe und Bekleidungs- oder Ausrüstungsstücke aller Art, denn manchen Lagerinsassen war bei der Gefangennahme alles abgenommen worden.

Auch mit leeren Konservendosen wurde gehandelt, es war erstaunlich, was geschickte Handwerker daraus alles anfertigten und an die Russen verhökerten. Die waren besonders an den braunen Jacken und Mänteln der Organisation Todt interessiert, die in der Qualität der Offiziersbekleidung der Roten Armee gleichkamen und ihr in der Farbe ähnlich waren. Wer von den Gefangenen ein solches Stück erübrigen konnte, ging an den Lagerzaun; am späten Nachmittags kamen regelmäßig sowjetische Soldaten und schoben eine Schaufel unter dem Stacheldrahtzaun durch, auf die man – nachdem man sich mit Rufen und Zeichen verständigt hatte – die Tauschobjekte legen konnte. Für einen der begehrten Mäntel gab es im Gegenzug ein ganzes Brot. Es kam nie vor, dass ein Landser um seine »Bezahlung« betrogen wurde.

Der sowjetische Lagerkommandant, ein Oberst und Jude, schätzte offenbar besonders die Waffen-SS, aus der er die gesamte Lagerpolizei rekrutierte. Sein Motto war: »Wehrmacht schießen, SS schießen, alles schießen, für mich alles egal!« Dafür ging jeder Gefangene nach Möglichkeit der polnischen Knüppelgarde aus dem Wege, die sich vornehmlich am Lagertor aufhielt, mit Holzprügeln ausgerüstet war und damit wahllos um sich schlug.

Nicht nur die Polen knüppelten. Zwischen den Baracken und dem Zaun hatten die früheren Bewohner des Lagers, die Fremdarbeiter, einen kleinen Garten angelegt. Viele Plennys, infolge der Desorganisation schon seit Monaten ohne richtige Verpflegung, konnten sich vor Hunger fast nicht mehr auf den Beinen halten. Obwohl dort kaum noch etwas außer Sand und Lehm zu finden war, durchwühlten einige Gefangene immer wieder den Boden zwischen den Baracken und dem Zaun in der Hoffnung, etwas zu finden, mit dem sie ihren Hunger stillen konnten. Sie sammelten ein paar armselige Wurzeln und etwas Gras und versuchten daraus in einer Konservendose etwas Essbares zu kochen. Dazu mussten sie kleine Feuer anzünden, was streng verboten war. Die russischen Posten auf den Wachtürmen wandten sich ab und die hungrigen Plennys kochten weiter, bis ein deutscher Oberleutnant herbeieilte, der mit einem großen Knüppel und viel Gebrüll auf die Halbverhungerten eindrosch. Er warf die Konservendosen mit dem Gras um, zertrat die Feuerchen unter seinen wild trampelnden Füßen und schrie mit sich überschlagender Stimme: »Ihr würdelosen Schweine, ich werde euch beibringen, Befehle zu respektieren!«

Einige der betressten Herren, dank der nicht sehr kärglichen Offiziersverpflegung ganz gut in Form, sahen ihm beifällig kopfnickend zu. Bis es einem russischen Posten zu viel wurde und er mit seiner MP eine Salve ein paar Meter neben dem tobenden Oberleutnant in den Sand schoss, der daraufhin seine Beine in die Hand nahm und verschwand.

Die Anpassungsfähigkeit der gefangenen deutschen Offiziere war erstaunlich. In den ersten Tagen schien es sie überhaupt nicht zu geben. Niemand trug Schulterstücke, andere Rangabzeichen oder Orden. Als plötzlich bekannt gemacht wurde, Offiziere erhielten besondere Verpflegung und entsprechende Unterkünfte, wurden die Uniformen schnell wieder komplettiert. Sicher ist, dass es in der deutschen Wehrmacht viele ausgezeichnete, tapfere Offiziere gab, denen das Wohl ihrer Soldaten am Herzen lag und die sich selbst nicht schonten; ohne sie wären die militärischen Erfolge der ersten großen Feldzüge nicht möglich gewesen – man mag zu deren ethischem Wert stehen, wie man will. Als ebenso sicher kann aber angenommen werden, dass von ihnen nicht viele das letzte Kriegsjahr überlebt haben.

Die Offiziere in Trebbin bezogen eine eigene, relativ schwach belegte Baracke und legten auch ganz allgemein Wert auf eine deutliche Absonderung. Es dauerte dann auch nicht mehr lange, bis sie unter der Führung eines Obersten von Bismarck mit einer Abordnung beim sowjetischen Lagerkommandanten vorstellig wurden und ein spezielles Anliegen vortrugen: Sie forderten, die Sanitätsbaracke, die mit Verwundeten und Kranken belegt war, solle geräumt und als beste Baracke des Lagers den Offizieren zur Verfügung gestellt werden. Was der Lagerkommandant zur Kenntnis nahm und kühl ablehnte.

Neben dem Hunger bestimmte Langeweile das Lagerleben. Außer den morgendlichen Zählappellen, die allerdings Stunden dauern konnten, gab es kaum etwas, was die langen Tage ausfüllte. Glücklicherweise war es

Mai und das Wetter trocken, sodass die Gefangenen sich fast den ganzen Tag über im Freien aufhalten konnten. Sie drehten langsam ihre Runden durch die Lagergassen. Manche waren wie ich als Einzelne in Gefangenschaft geraten und mussten sich notgedrungen neuen Gemeinschaften anschließen.

Da das tägliche Brot und die Zuckerrationen für jeweils zwölf Mann ausgegeben wurden, entstanden zwangsläufig entsprechende Gruppen, die miteinander auskommen mussten. Die tägliche Aufteilung der kargen Rationen war jedes Mal eine feierlich zelebrierte Handlung, der alle gespannt zusahen. Damit es dabei möglichst gerecht zuging, hatten wir uns ein ausgezeichnet funktionierendes System ausgedacht: Für die Aufteilung war jeweils abwechselnd in der Gruppe ein anderer zuständig, der sich erst als Letzter selbst bedienen durfte; die erste Auswahl hatte er dafür am darauf folgenden Tag, wenn der Nächste turnusmäßig als »Rationen-Aufteiler« fungierte.

Besser als um die Verpflegung war es um die Hygiene im Lager bestellt; in dem ehemaligen Fremdarbeiter-Lager gab es eine große Waschbaracke. Gründliche Entlausungsaktionen mit beträchtlichen Mengen von DDT-Pulver, mit dem wir so eingenebelt wurden, dass wir einander kaum noch sahen, befreiten uns von der schlimmen Ungezieferplage.

Das erzwungene Nichtstun war ein idealer Nährboden für endlose Gespräche über Gott und die Welt, vor allem aber für Gerüchte. Das hartnäckigste der Gerüchte lautete, wir kämen alle zur Zwangsarbeit nach Sibirien; es verursachte bei uns eine dumpfe, apathische Verzweiflung. Trotzdem bewiesen einige der Plennys einen außerordentlichen Lebensmut. Außer den geschäftstüchtigen Typen, die sich im Lager bereits für den späteren schwarzen Markt übten, gab es findige Unternehmertypen, die beispielsweise regelrechte Glückspielstände mit Spielkarten oder auf Brettern gemalten Ziffern aufmachten. Sie hatten allerdings mehr unbeteiligte Zuschauer als Kunden, denn die wenigsten verfügten über Zigaretten, Tabak oder Geld für die erforderlichen Einsätze. Immerhin war erstaunlich, was manche trotz der »Filzungen« durch die Russen noch alles an persönlicher Habe besaßen.

Ich selbst hatte meinen Tornister mit etwas Wäsche, Socken, Seife, Rasierzeug und dem kostbaren Glas mit etwa einem Liter Morphium-Substanz gerettet, den ich merkwürdigerweise später auch bei der Entlassung durchschmuggeln konnte. Das Morphium war im Lager allerdings kein Tauschobjekt. Es wurde mit dem Tornister erst Monate später in Duisburg gestohlen; aber das ist eine eigene Geschichte. Von meinem Rasierzeug machte ich übrigens keinen Gebrauch mehr; nachdem man mir wie allen anderen eine Glatze geschoren hatte, ließ ich mir einen Vollbart wachsen, der allmählich ganz ansehnlich wurde.

Durch die Untätigkeit wurde man sich des ständigen Hungers besonders deutlich bewusst. Unwillkürlich strichen viele von uns ständig um die Küchenbaracke, die sich mitten im Lager befand; dort wurde auch für die sowjetische Lagerbewachung gekocht, natürlich unvergleichlich bessere und üppigere Mahlzeiten als für uns. Bei der Küchenbaracke gab es einen eingezäunten Bereich, in dem die Abfalltonnen standen, in die, wie ich feststellte, auch die Knochen geleert wurden, die von den Fleischmahlzeiten für die Russen übrig blieben.

Ständig hungrig wie ich war, beschloss ich, den Tonnen in der Nacht einen Besuch abzustatten. Das war streng verboten, die Posten hatten Befehl, auf alles zu schießen, was sich in der Dunkelheit zwischen den Baracken bewegte. Vorsichtig kroch ich an den Barackenwänden entlang zum Müllplatz, band mit einer Schnur den untersten Draht des Zauns hoch und wand mich hindurch.

Es roch widerlich nach Abfällen, gleichzeitig aber köstlich nach Fleisch. Äußerst behutsam bemächtigte ich mich der Knochen, nagte sie ab und sog das Mark heraus. Seit Wochen, wenn nicht seit Monaten hatte ich zum ersten Mal das wohlige Gefühl, meinen Magen gefüllt zu haben. Diese riskanten Ausflüge habe ich dann fast jede Nacht unternommen.

Als wir etwa drei Wochen im Lager waren, begannen die Selektionen. Was damit gemeint war, wurde nur zu bald jedem klar. Tagelang musste eine Barackenbelegschaft nach der anderen auf dem Appellplatz mit nacktem Oberkörper antreten; ein ständig betrunkener sowjetischer Arzt im Kapitänsrang und mit dem violetten NKWD-Band an der ins Genick geschobenen Mütze schritt die Reihen ab, blieb bei jedem stehen, betrachtete ihn und entschied über sein Schicksal mit den knappen Worten: »Gesund!« oder »Krank!«. »Gesund!« bedeutete die Entscheidung für ein Lager in Sibirien, »Krank!« einen zumindest vorläufigen Verbleib im Lager mit der vagen Aussicht, irgendwann in die Heimat entlassen zu werden.

Die Selektionen zogen sich tagelang hin. Als ich mit meinen Stubengenossen auf dem Platz stand, schien die Sonne, aber ich war verständlicherweise sehr besorgt. Würde ich die Innenseite meines linken Oberarms mit der eintätowierten Blutgruppe, der »SS-Markierung«, vorzeigen müssen? So gut es ging, hatte ich zwar mit einem von einem Lager-Sanitäter erbettelten Höllensteinstift das Blutgruppenzeichen weggeätzt, und die frische Narbe konnte auch von einer Verletzung kommen; aber wer wurde schon unter der Achsel verwundet.

Jedenfalls war ich entschlossen, es darauf ankommen zu lassen; dem mehrfach verkündeten Lagerbefehl, nach dem SS-Angehörige sich melden mussten, hatte ich nicht Folge geleistet. Damit ging ich ein beträchtliches Risiko ein, aber das Spiel, das ich spielen musste, war nun einmal ein Vabanque um alles oder nichts.

Mit tausend anderen stand ich in der Sonne und mir war das Herz ziemlich schwer. Der russische Arzt, der die Selektion vornahm, kam mit seinen drei Begleitern näher und näher. Schließlich stand er vor meinem Nebenmann und Stubenkameraden, von dem ich noch weiß, dass er aus Jägerndorf in Westpreußen stammte, und der als Kommunist in ein Konzentrationslager und von dort zur Strafdivision Dirlewanger gekommen war. Er war eher klein und machte erstaunlicherweise trotz aller Strapazen und Entbehrungen einen recht stämmigen Eindruck. Der Selektionsarzt sah ihn kurz an und konstatierte offenbar befriedigt:

»Du gesuuund!«

»Bitte«, sagte mein Nachbar zu dem Dolmetscher, der neben dem Arzt stand, »sagen Sie dem Kapitän, dass ich Kommunist bin, deshalb im KZ und zum Schluss bei der Strafdivision war. Hier ist mein Soldbuch als Beweis.« Er hatte das für ihn so kostbare Dokument schon aus der Hosentasche gezogen und hielt es in der ausgestreckten Hand.

Der Dolmetscher übersetzte. Der russische Arzt kniff

die Augen zusammen, nahm das Soldbuch, warf es auf den Boden und trat mit dem Stiefel darauf. Dann machte er drei Schritte zu meinem Nachbarn, drehte ihn an der Schulter herum, gab ihm einen derben Fußtritt ins Gesäß und schrie:

»Du Kommunist? Otschin karascho! Du Sibirr, Sibirr viel Kommunist!«

In diesem Augenblick hatten trotz der Betroffenheit durch ihr eigenes Schicksal wohl alle, die diese Szene miterlebten, Mitleid mit dem Bedauernswerten.

Dann war die Reihe an mir. Abgemagert wie ich war durch die wochenlangen Strapazen im letzten Fronteinsatz und den langen Marsch nach Westen und in die Gefangenschaft, mit hängenden Schultern und meiner langen Narbe auf dem kahl geschorenen Schädel, brauchte ich mich nicht anzustrengen, um einen Mitleid erregenden Eindruck zu machen. Etwas lenkte mich einen Augenblick von dem spannungsgeladenen Geschehen ab: Ich fühlte ein Kribbeln auf meiner nackten linken Schulter; ein Marienkäferchen hatte sich darauf niedergelassen und sonnte sich. Der russische Arzt baute sich gemächlich vor mir auf, sah mich an und sagte:

»Du kraaank, du nach Chause!«

Mir fiel ein ganzer Felsen vom Herzen. Der Marienkäfer saß immer noch auf meiner Schulter. Seine Artgenossen sind seitdem für mich Glückskäfer. Wo immer ich einen sehe, den ich einer Gefahr ausgesetzt glaube, bringe ich ihn behutsam in Sicherheit. Die Geschichte mag wie eine etwas fabulierende Ausschmückung wirken, aber genau so hat sie sich zugetragen.

Anfang Juni bekam ich plötzlich Fieber und starke Kopfschmerzen. Ich meldete mich krank, stand lange in einer Reihe von Leidensgenossen an und wurde schließlich von einem deutschen Stabsarzt untersucht, der mich ins Revier einwies. Bei der Visite tags darauf fragte er mich, ob ich Student sei. Ich antwortete:

»Ja, Medizinstudent, ich bin Sanitäts-Dienstgrad und Operationshelfer.«

»Das ist ja prima«, sagte er, »Sie werden hier dringend gebraucht. Wir haben im Revier fast kein geschultes Personal. Ich werde versuchen, Sie in das Lager-Stammpersonal übernehmen zu lassen. Allerdings müssten Sie bereit sein, Tuberkulose- und Pneumoniefälle zu pflegen. Was sagen Sie dazu?«

Ich dachte kurz nach. Im Lager, das wusste ich, waren nicht nur Soldaten. Die Russen hatten auch halbe Kinder, schwer Lungenkranke und ältere Männer mitgenommen und ins Lager gesteckt. Das Ansteckungsrisiko war bei der Unterernährung nicht unbeträchtlich; andererseits war mit dem Angebot die Chance verbunden, dem Problem meiner SS-Zugehörigkeit zu entgehen. Schließlich sagte ich:

»Ja, ich bin bereit!«

Einige Tage später sprach mich der Stabsarzt bei einer Visite wieder an: »Zum Stammpersonal kann ich Sie leider nicht versetzen lassen, die Russen machen nicht mit. Aber wir machen das anders. Wenn Sie hier entlassen sind, melden Sie sich wieder krank. Sagen Sie, Sie hätten Herzbeschwerden. Wir werden Sie dann als chronisch Kranken aufnehmen. Wir müssen aber die sowjetische Lagerärztin einweihen, weil es sonst Schwierigkeiten geben könnte.«

So geschah es dann auch. Ich übernahm ein Zimmer, in dem nur Schwerstkranke mit fortgeschrittener Tuberkulose und Dystrophie sowie akuter Lungenentzündung lagen. Die schönste Errungenschaft meiner neuen Position: Offiziell als Kranker geführt, hatte ich ein richtiges Feldbett, bezogen mit blauweiß gewürfelter Bettwäsche. An die Tür hatte ich ein Schild mit der Aufschrift »PNEUMONIA« in kyrillischer Schrift geheftet. Das hielt die Russen fern, die vor ansteckenden Krankheiten eine panische Angst hatten; mit Ausnahme der Militärärztin im Kapitänsrang, einer freundlichen, etwas molligen, aber recht hübschen und sympathischen jungen Frau, die in der Krankenbaracke die Oberaufsicht hatte. Sie stellte mir in leidlich gutem Deutsch ein paar Fragen, schien jedoch bald von meiner Motivation und Qualifikation überzeugt zu sein und verabschiedete sich mit einem »Otschin karascho!« Sie kam danach regelmäßig zu Inspektionen, die ihr aber keinen Anlass zu Beanstandungen gaben.

Ich war plötzlich wieder Sanitätsdienstgrad, praktisch als Assistent von Stabsarzt Dr. Schreckenbach den ganzen Tag über vornehmlich damit beschäftigt, verordnete Spritzen zu geben, die Krankenblätter auf dem Laufenden zu halten und mich besonders um die Schwerstkranken in dem Zimmer zu kümmern, in dem auch ich mein »Krankenbett« hatte. Für die einfachen Arbeiten hatte ich mehrere Helfer.

An Medikamenten aller Art herrschte kein Mangel. In unmittelbarer Nähe des Lagers befand sich ein hinterlassenes Sanitätsdepot der deutschen Wehrmacht, auf dessen Bestände die Russen aus welchen Gründen auch immer keine Ansprüche erhoben. Wir konnten also unsere Kranken weit besser versorgen, als dies während der Kämpfe auf den Hauptverbandplätzen und teils auch in den Feldlazaretten möglich gewesen war. Das mag dazu beigetragen haben, dass wir in den zwei Monaten meiner Tätigkeit im Lagerrevier nicht einen einzigen Todesfall hatten. In kritischen Situationen taten wir, was menschenmöglich war. Ich erinnere mich an einen evangelischen Pfarrer aus Thüringen, an dessen Bett ich einen Tag und eine Nacht verbrachte, um ihm regelmäßig Herz- und Kreislaufmedikamente zu spritzen, abwechselnd Cardiazol, Symphatol und Strophantin. Nach etwa 16 Stunden war er außer Gefahr. Wir haben danach noch manches gute Gespräch gehabt.

Dass wir auf der von mir betreuten Schwerkranken-Station in der Zeit, in der ich dort Dienst tat, keinen Todesfall hatten, war schierem Glück zu verdanken, kam aber meinem Ansehen bei der Revierleitung wie auch bei den verantwortlichen deutschen Ärzten der Lagerleitung zugute. Der Tod eines Plennys wurde von den Russen als schwer wiegende Angelegenheit betrachtet, die bürokratisch pedantische Untersuchungen auslöste. Das mag bei allem, was man über sowjetische Lager wusste und weiß, merkwürdig erscheinen, aber es war so. In den wenigen Fällen, in denen ein Exitus unausweichlich schien, wurde der Kranke auf einem Plateauwagen in das nebenan liegende Lazarettlager gebracht, damit die Sterbestatistik im Hauptlager nicht belastet wurde. Zwei oder drei Mal habe ich einen solchen Transport begleitet und dabei die deprimierenden Empfindungen eines Gefangenen erlebt, der ein Lagertor nach draußen durchschreitet, um bald darauf wieder in das trostlose Dasein hinter dem Stacheldraht zurückzukehren. Bei diesen Ausflügen spielte ich auch mit der Versuchung, zu fliehen, wozu sich Gelegenheiten geboten hätten, aber ohne Papiere wäre dies ein aussichtsloses Unterfangen gewesen.

Medikamente gab es, wie bereits gesagt, genug. Es fehlte jedoch an Spritzen und besonders an Kanülen, von denen ich über jeweils nur drei Stück verfügen konnte, die ständig mit einem Spirituskocher sterilisiert werden mussten. Ich half mir schließlich auf eine Weise, die in einem ordentlichen Lazarett undenkbar gewesen wäre: Für intramuskuläre und subkutane Injektionen kochte ich nur die Kanülen aus und verwendete die Spritzen für dieselben Medikamente mehrfach.

Jeder, der etwas tut, macht irgendwann etwas falsch, und wenn seine Tätigkeit eine medizinische ist, kann der Fehler schwer wiegend sein. Unter den an Lungenentzündung erkrankten Plennys in der Sanitätsbaracke, die ich ständig betreute, war ein großer und blonder junger SS-Mann, dem ich wie etlichen anderen täglich Transpulmin in den Gesäßmuskel spritzte. Dazu musste er sich auf den Bauch drehen, und dies zu tun weigerte er sich an dem Tag, an dem ich den Fehler machte, beharrlich; weder im Guten noch durch Befehle konnte ich ihn dazu bringen. Entnervt durch den Widerstand und in Unkenntnis der möglichen Folgen setzte ich ihm die Spritze in die Vorderseite des linken Oberschenkels.

Das hatte zunächst keine Folgen, nach einer Stunde aber klagte der Patient über Schmerzen in den Zehen des linken Fußes, die sich kalt anfühlten. Ich berichtete sofort Dr. Schreckenbach über den Vorfall, der nur sagte: »Da haben Sie ausgerechnet eine Arterie getroffen. Transpulmin ist ein öliges Präparat, das die Endgefäße des Fußes schädigt. Wir wollen hoffen, dass es nicht weiter geht. Sie können nur eins machen: so viel Wärme anwenden wie möglich! Nehmen Sie es nicht zu tragisch, so etwas passiert jedem in unserem Handwerk einmal.«

Ich besorgte in der Lagerküche heißes Wasser, ich füllte es in Feldflaschen und band diese mit Stoffstreifen an den Fuß des Patienten; die Zehenspitzen wurden trotzdem gelb und dann schwärzlich. Nach zwei Tagen kam der Prozess zum Stillstand und ich war sehr erleichtert. Für das Opfer meiner noch jungen Heilkunst hatte das Ganze letzten Endes ein erfreuliches Ergebnis: Seine Genesung verzögerte sich so, dass er nicht mit den Gesunden des Lagers nach Russland verfrachtet wurde, sondern mit den übrig bleibenden Kranken ins Lazarettlager. Er ist von dort aus vermutlich bald entlassen worden.

Auch im Krankenrevier herrschte der Hunger. Immerhin gab es im Sanitätsdepot echten Bohnenkaffee in Form von zwar überlagerten, aber noch verwendbaren Presstabletten, für mich ein willkommenes und lange entbehrtes Labsal. Meinen Schutzbefohlenen und auch mir selbst spritzte ich regelmäßig Hepatrat, eine hochkonzentrierte Mischung von Leberextrakt und Vitaminen; das Präparat, von dem große Mengen vorhanden waren, führte dem Körper nicht nur wertvolle Substanzen zu, es nahm auch das Gefühl des Körpergewebe-Hungers, das sich vom primär auftretenden Eingeweide-Hunger unterscheidet.

Ende Juni kursierten erstmals Gerüchte im Lager, dass chronisch Kranke bald nach Hause entlassen würden. Daraufhin kamen die »Küchenbullen« und wollten von mir wissen, wie sie es anstellen müssten, zu Entlassungs-Aspiranten zu werden. Da zeigte sich wie schon früher, dass ich ein Talent zum »Organisieren« hatte. Ich gab den Küchenbullen Atebrintabletten – eigentlich ein Mittel gegen Malaria –, die eine Gelbfärbung der Haut bewirkten und so Gelbsucht simulieren konnten; dabei wies ich sie an, täglich zur weiteren »überwachten Behandlung« wiederzukommen, jeweils mit einem vollen Kochgeschirr aus der Offiziers-Küche. So kam ich für meine Schwerkranken zu einer nahrhaften Zusatzverpflegung, die redlich aufgeteilt wurde. Einige Wochen lebten wir auf eine Weise, von der normale Plennys nur träumen konnten.

Unterdessen gingen immer öfter Transporte mit Arbeitsfähigen nach Russland ab. Das Lager leerte sich allmählich. Ende Juli wurden die Revierkranken in ein etwa einen Kilometer entferntes Lazarettlager verlegt. Da zeigte sich, welch unerhörtes Glück mich davor bewahrt hatte, in das Stammpersonal übernommen zu werden, denn dieses wurde mit dem gesamten Sanitätspersonal, alle Ärzte eingeschlossen, ebenfalls nach Russland in Marsch gesetzt. Dr. Schreckenbach, dem ich so viel verdankte, hat dort in Lagern noch fast fünf Jahre verbracht.

Zu mir sagte er: »Mann, haben Sie Schwein! Sie gehen jetzt mit den Kranken ins Lazarett und werden entlassen.« Er hatte bereits im Lager angefangen, Russisch zu lernen.

Es kam, wie Dr. Schreckenbach gesagt hatte. Sicherheitshalber hatte ich über mehrere Tage Kaffeepulver-Tabletten pur gegessen und mir prompt eine massive Gastritis verschafft für den Fall, dass ich von einem russischen Arzt untersucht würde. Die Entscheidung lag aber bei der schon erwähnten jungen Lagerärztin, der mein besonderer Status bekannt war. Möglicherweise hatte es ihr imponiert, dass ich die Fälle mit offener Lungentuberkulose übernommen hatte. Ich lief inzwischen unter der offiziellen Diagnose »Ulcus«.

Im Lazarettlager verbrachte ich noch etwa zwei Wochen mit sehr dürftiger Verpflegung, immerhin aber in einem richtigen Feldbett, wenn auch im »zweiten Stock«. Dann wurde ich tatsächlich zur Entlassungsuntersuchung befohlen. In zwei langen Reihen wurden wir mit nacktem Oberkörper paarweise in einen Barackenraum vor einen Tisch geführt, an dem mehrere NKWD-Offiziere saßen. Die rechts Stehenden untersuchte ein sowjetischer Arzt, die auf der Linken die Ärztin aus dem aufgelösten Lagerrevier. Es gelang mir, mich so einzureihen, dass ich bei ihr landete.

Wie bei den anderen hieß es auch bei mir: »Linker Arm choch!« Ich hob meinen Arm mit der frischen Narbe in der Achsel und den schwachen, aber noch sichtbaren Resten der 0 meines SS-Blutgruppenzeichens. Ich hielt den Atem an. Die Ärztin sah mich einen langen Augenblick an, dann nickte sie zu dem Tisch mit den NKWD-Leuten hinüber, sagte mit gleichmütiger Stimme »Karascho!« und wandte sich dem Nächsten zu.

Die Schicksalssekunde war vorbei. Ich trat an den Tisch, ein Stempel wurde auf ein Papier gedrückt, ich nahm meinen Entlassungsschein in russischer Sprache entgegen: Er war ausgestellt auf den »Obergefreiten Herbert Maeger« – diesen Dienstgrad hatte ich nach reiflichem Überlegen von Anfang an angegeben – und trug die Nummer 299. Das war gegen 15 Uhr am 14. August 1945.

Mein Entlassungsschein erwies sich in doppelter Hinsicht als von großer Bedeutung: Er gab mir nicht nur die Freiheit, endlich war ich damit auch wieder im Besitz eines Personalausweises, nachdem ich in den letzten Tagen des Krieges vorsorglich mein Soldbuch mit meinem Waffenrock weggeworfen hatte. Ich besaß zwar immer noch einen belgischen Vorkriegsausweis aus dem Jahre 1939, aber den wollte ich solange in Reserve halten, bis ich mir sicher war, welche Reaktionen er auslösen würde.

Die »Heimkehr«

Einen Tag später öffnete sich für den ersten Schub der Entlassenen, zu dem ich gehörte, das Lagertor. Wir waren frei. Wir wussten aber auch aus Berichten Unglücklicher, die wieder im Lager gelandet waren, wie schnell diese Freiheit wieder beendet sein konnte; irgendein Russe, dem ein Gefangener abhanden gekommen war, oder der auch nur schlecht gelaunt war, konnte den Schein zerreißen und uns im Handumdrehen wieder zu Plennys machen.

Wir hatten Befehl, uns im Rathaus von Trebbin zu melden, was ich umgehend tat. Dort erhielt ich eine Bescheinigung in deutscher Sprache, in der stand:

»Der Obergefreite Maeger Herbert, geb. 10.11.22, ist auf Grund vorgelegter Papiere heute aus dem Kriegsgefangenenlager Trebbin nach Walhorn entlassen worden. Der Genannte ist von mir bis zum 17.8.45 verpflegt worden. Es wird gebeten, ihn ungehindert passieren zu lassen und nötigenfalls weit gehend auf seinem Nachhauseweg zu unterstützen. Der Bürgermeister (Stempel Stadt Trebbin – Kreis Teltow).«

Die Formulierung »Auf Grund vorgelegter Papiere« – gemeint war ganz offenkundig »laut vorgelegten Papieren« – sollte sich später als sehr nützlich erweisen. Da bekannt war, dass die Russen kaum Gefangene entließen, konnte ich meine Bescheinigung glaubwürdig wie folgt interpretieren: Mein von mir »vorgelegtes« Soldbuch hat der NKWD behalten; darin stand, dass ich der Bewährungsdivision angehörte, deshalb bin ich außerplanmäßig als einer der Ersten aus dem Lager von den Russen entlassen worden.

Noch aber war ich in Trebbin und mein größtes Bestreben war, auf dem kürzesten Wege den Bahnhof und einen Zug nach Berlin zu erreichen. Nach einigem Warten kam tatsächlich auch ein Güterzug, der nach Westen fuhr, aber so überfüllt war, dass ich auf ein Waggondach klettern musste. Ein mitentlassener Kamerad schloss sich mir an, er hatte es ebenso eilig wie ich. In Berlin übernachteten wir irgendwo in einer Bahnhofsecke, am nächsten Morgen stiegen wir auf den erstbesten Zug nach Westen, wieder aufs Dach, denn es war noch warm und wir konnten uns dort ausstrecken.

Mit einem kleinen Stück wässeriger Wurst und einem Kanten Brot im Magen, die wir in Trebbin als erste zivile Verpflegung erhalten hatten, versuchten wir so weit wie möglich zu kommen. Schließlich – es war schon Nacht – konnten wir es vor Hunger und Durst nicht mehr aushalten. Als der Zug auf freier Strecke anhielt, stiegen wir ab und marschierten aufs Geratewohl in einen Wald.

Nach einer guten Strecke sahen wir ein Licht. Wir gingen darauf zu und erreichten eine Molkerei. Wir müssen erbarmungswürdig ausgesehen haben, denn ein Mann, den wir an der Rampe trafen, füllte unsere Kochgeschirre mit Sahne, die wir gierig tranken. Das erwies sich allerdings als wenig klug, Magen und Darm rebellierten sofort nach dem ungewohnt fetten Trunk, wir verbrachten anschließend mehr als eine halbe Stunde am Waldrand damit, ihn wieder loszuwerden. Hungriger, durstiger und schlapper als zuvor konnten wir in einem Bauernhaus unseren Durst – diesmal vorsorglich mit Wasser – stillen und ein Stück Brot ergattern. Dort ließen wir uns auch den Weg zum nächsten Bahnhof zeigen.

In Etappen ging die Reise weiter in Richtung Hamburg. Da sich mir kein anderes Ziel bot, wollte ich zunächst nach Cuxhaven zu meiner Kriegsbraut Ilse Harmsen. Das aber war zunächst ein noch fernes Ziel. Wir kamen zunächst nach Boizenburg, das Endstation der Züge aus dem Osten war. Ich hatte mich inzwischen mit einem Kameraden, der aus Hamburg stammte, zusammengetan und wir beschlossen, uns gemeinsam irgendwie heimlich über die Zonengrenze zu stehlen. Vor allem mussten wir eine Stelle aussuchen, die vom Gelände her einigermaßen passierbar war. Wir hörten uns vorsichtig um und erfuhren, dass nur ein kurzer Bereich zwischen der Elbe und dem Lübeck-Elbe-Kanal eine Chance bot, dort war lediglich als natürliches Hindernis das Flüsschen Stecknitz zu überqueren.

Wir fuhren bis Schwanheide, der letzen Bahnstation vor der Zonengrenze, die, wie wir dort erfuhren, von den Russen scharf bewacht wurde. In einem kleinen Bauernhaus bekamen wir nahrhaftes Essen, es gab – ich werde es nie vergessen – eine gehörige Portion Gulasch, das mit Backpflaumen zubereitet war. Danach suchten wir uns eine Scheune als Versteck. In der darauf folgenden, recht finsteren Nacht schlichen wir uns in Richtung Zonengrenze – und wurden auf einem Waldweg prompt von einer sowjetischen Streife gefasst. Die führte uns nach Schwanheide zurück und sperrte uns in einen Verschlag zu einigen anderen Soldaten und Zivilisten, die ebenfalls Pech gehabt hatten und eingelocht worden waren.

Nach einiger Zeit – es war noch dunkel – wurden

wir herausgeführt, offenbar sollte es zum Verhör gehen. Als unsere Bewacher für einen Augenblick abgelenkt wurden, stieß ich meinen Kameraden an, und wir verschwanden hinter einer Hausecke in der Nacht. Zwei Schüsse wurden hinter uns abgegeben, aber zu einer weiteren Verfolgung hatten die Russen offenbar keine Lust. Unsere Entlassungspapiere hatte man uns zum Glück noch nicht abgenommen.

Noch einmal den Versuch zu machen, heimlich über die Grenze zu gehen, erschien uns als zu riskant. Wir mussten uns also etwas anderes einfallen lassen. Zunächst einmal gingen wir wieder nach Boizenburg, wo sich immer mehr entlassene Kriegsgefangene ansammelten, die ebenso wie wir nicht weiter konnten. Viele unter ihnen waren noch mit Verbänden versehene Verwundete, Amputierte oder Kranke. Als ich mich bei der Stadtverwaltung wegen des Bezugs von Lebensmittelmarken meldete und dabei auf Befragen über meine Funktion im Lager Trebbin Auskunft gab, fragte man mich, ob ich bereit sei, bei der Einrichtung eines Auffanglazaretts für entlassene Kriegsgefangene behilflich zu sein. Ich sagte zu und hatte wieder eine Aufgabe, die mich beschäftigte; das Lazarett, das sich bald mit Patienten füllte, war in einer alten Schule untergebracht. Mir selbst wurde als Quartier eine Dachkammer bei einem alten Schreinermeister und dessen Familie zugewiesen. Meine Gastgeber waren von der Zwangsbelegung nicht gerade entzückt.

So vergingen etwa drei Wochen. Irgendeine Vergütung erhielt ich für meine Arbeit nicht, die Essensrationen waren sehr knapp, meine Dachkammer war luftig und Anfang September schon recht kühl, der Herbst stand vor der Tür: Mir wurde klar, dass etwas geschehen musste. Ich hörte mich um und erfuhr, dass es für

Ausländer relativ einfach war, über die Zonengrenze zu kommen. Dazu musste ich mir erst einmal ein zivileres Äußeres verschaffen. Zu den Kontakten, die ich inzwischen geknüpft hatte, gehörte der mit dem Bahnhofsvorsteher von Boizenburg und seiner jungen Frau.

Von ihnen bekam ich eine gut erhaltene Lodenjacke; die junge Frau nähte mir aus bunten Fetzen eine schwarz-gelb-rote Kokarde, die ich ins Knopfloch steckte. So ausgestattet sprach ich auf der russischen Ortkommandantur vor, dabei zeigte ich dort zum ersten Mal meinen alten belgischen Grenzausweis aus dem Jahre 1939, den ich sorgfältig aufgehoben hatte. Meine Geschichte, die ich mir zurechtgelegt hatte und bei der ich auch später blieb, lautete wie folgt: Als nicht-kriegsverwendungsfähiger Eupen-Malmedyer war ich während des Krieges Medizinstudent an der Universität Breslau; ich war in den großen Flüchtlingstreck geraten und wollte jetzt wieder nach Hause.

Ich war inzwischen darin geübt, in brenzligen Situationen ein treuherziges Gesicht zu machen, und muss überzeugend gewirkt haben. Unterdessen waren meine Haare wieder einige Zentimeter lang und entsprachen einer normalen russischen Frisur; den Bart hatte ich abrasiert. Vorsichtshalber sprach ich zunächst ein paar Sätze Französisch, die ein anwesender sowjetischer Offizier zu verstehen schien.

Die Russen registrierten alles sorgfältig und bedeuteten mir, ich solle mich jeden Morgen wegen meiner Repatriierung auf der Kommandantur melden. Es dauerte tatsächlich nur einige Tage, bis ein Lastwagen der Belgischen Militärmission kam und mich mit fünf oder sechs anderen durch den Krieg verschlagenen »Belgiern« abholte. Einer davon mag ein echter gewesen sein, die Übrigen gaben sich schon auf der Fahrt mir gegenüber als Deutsche zu erkennen, die auch auf den Trick mit der »Repatriierung« gekommen waren.

Die Reise ging nach dem etwa 30 Kilometer entfernten Lüneburg jenseits der Elbe in ein »DP-Lager«, in dem »Displaced Persons« – zu Deutsch: »Verschleppte Personen« – aus den Beutezügen des Dritten Reiches sich sammelten. Das Gebäude, in dem wir untergebracht wurden, schien ein Gymnasium zu sein; es gab ordentliche Betten und ein für die Verhältnisse erstklassiges Essen. Ein belgischer Leutnant schien meine Geschichte ganz plausibel zu finden, er war von meinem belgischen Ausweis so beeindruckt, dass er mir nach nur wenigen Fragen eine ALLIED EXPEDITIONARY FORCE / D. P. INDEX CARD aushändigte, die mir später über Wochen überall eine gute Proviantierung und freie Fahrt mit der ehemaligen Reichsbahn ermöglichte. Beiläufig erwähnte er, dass ich bei der Ankunft in Belgien noch eingehend überprüft werden würde, für mich eine wichtige Information. Ein Stubengenosse im DP-Lager, ein ehemaliger KZ-Insasse, war misstrauischer und stellte mir Fangfragen. Ihn konnte ich aber ebenfalls einigermaßen überzeugen mit schwärmerischen und detaillierten Beschreibungen belgischer Gaumenfreuden, die ich – wie ich vorgab – kaum erwarten konnte.

Das DP-Lager wurde von Posten bewacht, aber wir konnten uns auch außerhalb frei bewegen. Davon machte ich möglichst viel Gebrauch, informierte mich aber täglich, wann denn mit dem Transport nach Belgien zu rechnen sei. Inzwischen erholte ich mich zusehends bei der guten Verpflegung. Als ich etwa zehn Tage im Lager verbracht hatte, wurde uns mitgeteilt, dass an einem der nächsten Tage die Heimreise nach Belgien bevorstünde. Da wurde mir der Boden zu heiß unter den Füßen, ich ging zum Bahnhof und bestieg den nächsten Zug nach Hamburg, von dort fuhr ich dank meinem neuen Ausweis in einem Sonderabteil nach Cuxhaven, wo ich am frühen Morgen ankam.

Mein Aufenthalt in Cuxhaven lässt sich mit einem Satz abtun. Ich traf meine Kriegsverlobte und ihre Eltern in gedrückter Stimmung an, zwei Tage später eröffnete sie mir unter Tränen, dass sie einen anderen lieben gelernt habe; sie begleitete mich noch zum Bahnhof. Ich empfand die Sache als einen Verlust mehr, sie ging mir aber nicht sehr zu Herzen. Es war eine Zeit, in der kaum etwas Bestand hatte, oft genug auch nicht die Liebe.

Ich beschloss, mich auf den Weg nach Rheydt zu meinen Verwandten zu machen. In Duisburg fand ich am Bahnhof für die Nacht einen Luftschutzbunker, der notdürftig als Massenquartier eingerichtet worden war; als Kopfkissen benutzte ich wie immer meinen Tornister mit den wenigen durch die Monate der Gefangenschaft geretteten Habseligkeiten.

Als ich am Morgen auf dem Bahnsteig stand, um auf den Zug nach Rheydt zu warten, hatte ich ein letztes schreckliches Erlebnis dieses furchtbaren Krieges: Auf dem gegenüberliegenden Gleis lief ein Zug ein, er bestand aus offenen Güterwagen, in dem dicht gedrängt ehemalige deutsche Soldaten saßen und lagen. In dem, der in meiner Höhe hielt, bemerkte ich außer abgehärmten Landsern in zerschlissenen Uniformen eine Anzahl blutende Schwerverwundete und unverkennbar auch etliche Tote.

Ich fragte einen Armamputierten, der zum Transport gehörte, nach dem Woher und erfuhr, dass der

Zug aus Frankreich kam; er bestand nur aus Arbeitsunfähigen, die von den Franzosen entlassen worden waren.

»Wie kommt ihr denn zu den frisch Verwundeten und den Toten?«, fragte ich weiter.

Seine bedrückende Antwort lautete: »Als wir durch Belgien fuhren, standen auf den Brücken Männer und Frauen, die Eisenbahnschwellen in unsere offenen Güterwagen warfen.«

Bei der kurzen Unterhaltung auf dem Bahnsteig hatte ich meinen Tornister für einen Augenblick aus den Augen gelassen; als ich mich wieder zu ihm umdrehte, war er verschwunden. Vielleicht war es eine gute Fügung, denn das Morphium, das sich darin befand, wäre vielleicht zu einer bedenklichen Versuchung geworden.

Nach meinem Duisburger Erlebnis war mir endgültig klar, dass ich in meiner Heimat nichts Gutes zu erwarten hatte. Ich glaube auch, ich hätte mich damals in jedem Fall für Deutschland entschieden; schon um meinen Kindern die Erfahrungen zu ersparen, die ich als Kind und Heranwachsender in einem umstrittenen Grenzgebiet gemacht hatte.

Deutschland war mein Schicksalsland geworden, in der Uniform, die ich vier Jahre trug, hatte ich schwere Zeiten mitgemacht, und in dieser Uniform hatte ich viele gute Kameraden sterben sehen. Ihnen fühlte ich mich in einer Treue verpflichtet, die mit der Fahne und einer fragwürdigen Ideologie nichts zu tun hat. Darüber hinaus hatte ich gelernt, dass es nicht so wichtig ist, wo man steht; entscheidend ist, wie man es tut. Dieses allein ist die Maxime, die alle anständigen Menschen, gleich welcher Sprache und Nation, zu Gefährten der guten Sache macht.

Und noch eine Erfahrung hatte ich für mein weiteres

Leben gewonnen, das ich glücklichen Fügungen in tausend Gefahren verdanke: Wenn man erkannt hat, dass das Leben schwerer sein kann als der Tod, und dass also Sterben nicht schlimmer sein kann als das menschlich Ertragbare, hat man die Furcht vor dem Versagen verloren und eine gelassene Sicherheit in allen misslichen Situationen und bei allen Aufgaben gewonnen, die das Schicksal dem Menschen stellt.

Nach Jahrzehnten holte mich meine Vergangenheit noch einmal ein. Irgendein Bürokrat stellte im Jahre 1971 fest, dass ich, so genau genommen, wie es eine gute Behörde nimmt, nicht die deutsche Staatsbürgerschaft besitze, und, da mir die belgische aberkannt worden sei, mein Rechtsstatus der eines Staatenlosen sei; dies werde dann auch in meinem Personalausweis und dem Reisepass vermerkt werden müssen. Man stellte mir anheim und riet mir, einen Einbürgerungsantrag zu stellen. Mein Einwand, dass ich damit nachträglich bescheinige, niemals bislang Deutscher gewesen zu sein, also de facto den Vorwurf anerkenne, der Grundlage des Urteils des belgischen Kriegsgerichts in dem Verfahren von 1947 gegen mich war, wurde als unerheblich erklärt. Mit einigem inneren Widerstreben fügte ich mich der ratio und unterschrieb den Antrag. Am 21. Juni 1971 erhielt ich meine Einbürgerungsurkunde, die man mir großzügigerweise ausstellte, ohne Gebühren zu erheben. Damit hatte ich endlich wieder ein Vaterland.

Das belgische Kriegsgericht in Verviers hatte mich am 19. Februar 1947 verurteilt mit der Formel: »Maeger Hubert, Herbert, Joseph (...) prévenu d'avoir (...) étant belge porté les armes soit contre la Belgique, soit contre les Alliés de la Belgique (...) ceci notamment en qualité de membre de Waffen-SS (...) Comme tel le condamné à une seule peine: LA DÉTENTION PERPÉTUELLE« – »Maeger, Hubert, Herbert, Joseph (...) beschuldigt, als Belgier Waffen, sei es gegen Belgien, sei es gegen die Alliierten Belgiens getragen zu haben, dies insbesondere in seiner Eigenschaft als Mitglied der Waffen-SS (...) Somit gibt es für ihn nur eine Strafe: DIE EWIGE GEFÄNGNISHAFT.«

Eine wesentliche, in der Eupener Tageszeitung »Grenz-Echo« erhobene Beschuldigung gegen mich lautete darüber hinaus, ich hätte am 10. Mai 1940 »mit zynischer Freude« in Hauset eine belgische Fahne verbrannt. Sie war haltlos; der Bürgermeister des Dorfes bescheinigte anschließend, ich sei am fraglichen Tag nicht in Hauset gewesen.

Da ich mich dem Gericht nicht gestellt hatte, hinderte mich das seit dem Urteil weiter anhängige Verfahren daran, meine alte Heimat zu besuchen. Auf meinen Fahrten nach Frankreich musste ich die Durchfahrt durch Belgien meiden. Im Herbst 1973 machte ich über das Auswärtige Amt den Versuch, die Situation zu bereinigen, stieß dort aber auf eine Mauer des Unverständnisses; ich erhielt nach Monaten eine von nichts sagenden Floskeln strotzende Antwort, in der ausführlich dargetan wurde, warum man nichts machen könne.

Ich wandte mich nach einigem Überlegen an den Botschafter der Bundesrepublik Deutschland in Brüssel, Peter Limbourg, der mir in einem Schreiben umgehend versicherte, er werde sich der Sache unverzüglich annehmen. Seinem persönlichen Einsatz sowie dem des Präsidenten des Deutschen Kulturrats und Beigeordneten Kabinettschef im belgischen Innenministerium,

Johann Weynand, ist es zu danken, dass der belgische Justizminister H. Vanderpoorten mit einer Entscheidung vom 10. Oktober 1974 die letzten noch gegen mich bestehenden Beschränkungen aufhob.

Erst nach Jahrzehnten brachte ich es über mich, in diesem Zusammenhang mit einem Schriftsatz meine Motive und Handlungen zu rechtfertigen, für die ich kein Gericht, sondern nur mein Gewissen als zuständig ansah. Ich schrieb: »Es ist richtig, dass ich der Herkunft und Sprache nach starke Bindungen an Deutschland hatte und habe; ich empfand und empfinde jedoch auch eine innere Beziehung zu Belgien, dem ich in Erziehung und Bildung vieles verdanke. Hieraus resultiert die Erkenntnis, dass persönlich Erlittenes zur konstruktiven Erfahrung für ein besseres Europa werden muss.«

Im Herbst 1974, nach fast einunddreißig Jahren, fuhr ich zum ersten Mal wieder in meine Heimat. Sie war mir fremd geworden.

Nachwort

Dieses Buch, dessen Inhalt zum Teil über die Schilderungen persönlicher Erlebnisse hinausgeht, habe ich aus zwei Beweggründen geschrieben. Zum einen glaube ich mich verpflichtet, verbreitete falsche Vorstellungen in einigen wesentlichen Punkten zu korrigieren, zum anderen halte ich es für notwendig, ein Bild des Milieus zu vermitteln, in das ich als Achtzehnjähriger hineinversetzt wurde. Die Leibstandarte war nicht die Truppe, in der ein humanistisch gebildeter Mensch sich wohl fühlen konnte, aber sie war auch nicht der rüde Verbrecherhaufen, als der sie in vielen Veröffentlichungen in Wort und Bild bis heute dargestellt wird.

Besonders die verbreiteten Vorstellungen von der Behandlung russischer Kriegsgefangener entsprechen nicht den Fakten. Dass Sowjetsoldaten, die sich ergaben – von Ausnahmesituationen abgesehen –, einfach »umgelegt« wurden, ist schon dadurch widerlegt, dass etwa drei Millionen von ihnen in deutschen Lagern waren und dass rund eine Million unter General Wlassow auf deutscher Seite weiterkämpfte.

Die SS war eine in mancherlei Hinsicht widersprüchliche Truppe; schon in ihrer Entwicklung und Gliederung war sie keine homogene Organisation. In ihrer ursprünglichen Aufgabe, als »Schutz-Staffel« oder »Allgemeine SS« in der typischen schwarzen Uniform, war sie bis zum Anfang des Krieges zu einem mythischen Parteiverein geworden; innerhalb der eigentlichen Waffen-SS nahmen politische Funktionen aber nur die so genannten Kader – insbesondere im SS-Führungshauptamt in Berlin – wahr. Daneben waren die SS-Verfügungstruppen, aus der die Wachmannschaften der Konzentrationslager rekrutiert wurden, der SD (Sicherheitsdienst) als politische Polizei und die Totenkopf-Standarten*), die Himmler persönlich unterstanden, gebildet worden.

Selbst in der nationalsozialistischen Partei war die SS nicht gerade beliebt, schon wegen des besonderen Status, den sie beanspruchte. Heinz Höhne sagt hierzu in dem Buch »Der Orden unter dem Totenkopf – Die Geschichte der SS«:

»Die Geheimsekte der SS ließ keinen Unbefugten in das Innere ihrer Organisation blicken; die Schutzstaffel der Führerdiktatur sollte ein Mysterium bleiben, dem Staatsbürger unheimlich und unbegreiflich gleich dem legendären Jesuitenorden, den die SS offiziell bekämpfte und doch bis ins kleinste Detail kopierte.«

Der deutsch-amerikanische Publizist Karl O. Spaetel bezweifelt in einer Studie, ob man die gesamte SS kollektiv abwerten könne, und stellt fest, in der SS habe es nicht nur einen Menschentyp gegeben, sondern »Verbrecher und Idealisten, Dummköpfe und Männer von intellektuellem Rang«. Der in Wien geborene US-Bürger Professor George H. Stein zog bereits 1966 folgende Bilanz:

*) Den Totenkopf trugen alle SS-Männer auf ihren Mützen, die Totenkopfverbände außerdem statt der SS-Runen auf den Kragenspiegeln, in der Waffen-SS jedoch nur die Totenkopf-Division, ferner die Panzertruppen der Wehrmacht, die als Nachfolgeeinheiten der Totenkopf-Husaren der kaiserlichen Armee galten.

»Ohne das Ausmaß der beklemmenden Verbrechen von Himmlers Gefolgsleuten zu verkleinern, haben die letzten Untersuchungen erbracht, dass die SS tatsächlich differenzierter und komplexer war als jene monolithische Verbrecherorganisation, die auf der Anklagebank des Internationalen Militärtribunals saß.«

Jeder, der freiwillig oder gezwungen eine militärische Uniform anzieht, gerät zwangsläufig in einen Ausnahmezustand allem gegenüber, was durch seine Erziehung und die Entwicklung eigener Wertvorstellungen für sein Persönlichkeitsbild prägend war. Ein Loyalitätskonflikt zwischen seiner Individualität und den Anforderungen der Gruppe, deren Mitglied er wird, ist unvermeidbar und in einer ihrer Wesensart nach total manipulierten Gemeinschaft nur zu bewältigen, wenn ihm die Chance bleibt, in entscheidenden Situationen nach seinem Gewissen zu handeln. Auf welcher Seite wir, als Soldaten Akteure einer infernalen Regie, auch standen – und auch, wenn ein gnädiges Schicksal uns davor bewahrt haben mag, Schändliches zu begehen: Wir alle tragen in unseren Herzen doch neben der Erinnerung an Not, Hunger, Erniedrigung, bittere Kälte, sterbende Kameraden und eigene Todesangst unsichtbar und unauslöschlich das biblische Kainsmal, solange wir leben.

Unbestritten und unbestreitbar sind die außerordentlichen militärischen Leistungen der Waffen-SS, insbesondere im Osten, wo an sie ungeheure soldatische Anforderungen gestellt wurden.

Heinz Höhne schildert dies so: »Eine neue Welt umfing den SS-Soldaten, grausam, unerbittlich und sternenweit entrückt den weltanschaulichen Parolen des

Schwarzen Ordens. (...) Unter den Hammerschlägen sowjetischer Stalin-Orgeln, Panzer und Infanteriemassen härtete sich das Renommee der SS-Soldaten, die Feuerwehr des deutschen Ostheeres zu sein. (...) Der sowjetische Generalmajor Artemenko sagte bei seiner Gefangennahme im Herbst 1941 aus, die SS-Division ›Wiking‹ habe an Kampfkraft alles da Gewesene übertroffen.«

Tapferkeit und Todesmut jedoch waren nur Facetten dieses blutigsten aller Kriege. Niemand, der seine Schrecken überlebt hat, ist ohne Schaden davongekommen. Dabei ist die Pein der körperlichen Wunden bei vielen geringer als die Qual der Erinnerung an das unsagbare Grauen, das Menschen an anderen Menschen schuldig gemacht hat schon dadurch, dass man sie zwang, an einem unmenschlichen Geschehen teilzuhaben.

Dies traf für den Krieg in Russland in besonderer Weise zu. Es soll nicht geleugnet werden, dass in den Konzentrationslagern unter dem Zeichen der SS schreckliche Verbrechen verübt wurden. Dass es so war, muss in erster Linie denen angelastet werden, die den furchtbaren Krieg vorbereitet und ein Inferno entfesselt haben, das Deutschland als untilgbares Verbrechen zugeschrieben wird. Sie tragen darüber hinaus Schuld daran, dass Hunderttausende junge Menschen in das Kollektiv der Verantwortung für das Grauen hineingezogen wurden, die daran glaubten, der Verteidigung des Abendlandes und damit einer guten Sache zu dienen. Am Ende verloren sie, die Überlebenden wie die Toten, ihre Ehre; ihre Treue war schon Jahre vorher von einer gewissenlosen Führung schamlos verraten worden.

Passion 1946 (Sonett)

Die Schale ist in unsere Hand gegeben,
die Rundung füllt das große, graue Leid
zum bittren Rand. Die Losung, die uns weiht,
lässt unsre Menschenherzen angstvoll beben.

Lasst uns das Opfer zu den Sternen heben,
gefasst und zur Erlösungstat bereit,
denn in der Auferstehung Freudenkleid
steht doch der Frühling über allem Leben.

Es muss sich aller Frost in Wärme wenden,
sich aus des Glaubens Kraft die Zeit vollenden,
eh´ sie der Gottheit ihren Preis gezollt.

Vom Kreuz umspannt mit seinen Liebesarmen
der Herr die Welt, verströmt voller Erbarmen
sein Blut – indes der Söldner Würfel rollt.

Herbert Maeger – Rheydt – Karfreitag 1946

Literaturverzeichnis

Wegner, Bernd: Hitlers Politische Soldaten: Die Waffen-SS 1933–1945, Paderborn 1982

Höhne, Heinz: Der Orden unter dem Totenkopf – Die Geschichte der SS, Essen o. J.

Piekalkiewicz, Janusz: Unternehmen Zitadelle – Kursk und Orel: Die größte Panzerschlacht des Zweiten Weltkrieges, Augsburg 1998

Piekalkiewicz, Janusz: Der Zweite Weltkrieg, Augsburg 1993

Young, Peter: Der große Atlas zum Zweiten Weltkrieg, Augsburg 1998

Stein, George H.: Geschichte der Waffen-SS, Düsseldorf o. J.

Dirks, Carl/Janssen, Karl-Heinz: Der Krieg der Generäle. Hitler als Werkzeug der Wehrmacht, o. O. 1999

Steiner, Felix: Die Armee der Geächteten, Rosenheim 1995

Führling, Günter G.: Endkampf an der Oderfront. Erinnerung an Halbe, München 1996

Le Tissier, Tony: Durchbruch an der Oder. Der Vormarsch der Roten Armee 1945, Augsburg 1999

Carell, Paul: Verbrannte Erde. Schlacht zwischen Wolga und Weichsel, Augsburg 1999

Haupt, Werner: Deutsche Spezialdivisionen 1935–1945, Wölfersheim 1995